华|商|新|视|野

上海独角兽企业案例集

Shanghai Licorne Enterprise Casebook

许 鑫 赵路平 编著

上海交通大学出版社
SHANGHAI JIAO TONG UNIVERSITY PRESS

内容提要

　　独角兽企业被视为上海新经济发展的一个重要风向标,在高科技领域、互联网领域尤为活跃。本书精心采编了 20 个独角兽企业发展典型案例,涉及传统商业、金融、医疗、教育、娱乐、通信、跨境电商等多个领域,探索这些企业如何在互联网时代,通过精准的市场定位获得融资,呈现爆发式成长,旨在探讨传统行业转型过程中面临的困境和应对之策,为更多企业在互联网和移动互联网时代的转型提供借鉴和参考。

　　本书适用于 MBA、管理类研究生、高年级本科的教学和研究参考。

图书在版编目(CIP)数据

上海独角兽企业案例集/ 许鑫,赵路平编著. —上
海: 上海交通大学出版社,2019
ISBN 978 - 7 - 313 - 20898 - 9

Ⅰ.①上… Ⅱ.①许… ②赵… Ⅲ.①企业管理-案
例-上海 Ⅳ.①F279.275.1

中国版本图书馆 CIP 数据核字(2019)第 033047 号

上海独角兽企业案例集

编　　著:许　鑫　赵路平
出版发行:上海交通大学出版社　　　　　　地　　址:上海市番禺路 951 号
邮政编码:200030　　　　　　　　　　　　电　　话:021 - 64071208
印　　制:上海春秋印刷厂　　　　　　　　经　　销:全国新华书店
开　　本:710 mm×1000 mm　1/16　　　印　　张:19
字　　数:381 千字
版　　次:2019 年 3 月第 1 版　　　　　　印　　次:2019 年 3 月第 1 次印刷
书　　号:ISBN 978 - 7 - 313 - 20898 - 9/ F
定　　价:68.00 元

前 言 ｜FOREWORD

美国著名 Cowboy Venture 投资人 Aileen Lee 在 2013 年将私募和公开市场的估值超过 10 亿美元的创业公司进行分类，并将这些公司称为"独角兽"，然后这个词就迅速流行于硅谷，并且出现在《财富》封面上。Aileen Lee 发明"独角兽"概念的时候，描绘的是一个具体历史条件下的情形。在 2003 年到 2013 年间，就只有 39 家公司从六万多个竞争者中脱颖而出，实现了估值达到 10 亿美元以上。具体到中国，2015 年仅有 60 家独角兽企业，而到 2018 年上半年就有 164 家，中国的独角兽企业进入了快速发展时期。

独角兽企业是推动我国技术、经济发展的一股强大的创新力量，某种意义上代表着区域创新能力和产业发展潜力。北京是独角兽企业的聚集地，全国超过百分之四十的独角兽企业都落户在北京，上海独角兽企业数量占据全国总量的百分之二十以上，排名第二，杭州、深圳也孵化了大量独角兽企业。上海作为我国改革开放的排头兵，承担着"四个中心建设"和全球科创中心建设的国家战略，近几年在培育独角兽企业、营造创新创业生态方面力度不断加大。不过在独角兽企业分布的城市来看，上海前有堵截后有追兵，如何借鉴国内外发展经验，在深入把握科技创新企业成长发展规律的基础上，从政策设计、产业布局、服务体系、人才聚集、成果转化、金融创投、协同创新、交流推广、产业链缔造等方面针对独角兽企业的发展实际问题与需求，进一步加大上海独角兽企业的培育力度，使之可持续、高质量发展，成为上海科创中心建设的动能、源泉，为国家、为上海经济、社会发展服务，是摆在学界、业界面前的重要课题。

2017 年 12 月，胡润研究院发布《2017 胡润大中华区独角兽指数》，大中华区独角兽企业总数达 120 家，整体估值总计超 3 万亿。依托此榜单，本书从中遴选了与上海有关的独角兽企业 20 家进行案例采编，从

发展过程、优势特色、问题挑战等方面进行了较为深入地案例分析,期望基于这些企业案例进行如下方面的一些观察:

(1)这些独角兽企业有哪些共性特征?寻找影响独角兽企业成长的关键要素,特别关注不同企业生命发展时期影响企业成长的关键性要素。

(2)上海培育独角兽企业的营商环境如何?研究上海如何更好培育独角兽企业的路径、政策和环境。

(3)如何快速发现准独角兽企业、高成长性企业?在了解和把握现状的基础上,探索企业评价的指标、模型,为企业提供精准的支持与服务,使各项资源配置得到优化。

(4)通过进一步的分析挖掘,如何在产业布局、政策设计等方面为政府提供决策咨询?如何形成上海发展新动能?

独角兽企业是新经济中的爆发式增长点,独角兽企业聚集在哪里,哪里就能抢占未来发展先机。近几年,关于上海市如何在互联网大潮中保持创新龙头地位的讨论,引发了学界和业界的广泛重视,而人工智能等领域的兴起也为上海的发展提供了新的机遇。对独角兽企业的成长规律开展研究,能够为上海挖掘、培育、促进独角兽企业快速发展提供参考和支撑,这也是本书编撰的价值和意义所在。

本书20个案例以企业名称首字母排序,由华东师范大学经济与管理学部2017级图书情报专业学位班的同学们采编,具体分工正文中已有说明;华东师范大学经济与管理学部MBA专业同学也参与了案例集的整理工作,其中高举负责小红书、威马汽车、达达—京东到家、饿了么四家企业案例的修改,刘坚红负责喜马拉雅、平安好医生、波齐网、沪江四家企业案例的修改,孙安琼负责蔚来汽车、陆金所、魔方公寓、拼多多四家企业案例的修改,严慧敏负责洋码头、依图科技、易果生鲜、返利网四家企业案例的修改,姚为高负责微鲸、齐家网、复宏汉霖、联影医疗四家企业案例的修改。此外,华东师范大学传播学院2016级新闻与传播专业硕士钱冠臣同学也参与了案例的统稿,在此一并致谢。

编　者

2018 年 10 月

目　录

有的人认为，全球范围内贸易冲突不断升级，证明现在正处于波兰尼"长程运动"中的经济下行阶段，势必导致很多行业的萎缩和低迷，因此对世界经济总体前景不够乐观。有的人则认为，现在社会正处于急剧分化的调整时期，原有产业格局将发生重大变化，新兴浪潮将淹没一批业已大幅萎缩且不愿深化改革，或者囿于小富即安的现状而不能放眼长远的中小微企业，未来属于那些能够伫立潮头，洞悉未来经济发展方向的创新型企业。

从长远来看，真正具有发展前景的企业，也即是那些具有高度社会责任感的企业，是能够真正了解用户需求，解决社会问题的企业。在大都市中，人们生活节奏紧凑，时间成为一种紧缺资源，人们追求一种更具效率的生活方式，也更愿意为节省时间买单。另一方面，不同地域、不同阶层、不同职业之间的社会资源分布极不平衡，促进时间资本和经济资本之间的互相转化，解决富足劳动力的时间闲置和用户的时间紧张之间的矛盾，既具有重要现实意义，也具有高度的经济效益。

作为一种新的新零售发展模式和发展思维，饿了么的并购都具有标杆示范价值，企业家的社会责任将决定饿了么的未来走向，也将接受用户的选择偏好的检验，用户的选择才真正代表着时代发展、市场发展的方向。从 2008 年诞生，到 2018 年成为超级独角兽，饿了么用10 年时间，这 10 年也是中国互联网飞速发展的 10 年。

案例 8

陆金所：大数据技术助力升级风险控制体系　099

陆金所作为平安保险集团重点打造的互联网金融投资理财平台，从 KYC 1.0 系统开始，建立起包括风险政策、信用评级、信息披露、预警监控、风控系统、风险评价、资产与资金的精准匹配等覆盖投资全过程的、立体化的风险管理体系，到 2016 年将大数据与传统方式优势互补，全面升级推出 KYC 2.0 体系。陆金所不断在风险控制上创新突破，并准备与人工智能技术相结合建设 KYC 3.0。在今后的发展中，风险控制依然是互联网金融企业运营体系里最关键的一环。

案例 9

魔方公寓：长租公寓市场领路人　113

既有独立的生活空间，又能提供灵活的社交平台，"独联派"是当下在大城市广受年轻人追捧的生活方式，也是"魔方公寓"打造长租公寓的基本理念。公寓不仅为租客提供有品质的生活空间，更配备了公共活动区，定期举办文化娱乐活动，既独立又开放。年轻人是魔方公寓的主要消费群体，他们分享相似的生活理念、生活追求，但在不同的生活阶段，他们也有不同的消费需求。

案例 10

拼多多：电商黑马的出奇制胜之路　129

拼多多的崛起，与互联网在三四五线人口中的普及息息相关。在社交流量的加持下，拼多多把握住了人口红利，不断向下渗透，成为一匹电商中的黑马。与其他电商一样，拼多多备受假货问题困扰，再加上与商家的利益冲突，是选择消费升级，拓展自己的商业模式，还是继续下沉巩固自身用户，仍需要时间带给我们答案。

目前，全世界的汽车行业正在经历一场前所未有的深刻变革，新能源、互联网、人工智能是其中三个重要的关键词。中国"互联网造车运动"始于 2014 年，各路互联网企业搅动传统汽车行业，蔚来汽车便是在这场热潮中快速发展起来的新兴品牌。互联网对汽车制造业的介入并不是简单地体现在投资上，而是强调汽车作为互联网资源的载体，通过互联网操作系统、大数据、通信、导航、云计算等互联网资源的整合，打造线上、线下相结合的智慧出行服务系统。

目前，中国的媒体融合已进入下半场，即从内容的融合、渠道的融合走向更为深度的平台融合、生态融合。喜马拉雅通过做音频新媒体平台，在激烈的行业竞争中异军突起，成为行业主要的领军者。下一步，如何同蜻蜓 FM 等同类型企业实现差异化竞争，如何依托人工智能抢占市场先机，如何实现媒体深度融合，不仅是喜马拉雅需要思考的问题，也是整个媒体行业转型中的关键所在。

短短几年时间，从"找到国外的好东西"到"标记我的生活"；从女性购物攻略，到全球最大的消费类口碑库和社区电商平台，小红书利用其渗透力极强的内容，注重口碑建设，提升用户黏性，为女性赋权提供了表达自我的平台。同时，抓住女性用户爱分享、擅交流的特点，借力女性经济，培养新型意见领袖，从内容发酵口碑，实现了一个 UGC 内容分享的闭环生态。

案例 1
波齐网：
首家日销过亿宠物
商品平台的成长之路

编者语：消费升级时代的弄潮儿

有的人认为，全球范围内贸易冲突不断升级，证明现在正处于波兰尼"长程运动"中的经济下行阶段，势必导致很多行业的萎缩和低迷，因此对世界经济总体前景不够乐观。有的人则认为，现在社会正处于急剧分化调整时期，原有产业格局将发生重大变化，新兴浪潮将淹没一批业已大幅萎缩且不愿深化改革，或者囿于小富即安的现状而不能放眼长远的中小微企业，未来属于那些能够伫立潮头，洞悉未来经济发展方向的创新型企业。编者认为，即使占绝了先发优势，踏入一个具有广阔前景的新兴领域，也并不意味着能够掌握足够的机会链，能够利用好时代发展所产生的结构洞。很多创业者由于缺乏足够的开拓精神和创新意识，缺乏现代管理经验和能力，不断错失发展机遇，得不到时代发展所产生的红利，甚至会为不断试错买单。波齐网作为一个成功的案例，给我们带来很多启示。首先是对目前中国社会主要矛盾的变化的深刻认识和行业发展前景的信心。人们对"美好生活"的追求已经具备了初步条件，未来国家势必也将在此领域予以更大的支持。"美好生活"不仅是一个目标和期许，对很多企业来说，也是一个难得的发展机遇。其次，切实利用好国家相关经济政策。在经历了初期粗放的、摸着石头过河式的改革探索之后，国家的经济政策已走出了大水漫灌的模式，不再是所有经济领域都能够平等受益，国家的经济扶持政策更加精准、更具效益化。因此，只有那些紧随时代步伐、与国家同呼吸、共命运、以满足人民美好生活需求为己任的企业，才更具发展前景。

本案例由华东师范大学经济与管理学部的洪柳和范心怡撰写，由于企业保密的要求，在本案例中对有关名称、数据等做了必要的掩饰性处理。本案例只供课堂讨论之用，并无意暗示或说明某种管理行为是否有效。

摘　要： 随着中国经济及民众生活水平的快速提高，国内宠物经济市场逐步成长。本文介绍了国内经典一站式宠物服务平台——波奇网的整个发展历程：以三位创始人的创业历程为切入点，介绍了唐颖之、梁浩、陈迪三人因宠物而结缘并投身于宠物事业的过程。波奇网以论坛起家，曾面对用户的质疑、经历垂直网站的唱衰论等种种困境后，历经三次商业模式转型，最终确定了企业的核心业务架构，找到了适合波奇网发展的商业模式——进军宠物O2O。从A轮融资到成长为独角兽企业，波奇网只用了3年的时间，创造了中国宠物行业新纪录：第一个单日销量过亿的宠物公司，蝉联天猫宠物类目排名第一。那么，波奇网在实现巨大成果的同时，我们不由好奇：现有的商业模式怎样保持长久的效用？未来还有哪些可调整的方向可以帮助其走得更远？

关键词： 波奇网；商业模式；O2O模式；核心竞争力

1.0　引言

　　2017 年 11 月 11 日夜，办公室里的三人安静地坐着，看似平静的背后实则是内心的波涛汹涌：“还差一点，快了，快了！”终于在当夜 23 点 36 分 07 秒，2017 年双十一临至尾声的时刻，中国宠物行业诞生了一项新纪录：第一个单日销量过亿的宠物公司出现，摘走这项荣誉的正是在宠物行业耕耘近十年的老兵——波奇网，宠物单日全平台销量过亿，其中天猫旗舰店销量近五千万，较 2016 年同比增长 40%，蝉联天猫宠物类目排名第一。波奇网的三位创始人唐颖之、陈迪、梁浩终于相视而笑，这样优异的成绩是对自己与团队近十年来的坎坷创业历程最大的肯定，他们没有辜负自己最初的勇气与热情，成功带领波奇网整个团队突出重围，在自己热爱的领域取得出色的成绩。由此也证明历经三次商业模式转型的探索，最终确立的 O2O（Online to Offline）模式，又称在线离线/线上到线下商务模式，适用于波奇网在当下宠物行业的发展。激动之余，三人不禁思考：波奇的下一个定位是什么？未来商业模式上还有哪些可调整的方向可以帮助波奇走得更好、更远？

1.1　一场源于热爱的三人行

　　2017 年 3 月，科技部火炬中心发布了《2016 年中国独角兽企业发展报告》，除了小米、滴滴、新美大等新一批移动互联网时代的明星企业入选，其中有一家名为波奇网的企业，意外地进入人们的视线，它排名第 83 位，估值 10 亿美金。波奇网是一家非常低调的企业，对于普通消费者，稍显陌生，但在养宠人群里却是大名鼎鼎。它是目前我国最大的集宠物社交、电商及线下服务于一体的综合性宠物服务平台，致力于通过线上线下联动，为中国亿万养宠用户提供一站式服务。从 2008 年成立直至 2013 年 3 月，波奇网才获得高盛亚洲和集富亚洲数千万美元 A 轮投资。然而，2014 年 3 月，波奇网便完成了成为资本和高盛亚洲的 2 500 万美元的 B 轮融资。2016 年 1 月，获得招银国际领投的 1.02 亿美元的 C 轮融资。从 A 轮融资到成长为独角兽，波奇网只用了三年多的时间。

　　作为常年盘踞行业头把交椅的企业，波奇网却鲜有人知，这匹独角兽背后，站着的是三位年轻的“骑手”——唐颖之、梁浩、陈迪。除三位主要创始人外，其他创始团队成员也均在互联网、IT 公司以及著名宠物医院担任高级管理人员。波奇网的创始人团队堪称业内唯一一个互联网与宠物行业高度整合的团队，源于热爱，他们最终以满腔的热情与高度的专业性走到了一起，共同投身于一场尊重生命的事业中去。波奇网在成长之初不乏艰辛，但努力之后终于走上顺遂之路。

　　2007 年，30 岁不到的唐颖之毅然决然地离开了腾讯，巾帼不让须眉的她希望能凭借自己曾先后于微软、腾讯工作积累的商务及市场经验,着手准备开创自己的事业。而同样从腾讯离职出来的波奇网另一位创始人梁浩与唐颖之本就是好友。离开腾讯后两人常常约在一起聊天,他们思考了很多创业方向,旅游、母婴、化妆品等都考虑过,最终都因为种种原因都否定掉了。那时,唐颖之家里养了一只拉布拉多,十多年的养宠物经验给了她一个思考的方向,再加上两人都是宠物爱好者,最终他们聊到宠物行业,认为电商是宠物互联网发展的一个方向,并且希望能有更多的人和他们一样获得宠物带给自己和家人的乐趣。

作为波奇网三个联合创始人当中最特殊的一位——陈迪,是一个地道的"手艺人",负责供应链、运营、仓储、物流、跨境业务。不同于从腾讯走出来的另两位创始人,从小喜欢动物的他一心想要成为一名兽医,于是便不顾他人建议,直接报考了南京农业大学动物医学专业。动物医学这门学科需要熟悉各类动物,但陈迪却只对宠物情有独钟,于是他便把成为一名宠物医生作为目标。

2005 年大学毕业,当时的互联网还没有现在这么发达,陈迪沿着自己规划的路成为了一名宠物医生,在宠物诊所的一年多时间里,他慢慢发现性格外向的自己可能不适合医生这个"安静"的职业,他可以把兽医当做一门手艺,但却没办法当做一份职业。枯燥的诊所生活中,陈迪接触到了互联网,瞬间为他打开了一扇新世界的大门。凭着过硬的专业背景,陈迪离开诊所去了一家宠物网站做产品经理,他想着通过互联网做一些和宠物相关的产品。在当时的时代背景下,宠物电商的概念其实都还没有形成。兽医出身的陈迪其实并不具备一名互联网产品经理应有的素质,当地发现自身的不足后便开始了大量的阅读和学习,这一次,他好像真的找到了自己的职业方向。

2007 年底,唐颖之与梁浩一位曾是腾讯的高管,对财务、资本运作有丰富的经验且在互联网产品与用户体验方面也有着独到的见解;另一位则是 PPTV 的高管,对于产品、技术、互联网都有很强的前瞻性。两人确定宠物行业这个创业方向后还需要一个对宠物行业比较熟悉的人,经朋友介绍,便结识了陈迪。

创业的这三个人在 QQ 里拉了个群来进行沟通。同为宠物爱好者的三人聊得十分投机,表达了各自对行业未来的发展、想法和潜力等,很快就约了见面一块儿吃了个饭。一顿饭的时间,三人就定下了波奇网初期、近期、中期的目标和远期的规划,也想清楚了到底要把波奇网做成一个什么样的企业,想给用户解决哪些问题,哪些业务可以作为主要的收入来源,等等。想法达成一致,三个人就决定一块儿开始创业。最终,创始人选择一狗一猫的可爱组合来作为波奇的 Logo,波波是狗,奇奇是猫。

1.2 行业分析

1.2.1 行业环境

在波奇网项目正式落地之前,三人团队深度调研国外宠物市场。经过百余年发展历程的国外宠物市场，已经建立了包括宠物食品、宠物医疗美容、宠物驯养以及宠物保险等在内的全行业链条，并且为国家的经济增长、创造就业机会做出了不小贡献。美国宠物市场的成熟，宠物商店温馨有爱的环境都让团队受到了不小的震撼，同时也收获了不少启发。就目前来讲，美国的宠物数量已经超过了当地的人口数量，根据美国宠物协会发布的《2014年度宠物行业报告》中的数据显示，在2014年，美国人在宠物消费上的投入超过570亿美元，其中宠物食物上花费220亿美元，宠物衣物护理花费150亿美元，宠物备品如宠物床、碗等花费140亿美元，其他宠物服务的花费为48亿美元。

相比美国62％的家庭养宠物，英国43％，日本28％，2012年中国一线城市养宠物家庭比例仅达到12％，而其中35岁以下的宠物主人占到70％以上。可以看出，中国宠物市场饱和度低，人群年轻化，但同时又有足够大的发展空间，所以结论是：值得做并且大有可为。虽然与美国宠物市场还有一定差距，但目前中国宠物市场规模已经超千亿，并且未来几年还将保持持续增长。中国宠物行业市场非常具有潜力，随着中国的经济及民众的生活水平都在快速提高，追赶上美国宠物行业的发展规模的速度或许可以因互联网平台以及相关市场服务的迅速成熟而加速。

但与这种高速且持续的增长成为鲜明对比的是，中国目前尚无较为严格、全面的宠物商品监管标准出台，尤其是宠物食品行业的乱象依然存在。在这种行业不甚规范的环境下，造成了一定程度的信任危机。从用户角度来说，国内用户的养宠习惯还需升级。之前有外媒报道，在国外的中国留学生非常爱养宠物，但在回国之前多数都会将宠物遗弃，流浪猫狗数量激增的原因很大程度上在于主人的责任感缺乏，以及没有对宠物采取适当的避孕措施所致。所以，在我们作出养宠物的决定之前，首先要确认的是自己能否对这个小生命负上一份责任。

1.2.2 竞争环境

1. 国外竞争格局

（1）PetSmart。北美最大的一家宠物零售商和连锁服务商，线下有近1 300家连锁店，提供包括美容、寄养、训练、活体购买、宠物酒店、宠物医院等全方位宠物服务，线上也有自己的电商平台PetSmart.com（于2000年收购）。PetSmart 1986年成立、1993年在NASDAQ上市，目前市值约七十六亿美金。其优势在于线下线上的服务整合，为宠物主人提供全方位服务，以及多年所积累的品牌口碑，是宠物行业的唯一巨头。

（2）Petco。模式跟PetSmart类似，Petco历史更久，它1965年成立，到目前在美国已经有超过1 000家线下连锁店，同样也提供线上电商服务。在2006年的时候被几家私募以18亿美金收购。

2. 国内竞争格局

酷迪宠物与乐宠是中国 PetSmart 模式追随者的代表。

（1）酷迪宠物（Kudi）。2001 年成立，中国第一个宠物主题连锁品牌，目前有连锁店近 100 家，还有宠物公园、美容师学校、宠物五星级酒店等线下服务，线上有自己的 B2C 平台和一家淘宝 C 店。目前年营业额已过亿，但利润空间不大。创始人王平喜是行业的元老级人物，为中国宠物行业做出了很大贡献。但总体来说，电商平台相对较弱。

（2）乐宠（LeePet）。乐宠控股成立于 2008 年，是目前国内宠物行业最专业的一站式服务机构，乐宠控股旗下所属乐宠宠物店连锁、北京博爱动物医院、中国纯种犬俱乐部、宠物中国以及淘宝网宠物平台，共五部分业务，涵盖了宠物行业全部领域。2008 年初，掌门人李元和他的团队拿到了联想和清科创投的数百万美元天使投资，完成一、二轮融资，这也是国内宠物行业首笔机构风投。之后在 2013 年，乐宠拿到软银中国的 1 000 万美元的融资，现已经完成第三轮融资，参与机构有清科、君联（原联想）、挚信和软银。乐宠开始阶段学习的是美 PetSmart"宠物连锁商店"的商业模式，希望把乐宠打造成中国的 PetSmart，当时乐宠将主要的精力放在了发展精品直营宠物连锁商店上，最高峰的时候乐宠在全国有 30 多家直营店。后因国内水土不服，从直营改造成加盟模式，目前线下仅保留了北京最大民营宠物医院——北京博爱动物医院。从 2011 年开始，乐宠开始发力电商，据公开资料显示，2012 年乐宠在淘宝和天猫的销售额已破 1 亿，之后其又将网上连锁店延伸至 1 号店、京东、亚马逊、易迅网、苏宁、国美等诸多电商平台上。从 2014 年开始，乐宠开始规划 O2O 平台，并计划整合供应链、CRM 客户体系，构建自身的 B2C 商城。与此同时，通过移动端连接北京博爱动物医院以及乐宠分布在全国各地的几十家宠物加盟店、宠物寄养中心和线下服务中心，借助强大的宠物医生资源，提供 24 小时咨询服务，从而形成线上与线下可交互的 O2O 商业模式。

（3）爱狗网。一家有背景有故事的网站，前身爱狗狗网成立于 2005 年，投资方是通产投资集团董事长陈金飞。2006 年更名爱狗网，同时联合发起了 CKU（中国光彩事业促进会犬业协会，世界犬业联盟 FCI 在中国大陆的唯一成员，主要业务是办犬赛和纯种犬认证等，在行业内部有很大影响力）。爱狗网一直以来都以论坛社区为主，2007 年就已经过百万用户。2009 年获得软银、阿里以及 IDG 的千万美金投资，开始发展电商，2011 年已有 400 万用户，销售额过亿，还拿到原来三家第二轮的千万美金投资，但在 2012 年的时候还是出现了资金和内部管理问题，迁回杭州，以至于至今爱狗网和爱狗天猫店只能维持基本的运营维护。

（4）狗民网。2006 年 9 月狗民网上线，创始人唐阳 16 岁考上清华，也是校内的天使投资人，绝对是天才型创业者。狗民网前后融资近 1 000 万，同样以宠物论坛起家，2009 年 9 月开始做团购，2010 年 7 月狗民商城上线，2011 年电商收入过千万，

2012 年加上广告总收入接近两千万。2010 年收购了《名犬》杂志，2011 年与美联众合动物医院合作在线医疗频道，2012 年还上线一系列业务，如 G - box（按月订购）、养宠宝、我买宠等。

（5）波奇网。2007 年 12 月上线，在上海创立；2008 年 10 月波奇商城上线；2012 年 6 月公布了高盛的千万级别美元融资消息。波奇电商在这几年发展极其迅速，在淘宝、天猫、京东、1 号店等平台均有开店，波奇社区用户近二百万，在上海和华东地区已经建立了品牌知名度。从现在波奇的产品体系和市场竞争关系来看，相信波奇未来会有更大的发展。

1.3　商业模式探索

1.3.1　论坛起步

宠物这个行业比较特殊，它既是"经济"，也是一种"情感"。养宠物的人，都有一个需求，就是上网寻找有养宠物共同兴趣的人，大家聚集在一起交流宠物品种，交流宠物病了怎么治，然后分享养宠物的快乐。所以，唐颖之他们第一步选择了从宠物论坛入手，希望通过论坛汇集这样一群具有共同兴趣的人。

当时，已经有一些创业者在做宠物论坛，但唐颖之他们看了，觉得都做得不够好，坚信自己可以做得更好，另外做论坛入门比较容易，也比较容易聚集第一批种子用户。用心就会有收获。波奇论坛一经推出，就取得了非常好的效果，迅速积累了一大批养宠人群，这部分人群后来成了波奇网的种子用户。

1.3.2　两次商业模式的探索

处在网络社区爆发期的波奇社区尽管发展十分迅速，但由于单一社区模式存在同质化严重和发展局限性强等诸多瓶颈，"我们开始思考要把波奇做成一个什么样的公司"，唐颖之回忆说。在通过波奇论坛积累了一大批养宠人群后，团队开始思考波奇的商业模式。

1. 社区 + 商城

作为创始人同时也是养宠者，三人对于当时养宠人的痛点比较感同身受，那就是不知道在哪里能买到专业、品质过硬、且是正品的宠物商品。因此，他们希望波奇网能解决这个痛点，建立起基于消费者信赖的商业体系。反观当时的其他宠物网站，基本都在一门心思做社区，在社区里传播宠物知识，让大家讨论养宠心得等，虽然吸纳了许多用户，但却始终没有找到合适的"变现"手段。他们认为企业要想活下去，就必须盈利，而不能仅仅局限在波奇论坛上。社区虽然能够聚拢用户，但变现路径长，获得广告收入有限，很难实现盈利。

经过一番试错和总结之后，他们最终决定将电商作为波奇网的核心业务。

当时,电商在中国开始迅猛发展,为互联网的商业模式打开了新的机会。他们认为社区主要是社交属性,聚拢养宠人群,获得垂直流量,同时增加用户黏性;但流量只是基础,如何创造新的商业价值才是核心。"互联网与垂直的结合,就是流量与专业服务的结合。这世界上有很多流量比我们大的公司,货卖得比我们多的公司,但他们不是为了养宠物用户而存在的,而波奇存在的意义就是为这样一群用户以及他们背后的行业伙伴提供服务。我们从那时意识到,波奇的使命是做一家宠物服务公司,成为最大的零售渠道是这个商业模式的第一步。"

最后,波奇网实现了第一次商业模式的探索转型,由波奇社区开始转型为社区 + 商城的复合型电子商务平台。

2. 两大阵地变为四大模块

转型初期,唐颖之团队认为搭建一个平台后自然就会有流量来,用户下了订单,公司把东西送过去就好。但当他们更深层次了解这个行业后,就发现电商产业的链条非常的长,从供应链到运营、从客服到仓储,怎么及时把货送到用户那里,用户的反馈怎么第一时间传回平台等,一系列的事都比他们当初想象的要复杂得多。此外,他们深刻感受到,用户对品牌的信赖很重要,因为它不只是单纯的买卖关系,里面还伴随了人们与宠物之间的情感羁绊,情感投入。

商业之道一旦操之过急,就会伤人伤心,失去信赖,这样生意也会做不起来。因此,随着平台的进一步发展,平台的运营成本开始升高,出于业务考量,波奇网进行了第二次转型。弱化社区的功能,并将业务打碎成为宠物商城、宠物服务、宠物论坛和宠物百科四大模块。

1.4 第三次商业模式转型

综合国内外宠物行业发展态势,结合波奇网自身的优劣势,波奇网迈出了从电商领域进军 O2O 这关键的一步,实现了波奇网商业模式的第三次转型,确立了波奇网最终运作的商业模式。

1.4.1 波奇商城

就国内宠物市场来看,线上交易约占比 25%,线下交易占据较大比重 75%,之所以形成这种市场格局是存在一定的必然性。目前,用户对于线下的需求更强一些的原因在于对于宠物服务品质的高要求,像清洗、美容等宠物护理服务可以说是较高频次的服务,而宠物服务必须是在固定场所利用特定服务设备来完成的,具备很强的专业性,这与家政服务、美容服务等存在着非常明显的差异,所以线下服务在宠物行业发展当中势必仍将占据较大比重。目前,线下提供宠物服务的店铺较为分散,水平也是良莠不齐。此外,由于宠物品种的差异,用户们对于服务的需求也具备多样性,在移动互联网浪潮下，用户的个性化需求是移动端的特征之一，web端信息分散的缺点被移动端所弥补并超越。所以，为用户提供基于 LBS 技术的针对宠物线下服务的店铺推荐以及相关团购业务将成为宠物垂直网站发力的重点。这一发展重点也体现了线上平台在促进产业信息透明的作用。线上渠道和线下渠道共同为萌宠们提供了全生命周期的服务，这种提供服务的过程本身也是对互联网诚信的考验过程，只有线上、线下贡献的都是正反馈的时候才能够对诚信机制的建立形成积极效应并帮助平台赢得用户信任。所以，线上和线下之间的竞争带来的收益要远小于合作创造带来的共赢效益，而线上与线下的合作相当于是对产业链的一次梳理过程。而像波奇网这样的垂直网站、垂直电商平台则是联通产业链前后端沟通的桥梁。

因此，在宠物服务模块，波奇网以上海作为试点地区，与线下宠物服务店达成合作，用户可通过波奇网提供的信息享受线下宠物服务。2014 年 10 月，波奇网的移动端"波奇宠物"APP 正式上线。唐颖之认为，波奇服务并不属于传统的 O2O。传统的 O2O 一般只是一个平台，汇聚供求与消费双方。而波奇服务，除了打造了一个宠物服务业的"供求平台"外，它还构建了一套与 B 端和 C 端"合作共赢"的模式。

1.4.2　波奇服务

"做 O2O 的话，只解决 C 端用户的需求是不够的，"联合创始人唐颖之说，"中国线下生意比较难做，而互联网公司很难在一个产业不挣钱的情况下提升。所以在这块我们想先 2B 再 2C，帮助线下宠物商户解决一些实际问题。"唐颖之介绍，波奇网为线下商家提供的服务包括专为宠物行业定制的 SaaS 系统、比市面平均低 20％的进货价格等；同时，借助渠道力量，波奇网还会在不泄露用户隐私的前提下与商家分享各类消费者行为数据。

社区起家的波奇网最终想打造一个围绕宠物全生命周期的一站式服务平台。具体思路上，社区之后他们最先搭建的是电商版块，除了自建商城，也在淘宝、天猫、一号店等多个平台铺设旗舰店，利用多渠道引流的方式扩大销售规模；然后用销售量向上游厂商争取更低的进价和优惠条件，从而影响整条产业链。

当渠道规模和用户数据达到一定规模后，波奇网以第三方合作的方式接入了各类宠物服务项目，如洗护、造型、绝育、寄养等。时间轴上，宠物服务品类于 2015 年4—5 月正式铺开，而该板块的深化正是波奇网下一步的重点动作之一。

首先，波奇服务帮助宠物店、宠物医院与养宠用户"相互匹配与对接"，为宠物店、医院"引来客流"，为消费者介绍地理近、服务好的店铺。值得注意的是，用户享受服务后，可以通过波奇服务对线下宠物店、宠物医院的服务进行打分评价，这些评分将决定商户的排名、推荐，以及导流的单量，波奇服务的这种制度安排，促使宠物店、宠物医院不断提高服务质量，形成以"重视服务质量"为核心追求的新平台模式。

其次，波奇服务鉴于宠物店、宠物医院以中小型实体居多，资金流相对紧缺的状况,利用自己累积9年的企业信誉创新服务,帮助中小企业店主代售会员卡,巩固老客户,开发新客户,尽快回笼资金流,帮助中小店主解困,一起通过"合作共赢"模式,来做大做强行业主体,一同为消费者提供更稳定、更安心的服务。

目前,波奇服务已经在北京、上海、广州、深圳、天津、杭州、南京等七大城市,与超过三千多家宠物店与宠物医院展开了合作。

1.4.3　波奇社交

除了电商和服务板块外,波奇网还把成立之初的波奇论坛、波奇百科,整合为"社交"板块,旨在普及健康、科学的养宠知识,帮助养宠人建立良好的养宠习惯;并通过各种养宠者喜闻乐见的社交活动,提高养宠人与波奇网之间的黏性,产生情感、价值观的共鸣。

就这样,波奇商城、波奇服务、波奇社交构成了波奇网的三个核心业务。

在波奇网的整体商业架构中,"波奇商城"与"波奇服务"相当于波奇网行走的"两条腿",两者互为支点,共同支撑起波奇网的主要业务,并构成了波奇网的生态闭环。"波奇商城"主要为养宠者解决的是宠物"吃穿用度"方面的需求。"波奇服务"主要为养宠者解决的是宠物"全生命周期"内包括寄养、美容、绝育、医疗等方面的一条龙服务。"波奇社交"则作为一个知识分享平台,养宠人的情感与资讯交流平台,作为"波奇商城"和"波奇服务"两个支点之间的黏合剂,聚合新老用户,方便波奇网与用户之间的沟通。

波奇商城、波奇服务、波奇社交这三个业务构成了宠物从出生到成长,到繁衍的一整套生态闭环系统。当一只宠物出生后,所有消费与服务,以及必要的科学养宠观念与知识,养宠人都能在波奇网这个平台上得到满足。

1.5　明天会怎样

1.5.1　现有商业模式的优化

随着电商平台的发展,类似于"小红书"这样的女性电商也开始覆盖一些宠物商品。由于目标人群与养宠人群的重合度高,商品销量也比较乐观,那么这类平台是否会稀释掉一些波奇网在电商市场中的份额呢?

对此唐颖之打了个比方:"全品类的超市,像沃尔玛也会卖宠物商品,但与此同时,市场中仍有规模不小的专门渠道,所以对我们来说这样的竞争是很正常的事。这类平台毕竟不是全心服务养宠人群的,在宠物服务等其他服务上肯定不会有所拓展,而我们是做了一整个链条。"

除了各版块的深化,未来波奇网还会对现有模式下的产品形态进行进一步优化,让用户操作变得更加简单。比如,增设个人中心、按时间划分的养宠定时提醒,以及基于 LBS 推送附近商户促销活动的功能等。在各版块上增加时空维度，把版块与版块更好地串联起来。

1.5.2　未来战略方向的规划

随着中国消费者对宠物的花费越来越多，宠物的生活品质也越来越现代化、国际化。2017 年，波奇网进行了业务模块的重新改造，将波奇网要做的什么转变成到底应该做什么。渠道、媒体、服务、自有品牌，这四者就是波奇网之后更看重的业务。

宠物行业作为一个垂直领域，不像大部分领域链条比较短。关于一个宠物能做的事、产业能涉及的层面非常多。除了宠物的日常用品外，还涉及繁殖、养护、训练、医疗、摄影、旅游、丧葬、保险等一系列业务，覆盖面极其广，这是宠物行业和其他垂直领域最大的不同，而唯一能相类比的可能只有母婴行业。过去波奇网是一个纯电商公司，不可避免要和其他电商公司去竞争，但现在波奇网扮演的是一个垂直通道的角色，它可以和各类公司产生合作，可以帮助整个行业上下游，一起推广新品，运营品牌，改善用户体验，同时进行科学养宠观念与知识的分享与传播，可做的事情非常丰富。目前波奇网所打好的所有基础，无论是模式也好、人也好、用户也好，都已经可以和行业内任何一个公司去对接，无论是 2B 还是 2C，只要和宠物有关就一定能找到契合点。这也是陈迪对于波奇网接下来发展的一个定位。唐颖之团队希望波奇网能帮助行业做得更大，开放、合作、共赢，而不是只争朝夕的竞争。

关于波奇网的未来，目前团队也已经有了清晰的战略规划。

在公司层面，波奇网将继续苦练内功，不断提升产品和服务，夯实、巩固、发展波奇网国内规模最大、服务最全、市场份额最大的宠物服务平台领军地位，并不断创新，推出更多好产品，好服务，来服务中国的养宠消费者。未来数年，波奇网希望将用户数从现在的 1 000 万发展至 3 000 万。

在行业层面，虽然科技部评选波奇网为独角兽，不过唐颖之表示，波奇网想得更多的是，如何带领行业其他上下游实体，一起做大做强行业，为养宠人群提供更好服务。接下来波奇网将致力于利用自己的平台优势、通道优势与数据优势，来帮助中国宠物行业上下游企业共同发展，一起规范行业，一起把中国宠物行业做大做强。与此同时，波奇网还将利用自己的资本优势，适时对中国宠物行业上下游进行并购整合，做大波奇网的上下游产业链，以开放共赢的心态，推动中国宠物行业的发展。

波奇网一直坚持"让人们感受到快乐和爱"的使命与"成为每一个人信任的互联网公司"的愿景。波奇网希望通过波奇网这个全国最大的宠物知识平台，将科学、健康的养宠知识，传递给更多人，将人与宠物之间的快乐和爱，传递给更多人。这也是中国宠物行业做大做强的基础，也是行业良性发展的基础。

1.6　尾声

国家主席习近平在 2017 年"7·26"省部级主要干部专题研讨班上发表重要讲话强调,要牢牢把握住我国发展的阶段性特征,牢牢把握人民群众对美好生活的向往,提出新的思路、新的战略、新的举措。决胜全面建成小康社会,夺取中国特色社会主义伟大胜利,为实现中华民族伟大复兴的中国梦不懈奋斗。

结合中国企业现状,在传统企业纷纷陷入红海竞争无法自拔时,很多互联网企业长期依赖融资而无法实现扭亏为盈时,低调的波奇网脱颖而出,正是对习近平总书记提出的两个把握三个新的成功实践,让我们看到了小宠物也有大生意!

唐颖之和她的团队是一个造桥者,但同时也是在这互联网浪潮中的一叶小舟。他们经历过对垂直网站的唱衰论,也面对过用户的质疑,但在一次次宠友聚会与救助领养公益活动中,误解在逐渐消弭,并且有更多的人正在加入这个行列,为自己的宠物也为更多动物争取更多的保护与尊重。

其实无论是养花也好,养猫也好抑或是一尾锦鲤,一只飞鸟,都是人类与自然对话的过程。物欲的膨胀削弱了我们对于生命的尊重,但是幸好,幸好我们有了这些纯洁无比的灵魂作为我们的"家人",这是对我们日渐乏味的灵魂图景增添的色彩。

链　接

链接 1　波奇网发展史

2008 年 9 月　波奇网(www.boqii.com)成立;同期,波奇商城(shop.boqii.com)发布上线。

2009 年 12 月　被中国电子商务协会评选为"电子商务风云榜十大新锐明星企业"。

2010 年 8 月　公司迁至上海智力产业园,步入高速发展新阶段。

2011 年 11 月　波奇商城单日销售额创百万新高;仓库迁至嘉定新仓,面积达到5 000 平方米。

2012 年 5 月　波奇商城自上线起累计发件突破 100 万单。

2012 年 8 月　盛装亮相亚洲宠物展并获超高人气口碑。

2012 年 9 月　波奇商城购买用户数达到 400 000。

2012 年 10 月　获得集富亚洲、高盛等千万美元 A 轮投资。

2013年3月　在上海虹桥举办"2013中国宠物行业暨宠物零售业的机遇与发展研讨会"。

2013年5月　波奇商城单月销售超2 000万。

2014年2月　完成B轮2 500万美元融资。

2014年3月　借助上海犬博会，波奇O2O平台宠物生活馆（vet.boqii.com）正式上线。

2014年5月　在浦东召开宠物行业品牌盛典，现场波奇网签约品牌合作金额超3亿。

2014年8月　波奇宠物APP正式发布，开启无线互联新格局；同期，强势空降第十七届亚宠展，获得全场最高评价。

2014年9月　应邀参展"2014中国（杭州）宠物文化节"；波奇宠物生活馆全新更名波奇服务；北京、杭州两地同期开站。

2014年9月　波奇六周年，商城大促引爆流量沸点，订单销售额再创新高；Pets' party新版TVC五大视频网站同期热播。

2014年11月　波奇网双十一大促，全平台单日业绩突破2 000万。

2015年3月　波奇网联合宠物行业知名品牌开展"保真行动"，成立中国宠物行业"正品联盟"。

2015年5月　参与制作国内首部以狗为主的纪录片《狗狗在中国》，本片参与中美国际电影节。

2015年6月　发起"621带我走"公益活动，媒体人和志愿者竞相报名玉林救助活动，后期微博话题阅读量超千万，李玟、梁静茹等明星红人自行参与转发。

2015年11月　双十一波奇网全平台当日累计销售额破5 000万，刷新宠物行业销售记录。

2016年1月　完成招商银行领投的C轮1.02亿美元，成为宠物行业内目前最大一笔融资。

2017年　"双十一"，波奇网全平台单日销售破1亿元人民币，刷新了行业纪录。

链接2　宠物社区电商平台

表1-1　宠物社区电商平台融资一览

平台列表	上线时间	简　　介	融资历史
E宠	2009年	B2C平台，自营物流，合作品牌正品授权。2013年建立社交平台"骨头网" 面对中高端消费者在消费行为中品质、品牌的洞察，是其直接目标，重视国内与海外高端品牌	2015年A轮 2017年B轮5 000万美元

平台列表	上线时间	简　　介	融资历史
宠宠熊	2012 年	以电商起步，先后上线淘宝、天猫、京东等网店，主营各类宠物用品；2014 年成立线下宠物美容机构，专门为宠物提供高品质的美容护理服务以及酒店式宠物寄养服务；OEM 生产方式	2014 年 A 轮 1 000 万
有　宠	2015 年	有宠目前的业务涉及宠物在线社区（APP）、宠物线下服务、宠物电商、宠物影视、宠物智能设备和宠物游戏等领域。较重视宠物智能设备，是自主研发的产品 2016 年，有宠第一档以宠物为主题的访谈类视频节目《宠爱》正式上线；同时，还设计了原创萌宠形象，出版了有宠漫画、动画、杂志	—
狗民网	2006 年	狗民网从成立之初，整合宠物行业资源，建立垂直宠物社交平台 以宠物论坛起家，2009 年开始做团购，2010 年 7 月狗民商城上线，2011 年电商收入超过千万，2012 年加上广告收入近 2 000 万 2014 年开始，狗民网探索从单一的宠物社交平台向宠物主人综合服务平台转型，最终搭建宠物行业生态圈，满足用户在购物、公益、社交等多方面需求，与此同时，宠物垂直电商、宠物寄养 O2O 服务开始发力，为养宠人群提供便利、人性化的服务 拥有：狗民论坛、狗民商城、铃铛宠物 APP、宠托邦（宠物寄养 O2O 平台）	前后近 1 000 万
爱狗网	2006 年	爱狗网以论坛社区为主，前期投入大量资金于广告，因此是当时发展最快的，2007 年已过百万用户 2009 年获得千万美元融资，开始做电商，2011 年销售额过亿，但在 2012 年出现资金和内部管理问题，目前爱狗网和爱狗天猫店只在维持基本的运营维护	2009 年 A 轮 1 000 万美元 2011 年 B 轮 1 500 万美元
爱宠约定网	2013 年	主要提供犬类在线交易及后续养护服务，如在线预订家庭繁殖全，提供一站式幼犬检查、犬摄影、疫苗、驱虫、送犬上门等 CEO 曾就职于某 4A 广告公司	2015 年天使轮 300 万人民币

续　表

平台列表	上线时间	简　介	融资历史
宠物圈/宠物说	2013 年	宠物圈是一个基于宠物的移动社交应用。通过它可以找到周边的宠友,加入喜欢的宠物圈子,分享宠物趣闻、美图,及周边可获取的宠物服务 2014 年 9 月转型为宠物说,全球首款宠物图音社交软件,从图音拍照工具做起,为用户提供宠物分享服务	2014 年天使轮 500 万人民币
乐　宠	2003 年	乐宠是个综合型服务平台,旗下拥有乐宠宠物连锁、宠物中国网、猫咪有约网、尾巴圈APP 等 乐宠先成立线上宠物社区"宠物中国网",后续通过社区逐渐深入到宠物行业。包括宠物零售、宠物用品零售、宠物美容、训练、寄养、活动、医疗等服务	2008 年 A 轮 150 万美元 2010 年 B 轮 1 000万美元 2013 年 C 轮 1 500万人民币
闻闻窝	2013 年	用户在闻闻窝为宠物建立一个专属小窝,以宠物的身份结交好友,并与好友分享宠物的趣图 闻闻窝的理念是"闻闻窝 吻吻我 宠爱我一生",呼唤人们关爱流浪宠物,不抛弃,不放弃 收录线下宠物店近万个,通过认证商家 100个以上	2014 年预 A 轮 1 000万人民币 2014 年 A 轮 800 万美金
狗狗去哪	2014 年	狗狗去哪儿是一款手机上的遛狗神器,用户可以查到关于遛狗的路线和学习到狗狗的科普知识 目前有三大业务模块:带狗狗出行,带狗狗就餐和给狗狗上门洗澡	2015 年天使轮 600万人民币

链接 3　波奇网跨界的新尝试

1. 影视业

2017 年 4、5 月份,波奇网将先后与电影《血狼犬》《喜欢你》进行了相关合作。据波奇网相关人士介绍,此次合作,主要是双方资源互换,进行品牌宣传方面的合作。

"上述两部电影里,宠物皆扮演了比较重要的角色。电影《喜欢你》除了人的主角外,还有一位主角,是来自英国的斗牛梗犬,它为电影人物之间的感情增添了不少色彩。而《血狼犬》则是一部标准的人与宠物之间的电影。两部电影所营造的人与宠物之间的故事、感情,与波奇网所推广的'快乐与爱'文化吻合。"

波奇网拿出其用户的人群、渠道资源,为这些调性与波奇网文化匹配的电影做宣传,同时也借电影造势,宣传波奇的品牌。继2017年3月初,波奇网独家获得大热电影《一条狗的使命》衍生品开发销售权之后,波奇网在影视方面的"动作不断"。据波奇网相关人士透露,借《一条狗的使命》营销,不少只要与"宠物"沾上一点边的电影,都来与波奇网洽谈相关合作。

"有的是希望波奇网能够做贴片广告,有的是希望波奇网进行影视植入。目前波奇网的态度是,先探路,与相关影视行业做一些资源互换,积累经验。待时机成熟,遇到好的IP,不排除有更深合作。"

据相关媒体研究人士表示:"目前,企业本身媒体化的趋势正不断深化。以前资讯的传播渠道是大众媒体,后来多了一些带有公共属性的微博大V、微信公号。现在随着一些企业自建的自媒体平台,包括其APP网罗的注册用户数,自建的微信公号,如果运营得当,能网罗大量粉丝数,就会成为一个精准的用户社区。企业自身就会变成舆论场上一大媒体,可用来进行商业合作,营销,盈利,也可以用来建构行业话语权。"

2. 旅游业

2016年7月,波奇网开发了"宠物旅游",到2017年3月组织了十多次宠物旅游。宠物旅游率先在北上广深开展,每次几乎都是30到50多位宠友加30多只狗狗的大团出行。

组织"宠物旅游",主要有两点困难。一是寻找能接纳宠物上车、餐食、住宿、适合奔跑玩得开心的场所,二是制订全面预案。"比如宠物突然生病了,打架受伤了,把酒店床单弄脏了等,需要做充分准备才行;还比如配备宠物医药箱,或提前寻找好旅游目的地附近的宠物医院等,操心程度不亚于人的旅行。"波奇网工作人员说。不过,随着经济发展与社会观念变化,越来越多的酒店、餐食店,把接纳宠物作为特色服务加以推广,用来吸引"宠友"这一特殊顾客。据了解,短短半年,仅在广东地区,波奇网就与过百家的旅游酒店、餐厅,以及宠物乐园达成合作,作为招待"宠物游"的场所。宠物旅游的基础设施建设,正在逐步完善之中。

不再把狗寄养在宠物店,而是让宠物服务公司全程安排好宠物旅行中的"衣食住行",让主人毫无后顾之忧地带上宠物去旅行。"宠物旅游"将带动宠物餐饮、交通、住宿、用品等各个方面,相关联动消费。

据波奇网提供的"旅游套餐"显示,单日往返的客单价从100到200元之间,两天一夜的客单价从400到600元不等,三天两夜的从800到1000多元,包含了服务宠物,为宠物寻找住宿、游乐场所、餐食店的服务费。

3. 体育业

2018年6月10日,"爱在每步 Hi! PETS RUN 2018"波奇网宠物跑在上海市徐汇滨江举行。该赛事是上海城市业余联赛和上海社区健康跑嘉年华活动的系列赛事之一，由上海市体育局、上海市体育总会、波奇网及每步科技（上海）有限公司联合主办。

除比赛项目之外，赛事还设置了赛后活动。赛后抽奖让诸多幸运汪和它们的人类伙伴开心不已。宠物 T 台秀成为萌宠们大秀魅力的闪耀舞台。在宠物跑主题互动集市，供爱宠们吃喝玩乐的商品琳琅满目。宠物嘉年华的游戏环节更是让参与者们乐在其中。

启发思考题

（1）波奇网经历了哪几次转型？目前业务覆盖了哪些方面？

（2）参考本文"行业分析"与链接，与同类平台相比，波奇网的优势有哪些？

（3）目前波奇网的商业模式是怎样的，请结合案例及商业模式理论知识说明。

（4）随着宠物周边产品及商业模式的层出不穷，您认为宠物行业还可与哪些领域融合创建新的商业模式？请举例说明。

案例 2
达达—京东到家：
协同互补，彼此赋能，走向双赢

编者语：了解用户所需，直击痛点

从长远来看，真正具有发展前景的企业，也即是那些具有高度社会责任感的企业，是能够真正了解用户需求，解决社会问题的企业。在大都市中，人们生活节奏紧凑，时间成为一种紧缺资源，人们追求一种更具效率的生活方式，也更愿意为节省时间买单；另一方面，不同地域、不同阶层、不同职业之间的社会资源分布极不平衡，促进时间资本和经济资本之间的互相转化，解决富足劳动力的时间闲置和用户的时间紧张之间的矛盾，既具有重要现实意义，也具有高度的经济效益。

达达—京东的强强合作，通过线上营销、线上购买带动线下经营和线下消费的O2O营销模式以及众包物流，一方面提升了企业的服务质量，满足了用户不断提升的生活品质要求，尤其以快速、高效的方式解决了用户对生鲜产品的需求；另一方面，也为大量闲散社会劳动力提供了创造价值的机会，促进了社会就业，拉动了消费。

本案例由华东师范大学经济与管理学部的陈洁和孙梓钰撰写，由于企业保密的要求，在本案例中对有关名称、数据等做了必要的掩饰性处理。本案例只供课堂讨论之用，并无意暗示或说明某种管理行为是否有效。

摘　要： 生鲜电商一直是电商领域的世界性难题,电商领域的豪门们一直期待解决这一世界性难题,伴随着移动互联网的兴起,互联网企业期待利用 O2O 模式打开零售市场的全新形态,京东面对这一行业痛点,率先利用 O2O 模式,深层次地利用了传统线下零售商资源和挖掘线下零售商市场,然而物流问题却成了拦路虎,针对同城快递、众包物流这一领域的行业痛点,达达在这一行业已是领头羊。在当前行业形态方面,达达—京东到家可谓天作之合,两者的联姻最终实现了优势互补,强强联合,打造出了全新的 O2O 格局。

关键词： 京东到家;达达;并购;众包物流;生鲜电商

2.0　引言

　　蒯佳祺拿着手里的数据，宣布京东到家的业绩成果，可观的数据和图表让大家面露喜色。2017 年京东到家业务收入超出去年同期 7.5 倍，销售额 GMV 平均月度环比增幅达 30%，订单量的环比增幅达 20%，新入驻门店达到 3 万家。对具体的商户来说，沃尔玛的线上销售额（GMV）翻了超过 4 倍，订单量翻了近 3.5 倍；另一家著名商超永辉的线上销售额和订单量也比 1 月份增长了超过 2 倍；而在 4 月份才入驻的社区便利超市正大优鲜两个月内销售额增长 6 倍，订单量增长了近 7 倍。一夜之间，京东到家占领了各大互联网大数据平台监测数据的头条，Trustdata、易观发布的年数据中，生鲜电商里排名前三的平台：京东到家、每日优鲜、中粮我买网的月活跃用户数量远远超过其他平台的月活跃用户数量的总和。尤其京东到家，其一家平台的活跃用户数量相当于后面二三四名的总和，遥遥领先于其他平台。很多资深业内人士都认为，生鲜电商行业的竞争格局正在逐渐从江湖混战走向多强争霸，甚至是赢者通吃，行业竞争格局已经基本确立下来。京东到家未来或许将进一步拉开与其他生鲜电商平台的差距，成为行业独角兽。

　　晚上的庆功宴上，蒯佳祺不免回想起一路的艰辛，跟大家吐露心声。他说，在过去三年，他庆幸自己做的每一步的选择，尤其是达达与京东到家并购的决定，和行业的伙伴一起合作，协同互补，在同城快递、生鲜电商行业的大洗牌中生存下来，超越对手，脱颖而出。

2.1　成长之路——京东到家创业历程

2.1.1　京东到家出现背景

　　中国零售市场正在迎来一个非常大的变革。零售从来没有像今天这样受到全社会的高度关注，受到资本市场的高度追捧，受到新技术的高度青睐。仿佛在目前的中国社会，从上到下，各个方面大家都在讲新零售、都在做新零售、都在想新零售。

　　20 年前，在由传统零售向大卖场为代表的现代零售转变，沃尔玛、永辉等超市得以生存。然而随着中国房地产的变化，越来越多的超市、大卖场面临越来越多的租金上涨的挑战，几千平方米，上万平方米在黄金地段的店面往往难以为继。随后 7 - 11、全家等便利店迅速崛起，抢走了头部的、最高频的 SKU 的销量。而且便利店是 24 小时营业的，它抢走了很多因为便利性带来的销量。更有冲击性的是电商，所到之处寸草不生，电商送货上门，而且 SKU 非常庞大，一般的超市是几千或者是以万计的 SKU 量级，而京东、阿里这样的平台 SKU 动辄以千万计甚至是亿计的数量级。随着智能手机和移动互联网的普及，人们网上购物模式的消费习惯逐步养成，及时性消费领域的需求一直未被得到有效挖掘，O2O 模式的出现使得及时性消费需求得到了有效挖掘。所谓 O2O 模式又称离线商务模式，是指线上营销线上购买带动线下经营和线下消费。O2O 通过打折、提供信息、服务预订等方式，把线下商店的消息推送给互联网用户，从而将他们转换为自己的线下客户，这就特别适合到店消费的商品和服务。对于线下零售商而言：以互联网为媒介，利用其传输速度快，用户众多的特性，通过在线营销，增加了实体商家宣传的形式与机会，为线下实体店面降低了营销成本，大大提高营销的效率，而且减少它对店面地理位置的依赖性；同时，实体店面增加了争取客源的渠道，有利于实体店面经营优化，提高自身的竞争。对于用户而言：不用出门，可以在线便捷地了解商家的信息及所提供服务的全面介绍，还有已消费客户的评价可以借鉴；能够通过网络直接在线咨询交流，减少客户的销售成本；还有在线购买服务，客户能获得比线下消费更便宜的价格。有人预测未来的零售发展主要有两个方向：为以线上为主，主要满足到家需求，门店更多的价值是增强消费者体验，从线下找到流量，导入线上；以线下为主，主要满足到店需求，需要用线上的方式链接顾客，从线上找流量，导入线下。

2.1.2 京东到家的业务及出现的问题

京东当然看到了中国零售市场的变革，也看到了商机，觉得要参与到这场变革大潮之中，2015 年 3 月 16 日推出移动 APP“拍到家”，希望打造生活服务一体化应用平台。京东认为“拍到家”具备战略属性，想要解决电商领域的“世界性”难题——生鲜电商，依赖于京东的物流配送能力，“拍到家”可以向用户提供 3 公里范围内生鲜及超市产品的配送，及鲜花、外卖送餐等各类生活服务项目，并基于移动端定位实现 2 小时内快速送达，实现“足不出户，便利生活”。对于“拍到家”的上线，业内都觉得这是京东与线下零售的一次深度合作，把传统零售商积累的资源与京东的互联网技术、供应链管理优势相结合，将有助于京东进一步探索 O2O 模式。

果不其然，2015 年 3 月 31 日，京东集团正式成立 O2O 独立全资子公司（BG），继续加码 O2O 业务，现有 O2O 业务包括“拍到家”的全部相关部门和人员将并入该独立 BG，京东集团副总裁王志军先生将出任拍到家总裁。可以说京东对“拍到家”寄予了厚望，期望此服务能尽快达到每日数万单的体量，并且将进行快速的城市扩张及服务品类扩张，美甲、家政、洗衣、按摩等品类也有可能被整合进“拍到家”，从而快速推进京东在 O2O 业务方向上的战略布局和模式创新。

2015 年 4 月 16 日，京东再次宣布，日前成立的京东 O2O 业务子公司正式将旗下 O2O 产品“拍到家”更名为“京东到家”，并推“京东一元到家”产品，抢占生活服务 O2O 市场。自 2015 年 4 月正式上线以来，京东到家在 6 个月时间发展迅速，截至 11 月已经覆盖了国内 11 大城市，服务遍及华北、华东、华中、华南、西部等多个区域，为消费者提供了 2 小时内快速送达的全新 O2O 服务，打造生活服务一体化平台。从开始上线单品 1 元促销开始，京东到家分别在 5.20 鲜花大促、六一惊喜福包、626 宅购节、横跨 7、8 月的冰饮节、七夕节、教师节以及中秋节大闸蟹闪电送、1020 宅购节开展了大型促销活动等，逐渐占领生鲜商超市场，成为中国最大超市生鲜上门服务平台。

在生鲜电商领域，提供鲜果服务的天天果园，提供社区生活商品服务的爱鲜蜂等平台都在瓜分市场，京东到家初期主打的最大优势是物流配送能力，调用京东以社区为中心的配送人员，利用社区和商超之间地理位置的重合度，京东配送人员可以从线下商超，或者鲜花店、外卖店取货，然后送货上门。因为位置重合度高，可以在短时间内送达。然而，生鲜电商是个强需求，由于市场的不断拓展，在人口密集的地区容易产生大量订单，京东的配送人员数量不够，两小时内送货上门的承诺无法兑现，影响用户体验及京东到家的口碑，导致一些潜在种子用户弃用这一产品。

王志军发现京东的自营配送成本太高且能力远远不够。他想以共享经济的思维切入物流，运用"懒人经济"继续抢夺生鲜商超这块大蛋糕。2015 年 5 月 7 日，王志军推出全新、社会化的全民快递服务——京东众包物流，只要参与者年满 18 周岁，拥有一部智能手机和 3G 网络，就可成为京东众包兼职配送员，下载 APP，注册培训后上岗，配送费每单 6 元。刘强东先生率先注册成为第一名众包配送员，吸引了不少粉丝追随，上线 5 个月后京东众包就全面登录全国七大区域，包含北京、上海、广州等21 个城市，注册人数超过 25 万人。

京东到家共包含两个业务，一是生鲜超市 O2O 业务；二是因为做 O2O 业务搭建的众包物流。然而京东到家持续发展壮大，覆盖 13 个城市，300 万用户，日均订单量10 万单上下，处于实物到家 O2O 领域第一名，虽然招募了众包物流配送员，但规模还不足以支撑巨大的订单量。从订单量看，和当时的竞争对手爱鲜蜂旗鼓相当，但也处于激烈竞争当中，对该业务的补贴量大，亏损额度高。同时在众包物流业务方面，众包物流网络服务面窄，只服务于京东到家，成本较高，同时京东到家自建的众包物流平台满足不了业务需求，而且建设成本太高、需要花费时间较长。生鲜超市 O2O行业中竞争对手云集，稍不留神就有被赶超的可能，如果不具有别的公司所没有的优势很难在 O2O 领域中保持领先的优势。京东到家确实需要众包物流这一基础业务来支撑生鲜商超 O2O 业务的发展，但又心有余而力不足，选择并购一家众包物流企业就成了京东到家一个明智的选择。王志军关注到达达众包物流体系，一见倾心，发现京东到家斥巨资打造的京东众包也只召集了 25 万人，与达达 130 万的众包配送员不在一个量级，便想与达达合作，来解决物流痛点。

2.2　物色对象——与达达合作寻求出路

2.2.1　吸收达达物流优势

达达打造的众包物流体系在全国市场已经拥有了 130 万的众包配送员，覆盖

350多个城市,服务商户数十万家,日均百万级的订单规模,其中就包含了美团外卖、饿了么、百度外卖三大外卖公司,是无可争议的"众包物流领域的滴滴",是中国最大的众包物流平台。王志军对达达一见倾心之后,联系到了达达总裁蒯佳祺,专程登门拜访,俩人喝着茶聊了起来。

蒯佳祺侃侃而谈,说他是个典型的80后,不怕苦不怕累,本科毕业于同济大学物流工程专业,又去美国麻省理工学院(MIT)读了物流工程的硕士。创办达达之前,先后在麦肯锡做过物流咨询,在安居客做过副总裁。蒯佳祺说他认为O2O中最大的痛点是物流,所以想到用移动来解决物流的问题。正好当时滴滴正和快的进行补贴的大战,于是就想到要做一个物流业的滴滴。2014年,蒯佳祺离职,跟达达的7个创业元老在上海的一个酒店里租了三个房间,用7天时间开发出了达达的第一个版本。2014年6月,达达正式上线。团队刚刚起步之时,蒯佳祺并不知道谁愿意,谁又适合来做众包配送员,只能"简单粗暴"地在街头找人聊天,找保安、找保姆,去摆摊,被城管追,一步步锁定人群,再一个个说服他们下载达达,上传身份验证,去加入一个全新的工作模式。他们出入菜市场、居民区,从最初一天3个"达达",到现在一天主动注册"达达"1 000个,花了大量的力气。

蒯佳祺介绍道,自己打造的达达众包模式充分利用社会的闲散力量和资源,他们在全国市场已经拥有了130万的众包配送员,覆盖350多个城市,拥有一支强大的物流配送军队,大幅提升了物流配送的响应速度。130万名配送员规模巨大,蒯佳祺建立了一整套平台规则去管理。首先建立准入规则,确保在平台上工作的配送员符合一定要求,能获得并评估这些人的身份信息,同时组织线上及线下的培训,采取100%配送员实名认证、100%案底背景调查、100%线上线下培训和考试,完全达标才能上岗。其次是交易规则,平台保证配送员每一单配送的商品安全,如果用户选择线上支付,平台会先在配送员账户里冻结相应的金额,商品送达后再返还;如果用户选择当面付款,平台则要求配送员自己出钱先从商户那儿把东西买下来,送达后再从用户那儿把钱收回来。最后是奖惩规则,杨骏和团队给配送员设计了一套基于信用分的评价体系,基于算法和海量数据来给配送员动态打分,即当一名配送员在送单速度、活跃时长和服务质量等多个细项指标上表现突出时,信用分会越来越高,获得的奖励包括每单额外的收入,一次可以合并更多订单,以及优先拿到高价订单,等等;反之,如果信用分低,展示给他的订单就会越来越少。蒯佳祺建立的管理规则,使得这支物流军队训练有素,也使得王志军对达达的物流体系一见钟情。

2.2.2 并入达达"派乐趣"业务

蒯佳祺还提到,他们在2015年10月上线了跟饿了么一样的外卖平台"派乐趣"。利用其众包物流,"派乐趣"的核心优势是配送速度快,上线时保障80%的订单在30分钟内完成配送,99%的订单在一小时内完成配送。针对优质商户的优质订单,在时限内送不到的话，"派乐趣"进行赔付。开始团队做得非常好，凭着百万配送大军在送货时发放宣传单，以及前期的"半价"优惠政策，"派乐趣"在上线 6 周后，日订单突破了 100 万。见图 2-1、图 2-2。

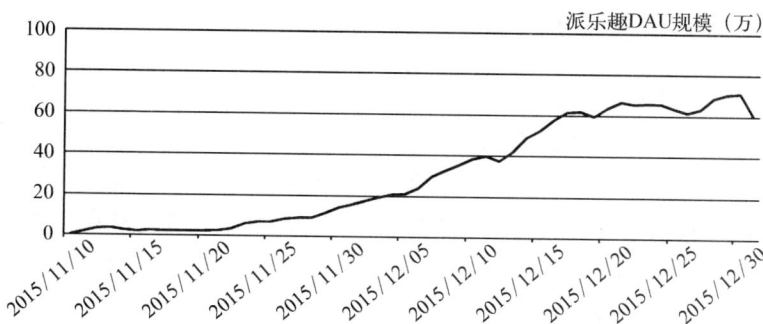

图 2-1　2015 年底派乐趣迅速崛起

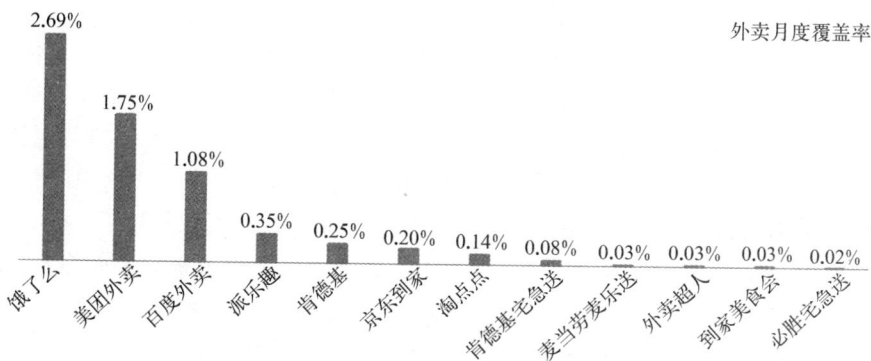

图 2-2　外卖市场三强并立，派乐趣杀入 TOP5
资料来源：2015 年中国移动互联网行业发展分析报告

在"派乐趣"杀入 TOP5 之时，饿了么、美团外卖和百度外卖意识到问题的严重性，便很快开始对"派乐趣"进行联合封杀。很多商家刚入驻"派乐趣"不到半个月，就被三大外卖巨头要求停止跟"派乐趣"的合作，否则集体下架餐馆，很多商家表示他们近九成的订单来自外卖三巨头，只能停止跟派乐趣的合作，关闭了接单系统。"派乐趣"推出半价优惠，大量发放补贴，这种"烧钱"的模式也使得"派乐趣"在时间的推移下不堪重负，商家流失，收益甚微，如何盈利成为大问题，"派乐趣"的一些城市的团队已经解散，面临困境。王志军对蒯佳祺说："爱上一匹野马，就要为它找一片草原。现在，京东到家就是达达的草原，触手可及，土肥水美，再也不用担心会因为上游截流而青黄不接。"

王志军提出，看到达达当前面临的困境，更加表明了要与达达合作的坚定决心，想要利用自己电商经验，并入达达派乐趣业务，实现 O2O 电商转型，盘活其物流体系和商户资源,实现订单量的维持和收益的增加。

2.3 结成姻缘——资本推动资源互补

2.3.1 促成良缘皆大欢喜

京东到家、达达背后都有相同的投资者连接着,DST、红杉、景林等资本层面的推动,成为促成良缘的关键性因素。"京东到家"是个不折不扣的"富二代",最擅长撩妹。撩商家的本事儿这是天生的,而且还有个富爸爸,当然不愁没订单;反观达达,从诞生之日起,就是做的众包生意,短短两年即成长为O2O新物流领域的独家兽,也可谓门当户对。独角兽和富二代的婚姻到底会擦出什么样的火花,在业界引起一番热议,各大资深人士都在网络上发表着看法。

红杉资本董事总经理郭山汕说:此次达达和京东到家的合作,将会继续扩大物流众包的领先地位,形成中国最具成本和时效优势的到家配送网络,将订单拓展到超市生鲜等领域,外卖业务将更加追求服务和品质,同时将和京东,永辉等一批优秀企业和商家合作拓展更深的供应链服务。华兴资本董事总经理王力行也表示:"通过本次交易,相信达达将积极整合京东集团及其附属产业的物流、供应链、品牌等资源,强强联合促进中国本地传统消费模式的革新与升级,给消费者带来更优质更有价值的服务。将秉承'使命必达'的理念,打造O2O电商到家模式的真正闭环。"

在业界一片沸腾之时,新上任的CEO蒯佳祺也表达了对未来的美好愿景,表示"达达"和"京东到家"将实现强强联合、优势互补。同时,京东集团不仅给新公司带来了包括强大的供应链、品牌、优质流量、干线和冷链物流网络以及庞大的商户和供应商资源,还会在产品创新、服务提升和新业务拓展上投入更多精力和资源,更好地为我们的用户创造价值。

2.3.2 资本团队重组安排

2016年4月14日当天,会议室中一片欢呼,"京东到家"与"达达"合并一事达成最终协议。刘强东发表激动人心的演讲:"我宣布将以京东到家的业务、京东集团的业务资源以及两亿美元现金换取合并后新公司约47.4%的股份,并且邀请红娘华兴资本担任独家财务顾问。蒯佳祺是麻省理工的物流工程学硕士,可谓真正的供应链和物流学院派 + 实战派的双料专家,杨骏则是一流的技术和数据大牛,王志军是服务管理和用户体验方面的顶尖专家。我给他们充分的信任和自我生长的平台,蒯佳祺、杨骏仍然为 CEO 和 CTO,总裁职位由王志军担任。我相信在这三巨头的带领之下,公司的团队结构会更佳优化,可以在社会化物流、用户体验、客户关系、技术和产品等方面都产生化学反应。这是一场门当户对的联姻,让我们一起期待美好的未来!"

2.4　携手前行——立志打造本土最大物流与 O2O 电商平台

2.4.1　业务重组:"同城配送＋生鲜商超 O2O"

目前,全国快递行业增速最快的就是同城快递,每天快递单量达到 1 500 万单,而且近 5 年的复合增长率超过 50％,这意味着到 2020 年,日均同城快递单量将突破 1 亿单。蒯佳祺认为,物流的本质与核心是一张网络,他看到现在手里掌握的几十万活跃配送员足够密集,所以决定向距离更长的同城配送扩张也顺理成章。蒯佳祺着手进军 C 端业务,满足普通用户同城即时送、取物件的需求。蒯佳祺希望可以以文件、小物品切入,而非同城货运面向的搬家、大件货运市场,寄送或者代取的物品范围涵盖合同文件、食品饮料、服装、零配件、发票证件、礼物鲜花等。主打 15 分钟上门取件、1 小时送达、7×24 小时服务。蒯佳祺认为,如果能够实现两小时的电商配送、且价格合理的话,可能整个电商的需求又会被极大地释放出来。而随着电商、O2O 的发展,同城快递应该至少占到整个快递市场的一半以上。他要求技术人员在 APP 统一需求端,实现商户和个人均可通过 APP 自由下单、查询账单和交易明细,也能查看地图、了解订单配送的实时情况。蒯佳祺向用户承诺,要高效和快速满足消费者的需求,并且在保证 1 小时送达的基础上,降低物流成本,让同城速递成为解决生活痛点的一大利器,构建全国最大最高效的同城配送网络。

生鲜商超也是一个超过 2 万亿人民币的零售市场,是迄今为止电商最难攻克的山头,其产业运作模式重,运作形态更加复杂。从产品保鲜所需的冷链物流系统到高成本、低回报的复杂的供应长链,生鲜电商的发展初期离不开持续的资金输出,中期市场的消费黏性也不容易培养,满足物流运输的高要求更是难上加难。生鲜电商这块难啃的硬骨头,自其诞生以来,"亏损""倒闭""转型"等字眼就像幽灵一样环绕在生鲜电商的周围,但蒯佳祺带领"京东到家"发展生鲜商超 O2O,将达达旗下"派乐趣"品牌和业务将并入京东到家平台,通过与线下商超、零售店和便利店等多种业态的深度合作,丰富产品范围和品类,利用近 200 万的众包物流,在超市生鲜领域持续深耕,打造便捷和高品质的消费者购物体验。通过强大的供应链、品牌、优质流量、干线和冷链物流网络以及庞大的商户和供应商资源,"京东到家"生鲜商超 O2O 业务逐步从烧钱补贴价格战走向凭借优质服务、高效配送等为制胜标准的健康发展轨道,成为行业的领头羊。

2.4.2　提出零售赋能体系:流量、效率、用户三管齐下

蒯佳祺似乎并没有停下耕耘的步伐,在"京东到家"合并"达达"一周年之际,召开发布会,披露其目前的运营情况,并发布了"零售赋能"战略。蒯佳祺表明,"京东到家"走的是"平台＋物流"的模式,对接线下传统商超进行 O2O 业务布局。他觉得今

天这些有竞争力的、在过去几十年里已经完全证明自己的超市连锁品牌具有非常强大的生命力和战斗力,"京东到家"要做的不是取代他们,而是赋能他们。他提出从流量、效率和用户运营三个角度进行赋能,想要通过平台优势和技术,来解决"最后3公里"各个环节中存在的问题,通过自身优势赋能反哺商户,帮助商户解决现在普遍存在的线下增长乏力、线上营销过度的困局。

1. 流量赋能

给合作商超门店等合作伙伴带来用户流量和销售业绩。传统商超的流量来主要自线下门店,关键影响因素是其地理位置,但由于场所是固定的,其主要流量来自附近社区和过路人流,流量获取有限。且这些线下门店属于重资产投入,成本和转化率衡量起来不及线上既有流量优势明显。而线上流量导入将服务半径从3公里扩大至京东到家4 000万用户和京东商城上亿级用户的双平台,面向生活品质有较高追求、品牌忠诚度高、对商超和生鲜具有明显消费意愿的高收入群体。目前京东商城在APP首屏第一行便为京东到家设置有永久性入口,每当消费者在京东商城APP中搜索超市、生鲜、水果等相关单品,会发现搜索结构链条中排名第四位的一定是京东到家的链接,也就是说京东到家还不仅局限于4 000万用户流量,京东商城平台上活跃的2.4亿名用户,均为京东到家的潜在客群,为合作商户带去线上流量。

蒯佳祺在发布会上强调,目前京东到家的服务范围已经覆盖了全国22个主要城市的7万多家门店,并吸引了包括沃尔玛、永辉、欧尚在内的国内外零售巨头的独家入驻,与京东到家合作越久的商户,单量越多。即便是沃尔玛、永辉这样的商家,他们的门店非常大,每家门店至少是几千平方米,甚至是上万平方米的,京东到家已经可以贡献其中很多门店10%这个量级的销售。一些区域型的相对更小的门店,比如说几百平方米,或者是1 000平方米左右的社区生鲜超市,京东到家已经可以贡献20%甚至是30%的销量了。入驻京东到家的商户普遍都可以实现10%~30%的整体销量增长。

2. 效率赋能

对拣货、配送等环节进行优化,提高效率。蒯佳祺的办公室里今天迎来了一个客人,沃尔玛中国大卖场电子商务副总裁博骏贤,博总现在流量、订单不缺,但随之而来的问题也增多,尤其是拣货问题,成本高,费时长,让他们头疼。蒯佳祺随即叫来杨骏,博骏贤跟CTO交代问题和需求,表示便利店的经营面积通常在一百平方米左右,SKU数较少,在优化库存管理、拣货配送等环节难度还相对较低。但对于拥有数千种SKU的商超业态来说,接入线上订单后,还能保证门店的正常运转,便是其需要解决的问题。当线上订单给到超市之后,拣货员要越过最长可达数百米的货架,"满场飞"一般拣货。在沃尔玛等大卖场中,每单拣货时间通常会超过30分钟。以上海每小时20元的最低收入标准计算,拣一单货的人工成本在10元左右,长期来看给沃尔玛带来很大的压力。杨骏意识到问题的严重性,拣货问题应该不止沃尔玛一家,跟京东到家合作的商户或多或少都有这样的难题，便联合团队进行开发研究。不久之后，京东到家开发出一款"拣货APP"。在处理线上订单时，京东到家开发的快速拣货系统发挥了奇效：拣货系统通过统计分析订单纪录，判断出消费者订购频次较高的商品，并按商品类别设计拣货路线。技术手段提升了拣货效率，原先需要45分钟才能拣货完成，现在拣货时间已经缩短到每批次订单平均15分钟，且这个时间还在不断缩短。"拣货APP"上线之后，京东到家在最领先的超市品牌，包括欧尚、沃尔玛、永辉等等超市率先投入运行，在所有超市中都建立了京东到家专属的店内拣货仓，通过"拣货APP"提供一整套解决方案，帮助拣货员极大缩短拣货时间。之前拣一单货平均要超过30分钟，而今天只有3～5分钟，一下子这个商业模式就可以运行起来了。沃尔玛中国大卖场电子商务副总裁博骏贤表示，接入京东到家生鲜O2O服务，并非只是增加订单量，而且彻底改变了门店的运营方式，大大提高了效率。

拣货之后即为配送，京东到家并购达达之后，最牛的就是配送体系了。配送员已经覆盖了超过350个城市，峰值单量超过了400万的量级，在整个平台上有超过300万名实名注册的配送员，其实我国专业快递员人数总和是201万人，而平台上已经有超过300万名兼职的终端配送员了。蒯佳祺在合并周年发布会上引以为傲地说："基于我们现在这样一个非常庞大的运力实力，以及它背后规则和技术驱动的一个平台，我们可以做到几乎所有的订单都是在一小时之内到达。大家不要小看一小时，从顾客下单开始要经过很多流程才可以到你的手上的。顾客下单之后，门店接单之后开始拣货，拣货之后打包，打包之后快递员取货，最后上门送达。一小时的时间是非常紧张的，我们有非常强大的物流能力来支持这一点，不仅有时效，而且我们是7×24小时的服务，风雨无阻，全年无休！"京东到家的众包物流体系，以及蒯佳祺对配送员建立的准入、交易、奖惩等一整套平台规则，不断缩短商品从店到消费者的配送时间，大大提高了配送效率，提升用户体验。

3. 用户赋能

打通线上线下，实现精准营销。蒯佳祺认为，在传统超市行业，是没有用户的概念，他只有一个概念就是顾客。所有的顾客随机走进一家超市，对于超市来说，他并不知道这个人之前来过没有，或者这个人曾经买过什么东西，有一些什么喜好，浏览过什么，购物习惯如何，都不知道，因为他没有用户的概念。过去用户和线下商超之间是没有联结的，商超留存用户的手段可能仅仅是逢年过节的会员卡、储值卡。为了解决这个问题，京东到家的平台上可以实现，所有关注，或者是在某家门店下过单的用户就会成为这家店的粉丝。对于很多大型的门店，一个门店就可能获得数以千计周围的粉丝。京东到家后台运用精准的用户画像，为商家提供了一系列用户管理和运营工具，通过这些工具，商家可以方便、快捷、高效地向用户推送活动和推广信息，把"门店"开到了消费者的手机上，以较低成本轻松实现线上营销。而用户在一些线下超市买单时，也会使用京东到家的扫码支付，借此打通线上线下订单。

2.5　共创未来

达达和京东到家合并之后，共享用户、供应链与配送资源，打造到家模式的闭环。很多人预测一旦这种闭环形成，未来将会对同城快递，尤其是服务于电商客户的落地配产生极大冲击。但未来如何，我们无法得知，期待达达京东到家可以共创未来，给生鲜电商和同城速递带来不一样的春天。

链　接

链接 1　O2O 营销模式

1. O2O 营销模式的概念

O2O 营销模式又称离线商务模式，是指线上营销线上购买带动线下经营和线下消费。O2O 通过打折、提供信息、服务预订等方式，把线下商店的消息推送给互联网用户，从而将他们转换为自己的线下客户，这就特别适合必须到店消费的商品和服务，比如餐饮、健身、看电影和演出、美容美发等。O2O 营销模式的核心是在线预付。

2. O2O 营销模式的优势

O2O 模式的益处在于，订单在线上产生，每笔交易可追踪，展开推广效果透明度高。让消费者在线上选择心仪的服务再到线下享受服务。

对于实体供应商而言：以互联网为媒介，利用其传输速度快，用户众多的特性，通过在线营销，增加了实体商家宣传的形式与机会，为线下实体店面降低了营销成本，大大提高营销的效率，而且减少它对店面地理位置的依赖性；同时，实体店面增加了争取客源的渠道，有利于实体店面经营优化，提高自身的竞争。在线预付的方式，方便实体商家直接统计在线推广效果及销售额，有利于实体商家合理规划经营。

对于用户而言：不用出门，可以在线便捷地了解商家的信息及所提供服务的全面介绍，还有已消费客户的评价可以借鉴；能够通过网络直接在线咨询交流，减少客户的销售成本；还有在线购买服务，客户能获得比线下消费更便宜的价格。

对于 O2O 电子商务网站经营者而言：一方面利用网络快速、便捷的特性，而且能为用户带日常生活实际所需的优惠信息，因此可以快速聚集大量的线上用户；能为商家提供有效的宣传效应，以及可以定量统计的营销效果，因而可以吸引大量线下实体商家，巨大的广告收入及规模经济为网站运营商带来更多盈利模式。

链接 2　众包物流模式

众包模式(Crowd-sourcing)是指一个公司或机构把过去由员工执行的工作任务，以自由自愿的形式外包给非特定的大众网络的做法模式。众包物流是指把原由企业员工承担的配送工作，转交给企业外的大众群体来完成。众包物流就像现在的滴滴打车和 Uber 打车一样，兼职/全职配送员的运力众包一键发订单入配送池，配送员抢单分单，定位调度，轻松结算。和打车的区别就是变成了只要下载软件了人人都是快递员。

众包物流运营的核心是大数据平台，该平台承担着运营调度的任务，如同人的大脑一样指挥着平台上的人员和设备，在同城配送的众包平台上，从门店排序优化、订单定价、路线规划等方面均引入了人工智能数据分析。具体来说，根据历史数据对每个订单进行动态定价，通过系统算法决策合并订单提升配送效率，在物流配送环节使用运筹学规划论和网络论解决路线规划等问题，降低平台配送成本。

启发思考题

（1）试分析京东到家与达达是否有并购需求。

（2）京东到家收购达达的基本动因是什么？

（3）你认为达达是京东到家的一个理想目标公司吗？

（4）京东到家收购达达后，给线下商超带来了什么样的变革？

案例 3
饿了么：
新零售时代的外卖平台
发展与未来之路

编者语：顺应互联网时代的潮流

作为一种新的新零售发展模式和发展思维，饿了么的并购都具有标杆示范价值。企业家的社会责任将决定饿了么的未来走向，也将接受用户的选择偏好的检验，用户的选择才真正代表着时代发展、市场发展的方向。从 2008 年诞生，到 2018 年成为超级独角兽，饿了么用了 10 年时间。这 10 年也是中国互联网飞速发展的 10 年。互联网不仅在线上改变了人们的信息传播方式，更在线下改变了人们的生活方式，乃至整个社会的结构方式，饿了么正是在顺应互联网时代巨变中崛起的企业。企业创始人在日常生活中发现商机，并将之与互联网相结合，开创了中国网络外卖的新模式。从转变盈利模式，到超时赔付提升用户体验，再到打通线上服务、线下体验和现代物流的新零售模式，饿了么伴随互联网的发展、升级，不断调整、优化自己的商业模式，从网站升级、支付结算系统等各个方面结合网络技术和市场环境的变化，不断推出新产品，提升服务质量，一步步成为我国最大的网络订餐平台。饿了么不断改革的过程，也是不断适应互联网发展、变化规律的过程。事实证明，只有顺应时代发展潮流才能脱颖而出，立于不败之地。

本案例由华东师范大学经济与管理学部的程恒伦和黄一平撰写，由于企业保密的要求，在本案例中对有关名称、数据等做了必要的掩饰性处理。本案例只供课堂讨论之用，并无意暗示或说明某种管理行为是否有效。

摘　要： 2018 年 4 月 2 日，中国互联网史发生了一件大事，阿里巴巴集团、蚂蚁金服集团与饿了么联合宣布，阿里巴巴已经签订收购协议，将联合蚂蚁金服以 95 亿美元对饿了么完成全资收购。收购后的饿了么将成为"超级独角兽"。成为阿里集团的一员后，饿了么与阿里生态圈的联系将更加紧密，相互协作会更加高效，协同效应会更加显著，饿了么与商户和合作伙伴都将共同分享阿里生态带来的巨大红利。自此，饿了么与美团公司的外卖平台之争，上升到了阿里巴巴集团与新美大的新零售之争。本案例将从阿里巴巴收购饿了么出发，分析饿了么公司在收购前与收购后的商业模式，并从多个时间点探讨饿了么公司的商业模式。主要用于互联网商业等方面的教学工作，目的在于帮助学生掌握互联网企业合作的商业模式，了解互联网行业的发展方向，丰富学生知识阅历，提高学生的战略思维。

关键词： 饿了么；阿里巴巴；外卖平台；新零售；商业模式

3.0　引言

2018 年 4 月 2 日，饿了么创始人兼 CEO（首席执行官）出现在阿里巴巴总部的某个会议室，等待着与阿里巴巴集团负责人们的到来。

十分钟后，阿里巴巴与饿了么公司的沟通会在这里召开，传闻已久的阿里巴巴收购饿了么外卖一事终于尘埃落定，迎来了外卖行业乃至整个互联网行业历史上最大的现金收购案。这是成为阿里投资饿了么、饿了么成为支付宝首页常驻应用之后的两家公司的进一步合作。

与张旭豪一同出席的还有饿了么 CFO（首席财务官）许舸、公关副总裁郭光东和负责人力资源的副总裁信景波。阿里巴巴集团 CEO 张勇、阿里巴巴集团副总裁王磊、阿里巴巴 CCO（首席客户官）吴敏芝、蚂蚁金服 CEO 井贤栋。

在会议上，饿了么创始人张旭豪表示，借此饿了么将正式成为"超级独角兽"，这是包括阿里在内的广大资本市场对饿了么的认可。成为阿里集团一员后，饿了么与整个生态的联系会更加紧密，相互协作会更加高效，协同效应会更加显著，饿了么用户、商户和合作伙伴都将共同分享阿里生态带来的巨大红利。更重要的是，阿里和饿了么有着一致的战略愿景，彼此都对新零售市场有着坚定的信心，加入阿里生态，饿了么的发展平台将上升到前所未有的高度。

同时，阿里巴巴集团 CEO 张勇宣布，待交易全部完成后，饿了么创始人兼 CEO 张旭豪将出任饿了么董事长，并兼任张勇的新零售战略特别助理，负责战略决策支持。阿里巴巴集团副总裁王磊将出任饿了么 CEO。

这次收购协议签署，标志着饿了么全面汇入阿里巴巴推进的新零售战略，为阿里生态拓展全新的本地生活服务领域，完成从新零售走向新消费的重要一步。

3.1　新零售时代的到来——强强联手，志在必得

3.1.1　饿了么：外卖行业的领头羊

2007 年，饿了么创始人张旭豪攻读上海交通大学建筑节能专业硕士，经常窝在宿舍看电影、打游戏使张旭豪废寝忘食，常叫外卖填肚子，当时外卖用户体验不好，通常要拿着传单上的电话拨过去，需要的时候往往找不到传单。这种状态让张旭豪想到如何利用互联网改造外卖，随后想法逐渐成型，张旭豪拉上宿舍另外三人就开始折腾了。创业不仅需要想法，更需要时间，一边做导师的项目，一边创业，两手不能兼顾，张旭豪他们决定休学创业。

2008 年，中国最早的在线外卖平台——饿了么，在几个心怀热血的年轻人的努力下正式诞生，张旭豪担任饿了么的 CEO。饿了么最早是电话订餐，为了把这些餐

厅串起来,他们就印册子,把餐厅列出来,配备统一电话。用户拨打这个号码点餐,再通过短信或者电话告诉餐厅。张旭豪偏执,找平面设计公司设计册子,结果嫌丑,于是就现学 PS、AI。订单陆续来了,配送又成难题。张旭豪买了一些电动车,招来兼职做配送。电话订餐没有在线支付,都是送货上门结算。张旭豪他们每晚结账,一二十家餐厅挨个对账到半夜。张旭豪曾骄傲的说过"我们开发了网络订餐行业的第一代电脑订餐网站,第一代手机 APP,饿了么是唯一一家完整经历了电话订餐、电脑订餐、移动端订餐三个阶段的订餐平台。不谦虚地说,是饿了么塑造了这个行业最初的模样,是我们开创了这个行业的雏形。"

创业 10 年来,饿了么也一直占据着行业的绝对领军者的位置。

饿了么的用户从几百个发展到现在的将近 2.6 亿人。今天中国的移动互联网总人数大概是 8 亿人,平均每 4 个人里面就有一个人用饿了么。商户从十几家扩展到现在的 200 万家,饿了么努力让每一家餐厅做好外卖。蜂鸟配送平台的配送员已经达到 300 万人,饿了么覆盖的城市从 8 个、20 个扩展到 2 000 个。现在你站在任何一座城市的十字路口,每隔十多分钟,就可能看见一位蓝衣蓝帽的小哥在辛苦地奔忙,为全国超过 2.6 亿人提供 30 分钟内到家的即时配送服务。

在 2017 年的年会上,饿了么创始人、董事长张旭豪提出将愿景从原来的"美好生活触手可得"改成"Make Everything 30 min",意在将世间万物接入每个人的 30 分钟便利生活圈。饿了么也要从"饿了么网上订餐平台"变成"本地生活平台"。而此次饿了么被阿里巴巴收购,将正式预示着饿了么向本地生活服务平台转型。

3.1.2 阿里巴巴:互联网行业的大哥大

阿里巴巴集团由曾担任英语教师的马云为首的 18 人,于 1999 年在中国杭州创立。从一开始,所有创始人就深信互联网能够创造公平的竞争环境,让小企业通过创新与科技扩展业务,并在参与国内或全球市场竞争时处于更有利的位置。自推出让中国的小型出口商、制造商及创业者接触全球买家的首个网站以来,阿里巴巴集团不断成长,成为网上及移动商务的全球领导者。阿里巴巴集团及其关联公司目前经营领先业界的批发平台和零售平台,以及云计算、数字媒体和娱乐以及创新项目和其他业务。

阿里巴巴全资收购饿了么,此前并非没有端倪。2018 年 2 月业内即有"阿里巴巴将以交易总对价 95 亿美元收购饿了么"的消息,不过当时阿里巴巴方面不予置评,饿了么方面则称对此消息不知情。事实上,阿里巴巴和饿了么开展战略合作已有两年。2016 年,张旭豪通过内部信宣布与阿里巴巴及蚂蚁金服达成战略合作协议,获得 12.5 亿美元投资。2017 年 4 月,阿里巴巴与蚂蚁金服再次联手对饿了增资 4 亿美元。2017 年 8 月,饿了么并购百度外卖,阿里巴巴为此次交易向饿了么提供融资支持,同时在流量入口、智能技术等领域提供支持——饿了么与阿里巴巴之间的业务联系,早已密不可分。据悉,在收购饿了么之前,阿里巴巴就已持有饿了么大约43%的股权,这次交易是将剩余的57%股权全部揽入囊中。交易完成后,阿里巴巴和旗下蚂蚁金服将100%持有饿了么发行的股份。"饿了么和阿里巴巴生态的完全结合,标志着阿里巴巴从新零售走向新消费的重大进展。"

未来,饿了么将依托阿里巴巴集团数字经济生态的商业基础设施,与阿里巴巴众多业务结合,成为阿里巴巴新零售战略的一支重要力量。而这次收购饿了么公司,阿里巴巴旨在以餐饮作为本地生活服务的切入点,以饿了么作为本地生活服务最高频应用之一的外卖服务,结合口碑以数据技术赋能线下餐饮商家的到店服务,产生化学反应,形成对本地生活服务领域的全新拓展。

3.2　五年磨一剑——沉淀中的饿了么

从2009年4月网站正式上线后,"饿了么"在之后的5年里稳步发展,不断调整、优化自己的商业模式。从盈利模式、网站升级、支付结算系统等各个方面结合网络技术和市场环境的变化,不断推出新产品,提升服务质量,一步步成为我国最大的网络订餐平台。到2012年底,"饿了么"日交易额突破300万,团队规模达到200人。

3.2.1　转变盈利模式

在推出订餐平台之后,"饿了么"也相应改变了其盈利模式。最初,饿了么通过向商家收取一定比例的佣金来获取收益,但是这样做对商家的体验非常不友好,导致商家怨声载道。后来,饿了么转变方式,通过固定服务费的方式来收取费用,使得商家的积极性得以提升,因为商家成交量达到一定程度才需要缴纳每年的固定费用,使得商家愿意多劳多得。也降低了商家的风险,使得商家更愿意和饿了么合作。在张旭豪看来,这样方便控制现金流,免去了上门收佣金的人力成本,也能给商户释放多劳多得的信号。

这个阶段,"饿了么"盈利来源:一是,在线订餐月流水超过某个额度收取入驻商家一定管理费用;二是,平台商家竞价排位;三是,促销活动收取增值收费;四是商家广告收入。由于后台系统确实能为很多小商户带来便利,而且用户量达到一定规模后才收取每年的固定费用,这大大降低了商家的风险,促进了商家和平台的合作。

3.2.2　建立新标准,促成新格局

2010年6月,为了提高用户体验,"饿了么"率先开创了超时赔付模式。超时赔付模式即:餐厅承诺一个送达时间和一个折扣,从用户下单时间开始计算,如果外卖超过了承诺时间才送到,该份外卖按照折扣价收取费用。由于恶劣天气、某些美食烹调时间过长,或者其他因素,餐厅会选择性的延长承诺时间或者不做承诺。这一赔付

模式的推出,为餐饮外卖行业建立了新的标准。同年 9 月,"饿了么"订餐范围覆盖全上海,合作餐厅超过 10 000 家。两个月后,"饿了么"手机网页订餐平台上线。到 2011 年 5 月,"饿了么"年交易额突破 2 000 万,2011 年底,"饿了么"日交易订单突破 10 000 单,成为我国最大的订餐平台。

2012 年 9 月,"饿了么"成功推出在线支付功能,以及餐厅超级结算系统,率先形成网上订餐闭环系统。O2O 商业模式的一个焦点问题,就是如何实现 O2O 的闭环。大部分的 O2O 产品只实现了半个环,即通过线上行为将客流引到线下,去消费体验、实现交易。而如何将线下的用户行为引到线上,一直是困扰产业界的难题。对此,张旭豪指出,通过"饿了么"的支付架构,用户可以用支付宝付款,餐厅也在这套系统中进行结算,"饿了么"通过在线支付,成功实现了闭环。"饿了么"采用先进 Linux + MySQL 的数据中心架构,存储了海量的餐厅数据、用户数据和订单数据。统一的数据库满足了平台中网站平台、移动端应用、在线支付系统、业务后台系统和餐厅管理系统的数据存储和查询请求。另外根据数据系统提供的信息对餐厅进行统一的管理,帮助餐厅更有效率的进行日常管理。"饿了么"把优秀的数据分析通过后台开放给餐厅,帮助他们提高自己的服务质量;把 UGC(用户生成内容)产生的数据开放给消费者。配送速度、餐厅的美誉度、用户给一家餐厅的评分是多少一目了然。这是"饿了么"督促餐厅提升自己服的另一种方式。通过 CRM 客户管理系统,餐厅可以方便查看自己的用户,并且可以在此基础上做二次营销推广。通过在线支付账户管理,餐厅能够随时管理自己账户的外卖收款,并用收款直接购买"饿了么"的软件服务和付费排名服务。

"饿了么"通过 SOA 架构(即面向服务的架构)来搭建整个系统中各个平台的信息传输和通信。将网站平台系统、移动端应用、在线支付系统、业务后台系统、餐厅管理系统、数据库通过统一的服务接口紧密结合。这样避免了重复的逻辑和代码,统一了系统的业务逻辑,整个系统更加可靠可控。并且各个子系统不断地更新维护和升级,不断地满足更大的业务需求,为用户和餐厅提供稳定的服务。

3.3　三足鼎立到两强争霸——饿了么收购百度外卖

3.3.1　三足鼎立

2016 年外卖 O2O 市场的竞争格局已初步显现,其中饿了么、美团外卖、百度卖三家平台占据了超过 80% 的中国市场。

值得一提的是,2015 年 10 月 8 日,美团与大众点评宣布合并成立新公司,并得到阿里巴巴、腾讯、红杉等双方股东的大力支持。美团以团购模式横穿餐饮、外卖、酒店、旅行、电影等行业,以收取佣金为收入来源。而大众点评的优势在于十多年来积累的用户数据,以广告费为来源。二者的合并不仅增加了市场份额,而且会使其在新一轮融资中获得更大的优势，获得开辟新的业务线的可能。与此同时，饿了么在2015年8月28日，完成了6.3亿美元F轮融资。此后，饿了么又相继获得滴滴出行的战略投资以及阿里巴巴12.5亿美元的投资，这为饿了么以后的发展奠定了物质基础。而2014年含着金汤勺出身的百度外卖更是一路过关斩将，以高品质的定位获得了白领市场的青睐。到2016年初，经过群雄混战的激烈竞争后，形成了美团、饿了么、百度外卖三足鼎立的局面。

但为了获取更大的市场份额，提高用户的忠诚度以及信任度，三大平台针对目标客户的也不尽相同。在这个阶段，饿了么的商业模式的重点主要布局在了客户层面，饿了么主要通过对客户的市场细分，选择最适合的目标客户。虽然三家外卖平台的用户及潜在用户都是喜欢上网的年轻及中青年一代，但是饿了么主攻一二线城市、百度外卖则瞄准一线城市的白领用户，美团外卖专注于三线城市及学生群体。不同的市场细分，使三家外卖平台得以在竞争激烈的市场中做到"三分天下"。而饿了么也通过重点发展一二线城市的白领客户，迅速占领市场，扩大规模。

3.3.2　两强争霸

三大平台一直在以价格战抢占市场，提高各自的市场份额。资本疯狂烧钱，平台跑马圈地，商家争相上船，用户捡钱狂欢，表面上看，这场运动的战绩看起来相当完美。但随着新一轮的烧钱大战结束，三大平台也在突围赛中付出了沉痛的代价，正所谓"伤敌一千，自损八百"。2016年初，在饿了么和美团的资本大战中，百度外卖没有紧跟这场战役，因此2016年也是百度外卖水逆的一年，即便是它的竞争对手们也没有料想到，百度外卖的市场份额会在这一年遭遇断崖式下跌。从外卖月度数据规模来看，2016年8月开始百度外卖的用户数远不及饿了么和美团，且其环比增幅在2017年1月跌倒最低。百度外卖显然失去了三足鼎立时期的威风，这也代表着以美团和饿了么为代表的"两强争霸"的格局正式形成。

正如前面张旭豪所担忧饿了么在外卖技术方面不及其竞争对手百度外卖，此时张旭豪萌生了一个可怕的想法：既然百度外卖的技术遥遥领先，而且百度的发展战略重心似乎也偏离了百度外卖，那么如果此时饿了么向百度外卖抛出橄榄枝，饿了么和百度外卖强强联手，优势互补互通，是否会改变外卖行业发展的格局。张旭豪越想越激动，他隐隐感觉到这个想法总有一天会实现。

由于百度外卖再竞争中无法取得优势，百度外卖此时对于百度来说留着就意味着继续烧钱。趁着百度外卖依然有一部分独占的优质商铺，以及骑士的优势，找到一位买家还能卖一个合适的价钱。因此，百度也同样需要为百度外卖物色一个好的下家。经过多方对比，多方谈判，多家公司合作无果后，百度外卖最终卖给了阿里系的饿了么。8月24日，饿了么正式宣布合并百度外卖，外卖行业的格局正式从三足鼎立转向了两强争霸。

合并完成后,百度外卖成为饿了么的全资子公司。百度外卖仍以独立的品牌和运营体系发展,包括管理层在内的人员架构保持不变。张旭豪在公开信中写道:"百度外卖独立运作,并不代表彼此不相往来,相反,我们要互帮互助,优势互补,形成1+1＞2的合力,特别是我们要向百度外卖投入资金、流量、人力等多方面的资源,支持百度外卖做大做强,让用户的体验大幅度提升。"执子之手,与子共享。未来,饿了么将支持百度外卖发挥既往"品质外卖"的独特品牌优势,并投入流量、资金、配送人力等资源,助其拓展物流及代理商体系,继续打造高端本地生活平台和千亿级即时配送平台。这也意味着饿了么将获得双倍的资源支持,强强联合所带来的加乘效应也势必绽放光芒。对于客户服务品质方面,张旭豪表示"我们还要通过我们的服务,向市场传递一个明确的信号:走到一起的饿了么、百度外卖,只会让用户的体验更好,得到的实惠更多。无论你追求高端外卖还是追求多元选择,都可以在蓝红组合里得到全方位、高品质的满足。"

3.4　新零售寡头互博——阿里巴巴收购饿了么

阿里收购饿了么的消息在经历一年多的不断反转与发酵后,终于尘埃落定,生活服务业的格局也因此从多方争霸变为两军对垒。4月2日,阿里巴巴集团联合蚂蚁金服以95亿美元对饿了么完成全资收购。随着饿了么收购百度外卖、阿里收购饿了么一系列的并购案完成,阿里新零售版图不断扩容,再加上美团与滴滴在业务拓展方面不断上演相爱相杀的戏码,在这场外卖资源争夺战的背后,实则是阿里与腾讯两大商业巨头围绕生活服务业展开的新一轮近身肉搏战。而阿里与腾讯接连加持,细分商家加速站队,让原本多方混战的生活服务业变为双寡头之争。

3.4.1　阿里巴巴与新零售

阿里终将饿了么招致麾下,此举也被行业视为新零售战略向本地生活服务的一次纵深拓展。阿里强调,饿了么将保持独立品牌、独立运营,饿了么的所有合作伙伴及商家的权利都将得到一如既往的尊重。饿了么将进一步得到阿里在新零售基础设施、产品、技术、组织等方面的全力支持。但另一方面,饿了么虽然以独立的身份成为阿里体系中的新成员,可其相关高层的人事任命已经在折射饿了么将成为阿里的"附属"。待交易全部完成后,饿了么创始人兼CEO张旭豪将出任饿了么董事长,并兼任阿里巴巴集团CEO张勇的新零售战略特别助理,负责战略决策支持。阿里巴巴集团副总裁王磊将出任饿了么CEO。

尽管张旭豪与饿了么在阿里体系中的角色与定位尚存未知数,但被纳入新零售的战局版图中已经毋庸置疑。张勇直言,"这是阿里巴巴有史以来最重要的投资"。未来,饿了么将依托阿里集团数字经济生态的商业基础设施,与阿里众多业务产生奇妙的化学反应,成为阿里新零售战略的一支重要力量。

从阿里自身的生态布局来看,饿了么成熟的末端配送体系已经被视为支撑各种新零售场景的物流基础设施。饿了么此前一直宣扬的"30 分钟生活圈"理念,与阿里新零售整体搭建的"3 公里理想生活圈"、天猫超市"1 小时达"、盒马鲜生"3 公里内 30 分钟达"以及"24 小时配送"的战略布局有着异曲同工之妙。随着阿里新零售覆盖的面积、加入的成员呈几何级速度增长,饿了么的末端即时配送能力便是阿里最为器重的资源。

3.4.2　两军对垒——互联网巨头之争

当阿里斥巨资将饿了么纳入新零售体系后,归属在腾讯系的美团大众点评自然成为最大的劲敌,生活服务业的较量随之进入白热化阶段。一边饿了么已吞并百度外卖,扫清了阿里在外卖领域的竞争对手,此外阿里又复活口碑,另一边,阿里此前投资的美团已经转身投奔腾讯,大众点评与美团"形影不离"。

在阿里体系内部,饿了么与口碑的频繁联动,让阿里在生活服务业拓展变得"掷地有声"。2015 年,口碑在微博中发声"我们没有离开,我们只是放了一个四年的长假",宣告回归,并释放出淘宝重启口碑的信号。公开资料显示,阿里与蚂蚁金服会成立新的合资公司口碑网,双方在初期各出资 30 亿元,各占 50% 的股权。阿里旗下的餐饮服务平台淘点点与蚂蚁金服的线下业务资源及团队,将成为口碑网的主力军。

与此同时,阿里对饿了么的关注开始增加。从 2015 年起,阿里系就参与过对饿了么的多轮投资。2016 年 4 月,阿里和蚂蚁金服分别对饿了么投资 9 亿美元和 3.5 亿美元。2017 年 6 月,阿里和蚂蚁金服再度增持,总投资金额 4 亿美元,当时阿里系对饿了么持股总占比已经达 32.94%。另外,阿里也有意进行差异化布局,口碑专注门店的服务,提供消费者到门店的消费指南、生活服务以及支付优惠等,而饿了么专注到家,聚焦在外卖配送板块,两者形成良好的协同。

此前阿里在生活服务领域的布局更多依靠口碑,但 2015 年才被阿里与蚂蚁金服重新整合的口碑,在市场份额上始终不及美团点评。易观数据显示,2017 年上半年国内本地生活服务 O2O 行业交易规模为 4 431 亿元,美团点评、口碑分别以 1 713.2 亿元与 1 670 亿元的交易额排名市场第一、第二名。而随着饿了么加入阿里的生态阵营,不仅将给口碑带来翻盘机会,同时分属阿里、腾讯阵营的"口碑 + 饿了么"和"美团 + 大众点评",势必将在市场上掀起一轮贴身较量。

值得关注的是,在本地生活服务的赛道中,阿里已经拥有饿了么、口碑、淘票票和盒马鲜生,腾讯系中的美团也形成了美团外卖、大众点评、猫眼电影和章鱼生鲜队形。在电子商务研究中心生活服务电商分析师陈礼腾看来,阿里收购饿了么是剑指腾讯,新零售的竞争中,基本被分割成以阿里和腾讯为主导的两大阵营,双方各自的队伍也越来越庞大。说到底,饿了么只是阿里新零售布局的"一颗棋子",新零售领域,最终主要还是阿里和腾讯之间的战争。

3.4.3　正面火拼——本地生活服务领域之战

张旭豪在内部信中提到,目前饿了么拥有 2.6 亿用户、200 多万商家和 300 多万配送员,饿了么已经组建好了一张同城物流配送网络,同时也已经建立起自身在"互联网 + 实体经济"领域的地位,此番饿了么被阿里收入囊中,也开启了"口碑 + 饿了么"与美团点评在生活服务 O2O 领域的正面火拼。

4 月 2 日晚上,美团点评针对阿里收购饿了么发布回应,"感谢老朋友的多年相伴,欢迎新同学的如约到场,初次见面请多关照。中国外卖市场规模已突破 3 000 亿元,全球领先。这是双方多年努力,在竞争中改善用户体验做大行业的共赢结果"。

与此同时,滴滴外卖也已在无锡上线,背靠百胜中国的到家美食会也在蓄势待发,有许多餐饮商户期待出现更多外卖平台,保持外卖平台之间的市场竞争,以更好地服务于平台商户与用户。正如美团点评在回应中所述,外卖平台持续改善用户体验,良性竞争实现行业共赢,将是消费者的共同期待。

另外,在生活服务 O2O 领域,饿了么的运力及商户资源也将进一步丰富阿里的新零售版图,完善线上到线下的闭环,同时也为阿里提供了更加丰富的商户及用户的数据资源,为口碑正在发力的赋能商户和餐饮供应链拓展更大的想象空间。而这也是美团点评近两年重点发力的领域,未来双方将如何围绕餐饮到店消费做文章仍然看点十足。

3.5　路漫漫其修远兮

5 月 29 日下午,饿了么在上海宣布获准开辟中国第一批无人机即时配送航线,送餐无人机正式投入商业运营。在无人机试运营期间,用户从下单开始,平均 20 分钟即可收到外卖。阿里巴巴控股的饿了么和腾讯控股的美团一直存在竞争关系,而上海无人机航线的开通,可能让战况更加白热化。

说到阿里巴巴与腾讯,近期都开展了很多大动作,都与新零售有关。线上 + 线下全面融合已成定局,阿里和腾讯目前看来自然是两大头号玩家,至于谁强谁弱实在无法定局。阿里和腾讯的风格有明显的差异,前者希望将一众巨头纳入麾下,后者希望平台开放赋能不谋求控制;前者可以更好地统筹战略推进,后者可以拥抱更多的朋友。当然,两种思维方式和打法并没有优劣之分。

经过这几年的布局,线上和线下的诸多巨头,似乎都在给阿里巴巴和腾讯两大巨头打工。然而阿里和腾讯四处扩张,合纵连横的战略在 2018 年并非可以一往无前,二者相争,必将擦出火花。

两个互联网巨头的新零售战争,饿了么将在这战争中何去何从?外卖行业又会在新零售时代下与其他行业又会产生什么让我们意想不到的火花？外卖行业路漫漫其修远兮，还需上下而求索。

启发思考题

（1）为什么饿了么能够在短短几年内迅速崛起成为外卖行业的领头羊？

（2）"五年磨一剑"——饿了么公司在起步阶段做了哪些调整？

（3）三足鼎立到两强争霸——"3进2"的淘汰赛，饿了么通过什么甩开了 BAT 之一的百度？

（4）在中国互联网两强之中，饿了么为什么选择了阿里巴巴？

（5）阿里巴巴宣布收购饿了么对其他企业并购的战略整合有什么启示？

案例 4
返利网：
圆梦返利及其战略转型

编者语：连接创造价值，共赢带来发展

通过返利不断积累用户，再将商家传统的广告推广费以消费佣金的形式支付给消费者和返利平台，从而实现了商家、用户和返利平台的三方共赢，这是为返利网带来成功的基本商业模式，也是互联网时代商家与用户之间连接关系的一种变革。

返利网发展至今，面临的主要挑战一方面在于门槛较低导致商业模式被复制，返利导购企业纷纷兴起，如 51 返呗、返还网、淘粉吧、虎扑识货、九块九包邮网等，需要思考如何在同质化的竞争中，不断发展用户，保持优势地位；另一方面，则是在去中介化的互联网时代，随着电子商务市场集约化程度越来越强，购物网民红利的不断减少，返利网站如何在连接用户与商家的过程中不断的拓展、提升自身价值。任何一个领域既需要坚持深耕，也需要创新改变，把握这两者的平衡是企业立于不败之地的关键。

本案例由华东师范大学经济与管理学部的田宇和王宇阳撰写，由于企业保密的要求，在本案例中对有关名称、数据等做了必要的掩饰性处理。本案例只供课堂讨论之用，并无意暗示或说明某种管理行为是否有效。

摘　要： 返利网的模式来源于美国 Ebates 网站，消费者通过返利网站再去访问其他的电商平台购物，可以获得额外的返还现金。返利网作为国内第一家返利平台，自 2006 年成立不久便实现了盈利。由于其投资门槛低、可复制性强，加之互联网及电子商务迅速发展，这种商业模式很快被大量模仿，据统计类似的返利平台国内已经有 2 000 家，而返利网是如何在激烈的竞争市场中屹然不倒、并保持领先地位率先成为"独角兽"，它经历了怎样的困境、未来发展趋势如何，葛永昌的返利梦能否走到最后，是本案例着重探讨的问题。

关键词： 返利网；商业模式；营销战略；电子商务

4.0　引言

"返利就是我们存在的目的，而不是我们为了积累用户的手段""我们的愿景十年如一，就是成为覆盖所有生活消费场景的优惠返利平台。"这句话出自返利网的创始人葛昌永。

返利网创诞生于电子商务发展早期，2006 年创建不久便取得了盈利。在被称为电子商务元年的 2010 年，返利类网站大量出现，并开始飞速发展。2011 年返利网获得"21 世纪中国最佳商业模式"奖，注册用户超过 400 万，2012 年，返利网用户积累到 2 000 万，用户增长 4 倍。2015 年，返利网获日本乐天投资的近 1 亿美元 C 轮融资，估值飙升至 10 亿美元，正式加入"独角兽"之列。目前，返利网已拥有员工 800 余名，用户量超 1.4 亿，合作电商平台 400 多家，几乎涵盖所有知名电商，包括天猫、淘宝、京东、亚马逊、苹果中国官方商城、Dior 官方商城等，合作品牌商铺 2 万多家。在电子商务不断变化的今天，葛永昌的返利梦，该如何继续？

4.1　返利网的产生和商业模式

4.1.1　返利网的诞生：抓住机遇，创立国内首家返利网站

法国著名思想家笛卡尔说过："机遇总是垂青那些有准备的人"。而世上有很多创业大抵也都有一种"踏破铁鞋无觅处，得来全不费工夫"的意外之喜，葛永昌与返利网的故事便是这两种情况的现实写照。

毕业于上海同济大学的 80 后葛永昌，读的是该校最知名的土木工程学院测量工程专业，但他却对互联网更感兴趣。大学 4 年期间，恰逢中国互联网浪潮刚刚兴起，葛永昌自学了很多计算机课程，包括编程算法等，并积极为所在院系建设网站，毕业后顺利进入了互联网行业。2005 年，葛永昌在一家名为 Pactec Soft（柏柯软件）的美国互联网上海分公司担任高级工程师，负责网站开发和项目管理工作。当时他月入 8 000，每天朝九晚五后就再也不把自己扔进工作里——这种一日看尽百日的生活让葛永昌觉得，再不做点什么就太对不起自己了。充满壮志的葛永昌心想：人生短暂，怎么都是过场，何不过得轰烈些？

有一天，他无意中登陆美国返利网站 ebates，发现消费者通过一个网站再去访问其他的网站购物，可以获得一笔额外的现金返还，一下子被返利这种违背直觉的商业模式震撼到。之后葛永昌便下定决心研究这种被称为"返利"的模式。经过摸索，他发现这种"返利"模式在美国已经发展得比较成熟，但在国内却无人知晓，兴奋得就像捡到宝。不过他也不是冒进之人，没敢一下子直接全身心投入，当时还在美国公司柏柯软件做工程师的他，按照 ebates 的模式照葫芦画瓢，只是利用闲暇时间拉上两个同事朱旻和隗元元试水。

从大三开始的兼职到后来在柏柯软件的积累,让葛永昌这个半路出家的理工男慢慢了解企业运营各个环节,甚至还小有心得,包括代码、网络、杀毒、营销、推广等,所以在复制"返利"模式时也省了不少麻烦。当然,最大的收获还不止于此,在朱旻和隗元元两位同事的共同努力下,他们陆陆续续有了收入。2007年6月,用户增长率达到每月至少30%,人数过万时,在三人共同看准"返利"这一模式后,确信"轰轰烈烈"做事的时候到了,他们决定干脆放弃不错的工作,辞职创业。这恐怕也为"男怕入错行"提供一个别样的注解——入错行的损失不止于错失机遇,更有错失志同道合伙伴的可能。

他们三人都出自名校,葛永昌在运营上有一定经验,朱旻擅长运营,隗元元擅长设计和客户服务,负责产品的界面和用户体验设计。跟大多数创业之初的公司一样,返利网也是诞生于民居。于是,他们靠着10万元的创业启动资金,在葛永昌家的客厅创办了"返利网",很长一段时间里,三个人就扎在这个小客厅里办公。就这样,机遇被葛永昌抓住,国内第一家电商导购平台诞生了。

4.1.2 返利网的商业模式:三方共赢,引领国内返利导购行业

由于返利网站并不需要用户支付诸如年费、会员费、预存款之类的附加花费。作为经营性的网站,返利网本身又不卖东西,那么它是怎样运作的? 它靠什么生存? 返利的资金从何而来? 其支付给用户的返利又来自哪里?

当然,返利网站没有传说中的摇钱树,也没有聚宝盆,不会凭空生出钱来为用户返利。简单来说,返利网是消费者和商家之间的"中介"。返利在本质上是一种CPS(cost per sales)的模式,通过返利平台,将商家传统的广告推广费以消费佣金的形式支付给消费者和返利平台,消费者和平台都能获得分成(见图4-1)。

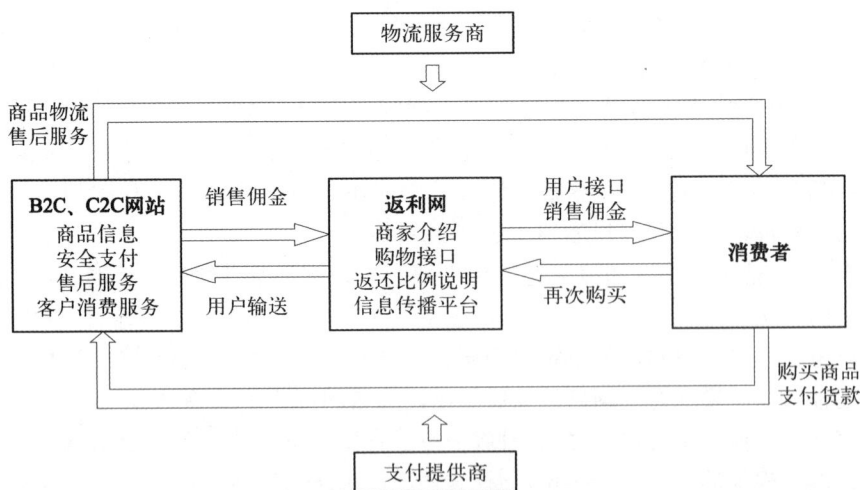

图4-1 返利网运营模式图

在这种中介角色下，返利网把商家、消费者很好地联系在一起，并实现商家和消费者的共同需求。

一方面，返利网借助其他品牌电商平台，专门为他们提供产品的销售服务。返利网所集聚的大量用户，在京东商城、天猫、当当网等合作商家购物，订单完成（无退货）后，商家给予返利网相应比例的销售佣金。在此过程中，佣金相当于电商支付的一笔可量化广告刊登费用，即 CPS 效果营销费用，商家通过把部分利润让给返利网，达到薄利多销的目的。另一方面，返利网再把所得佣金的绝大部分返还给用户，自己只留下少部分作为盈利，这就是返利网的现金返利来源。从而在不消耗自身成本的基础上，帮助用户实现"物美价廉"的网购需求。

举例来说：首先，用户在返利网注册成为会员，之后通过返利网站提供的入口购物（入口会注明到各个网站购物的返利比例或数额），通过点击链接到达相应的购物网站（通常都是 B2C 或 C2C 网站，如淘宝商城和京东商城等），用户下单并且支付成功，返利网站会有相应的返利提示信息。当用户完成购物流程（即无退换货发生），返利网站就会从合作方（B2C 或 C2C 网站）获得一定比例的销售佣金。佣金比例与网站及其销售的商品有关，通常为 2%～30% 不等。返利网留下小部分佣金作为盈利，再把从合作方获取的销售佣金的大部分存入用户在返利网虚拟账户中，返利的比例最高可以达到销售佣金的 80%。返利网设定用户提取现金的规则，通常是 50 元或是 100 元的整倍数，用户可通过支付宝等第三方支付工具或网上银行提取虚拟账户的资金。

通过这种模式，返利网既能为自己聚集大量的会员，会员可以更低的价格购买到商品，返利网站合作方也能够没有风险地接到订单、销售商品，不但不影响商家的利益，能为商家带来更多的订单和业务，又能让会员也获得一部分销售佣金，同时满足网购者对省钱的需求。这种获利模式清晰的运营手段，称得上是一举三得、三方共赢的模式。因此，这种商业模式在电子商务快速发展的十年间，让返利网就得到了迅猛的发展。

4.2　返利网的坚持与成就

4.2.1　坚持返利愿景

对于关注的事情，葛永昌有着偏执狂般的认真和坚持。比如办公楼室内设计，他就要亲自把关。位于上海市徐汇区龙漕路 200 弄 19 号的返利网总部，如同闹中取静的徽州园林，一边灰墙翠竹、流水莲花，一边 LOFT 的简约风格。这种"大隐于市"便源于葛永昌的偏执。为了追求满意的视觉图，他会让设计师改上 60 遍；为了设计一件有格调的文化衫，他会让设计师改上 20 遍。有次听说一家台湾广告人为追求理想文案，硬是让团队改了 100 多遍，这让葛永昌对台湾广告业刮目相看，因此返利网十周年策划方案,他还特意舍近求远地找台湾企业合作。

在葛永昌看来,之所以在10年间一直坚持做返利领域,也是因为对返利愿景的坚持。他始终坚信:"返利网的愿景十年如一,就是成为覆盖所有生活消费场景的优惠返利平台。"对于返利网的未来,葛永昌曾表示:"我做返利网已经10年,把一件事做到极致真的很难,但是这些坚持却很有价值。"

1. 商业模式被看衰仍然坚持

关于返利行业,有人认为它经过这么多年的发展,已经是越来越成熟了,也有人认为这个行业还很不稳定。返利模式是"看衰"者一直诟病的地方,这一派普遍认为返利类网站已经是一个夕阳产业。

互联网行业专家洪波就属于"看衰"的一派。他甚至举出了两个理由,认为:"实际上,一些大型电子商务网站已经开始不再支持返利模式,第一,它吸引的用户只是为了便宜获得好处的用户,这种用户对于电子商务网站来说,附加值比较小。第二,返利模式多了一个中间环节,借助推荐网站,用户点击之后再到最终的网站来,推荐网站拿走了一部分利润,这对于很多电子商务网站来说,大多数商品销售没有很高的利润率,这也不是一个很容易承受的压力。"

对于这个说法,葛永昌并不认可,有着自己的坚持。他结合公司最近3年实际情况认为,返利网每年都保持着3~4倍的增长,现在仍然是一个高速增长的阶段。而且,从国外的经验看,返利行业的冬天还远未到来。

葛永昌坚持认为,返利网最初成立时参考了美国的商业模式。美国90年代底开始有这个商业模式,美国最大电商亚马逊发明一种商业模式,需要很多公司进行推广,但又不想出广告费,于是亚马逊说,"谁帮我卖一笔东西,我给谁一笔费用。"后来这就成为一种新的广告营销形式——按效果付费的广告形式。

在美国,90年代底成立的eBay,葛永昌当年我专门访问了这家公司,仅仅一年涨了50%的销售额,他们在美国有4 000家电商合作伙伴,从亚马逊到沃尔玛,各种各样的美国主流电商都跟他们有合作。有人说电商做大之后,会不跟返利类网站合作,这是一个推测,但事实上很多公司都还在合作,包括亚马逊。

2. 前景被看衰仍然坚持

关于返利类的网站,有业内人士认为,它在网上商城刚起步的时候,有一定的积极作用,能够帮助网站获得外部流量,但是当电子商城做到一定规模后,就没必要和返利类的网站继续合作。毕竟,返利类网站最核心的价值就是让顾客买东西便宜一点而已。

葛永昌并不认同这个说法。他坚信在快速发展的互联网行业,没有一家电商认为自己已经够大了,它们还希望更大,获得更多的流量。事实也正如此,2013年4月,返利网与京东重新合作就是最好的证明:2012年,京东搞价格战,毛利非常低,市场的预算费用也没法承担很高,导致京东与返利网终止合作。在京东与返利网暂停合作的近 1 年里,返利网共为其他合作伙伴创造了大概 60 亿的销售额。2013 年开始,京东融了更多资金,也希望在市场上有更高成长,以至于还是首选与返利网合作。业内分析人士认为,此次京东重启与返利网的推广合作,显然返利网渠道价值已被京东重新评估并重视起来。双方合作不但能为返利网会员提供更多购物选择,京东也将从返利网的巨大导购能力中受益。

3. 转型热潮下仍然坚持

当然,葛永昌也并不是"掩耳盗铃"式的盲目坚持。由于他坚信返利行业的冬天还远未到来,因此对于认定的事,一专注就是十多年。这十多年里,无数个风口起了又落,众多新兴企业蓦然而起,但是他从来没有换过赛道,就是守着自己的"一亩三分地"精耕细作。

垂直电商最火的时候,他没有做电商;"百团大战"的时候,他也没有做团购;O2O烽烟四起时,他无视 O2O。就连被频频唱衰,他也始终守着当年那个让他震到的模式,他觉得这是口深井,他相信可以挖得更深:"我们希望把返利做成不是大而强,更多的是小而精,能够把一件事专透,我已经做了 12 年,我希望可以再做 12 年,甚至做一个百年企业。"就这样,返利网不但没有转型,反而在返利这个模式上越做越广、越做越深。

4.2.2　返利版图

返利网这家由 10 万元发展起来的企业,早期没有任何资源,全靠三人在家中慢慢积累起来,可谓电商中的"白手起家模范"。那么它究竟是如何从无到有,发展到如今的"独角兽"呢?

返利网第一家谈下来的合作伙伴是当当网,这个当时在国内领先的 B2C 公司对返利模式早有耳闻,葛永昌打电话到市场营销部的时候,没费什么力气就找到了市场部经理。一周后,葛永昌凭借"无订单,无回报"的诚意搞定了与当当网的利润分成比例、数据库的对接和其他所有手续,连签订合同都是传真往来。终于,2007 年 1 月,当当网把第一笔回款 400 元打给了葛永昌,返利网才开始在返利模式上进军其他企业的合作之路。2008 年底,返利网的合作客户发展到 133 家,已经覆盖到当时国内较大的 B2C 电子商务公司。

苹果中国与返利网已经过长达一年的谈判,经过多轮磋商,于 2012 年 12 月 14日,苹果 iphone5 在中国正式发售同日,苹果中国在线商店同步入驻返利网。只有海外苹果粉丝才能享受的返利优惠政策,随着苹果此次与返利网的合作也将正式向中国消费者开放,从此全球多家品牌官网入驻返利网,返利网的合作商家数量不断增长。

2015 年 10 月,返利网与中信银行正式发布国内首款互联网 + 线下消费返利卡——中信返利联名信用卡,用户在线上通过返利网平台网购、线下刷卡消费时,可以获得消费金额1%以上的现金返利。自此,返利网正式布局线下返利这一途径,返利版图从线上正式向全景返利转变。

2015年"双11"网购狂欢节返利网平台交易额突破10亿元,环比增长1390%,成为各大电商重要的引流平台。天猫、京东商城和1号店、国美在线、苏宁易购、易迅网、当当网、苹果App Store、唯品会、亚马逊分别进入返利网合作电商网站排行榜成交额排名前十,为电商超级平台带去大量精准的用户。

2016年6月28日,Nike中国与返利网达成合作,Nike中国官网正式入驻返利网,通过返利网向用户提供返利优惠,涵盖运动鞋、运动服和运动装备等全线产品。返利网也指出:"Nike是返利网用户非常喜爱的品牌,Nike入驻返利网之后,我们将帮助Nike更加便捷地触达过亿返利网用户,提升Nike品牌在中国主力网购人群中的影响力。"

2018年,返利网已经拥有用户1.4亿,合作伙伴几乎涵盖了所有知名电商,包括天猫、淘宝、京东、苏宁易购、苹果中国官方商城、一号店、亚马逊、聚美优品等400多家电商网站,以及2万多个知名品牌店铺,其中不乏美特斯邦威这种线下返利商家,以及中信银行等支付合作伙伴。

4.2.3 资本之路

2006年葛永昌最初创业返利网时,办公地点就在葛永昌租借房的客厅,后来也只是搬到了商住两用楼。如今的办公地点没有选择所谓高大上的CBD(中央商务区)或写字楼,而是由他亲自选定,虽然地处上海繁华地段,但是身处居民楼中,这个低调的"独角兽",有着自己的曲折资本之路。

(1)"卡奴"CEO

葛永昌当然不只是光想不做的人,即使在他没有得到一分钱收入的时候,返利网也在尽可能地让用户对服务满意,这样他才会有盈利的资本。但葛永昌带的"燃料"并不多,10万元资金起步的葛永昌还没等收到第一笔商家返利,返利网就陷入了资金荒。10万元里扣除服务器等成本,创业初期葛永昌也只有三四万维持运转。当会员数量增长到2万的时候,巨大的资金缺口出现了——这边客户还没给钱,那边消费者的返利又等着到账,公司运营也急需用钱。此时,葛永昌每月需要向消费者支付约3万元的返利,这正是葛永昌最难熬的日子,无处筹钱的他想到了信用卡套现。葛永昌只好急忙申请了几张信用卡,用透支来补网友返现的"漏"。而他的女朋友也被他鼓动着去办了2张。信用卡里透支了好几万现金才把前期的返利付清。"那时候记得最牢的就是每张信用卡的最后还款日。"葛永昌回忆说,"不管怎么样,消费者体验很重要。否则就完了。"

(2)资本的青睐

2008年8月,葛永昌拿到了创业以来第一笔投资:500万人民币。投资方是和返利网素有合作的一家互联网广告公司,双方在客户资源上有很大的重合度。葛永昌更愿意把这笔资金看作业务上的战略合作。资金根据双方的业绩不断投入,一年投资周期结束后根据业绩核算投资方所占的比例。虽然在 2008 年底时,投资已经完成近 40%,该公司在返利网里占股不到 10%,但葛永昌觉得这笔投资中一些业务合作上的排他性条款给了返利网很多限制。

紧接着,2008 年 12 月,腾讯投资并购部门助理总经理湛炜标找到葛永昌,开门见山地表示希望整体收购返利网。葛永昌不甘心将才做了两年的返利网拱手让人。劝服腾讯"部分股权合作"不成,葛永昌干脆地拒绝了腾讯的收购意向。但以腾讯的实力,短时间内复制返利网的模式并非难事。这也是葛永昌最担心的事:"面对这样的对手,要想在竞争中立于不败之地,除了好的产品和服务,也需要更快地占有市场。"这些都需要钱。但葛永昌没有同意,他宁愿缺钱也希望自己主宰返利网的前途,所以拒绝了腾讯。

不久后的一天,一位投资人无意中听前台小妹说返利网不错,便主动登门拜访,考察返利网后深感满意,便爽快给返利网数千万元人民币的 A 轮融资,这便促成了 2011 年 7 月 26 日启明创投和迪士尼旗下的思伟投资返利网首轮融资千万美元。此次返利网的 A 轮融资主要将用于人才招募和市场开发,自此返利网的人才队伍开始壮大。

2014 年 5 月 26 日,返利网再次获得 2 000 万美元 B 轮融资,投资方为海纳亚洲创投基金(SIG)。此次 B 轮融资则用来拓展其线下返利的产品,面向品牌方和线下零售渠道打造线上和线下一体化的精准促销平台。也正是此后,返利网开始了线下与线上返利共同发展的道路。

从此之后,不断有投资人找上门谈合作,2015 年 4 月 20 日,返利网完成 C 轮融资,由日本乐天领投,乐天集团的 Kevin • Jjohnson 也随之加入返利董事会。新一轮融资主要用于人才建设和新业务投资。

资本的火速注入,让返利网进入了发展加速期。也正是在资本的指点下,返利网慢慢褪去了年轻人创业的个体户做派,公司内部的管理体制为之一变。很快,返利网的办公室经历了从一百平方米变成了半层楼,到一层楼,再到两层楼,员工数也逼近一千人。

图 4-2 为返利网的三轮融资经历图,C 轮融资完成后,返利网估值达 10 亿美元,进入"独角兽"行列。如今,返利网租下的两栋

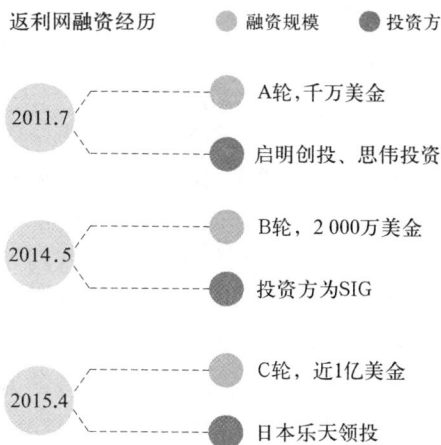

返利网融资经历　　● 融资规模　● 投资方

2011.7　　A轮,千万美金
　　　　　启明创投、思伟投资

2014.5　　B轮,2 000万美金
　　　　　投资方为SIG

2015.4　　C轮,近1亿美金
　　　　　日本乐天领投

图 4-2　返利网融资经历
数据来源:根据返利网官方网站资料整理

办公楼,很快又被 800 名员工塞得严严实实。返利网的用户数,则从 2010 年的百万级,跃迁至 2014 年的 2 000 万,2016 年初,用户数已经突破了 1 个亿。2018 年,用户量达到 1.4 亿。

4.3 返利网的艰辛与迷茫

4.3.1 错失的机遇

在返利网发展初期,都是以 B2C 网站作为核心合作伙伴,当当网、凡客、亚马逊中国都是早期返利模式的积极参与者。各 B2C 网站由于分散化竞争阶段,规模并不大。由于以拉新客为主,很少影响到忠诚客户的价格体系,返利力度比较大,这个阶段返利网站的价值得到了最大化体现,与 B2C 之间的合作比较紧密。

但是,随着电子商务的发展,一方面,细分市场逐渐被排名前几位的电商垄断,前十位的 B2C 电商已经占据了整个行业超过九成的市场份额,中小电商的市场份额逐渐在缩小;另一方面,由于购物网民红利在消失,大型电商平台逐渐以忠诚用户为主,不愿意再通过返利网站让利太多,所以一旦大型电商成熟,就会降低返利力度甚至放弃返利合作,京东网站就已经放弃了和返利网站的任何 CPS 合作。

4.3.2 面临的困境

(1) 行业门槛低,返利花样抢用户

返利网的成本很低,它不涉及物流系统建立的成本、仓储费用等,仅需要简单的网站域名、空间以及返利程序即可运营。葛永昌在返利网成立 10 周年谈及自己的感受时曾表示:"每天都焦虑,长期有危机感。"

原来,返利网的成立不需要多少成本,可以简单地说在网络上建立一个网站,仅仅与其他电子商务网站合作就可以了。正因为这样的入门门槛,造成很多现今网络上存在五花八门的返利网站,甚至一些巨头网站也加入其中。在这种情况下,返利网存在很多的竞争者,在搜索引擎中搜索返利,竟然出现五花八门的网站。而通过"易观千帆"平台搜索"返利/导购"企业,也可以看到诸如一淘、淘宝联盟、51 返呗、返还网、淘粉吧、虎扑识货、九块九包邮网等,且用户量都已经具备一定的规模。在这些平台中,许多都有着自己的个性和特点,比如一淘、淘宝联盟依托阿里,为广大淘宝店铺引流;虎扑识货依靠其强大的社区用户,以内容为导向引导消费者购物;九块九包邮网以低廉的成本、返还网以更高效的返利时间纷纷抢夺返利网的用户,导致返利网只能从返利模式、返利周期、消费者体验等多个方面,摆脱同行业的竞争,从而留下更多用户。

(2) 传销罗生门,擦边用户高压线

随着国内网络购物的盛行,以及电子商务的快速发展,返利行业和团购网一样成为发展速度异常迅猛的电商模式。正在业内专家惊诧于返利网的发展速度时，却爆发了众多返利网涉嫌传销的事件。2012 年 6 月，从福州返利网开始，现在万家购物返利网作为国内最大的返利网也应声落马，这正是返利网发展的滑铁卢。近日，2014年成立的返利平台云联惠，也在 2018 年 5 月 8 日正式落网。5 月 9 日，广东省公安厅成功摧毁"云联惠"特大网络传销犯罪团伙，黄明等多名主要犯罪嫌疑人在行动中落网；广州市公安局发布了《关于云联惠网络科技有限公司（云联商城）黄明等人涉嫌组织、领导传销犯罪通告》。这些事件对于返利行业造成了极大的名誉损害。

因此，返利网的出现会不会如同昙花一现般的短暂是现今很多人关注的问题。而返利网到底能够走多远呢？很多返利网站纷纷破产、老板携款逃跑、淘宝取消合作等负面新闻的出现，反映出返利网的发展并非一帆风顺。返利网站在迅速发展的这一时期，让很多的不法商家从中牟利，使得消费者的利益受到损害。

（3）拒绝换赛道，坚定最初返利梦

返利网的模式原来与美丽说和蘑菇街类似，不过，蘑菇街如今已转型为女性电商，且社交购物服务蘑菇街正尝试新一轮融资（融资约 3 亿美元，估值也将达到约 20亿美元），几乎是返利网的 2 倍。即使在这种情况下，返利网也坚持不进行转型。葛永昌表示，返利网仍会持续坚守导购模式，不会转型自营电商，但会坚持返利网的创新品牌，做基于特卖的返利模式。

此外，对于返利网同行之间纷纷合并，葛永昌表示，返利网在这个行业的领先地位已经保持了 12 年，然后跟同样模式的竞争者差距越来越大，而排名靠后的公司许多主动沟通，并希望将其整合在一起，共同发展。对此，葛永昌选择了拒绝。他认为，一些同行的模式并不为返利网所认可，返利网的核心业务跟其他同行之间的模式在争夺消费者方面会有很大的冲突。当然，这也是一直困扰返利网的一个方面。也正是这样，返利网也是在这种"每天都焦虑，长期有危机感"的状态下跌跌撞撞地走着。

4.4 返利网的转型与发展

转型原因：随着电子商务市场集约化程度越来越强，细分行业的前几大电商基本控制住了市场，购物网民红利的减少，则让返利网平台的营销重心放在了维护老用户上。腾讯和网易等互联网巨头的加入，一淘等比价网站和工具开始发力，美丽说和蘑菇街的社会化电商逐渐崛起，现金返利网站面临的困难越来越大，这促进了返利网的进一步转型。

纵观返利网近几年的发展，2013 年推出"超级返"业务，一经推出，将平均返利比例提升至 40%，最高返利比例高达 81%，用户量出现了爆发式增长。此后的 2 年里，用户量一路飙升，与此同时返利网也受到了资本市场的青睐。2014 年，返利网获得海纳亚洲创投基金的 2 000 万美元的 B 轮融资。2015 年，返利网完成由国际电商巨头日本乐天领投的 C 轮融资,估值近 10 亿美元。用户量近 7 000 万。同年,返利网正式进军线下市场,和中信银行推出联名信用卡——返利卡。2016 年,返利网用户突破 1 亿,同时加码线下市场,推出了金融返利、买房返利、线下刷卡返利、旅行返利等新型业务,全力打造"360 度全景返利"模式。返利网的未来在哪?本案例认为可以通过 STP 理论制定目标市场营销战略。

4.4.1 市场细分

返利网应从以消费者为对象进行市场细分,将返利市场的消费客户群体分为婴幼儿群体、青年学生群体和家庭主妇群体。同时让营销计划能够根据识别出的消费者的差异进行调整。同时,返利网可以划分本地市场和异地市场,农村电商返利市场、城镇电商返利市场、生鲜电商返利市场和跨进返利电商市场。从而制定细致的本地化营销计划。

返利行业在细分市场后,制订不同的市场营销计划。如在农村电商返利市场,在城镇网络购物用户规模增长缓慢的前提下,返利网为了吸引客户,在"互联网+"的大背景下,可以去主攻有着巨大人口和市场潜力的农村电商市场,为农村客户带来物美价廉的返利商品。

由于返利商品所涉及的行业较少,返利网进一步探索国内生鲜电商市场,几年来生鲜电商的发展呈现出爆发式的增长态势,然而返利行业并未涉足这一领域。生鲜产品的市场广阔,消费客户众多,返利网可以引导消费者通过返利网菜市场渠道购买生鲜商品,利用生鲜商品的客户资源,拓展更大的市场份额。生鲜行业的购买频次很高,利润空间很大,返利网有涉足这一领域的必要。

跨境电商具有全球化、网络化、便捷直接的特点,是国内外贸发展的新的增长点。返利网可以通过天猫全球购、京东、海淘网等跨境电商平台,为客户提供丰富的进口产品。

4.4.2 目标市场选择

返利网将目标市场定义为返利平台期望并有能力占领和开拓,能带来最佳营销机会与最大经济效益的市场。同时,这个市场需要具有大体相近需求、并且这些需求能够被返利网满足。

返利网未来在目标商场选择上要聚焦于线上线下融合、全景导购,带来近的市场增量。可以着眼于四个方面:第一,网络零售市场、本地生活服务市场、在线旅游市场以及网络广告市场等巨大的增长空间;第二,新型电商和品牌商崛起以及传统品牌对流量和精准营销的需求增加,为在线导购行业带来发展新刺激;第三,跨境购培养消费者购买海外商品的习惯,消费者导购平台消费决策需求增加,扩大了行业市场外延;第四,线上线下融合对业务范畴的拓展。

返利网可以结合线上市场和线下市场、海淘市场和新零售领域。在线上业务中，返利网应该明确每个不同业务的服务对象，全面覆盖衣食住行等全领域；在线下业务中，返利网应该与线下零售商进行谈判，给客户推出具有吸引力的优惠活动。在未来，返利网应该继续逐步增加内容输出，未来的导购业务将是价格和内容双驱动。在线上业务中，返利网应该明确每个不同业务的服务对象，全面覆盖衣食住行等全领域，为消费者实现"一键出行"，在海淘返利中，返利网应该推荐国内跨境电商给用户，连接海外购物网站，实现同步折扣快报。导购返利和海外直邮所结合的"一键海淘"模式杜绝消费者海淘时买到假货；在线下业务中，返利网应该与线下零售商进行谈判，给客户推出具有吸引力的优惠活动。

返利网应从单一的价格驱动转变为价格和内容的双驱动模式，这两种因素对导购过程中的用户决策起到推动作用。返利网应把返利扩展到各个场景，场景越多，用户价值越大，产出越多，才能够获取更多的用户数据，实现聚合。全景返利能使得多方参与者共同参与创造价值。

4.4.3　市场定位

市场定位是指为了使自己生产或销售的产品获得稳定的销路，从各方面为产品培养特色，树立一定的市场形象，以求在顾客心目中形成特殊的偏爱。

21世纪以来，互联网技术快速发展，用户越来越多。网民用户规模的增长带动网络消费领域用户群体的增长。随着居民人均收入的提升，在网络购物、本地生活、旅游、网络娱乐等领域人均消费均有所增长。网民用户规模和网络消费增长成为在线导购行业发展的重要驱动力。返利网在线导购行业在发展的过程中离不开顾客的忠诚度。对于返利网本身而言，行业的价值在于将营销渠道和销售渠道通过一个链接打通，并且通过精准的投放为返利网带来高质量的流量；对于顾客来说，返利网导购的价值在于使他们能够以最优惠的价格购买到心仪的商品或者通过平台推荐帮助用户做出消费决策。

返利网在线导购平台可以针对不同客户的需求，提供给他们多样化的服务模式。目前来看，主要的活动类型包括以下几类：9块9、高返利、优惠券、限时促销、满减、内容推荐等。返利网在今后应专注"购物媒介"角色，促进多样化消费，要以导购返利为主，把返利模式扩展到衣食住行玩等消费者生活的各个场景，与线上电商、实体线下企业结合，获取用户之后，与客户分享其他信息，引导用户网络购物、订酒店、订外卖、打车、商场购物、购买理财产品等，共同创造价值。

综上所述，线上线下融合，全场景营销是未来返利网一大发展趋势。移动电商时代，基于 LBS 地理位置服务，将实现线上线下双向导流，这也是返利网在线导购行业拓展流量和业务范畴的一个重要途径。一方面为线下零售的商场提供购物一站式解决方案，客户在线下购物的同时同样可以得到优惠的返利活动；另一方面与线下教育、旅游、娱乐等本地生活服务相结合,为其提供在线导购和引流服务,实现实物消费与服务消费的结合,让返利触摸到消费者生活的方方面面。线上线下融合发展趋势也将为中国在线导购业务发展带来新的增长活力。

返利网通过 STP 理论在市场营销战略方面进行转型,在单纯的现金返利价值下降的时期,返利网必须摆脱纯粹的返利价值,进行适当的业务拓展,建立基于"为用户省钱"的超级购物社区,技术平台与合作电商后台直接对接,包括跟淘宝开放平台的对接,实现快速、便利的促销信息发布和整合,并为电商平台提供返利、促销和营销的数据分析,也能够针对用户的消费行为进行个性化促销推荐,实现电商平台和目标用户的精准对接,这样才能建立基于优惠的门槛和核心竞争力。

链　接

返利网与相关竞品对比

1. 基础功能对比

将三款 APP 的功能对比列举如表所示:

表 4-1　返利网及其竞品的功能对比

	返利网	折 800	9 块 9 包邮
搜　索	√	√	√
分　类	√	√	√
下　单	√	√	√
取消订单	√	√	√
售后服务	√	√	√
返利跟踪	√	√	√
评　论	√	√	√
智能客服	×	×	×
管理收货地址	√	√	√
加入购物车	√	√	√
促销提醒	√	√	√
收　藏	√	√	√

续　表

	返利网	折 800	9 块 9 包邮
推　荐	√	√	√
晒　单	★	×	×
积分等级	√	√	×
图片处理	★	×	×
人工客服	×	×	×
意见反馈	√	√	√

注："★"表示特色，"√"表示支持，"×"表示不支持

2. 特色模式对比

（1）返利网：饭粒公社＋邀请好友。

① 饭粒公社：饭粒公社是返利网推出的类似于社区的一个特色功能。它对每个种类的话题进行了划分，并推荐了饭粒们的精华帖子。用户可以下拉看到精华帖，增加了互动性；同时在帖子中，有关联商品的链接。这样可以形成一个"社区"＋"电商"的闭环，增加了用户的黏性。除此之外，用户可以上传照片进行晒单，在"活动专区"参与活动，在"客服中心"与客服线上提问，表达商品意愿"让它上超返"等，增加了信息的丰富度与趣味性。

② 邀请好友：通过用户分享返利 APP 信息到朋友圈等平台，邀请好友注册成为返利会员，并且，若好友单笔消费金额不少于 69 元时，用户也可以获得 20 元奖励。这是一种新的尝试，现金奖励制度使用户更愿意进行宣传，有利于用户发展的扩大和黏性。

（2）折 800：8 块 8 包邮＋拼啊

① 8 块 8 包邮：折 800 开创 8 块 8 低价包邮首例，相较于市面上大多数 9 块 9 包邮形式还是有很多优势。

② 拼啊：经营模式相当于返利网的"1 元购"，都是团购低价，但"返利网"要求必须是好友一起购买一定数量的商品才可以享受 1 元购物；折 800 这个功能就是团购功能。提到首页浮窗设置比较醒目。

（3）9 块 9 包邮：手机充值＋个性设置

① 手机充值：在首页分栏显示。由于互联网充值的便利，网上充值已成为消费者主流模式，直接进行手机充值返利，是根据用户消费模式习惯设置的。

② 个性设置：是用户在进行购物前，对自己身份的设置。以便于网站更好地向用户推荐商品，极大方便了用户购物体验。

通过三款 APP 的特色功能对比，可以看出返利网在用户的互动性上做得最佳，

"饭粒公社"社区一样的功能既增加了用户黏性,又提升了用户的趣味性,降低了用户购物后离开产品的可能性。但相对的,返利网较另两个网站来说,对用户的了解和深度体验还不够深入。

启发思考题

（1）结合案例,分析返利网是在什么样的情况下诞生的?

（2）返利网的商业模式有何特点?

（3）返利网的主要对手有哪些? 它目前与竞争对手之间的差异是怎样的? 返利网的竞争力如何?

（4）返利网的品牌是怎样在国内迅速发展的? 结合案例,分析返利网经历了什么荣耀和逆境?

（5）以营销为切入点,分析返利导购型电商的战略应当怎样转型?

案例 5

复宏汉霖：
从仿制药到创新药的探索之路

编者语：资本＋创新实现医药企业升级

生物医药行业前期研发资金需求高，运行周期长。长期、持续的资本输入是生物医药企业坚持发展的基础，复宏汉霖成立 8 年，投入 8 亿多，至今没有营收便说明这一点。但是，无营收不等于价值得不到认可，契合市场需求、高质量、可负担的产品是对资本和社会最大的回报。复宏汉霖从仿制药起步，先后完成了 11 个产品、16 项适应症的 IND 申报，4 个产品进入临床 Ⅲ 期研究，领跑国内单抗生物药行业。在此基础上，复宏汉霖将重点转移到完全自主研发的创新项目上，强调以创新作为企业发展的源动力，将包括"高表达量哺乳动物细胞株的构建筛选"和"使用先进的抗体工程技术开发改良型单抗"在内的两项技术作为创新的焦点，还通过构建库容量、基因序列多样性及抗体完整性等各项关键指标均处于国际领先水平的全人抗体文库，建立磁珠富集法、蛋白 A 介质法、固相免疫法等多种筛选方法，将企业的创新研发推到一个新阶段。目前，复宏汉霖估值已超过百亿人民币，在国内生物医药领域独角兽企业中位列第一，资本的持续支持与技术研发的创新突破成就了今天的复宏汉霖。

本案例由华东师范大学经济与管理学院的王子玄和殷静雯撰写，由于企业保密的要求，在本案例中对有关名称、数据等做了必要的掩饰性处理。本案例只供课堂讨论之用，并无意暗示或说明某种管理行为是否有效。

摘　要：复宏汉霖从仿制药到创新药,成为国内生物医药领域独角兽企业中的第一,对创新的重视贯穿于整个药物研究与开发的全过程中,也是其不断成长壮大的源动力。从仿制到仿创结合再到创新,国际化,整合资源,不断推动企业的变革与创新,复宏汉霖走出了一条独具特色的企业发展新模式。本案例从探索复宏汉霖的创新战略出发,以期给我国本土制药企业发展提供宝贵的经验和建议。

关键词：复宏汉霖;创新战略;仿制药;仿创结合

5.0 引言

2018 年 5 月底,刘世高得知复宏汉霖的 HLX01 产品(利妥昔单抗注射剂)完成了非霍奇金淋巴瘤(NHL)适应症临床 H1 期实验,且主、次要终点均达到预设标准时,他感到异常兴奋。HLX01 预计将于今年下半年上市,有望成为国内第一个上市的生物类似药,从而打破国际药企的市场垄断,让更多患者真正用上质高价优的抗肿瘤药物,也给企业带来初步回报。而另一个让刘世高感到振奋的消息是,随着港交所上市制度改革,成立 8 年的复宏汉霖将于今年申请在港交所上市。从 2009 年回国创业的第一天起,刘世高就希望将复宏汉霖打造成全球最受景仰的创新生物医药公司,在研发、创新、生产上都能够与国际医药巨头竞争,而产品和公司的上市将使得刘世高离梦想更近一步。

5.1 创业历程

5.1.1 强强联合,选址上海

上海复宏汉霖生物技术股份有限公司由是由上海复星医药(集团)与美国汉霖生物制药公司于 2009 年 12 月合资组建的一家高新技术企业,公司主要致力于应用前沿技术进行单克隆抗体生物类似药、生物改良药以及创新型单抗的研发及产业化,产品覆盖肿瘤、自身免疫性疾病等领域。公司成立 8 年来,在研发上投入 8 亿多元,仍无营收,但截至目前,复宏汉霖估值已超过百亿人民币,在国内生物医药领域独角兽企业中位列第一。

企业 CEO 刘世高曾任美国安进公司质量控制总监,是生物制药行业的一流专家。2007 年,父亲的去世,促使他认真思考一个问题：如何让更多的中国患者用得起高质量的单抗药？"在美国,像我这样的人才非常多,多一个、少一个刘世高可能影响不大。但如果回国创业,把几个好药做出来,就能惠及众多同胞,从而实现更大的人生价值。"为此,他毅然放弃美国加州的安逸生活,与另一位华人科学家姜伟东博士联合创立了 Henlix 公司。2009 年 12 月,在与多家企业接触后,Henlix 决定与复星医药合资组建复宏汉霖,在上海开启创业征程。谈及与上海企业合作的原因,刘世高说："复星医药很专业,也具有国际视野,十分看好单抗药这个市场。"

关于公司联合创始人,公司总裁兼首席执行官刘世高博士毕业于美国普渡大学生物系,曾于斯坦福大学进行博士后研究,并攻读雪城大学 MBA 课程。公司高级副总裁兼首席科学官姜伟东博士毕业于浙江大学,于中国科学院上海细胞所获得硕士学位。之后于德国吉森大学获得微生物与分子生物学博士学位,并曾在美国加州大学进行博士后研究工作。他们都曾为国际顶级生物医药公司服务多年,在生技药品研发、生产以及管理等方面拥有 20 年以上的一手行业经验。2013 年,两人同时入选"上海千人计划专家"。复宏汉霖的其他核心成员也都是生物制药产业界资深人士。公司高级副总裁兼首席运营官苏彦景博士毕业于天津南开大学化学系,并在加拿大卡尔顿大学获得生物化学博士学位,后在加拿大国家蛋白工程中心(PENCE, Protein Engineer Centers of Excellence)完成博士后学业。公司副总裁兼董事会秘书郭新军毕业于上海复旦大学遗传学和遗传工程系,之后于浙江大学管理学院获得工商管理硕士(MBA)学位,具有多年生物药物研究和开发领导经验。就这样,一个汇集了众多优秀人才的专业团队正式入驻上海,开启了他们的征程。

5.1.2 克服困难,获得认可

新药创制行业流传着这样一句话:"10 年不开张,开张吃 10 年。"意指这个行业的企业需要长期持续的投入。复宏汉霖就是这样,成立 8 年来,在研发上投入 8 亿多元,仍无营收。没有营收的企业很难申请到银行贷款,而新药研发的周期很长、投入巨大,十分需要资金支持,一旦资金提供中断,整个项目都将面临巨大危机。如何获得稳定的资金支持,是企业必须解决的问题。同时,政府部门对药厂污染的认识存在一定偏差,认为制药产业对环境污染较严重,尤其在上海这样的发达城市,政府对制药企业建厂问题控制更加严格。这也使得复宏汉霖企业如何建厂上海成了难题。

然而这些问题没有难倒刘世高和他的团队,好的项目凭借自身的努力与出色的价值体现最终都会得到认可与接纳。

复宏汉霖从 2009 年底成立至今,短短 3 年多的时间里,陆续获得了两项"十二五"国家重大新药创制专项资金的资助,累计资助超过 1 000 万人民币。其中,依托复星医药技术创新战略联盟,复宏汉霖承担了符合 FDA - cGMP 要求的高表达单克隆抗体技术平台的重要建设项目,项目建设内容包括自主研发经 FDA 批准涉及肿瘤和自体免疫疾病治疗的 5 个单抗药物大品种的生物相似性药,每种单品目前的全球年销售额均在 10 亿美元以上;此外,由复宏汉霖承担的生物药专利到期药物大品种技术再创新项目,拟开发具有自主知识产权的用于治疗结直肠癌的改良型单克隆抗体重磅药物,该项目已得到上海市政府 1∶1 的配套资金支持。

另外,公司还获得了 4 项上海市科学技术委员会专项资金资助(技术创新战略联盟、产学研医合作项目以及科技创新行动计划)以及 2 项上海市经济与信息化委员会的专项资金资助(引进技术的吸收与创新计划),累计扶持资金近 1 000 万人民币。此后,复宏汉霖又陆续获得了多项地方级科技项目。复宏汉霖得到了国家及地方政府的大力支持,银行贷款问题变得顺利,同时也获得了社会多方的支持与投资,项目研发资金短缺问题得到了解决。

事实证明,生物药的整个制作过程无毒无污染,美国旧金山湾区就有多家生物药厂,高端的、污染少的药品生产基地建立在大都市是没有任何问题的。于是,复宏汉霖——这个以全球联动、整合创新为产品开发理念的企业在中国的上海和台北、在美国的加州都建设了研发实验室。2015 年底，复宏汉霖参照国际 GMP 标准，于上海市漕河泾高新技术开发区总部建成采用国际先进的一次性反应器等设备为核心技术的抗体药物中涉及产业化生产基地，该基地现已通过欧盟质量授权人（QP）检查。2017 年 12 月，复宏汉霖与上海市松江区人民政府正式签署协议，将于上海市松江区投资设立生物药产业化基地（二），以满足产品陆续上市后的产能需求。

5.1.3　资本之路

医药领域投资正在变得越来越热。来自 ChinaBio 的数据统计，2017 年生物医药领域融资额相对于 2016 年翻了两倍，达到 110 亿美元。在刘世高看来，整个生物医药产业的任督二脉已经打通，"任脉就是资金量，督脉就是监管流"。

由于医药行业前期研发投入需要大量资金，在 2016 年之前公司主要依赖于最初复星医药投入的 2 000 万美元启动资金以及后续的多次增资为公司补充运营成本。实际上，刘世高也曾尝试对外融资，但是结果并不理想。投资人更多是持观望态度，"当时整个投资环境不成熟，生物药和创新药领域投资非常少，光进入临床就要四五年时间，临床实验本身就要四五年，对于投资人来讲，周期太长了。整个资本市场对于生物医药领域并不热衷"。刘世高分析道。

幸运的是，2016 年随着产品陆续进入临床研究阶段，投资人开始向复宏汉霖敞开了大门。2016 年，复宏汉霖获得了 A 轮 4 000 万美元融资，华盖资本领投，清科创投、元生创投等跟投。去年 12 月公司完成了新一轮融资，投资人包括高特佳资本、Jacobson Pharma Corp，融资额为 1.9 亿美元，估值已超过 100 亿人民币。

5.2　直面市场问题

5.2.1　单抗药物市场需求潜力巨大

据统计，目前抗肿瘤药物市场是全球用药第一大的治疗类别；2015 年全球抗肿瘤药物已达 789 亿美元，总体市场占有率为 8.27%；2010—2015 年，全球抗肿瘤药物市场的年复合增长率为 6.96%，高于处方药总体市场水平。国家药监总局南方医药经济研究所《抗肿瘤药物市场研究分析报告》指出：2015 年，中国抗肿瘤药物市场规模为 970.01 亿元，同比增长 14.11%，2010—2015 年年均复合增长率高达 17.7%。

单克隆抗体是近年来复合增长率最高的一类生物技术药物。资料显示，1999 年全球单克隆抗体药物的市场销售额只有 12 亿美元，到 2012 年已达 645.7 亿美元。截至 2015 年，单克隆抗体药物的累计销售额已突破 1 000 亿美金，随着已上市品种的销售额不断增长，新适应症的批准以及创新新品种的上市，单克隆抗体药物市场容量仍将会继续攀升。据 Evaluate Pharma 统计，2014 年度全球十大畅销药物中有 6 个为单抗药物。

面对生物医药市场,尤其是单抗药物领域蓬勃发展的态势,复星医药审时度势,决意进军单抗领域,斥重资联合海外杰出科学家团队成立了上海复宏汉霖生物技术有限公司,进军单抗药物市场。

5.2.2 全球单抗药物专利到期

疗性单克隆抗体药物一直位于生物制药业金字塔的顶端,过去10年行业复合增速达50%以上,其中诞生了多个销售额超过50亿美元的重磅产品,"重磅炸弹"率高达37.5%。2013—2020年间,全球将迎来一波单抗药物的专利解禁潮,这是单抗药物发展难得的机遇。复宏汉霖抓住机遇,开启了生物药专利到期药物大品种技术再创新项目,开发具有自主知识产权的用于治疗结直肠癌的改良型单克隆抗体重磅药物。随后,又陆续开启了多种专利到期药物的技术再创新。

5.3 积极应对挑战

5.3.1 从类似药到创新药

2016年,复宏汉霖第一个创新型单抗产品HLX07(抗EGFR单抗)先后获得中国大陆、中国台湾和美国加州三地临床批准,目前已在台湾开展Ⅰ期临床试验;2017年,复宏汉霖的创新产品HLX06(抗VEGFR2单抗)、HLX10(抗PD-1单抗)先后分别获美国食品药品监督管理局和中国台湾"卫生福利部"临床试验许可,再次成功实现三地临床申报。2017年12月,公司产品HLX20(抗PD-L1单抗)获国家食药监总局临床试验申请受理,复宏汉霖成为国内为数不多的同时拥有抗PD-1单抗和抗PD-L1单抗的公司。

复宏汉霖正逐步由生物类似药过渡到创新型单抗开发,创新产品研发稳步推进。进度前四的重磅类似药产品全部进入Ⅲ期临床研究,领跑国内单抗生物药行业。公司首个产品HLX01(美罗华®生物类似药)作为国内第一个以生物类似药路径申报上市的单抗生物药,已被纳入优先审评程序药品注册申请名单,有望打破国内生物类似药空白。HLX02(赫赛汀®生物类似药)和HLX03(修美乐®生物类似药)目前皆已进入临床Ⅲ期研究阶段:HLX02在国内第一个开展国际多中心临床试验,中国、乌克兰、欧盟波兰、菲律宾等地临床Ⅲ期试验全面开展;HLX03在国内率先启动了斑块状银屑病适应症的临床Ⅲ期试验,临床试验顺利开展。在生物类似药项目全面开花的同时,复宏汉霖的创新项目也稳步推进。截至2018年3月,复宏汉霖前三个创新型单抗已全部获得中国大陆、中国台湾、美国三地临床试验批准,临床Ⅰ期试验现于台湾顺利开展。

其中,依托复星医药技术创新战略联盟,复宏汉霖承担了符合FDA-cGMP要求的高表达单克隆抗体技术平台的重要建设项目，项目建设内容包括自主研发经 FDA 批准涉及肿瘤和自体免疫疾病治疗的 5 个单抗药物大品种的生物相似性药，每种单品目前的全球年销售额均在 10 亿美元以上。

5.3.2　药品高质量、可负担

资料显示，从 20 世纪 90 年代起，单克隆抗体药物陆续经 FDA 批准进入欧美市场，经过十几年的快速发展，全球市场规模已经接近 1 500 亿美元。然而，占全球人口比例约 20% 的中国市场却只占 2%～3% 的市场份额，为什么？"主要原因有两点，一是进口单克隆抗体药价格高昂，普通家庭确实难以负担；二是目前还没有国产单克隆抗体药上市，进口药缺乏竞品，市场完全被国外药企垄断。"总裁兼 CEO 的刘世高说："让更多患者用上质高价廉的单抗药，得到更好的治疗，这是我创立复宏汉霖的初心。"正是基于这一原因，他决定放弃美国加州的安逸生活，回国创业。要做出属于中国人的好药，惠及更多同胞，实现更大的人生价值。

对于中国市场，如果做原创药，其靶点是之前从来没人做过的，失败风险是非常高的。原创药价格高昂的原因就在于其极低的成功率。若新药开发的成功率为十分之一，那九个失败产品的研发费用都将转嫁到唯一成功的产品上，企业才能盈利。当前中国人均癌症治疗费用还不到 9 000 美元，显然难以承担如此高昂的治疗费。面对国内市场的现状，复宏汉霖立足于为病患提供"可负担得起"的创新药这一信念，开始了改良式创新，即针对已经验证的靶点做第二代、第三代抗体，降低产品开发风险及成本，推动创新药品加速普及，让罹患癌症等重大病症的患者用上质高价廉的药物，得到更好的治疗。

"为什么这么多'中国创造'都已成功走向国际市场，而中国药还没能大规模'走出去'，关键还是质量问题。生产符合国际质量标准的产品是我们不懈的追求。"刘世高说。复宏汉霖国际战略非常明确，就是"质优价廉"。既有对标欧盟 EMA 的质量标准，同时立足中国。在质量和成本的杠杆上，复宏汉霖找到了一个平衡点：很多国际药企，他们的质量做得很好，可以和原研药媲美，但由于他们的生产成本非常高，导致药物的价格很贵；而一些当地企业，虽然价格很便宜，但是他们的质量达不到欧盟的标准，只能在当地销售。而复宏汉霖正好处在中间，既有接轨欧盟的质量标准，又有较低的生产成本。面向新兴国家市场推出质优价廉的药品，这就是复宏汉霖的国际战略。

5.3.3　高效的技术创新

复宏汉霖的研发团队一直坚信创新是企业生存发展的源动力。公司的技术创新焦点之一是高表达量哺乳动物细胞株的构建筛选。此项技术的核心就是对哺乳动物蛋白表达细胞株（如 CHO）的基因组改造。借助这些新技术，可以极大地加快研发进度,在提高产品质量的同时大幅降低研发及生产成本,向国际一流水准迈进。

复宏汉霖的另一个技术创新焦点则是使用先进的抗体工程技术来开发改良型单抗。先进的抗体工程技术配合高效的抗体功能测试系统,将可改进抗体的生物功能(例如毒杀肿瘤细胞的功能)或抗体在血液中的药物动力学(PK)的特性(延长在血液中的半衰期)。公司将为此类改良型单抗申请专利,获得自主的知识产权。

此外,复宏汉霖创新研发团队还首先构建了库容量、基因序列多样性及抗体完整性等各项关键指标均处于国际领先水平的全人抗体文库;建立了磁珠富集法、蛋白 A介质法、固相免疫法等多种筛选方法;通过对 4 个不同类型的经典癌症靶标进行筛选,分别获得了一系列亲和力高、特异性强、基因型丰富的新型先导抗体,所获得先导抗体的亲和力、特异性、类别丰富度等明显优于国内外领先 CRO 公司的抗体文库中所筛选获得的先导抗体。该全人抗体文库的建立和验证,对于复宏汉霖乃至复星医药的创新研发具有里程碑式的意义。

5.4 企业的明天

截至 2018 年 6 月,公司已完成 11 个产品、16 项适应症的 IND 申报,4 个产品进入临床Ⅲ期研究,领跑国内单抗生物药行业。其中,首个产品 HLX01(利妥昔单抗注射液)于 2017 年 10 月向 CFDA 递交新药上市申请(NDA)并获受理,随后被纳入优先审评程序药品注册申请名单,这也是国内第一个以生物类似药路径申报上市的单抗生物药。根据计划,未来复宏汉霖还将进一步加大研发投入,并将重点转移到更多完全自主开发的创新项目上。

启发思考题

(1) 复宏汉霖的商业模式特点是什么?

(2) 复宏汉霖的创新体系经历了怎样的探索?

(3) 复宏汉霖在资本道路上遇到了哪些问题?

(4) 复宏汉霖未来发展的机遇与挑战会有哪些?

案例 6

沪江：
缘何能成为在线教育
行业的独角兽

编者语：在不断升级中打造互联网学习产业链

　　互联网改变了人们的信息接收习惯，也颠覆了传统的学习、工作方式。近年来，在线教育成为一个竞争异常激烈的行业：一方面，行业发展迅速，市场需求持续增长，预计 2018 年市场规模将突破 3 000 亿；另一方面，在线教育企业如雨后春笋般发展起来，总体数量超过万家。在线教育的发展与科技发展水平、教育理念的变革以及公众的知识需求密切相关，互联网、人工智能成为目前在线教育行业发展的两个关键词。通过互联网＋教育，沪江将实体课堂中的知识、互动复制到网上，成功推出了"沪江网校"，并使之成为沪江重要的业务板块；通过"人工智能＋教育"，沪江组建了智能学习实验室 HILL，力图推动教育生态的创新升级。另外，沪江还推出了 CCtalk，构建起从语言教学到全品类实时在线互动教学平台。在十多年的不断探索中，沪江将用户、数据、技术确立为自身发展的三大基础，据此打造了一条完整的互联网学习产业链，使之成为沪江赢得市场的法宝。从网络教育到移动学习 APP 群，从复制课堂到智能教育，沪江适应市场与技术等变化不断整合资源，不断创新升级。在知识教育这个最具创新力的领域里，永不止息地学习、升级是社会对每个追求进步者的要求，也是企业走向卓越的根本。

　　本案例由华东师范大学经济与管理学部的肖玉麒和吴林林撰写，由于企业保密的要求，在本案例中对有关名称、数据等做了必要的掩饰性处理。本案例只供课堂讨论之用，并无意暗示或说明某种管理行为是否有效。

摘　要：本案例描述了沪江的创业动机、创业过程以及在创业过程中遇到的种种困难及解决过程，重点描述了企业战略不断转型升级的过程。介绍了沪江的业务由广告到网店再到网校，然后到"互联网学习产业链"打造，最后到教育数据生态营销的演变过程。沪江的发展历程是中国互联网教育产业发展的一个缩影。虽然公司初获成功，但是，面对尚未成熟却已竞争白热化的互联网教育产业，沪江的发展还存在很大的不确定性。

关键词：沪江；在线教育；AI＋教育

6.0　引言

"8 人创始团队、8 万元资金起步,如今影响力覆盖 2 亿受众、8 000 万用户、300 万学员的大型互联网教育企业,一边连接着千万学子的求学梦,一边翘起改变教育资源不均衡格局、推动教育公平化发展的理想,数十年如一日……"

伏彩瑞从 2001 年创办了"沪江语林"到 2006 年团队开始公司化运营。在十数年如一日对互联网教育理想的坚持下,沪江已成长为拥有近千名员工,市场估值达 10 亿美元的大型互联网教育企业,获评为"2014 中国企业未来之星"。

作为中国互联网教育产业最有力的践行者,伏彩瑞曾获得"上海 IT 青年十大新锐""上海首届新锐青商""上海领军人物"等殊荣。纷至沓来的荣誉见证了伏彩瑞和沪江的成功,十余年的创业努力取得阶段性的成果。但是,在以速度和创新为竞争焦点的互联网产业,所有的成功都是暂时的。在渡过了以生存为第一要务的企业初创期后,沪江将会如何升级和发展,值得我们深入探讨。

6.1　在线教育发展情况

6.1.1　在线教育行业结构

从整体结构上看,高等学历教育和职业教育二者占比最大,K12 在线教育所占比例有逐年增加的趋势,潜力非常大(见图 6-1)。

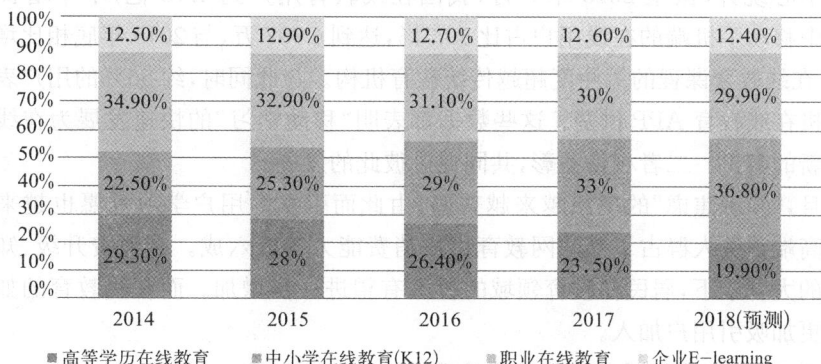

图 6-1　在线教育行业结构

6.1.2　市场规模

如图 6-2 所示,根据中商产业研究发布的《2012—2018 年中国在线教育市场前景及投资机会研究报告》显示,2012—2016 年间,中国在线教育市场规模快速发展,从

2012 年的 697.8 亿元增长至 2016 年的 1 853.4 亿元,年均复合增长率达到 27.66%,增长十分迅速。

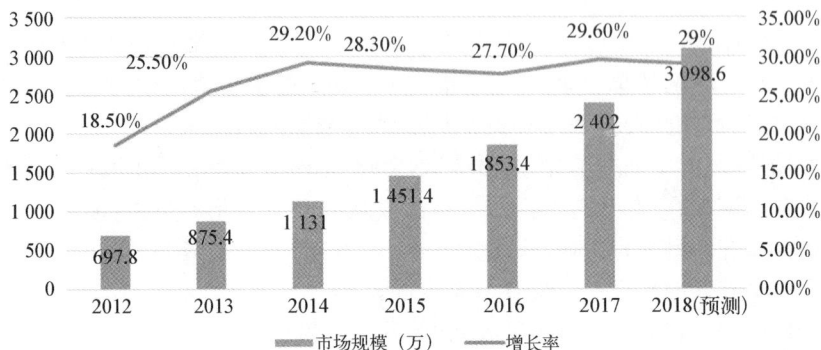

图 6-2　2012—2018 年中国在线教育市场规模统计预测

2018 百度教育合作伙伴大会上,《中国互联网教育平台专题分析(2018)》发布,报告显示,2017 年中国互联网教育市场规模达到 2 502 亿元人民币,同比增长 56.3%,但相比线下整体教育行业而言,互联网教育占比仍然较低,尚有巨大的发展空间,2018 年将有望突破 3 000 亿元。

6.1.3　用户规模

随着移动网络的高速发展,在线教育也逐渐向移动设备端平移。依据中国互联网数据中心统计,截至 2016 年 6 月,我国在线教育用户约 1.18 亿,半年增长率为 7%;其中移动手机端的在线用户占比 59.3%,达到 6 987 万,与 2015 年底相比增长了 31.8%,在线教育课程的关注度超越传统教育机构。与此同时,约 56% 的用户表示愿意对手机在线教育 APP 付费。这些数据都表明"移动学习"的快速发展为在线教育提供了新的契机。二者相得益彰,共同促进彼此的发展。

而且,"知识焦虑"的现象越来越普遍,由此而引发的用户学习意愿也越来越强烈。中高端消费人群占了互联网教育用户消费能力的近六成。在消费升级、知识付费浪潮的大背景下,居民在教育领域的投入有望进一步增加。而在线教育的如下特点将会更加吸引用户加入。

1. 学习方式便捷,课程跨越时空局限

与传统的在线相比,在线教育跨越了时空局限。直播、录播形式使学生的学习时间更为灵活方便,把学生从课堂中解放了出来,使学习更加便捷化,更加适应了现代人快节奏的生活方式。与此同时,网络平台如同一个信息资源系统,使资源更加系统、丰富和智能,教师和学生可以根据所需随时随地查阅相关资料,满足了教育教学中海量的资源需求。

2. 差异化教育与用户自主选择性

与传统教育中的班级授课制不同，在线教育的普及面更加广泛，同一课程，同一课堂中不只是年龄相仿，学历相仿、背景相似的同班同学，而是扩展到了更加广泛的社会人，学习者在这种环境下，求同存异，共同学习，促进了教育的差异化发展。其次，对于用户本身而言，具有较强的自主选择性，学习者通过对自身的分析，选择与自身发展相符合的学习内容，完善自我的知识体系。

3. 注重教学过程和学习活动中的社会性互动

在线教育处于"互联网＋"的社会背景下，它使得传统的教学模式跳出了学校环境的限制，而走向大众化与普遍化，受教育者不仅仅只是学校中的学生，还包括社会中各行各业的群众，教学过程与学习活动与社会的发展趋势紧密相连，学习的范围面相对来说有了很大的扩展（见图 6 - 3）。

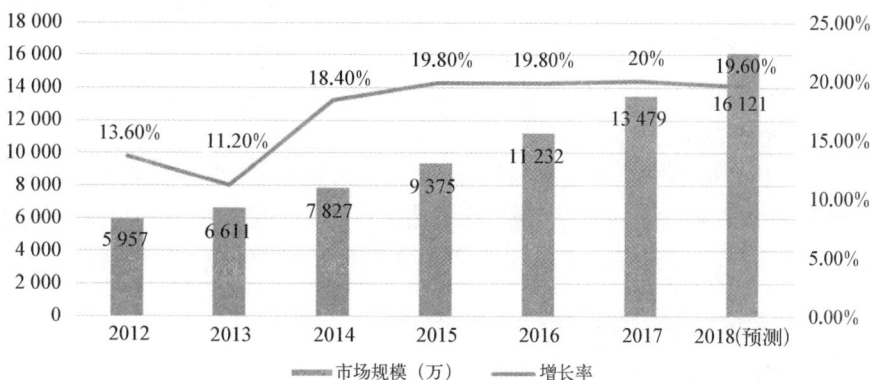

图 6 - 3　2012—2018 年中国在线教育用户规模统计和预测

数据显示：2012—2016 年间，中国在线教育用户规模快速发展，从 2012 年的 5 957 万人增长至 2016 年的 1.12 亿人，年均复合增长率达到 17.18％。2016 年在线教育用户规模为 1.12 亿人，同比增长 19.8％。预计 2017 年中国在线教育用户规模将达到 1.35 亿人，到 2018 年用户规模将超 1.6 亿人。

6.1.4　"互联网＋"战略政策的大力支持

伴随着"互联网＋"成为国家重点发展战略，各行各业积极响应，加速了行业的交流与融合，推动了产业的优化、重构和创新，形成了一种新型的"互联网＋"生态系统。完整的产业体系建设为在线教育的进一步发展创建了稳定的平台，以实现在线教育的多重深化发展。

百度等 IT 巨头加大投入 AI 技术的研发力度，AI 技术已运用到智慧课堂、辅助课程设计、学习进度和成效分析等多元场景。智能终端的覆盖和更新，也不断提升着用户的使用体验。

6.2 沪江的发展历程

6.2.1 学生时代"兴趣"创业

兴趣使然,2001 年,当时还是上海理工大学大三学生的伏彩瑞创办了沪江语林论坛,经过一年的积累,迅速成为当时全国热门的免费外语学习资源社区。

"当年的第一批用户大多是穷学生和刚工作的小白领,而且 90% 是女性。他们的共同特点是,希望在外语水平上有所提升,但又没有能力花很多钱去线下机构培训。"伏彩瑞称,早期用户的需求一直支持着沪江网的成长,并且到现在他们仍然是沪江网的忠实用户,甚至还推荐让他们的孩子和朋友加入这个学习平台上来。当时BBS 完全免费,用户的支持真的是创业的最大动力。

随着出国留学热以及大量外资企业的进入,人们对外语的提升需求愈加迫切。沪江网不断地根据用户的需求增加产品模块,比如加入听力训练、翻译等模块,并在2005 年沪江网上线了"沪江博客",针对用户的不同需求创办四六级、日语、考研、雅思等频道,并推出"沪江部落"Web 2.0 社区版,加入了社交元素。

2006 年,伏彩瑞研究生毕业,此时的沪江网也积累了近 20 万注册用户。面对这些高黏性用户和未来巨大的商业可能,伏彩瑞选择把沪江网从公益转为商业化运作。自此,从 8 名员工,8 万元资金起步,沪江网每年都以 200% 的速度在发展。

6.2.2 定位明确,慎重选择天使投资

创业资本只有 8 万,服务器一买,就所剩无几了。过了整整一年,伏彩瑞才攒够了一笔钱,注册了"互加文化传播有限公司"。刚开始创业的时候,沪江网的主要收入就是在网站上帮外语培训机构打广告和做推广,赚取广告费和服务佣金。公司的开销远比伏彩瑞当初维护"沪江论坛"的开销大,最穷的时候,公司的账上只有 3 块钱,伏彩瑞只能借钱给员工发工资。

互联网作为娱乐工具已经为大众所接受,但作为学习工具却尚未得到社会和投资人的认可,对于沪江所从事的互联网学习业务,媒体、社会和投资人都持怀疑和观望态度。对于伏彩瑞和他的团队来讲,虽然他们深信互联网教育产业将会拥有广泛的空间,但对于具体怎么做也没有一套成熟的方案,在全国乃至世界范围内也没有成熟的经验和专门的人才,一切只能靠自己一点点摸索。

在 2005—2008 年的这段时间,伏彩瑞和他的创业团队"蛰伏"在上海的一栋居民楼里,平时基本不上 QQ、MSN,办公室电话线只有在用的时候才接上,避开所有媒体,他们很少参加社交活动,甚至不参加同学聚会。他们这样做,一方面是屏蔽所有对创业无益的负面干扰,专注研究互联网教育的特点和规律,发掘互联网教育的价值;另一方面,他们也在等待社会对互联网教育认可的那一天的到来。

虽然互联网教育这种业务模式尚未得到社会的广泛认可,但凭借免费论坛,沪江的注册用户数却飞速增长,到了 2007 年已超过百万。由于沪江的用户群与网络游戏公司的目标用户群高度重叠(大部分都为在校大学生和刚毕业的年轻人)。因此,先后有多家网络游戏公司和投资人找到沪江网,寻求广告和网游业务方面的合作。对于这些找上门的业务,伏彩瑞——婉拒。伏彩瑞将沪江网定位为普通人"通过网络教育改变命运"的一个平台,从事的是阳光的、积极向上的、帮助人不断发展的一个事业,而网络游戏显然与沪江网的定位背道而驰。

因此,纵然网络游戏市场利润巨大,且沪江网确实非常缺少发展资金,但伏彩瑞依然坚决地抵制住了诱惑。

就在沪江最困难的时候,2007 年 7 月,苏州工业园和中兴创投找到沪江,邀请沪江入驻苏州工业园,并给予 100 万美元的投资。面对如此巨大的诱惑,沪江的创业者们展开了激烈的讨论,最后决定留在上海。因为相比较而言,上海有更加丰富的创业资源,如人才、市场、信息……不过,故事的结局却令伏彩瑞感到意外且惊喜,虽然沪江不去苏州工业园,但中兴创投还是给了沪江 100 万美金的天使投资。这笔"救命钱"帮助沪江度过了最困难的初创期。"只要是有潜力、有实力的项目,资本市场总有识货的人,虽然现在各路资本对互联网教育竞相追捧,但在 2007 年,敢于投资互联网教育的公司是需要一定的远见和勇气的。"伏彩瑞事后回忆说。

"2005—2008 年那几年确实非常艰苦,一方面是互联网教育还没得到社会的认同,另一方面也是我们自己还需苦练内功。很庆幸,我们不仅坚持了下来,而且迎来了互联网教育的春天。"

6.2.3 产品丰富,业务激增

内外部环境的改善为沪江的发展带来了加速度,注册会员数几乎 3～4 个月就翻一番,很快,沪江成为国内数一数二的在线教育网站。沪江的会员不仅数量大,而且质量高。由于沪江的用户主要是大学生和公司白领,这些人是外语培训机构的最主要客户,因此,几乎所有的国内知名外语培训机构都在沪江网上做广告,如新东方、新世界、朝日、昂立、华尔街英语、英孚教育、韦博等都是沪江的长期客户。为了帮助企业提升宣传效果,沪江创办了"网络年会""网络公开课"等活动,让外语学习者有机会深入了解外语培训机构的师资力量、教学环境、授课效果等信息,还提供课程在线报名、学员推荐等多种服务。由于这些活动契合学员需求,动辄吸引上万名网友参与。沪江网的广告投放精准、效果好,因此,沪江的合作企业基本上每年都会追加在沪江网上的广告投入。沪江的广告收入在 2009—2013 年每年都会翻番。

在积累了大量的忠实会员后,"沪江网店"顺其自然地诞生了。沪江网店主要经营的各类课程的参考书和学习周边产品,为用户提供"一站式"的学习服务。相对于传统门店品牌而言,沪江网店拥有着大量的既有用户群体,不需要高昂的广告宣传费

用,也不需要庞大的线下销售终端。目前,包括权威外语书籍出版社的外研社、外教社以及知名电子辞典品牌卡西欧、好易通、快易典等都是沪江网店的合作伙伴。沪江网店提出,"一站式满足用户所需"。比如,用户在沪江网上查阅资料的时候,发现哪本资料对自己有用,就可以直接去沪江网店购买。这种较短的购买决策链是沪江网店的一个优势。如今,沪江网店的消费者并不局限于国内网民,沪江网店在美国、英国、日本、新加坡等国家和地区都有一定的消费群体。

2009 年春,在经过大量的市场调研后,"沪江网校"正式诞生。沪江网校主要销售沪江自己制作的各类学习课程。沪江技术部共有近 200 名技术人员,专门负责沪江网校课程的开发。为了加强课程的趣味性和教学效果,沪江网校将实体课堂中互动和社交网络的概念复制到线上,在网校中设置班级、班主任、助教、同学等角色,营造真实课堂的学习氛围。沪江网校的大部分课程定价都在几十元到几百元之间,绝大部分用户都能负担得起,使得价格不再成为人们学习语言的障碍。在低价条件下,人们抱怨少了,建议多了。沪江利用论坛中大量的用户建议,改进产品设计,使得产品越来越好。沪江网校的最早只提供英语类课程,后来,陆续增加了日语、法语、韩语、西班牙语、德语、泰语、俄语等外语课程,以及上海话、广东话等方言类课程。从 2013 年开始,又陆续开发出早教、中小学教育、亲子启蒙、职场技能、艺术兴趣等课程。沪江网校营造了一种全新的学习模式,摆脱了时间和地域的限制,让所有人都有机会接触高质量的基础教育。沪江网校也突破了年龄的限制,让所有年龄段的用户都可以自由自在地进行学习。

为了让学习者获得更好的学习体验,考虑到中国多数地区带宽较窄的现实情况,沪江网的网络课程均采用 Flash 的动画格式,而没有采用视频格式。Flash 的画面是幻灯片或动画,背景音是老师的讲解。

随着社会知名度和认同度的迅速提高,沪江网校成为沪江的三块业务中增长最快的一块,目前沪江网校学员已突破 300 万。

6.2.4 两轮融资,夯实基础

2009 年,沪江又迎来了涌金集团近千万元的 A 轮融资,这笔钱对沪江网的办公场地、人员招募及 IT 支撑方面提供了巨大的帮助。

2013 年,沪江迎来了来自国内某风险投资巨头的 B 轮融资。在此轮融资中,沪江拿到两千多万美元的现金,成为当年在线教育领域规模最大的一笔融资。

同年,沪江又得到了招商银行和广发银行一亿多元的授信。通过与投资方进行客户资源共享等方面的合作,沪江得到了远大于投资本身的社会价值。

"从 2009 年开始,我们所处的环境有了根本性改善:从内部来看,我们对互联网教育的理解已经非常到位,而且,经历了艰苦创业,留下来的都是精英;从外部来看,不仅我们的客户认可互联网教育,而且,这个社会对互联网教育的认可度都大幅度提高了。"

"在创业初期,为了生存下来,我们想了很多 Idea,但大部分都被否决了。绕了一大圈,最后我们发现,沪江网最宝贵的资源就是我们的注册会员,我们必须从高质量的会员中挖掘价值;我们只专注于互联网教育,因此,我们现有的三块业务——广告、网店和网校都紧紧围绕互联网教育开展业务,它们共享同一个客户群。"伏彩瑞如是说。

6.2.5　打造"互联网教育产业链"

在沪江的论坛和社区中,活跃着一些"大牛",他们往往是托福、雅思等考试的高分"达人",他们经常在网上解答别人的提问,分享考试、学习经验,这些都是他们的第一手资料,具有很高的参考价值,非常珍贵。沪江网看准这一资源,与其合作,将网上资源进行整合和再加工,将其编辑成书正式出版。沪江还与牛津大学出版社、华东师范大学出版社、华东理工大学出版社等出版机构合作,共享市场资源,将沪江学习卡与这些出版社的书籍捆绑销售,既让用户获得了价值,也开发了市场,同时增加了图书销量,实现三方共赢。

从 2010 年开始,随着智能手机和平板电脑的普及,移动互联网成为大众日常生活中不可缺少的部分。沪江紧紧抓住移动互联网快速发展的有利时机,开发了基于 IOS、Android、WP8 等移动平台的 APP,让用户能够更加便利、更加充分地利用碎片时间进行学习。沪江的移动端产品是由开心词场、沪江网校、听力酷、CCTalk 等 80 余款不重叠的 APP 组成的应用群,沪江称之为"移动学习生态圈"。APP 与网站的有机结合,实现了语音课件的同步学习,并能实现定时学习提醒、学习答疑等功能,实现"关机不下课,外语随身学"的方便快捷。沪江的移动 APP 获得了市场的高度认可,短短 2 年的时间里,为沪江网赢得了 5 000 万的注册用户,并先后获得上海智慧城市十大创新 APP、年度最受欢迎教育 APP、中国首份教育 APP 测评榜单重点推荐产品、2014 最实用教育 APP、"2014 年度十佳 App"等奖项。

2014 年 10 月,沪江与百度联合发布了《2014 年中国移动互联网学习用户研究报告》指出,有 79％的被调查者选择使用智能手机(65％)与平板电脑(14％)进行网络课程的学习,超过了使用 PC 的学习者(69％),这意味着基于移动终端的学习平台将来还有很大的发展空间。

沪江现有的几块业务看似非常分散,但实际上都有共同的基础——它们共享同一个客户群。为了更加合理地调配资源,实现各业务的有机整合,提高沪江的吸引力和用户黏性,提升沪江的竞争力。从 2013 年开始,沪江网对现有的几块业务进行了整合,将用户账号、用户资源等全部整合到同一个平台,提供统一、完整的服务,打造全球第一个"互联网教育产业链"。

该产业链围绕"互联网学习",整合了沪江网线上资讯、论坛、部落、网店网校、博客、在线词典资源，线下的各类培训和出版机构资源，以及基于移动终端的 APP、微信公众号、服务号等资源。

"互联网教育产业链"以各类出版机构及培训机构为资源依托；以门户网站、移动端 APP 和第三方（如微信、新浪微博等）应用为平台依托；以学习、广告类资讯以及免费资源作为用户入口；通过开发多种语言及非语言类学习产品来满足用户的学习需求；通过跟踪、分析用户需求并不断改进产品来改善用户的学习体验；通过开设网店，并提供安全、完善的交易系统来解决用户后端的学习需求；用社区、论坛来巩固并加强用户黏性。为了提升"互联网教育产业链"的质量，沪江进一步完善了"沪江论坛"的功能；提升了"沪江部落"的功能和内容，为用户提供更加个性化的服务；开设"沪江博客"，为保证博客文章的质量，"沪江博客"采用邀请申请制度，先后有多位名人、名家在"沪江博客"开设账号；增加"沪江网校"的版块和内容，除外语学习和方言学习课程外，还增加了幼教、K12、技能教育及考试类课程；沪江还"挖"来了阿里巴巴的前大数据分析总监担任沪江的用户数据分析总监，提升沪江的用户数据分析质量。

2015 年春节刚过，多家媒体报道百度投资上海互加文化传播有限公司 1 亿美元，成为国内互联网教育产业迄今为止最大的一笔单项投资，估值直接飙升到近百亿。在此之前将近一年的时间里，伏彩瑞等沪江的高管与百度投资部一直保持密切的接触，并在 2014 年 10 月共同发布了《2014 年中国移动互联网学习用户研究报告》。紧接着，1 月其整体用户量突破 1 亿，随后又对外宣布旗下移动端用户量突破 1 亿，成为互联网教育领域名副其实的独角兽。

6.3　沪江的转型及发展

6.3.1　沪江出现了诸多在线教育行业普遍存在的问题

1. 对教研不甚重视

其实不管是传统的线下教育也好，还是线上教育也罢，始终不能脱离教育的本质，可这个恰恰是当前大多数在线教育平台所忽视的。新东方前途出国咨询有限公司总裁助理、留学网创始人韦晓亮在接受北京商报记者采访时指出，中国在线教育的模式依然只是停留在"一头热"阶段：单纯地把线下学习模式下的课表、教材搬上互联网，对所有的学习者进行毫无差异性的单向填鸭式教学。总体而言，中国的在线教育以及培训行业最大的问题在于科技手段的严重落后、人才的缺失、创新的缺乏，最重要的还有中国的教育以及培训行业严重缺乏深入的教学研究。

2. 盲目花钱打开市场

得用户者得天下，这句话在一定程度上也误导了很多创业者，一些在线教育平台为了抢夺用户，把大量资金都花在了购买流量、砸市场上，最终导致的结果是补贴在用户在，补贴不在用户也消失了，一旦平台资金链跟不上最终只能面临倒闭。

3. 在线教育的营销具有天然的局限性

以"正面报道为主"的方针不符合受众心理。网站内容上以正面报道为主，硬广告、硬新闻相对较多，客观报道和软性广告较少，缺少对受众的吸引力，内容和形式不符合消费心理。栏目相对缺少，没有服务性栏目和营销栏目。当今，尽管在多样化方面各个教育机构网站已经各具特色并在不断改变，但比起其他网络媒体，在服务性及营销型栏目方面仍旧十分欠缺。宣传力度不够。教育机构官方网站目前的宣传渠道基本停留在本地的平面媒体上，轻描淡写提及只言半语，或印在机构宣传单页的角落里，宣传渠道过窄，宣传力度过小。

4. 忽视了产品的用户体验

产品的用户体验对于用户的留存起着至关重要的作用，可很多在线教育平台以为只要把用户吸引过来就可以了，并没有在产品的用户体验上多去下工夫。教育学术学博士郑永柏在中国教育报《网校何以温而不火》一文中说："网校在很大程度上还是照搬普通中小学的办学模式，从办学目标、课程设置，到教学组织形式、教育评价和管理等都缺少网络教育的特色。"

6.3.2 2017年沪江宣布战略升级，以教育生态引领行业发展

自贸区基金、皖新传媒与沪江达成战略合作，三方将在资本、产业基金和教育资源方面开展深度合作，扩大沪江的教育生态。

同时，沪江已组建智能学习实验室，全面拥抱智能教育，为教育生态提供创新引擎，并发布了最新的人工智能概念化应用产品。此外，沪江教育生态的重要一环、实时互动在线教育平台CCtalk在会上宣布，已启动独立融资计划。

6.3.3 沪江网校、CCtalk双平台引擎驱动沪江战略全面升级

2017年初，《国家教育事业发展"十三五"规划》明确指出要通过推进"互联网教育"发展教育服务新业态，政府工作报告也将"在线教育"写入其中，提出要"扩大数字家庭、在线教育等信息消费"。互联网教育已经成为国家战略。

"用户、数据和技术构成了沪江教育生态的三大基础"，沪江合伙人、COO（首席运营官）李骏表示，沪江本身拥有1.5亿用户，他们在沪江平台的学习行为产生了大量数据，而沪江长期积累的技术优势能够深度挖掘用户行为数据的价值，反过来又推动了沪江产品和业务的发展。

发布会现场，沪江发布全新战略，未来将围绕教育生态重点发展两大业务：以沪江网校为主体的B2C业务和以CCtalk为主的平台业务。汇聚巨大流量和核心技术，CCtalk发展空间巨大，可向B、C端收费，盈利模式多样，前景无限。

据了解，CCtalk的优势主要集中在三个方面：首先，是源于沪江创业十多年以来的教育积累，作为我国最早一批在线教育的开拓者，沪江对在线教育的理解深刻；第

二,是全面的工具配备,CCtalk 专为教学研发,提供了在线教育所需的双向音视频、双向白板、课件播放、举手提问、桌面分享等核心教学工具,真实还原线下课堂,同时 CCtalk 还提供一个可扩展的教学小工具开放平台,并整合了沪江旗下的听力、背单词、词典等辅助学习工具;第三,社群化学习环境的打造有效提高学习效果和课程完成率。

2017 年 CCtalk 宣布成立业内首个百万网师创业俱乐部——"汇智联盟",首批联盟成员为平台综合业务量 TOP100 的网师。这标志着 CCtalk 所定义的网师群体进入快速爆发的新阶段。

目前,CCtalk 已经完成了从语言教学到全品类互动教学平台的构建,初步形成语言学习、职业教育、中小幼、文化艺术等四大品类体系,全面覆盖 Android/IOS、iPad、PC 和 MAC 平台,超过 3 万名老师和数千家优质内容和教学机构入驻,产生课程 85 万节,累计用户超 1 000 万。

6.3.4 All in 人工智能打造智能教育创新引擎

技术创新是沪江教育生态发展壮大的重要支撑。创业 11 年间,沪江始终处于教育科技的最前沿,成为互联网教育的领先者和创新者。人工智能的兴起带领互联网教育进入智能教育时代,沪江将通过打造智能教育创新引擎,赋能教育行业实现整体升级。

沪江已组建智能学习实验室(HILL, Hujiang Intelligent Learning Lab),大力发展智能教育。HILL 专注于教育行业,针对教育学、心理学、计算机科学三方面进行融合与探索,帮助沪江的教育产品提升智能化能力,未来也希望将这些能力提供给合作伙伴和整个教育行业。

HILL 的最新研究成果"学友"和"堂果"。"学友"基于对学习者学习习惯和偏好的深度了解,在沪江海量数据之上建立知识库,对学习问题进行准确应答,并帮助学习者建立学习社群,以更好地达成学习目标;"堂果"则利用自然语言分析和计算机视觉技术,清晰捕捉学生多种情绪和听课注意力等信息,解决传统直播教育中,教师对学生情绪和注意力难以感知、"情感"互动严重不足的问题,大大提升"空中教育"的教学效率。

此前,沪江已经发布 Uni 智能学习系统和 Hitalk、天天练口语、沪江问答等智能教育产品。"学友"和"堂果"的面世,标志着沪江在智能教育领域的探索又迈出了重要一步。

6.3.5 自贸区基金、皖新传媒联合助力加速教育生态布局

发布会现场,沪江与自贸区基金、皖新传媒旗下基金宣布达成战略合作。三方将立足互联网教育行业,在资本、产业基金和教育资源等方面开展深度合作,发挥各自优势,实现共建共赢。

此前,沪江在一年时间里完成了近 20 起教育领域的战略投资,包括国际语言教学交易平台 italki、全球留学生跨境服务平台 myOffer、司考培训龙头机构方圆众合教育等国内外优秀教育企业。在此过程中,沪江为被投企业提供资金、技术、业务、资源

等全方面地支持,通过协同发展聚集起一批沪江生态企业。

截至 2017 年 8 月,沪江及沪江生态企业在全球拥有 2 亿多用户,直接或间接带动近 10 万人就业,成为全球互联网教育行业中最重要的一支力量。

三方合作达成后,将共同推进沪江在教育产业的深度投资布局,营造以沪江为"圆心"的互联网教育生态圈,使沪江的"平台优势"进一步升级为"生态圈优势"。

一家企业,如果能够打通上下游资源,整合整条产业链,将会产生对手无法比拟的竞争力,获得超额的利润。

6.3.6 携手腾讯建立战略合作伙伴关系探索教育数据生态营销

2018 年 3 月 13 日,全球领先的互联网学习平台沪江联合腾讯宣布达成战略合作,沪江将基于腾讯大数据的支持,在广告营销、微信产品矩阵、腾讯云、企点合作等多个层面展开全方位合作。通过腾讯强大科技技术、海量数据平台以及优质内容产品,将为双方战略合作带来更广阔的前景。

双方战略合作内容包括:通过腾讯在大数据分析方面的领先技术和洞察优势赋能沪江,在内容挖掘、用户行为、用户兴趣,以及精准的渠道投放方面展开更多合作可能。例如,在热门影视剧、综艺节目领域的品牌商业化合作。在产品层面,腾讯为沪江提供更高精准、专业的广告营销服务和产品。例如通过微信小程序等广告产品进行更精准人群的推广和投放,有效提升 ROI;同时,沪江与腾讯将共建数据管理平台(data management platform,DMP),推动双方进行数据交互、数据标签和人群洞察领域等工作,提升大数据驱动的有效性。

此外,双方表示未来还将联合发布教育行业洞察或面向教育行业用户群体的调研报告等领域进行合作,为教育行业带来前瞻性洞察,营造更高的数据价值。

通过建立战略合作伙伴关系,腾讯联手沪江这样的在线教育领军品牌,在平台之外拓展教育产品的内容变现渠道,建立基于大数据个性化定制的"内容营销＋渠道变现"完整营销闭环。这是在教育领域营销道路上一次积极有效的探索,将大幅提升品牌投放精准度,缩短沪江与消费者之间的关系链路,最终实现沪江、腾讯、用户的三方共赢。

6.4 关于未来的思考

6.4.1 "AI＋教育"进军市场,互联网＋教育风口开始变冷?

正如全球创新界领袖人物之一、奇点大学创始人彼得·戴曼迪斯认为的那样,几十年后世界上最好的教育将"来自人工智能",它能根据学生个人喜好和特点提供相应的私人教育,"那将是人类社会的一大进步"。

沪江创始人兼董事长 CEO 伏彩瑞认为,在线教育正在从移动时代向人工智能时代过渡。AI＋教育是互联网教育发展的高级阶段。基于丰富的数据采集和先进的算法,人工智能将提供个性化难度和个性化节奏的智能自适应学习,因材施教,最大化提升教学效果和规模化能力。"每个人看到的课程根据每人的学习能力、对课程内容的掌握水平、学习勤奋程度等因素而变化,同时,每人得到的加强包也不一样"。

对于 AI＋教育的突然崛起,有网友调侃称,上个月还在提互联网＋教育,怎么这个月忽然就变成了 AI＋教育的概念,是否意味着互联网＋教育的风口开始变冷了?

对此,沪江合伙人、COO 李骏否定了此说法,"我觉得互联网不是一个行业而是一种能力,所有的行业都需要互联网,互联网＋教育过时了吗? 远远没有。"李骏认为,教育是一个非常传统的行业,互联网＋教育刚开始。之所以大家突然对人工智能谈得很多,是因为它正处在风口上,包括人才的竞争,"大家必须要抢这个风口,这是一个必然的结果"。其次,人工智能可以解决互联网当中很重要的问题,就是怎么把低效重复性的劳动转由系统来做,会加速人往互联网上转的过程。"它确实给线下的教育往线上转,提供新的机遇和方法。"

6.4.2　会不会因人工智能把钱烧光

在沪江合伙人、COO 李骏看来,沪江打造的智能教育云平台是一个打通线上学习场景、集聚了海量学习者和老师、内容提供者、教育技术提供者等多方资源的完整生态,提供"大数据分析—用户画像—能力评估—路径规划—个性化教学—学习效果评估"的智能学习"大循环",帮助学习者提升学习效率和体验,赋能网师成就自我。

李骏表示,沪江希望通过完善的平台工具和开放接口,帮助更多人工智能技术真正应用到教学场景中,加速全行业智能学习内容和工具的产品化、商品化,创造出更加丰富、有效、有趣的线上学习体验。

但其实之前百度、阿里、乐视都在人工智能做了一段时间,并不都是一帆风顺的,沪江如何保证人工智能在教育领域试水成功? 李骏表示,目前沪江从资金储备上来讲,有一块赚钱的业务,有一定的资金去投前瞻性的项目。另外融资难度也不是特别大,他表示不会因为这个事情把钱烧光,"下一步其实我们会更多地做平台,让更多的人来这个平台上做内容,这个时候我们主要的成本就是研发的成本,这块研发的成本是预期可控的,不会影响整个资金和企业战略。"

启发思考题

(1) 沪江在"互联网＋"背景下宏观环境和行业环境发生了哪些变化? 给沪江带来的挑战有哪些?

(2) 沪江经历那些商业模式的转变? 这些转变是否合理?

(3) 沪江在战略转型过程中坚持回归教育本质,最终成为独角兽,那么企业应如何塑造自己的核心竞争力?

(4) 沪江是如何整合资源来打造教育产业链,构建教育生态圈?

案例 7

联影医疗：
打破"GPS"神话，
为健康中国追梦

编者语：掌握核心技术是制胜法宝

医疗器械制造是知识密集型行业，尤其是高端医疗设备领域，对人才、技术、资本等方面都有很高的要求。随着经济社会的快速发展和人民健康意识的不断增强，我国医疗器械产业市场需求日益增长，但在技术积累和科研能力等方面亟待提高。近年来，在国家政策扶持下，国内相关产业发展迅速，联影医疗正是在这样的背景下成长起来的企业。

要想在高端医疗器械产业抢占一席之地，掌握核心技术，打破市场垄断是关键所在。联影医疗将自主创新作为企业发展的立命之本，将"跟随"和"超越"作为创新过程中两个最重要的目标，即从市场需求出发，在原有技术的基础上不断突破，开发新一代产品，从而实现对已有技术、产品的超越。创新需要人才，联影医疗致力于打造国内外行业精英的汇聚平台，并与上海交通大学、东南大学、复旦大学附属中山医院等高校科研机构建立合作，开创了产医研合作的全新模式，为企业创新提供了源源不断的动力源泉。

本案例由华东师范大学经济与管理学院的王悦和王亚宁撰写，由于企业保密的要求，在本案例中对有关名称、数据等做了必要的掩饰性处理。本案例只供课堂讨论之用，并无意暗示或说明某种管理行为是否有效。

摘　要：本案例描述了上海联影医疗科技有限公司在国家接连不断的扶持政策下，进军高端医疗设备行业，用自主创新打破了过去几十年来以通用、飞利浦和西门子公司为代表的"GPS"对中国的技术封锁和市场垄断的过程，在突破技术、人才和资金瓶颈后，中国的高端医疗器械不再是一片空白。作为典型的人才密集、技术密集、创新密集、资本密集型行业，高端医疗设备行业研发周期较长且难度极高。作为知识密集型的行业，如何积累产品专有技术、培养科研开发能力，如何打破行业垄断？本案例为解决这些问题提供了借鉴。

关键词：联影医疗；高端医疗设备；打破垄断；自主创新

7.0　引言

2017 年 5 月 18 日，由上海联影医疗科技有限公司与美国顶尖分子影像科研团队探索者联盟携手共同打造的"史上最强 PET"——世界首台全景动态扫描 PET - CT"探索者"（EXPLORER，Extreme Performance Long Research scanneR）面世。2016 年初，在与几家国际巨头公司连续几轮激烈公开的竞争中，联影脱颖而出，成为项目团队全球唯一的研发和产业化合作伙伴，全权负责 uExplorer 探索者的研发和产业化。那么，能够与世界顶尖团队合作研发"史上最强 PET - CT"的联影医疗是怎样的一家公司呢？

7.1　高端医疗设备行业

7.1.1　行业背景与特点

医疗器械产业是衡量一个国家科技进步和国民经济现代化发展水平的重要指标之一。因此，世界各国普遍重视医疗器械产业发展的战略地位。随着我国居民生活水平的提高和医疗保健意识的增强，医疗器械产品需求持续增长。受国家医疗器械行业支持政策的影响，国内医疗器械行业整体步入高速增长阶段。伴随现代科学成就的不断融入，医疗器械在医疗健康事业中的作用日益彰显，成为大健康产业中最活跃的经济增长点。

医疗器械的特点是产品间差异极大，既包括一次性注射器之类较简单的产品，也包括医用磁共振成像设备（MRI）这类复杂的医疗设备。高端医疗设备是综合了医学、生物力学、医用材料学、机械制造等多种学科的高新产品，是典型的人才、技术、创新和资本密集型行业，研发周期较长且难度高，资金投入巨大。我国的医疗器械行业起步相对较晚，但随着我国经济高速发展、社会老龄化程度提高以及人民群众保健意识不断增强，我国的医疗器械行业发展迅速，目前已成为我国国民经济的基础产业和先导产业之一。我国的医疗器械行业得到了国家产业政策支持，不仅如此，行业监管制度也在不断完善，市场需求持续增长。

在这样的知识密集型行业中，产品专有技术积累和科研开发能力的培养是一个长期的过程，同时还受到相应国家基础工业发展水平的影响，美国、欧洲、日本等地由于发达的工业基础和多年的技术积累，长期处于世界的领先位置。

4 年前，多位医疗影像行业的海外归国人士、行业内跨国公司高级管理人才、海外知名学府的专家学者走进嘉定工业园区，创办上海联影医疗科技有限公司，他们立志打破高端医疗设备领域的国际垄断，让"中国智造"走向世界。4 年后的今天，当 18 款"联影产品"全线推出，各项性能指标均达到世界领先水平且售价大幅降低时，国际医疗设备界震惊了。

7.1.2 国内市场现状

《中国医疗器械行业发展报告(2017)》显示,从过去几年我国医疗器械行业的总体上来看,我国医疗器械行业规模以上生产企业主营业务收入增速在11.66%～22.20%,高于同期国民经济发展的增幅,高端医疗器械研发生产形势喜人,创新产品加速涌现(见图7-1)。

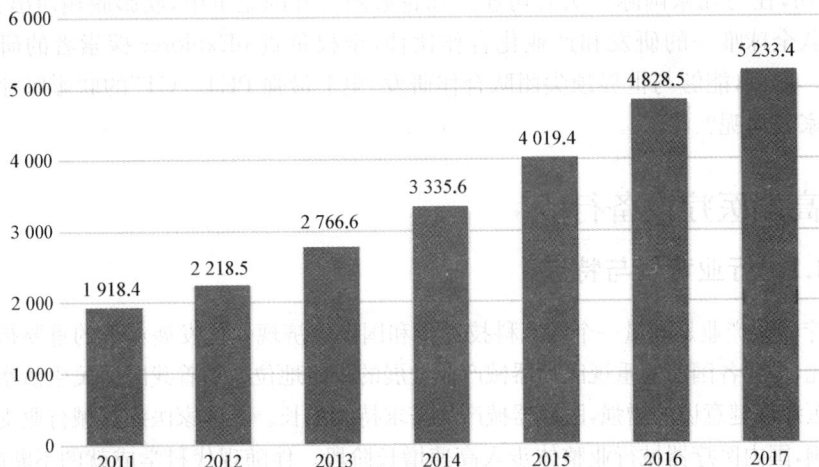

图7-1 2011—2017年中国医疗器械行业市场规模变化趋势图(单位:亿元,%)

2017年,我国医疗器械行业市场规模高达5 233.4亿元,过去6年来CAGR达到18.21%。然而,我国人均医疗器械费用支出远低于发达国家。发达国家人均医疗器械费用皆大于100美元,而我国人均医疗器械费用仅为6美元。随着人口老龄化的进展、人均可支配收入增长和政策的大力支持,未来医疗器械行业仍有广阔的成长空间。

当前中国在高端医疗设备领域的产品国产化率较低,根据从国家统计局公布的数据来看,我国生产的高端医疗设备在总体质量和技术水平上与发达国家的同类产品相比还有不小的差距,而且其利润率基本上维持在10%～12%左右,属于较低水平,究其原因主要是国内的医疗器械企业普遍规模小,实力弱,而且产品低端、同质化严重是导致医疗器械企业利润低下的主要原因,医疗器械产业未形成规模效益(见表7-1)。

图7-1 2015年医疗器械行业销售收入与利润总额比例

日 期	收入:累计值/千元	收入:累计增长/%	利润累计值/千元	利润增长率/%
2015-06	108 092 496	12.05	9 243 672	4.71
2015-05	85 886 604	11.23	7 245 108	6.27

日　期	收入：累计值/千元	收入：累计增长/%	利润累计值/千元	利润增长率/%
2015 - 04	67 651 387	11.82	5 561 988	8
2015 - 03	50 177 104	12.65	4 009 654	9.05
2015 - 02	30 255 458	10.99	2 073 461	7.34

目前来看，我国医疗器械行业市场中，高端医疗器械市场仅占比 25% 左右，且该市场的绝大部分都被国外厂商把持。我国多数企业仍处于中低端医疗器械领域，中低端市场规模在中国整个医疗器械市场中的占比高达 75% 左右。

现这种医疗器械产品结构的主要原因是现在中国的高端医疗产品技术和研发与发达国家仍有差距，而同时中国的医疗器械企业的现状是普遍偏小，实力较弱，客观上也就没有资金和人员开发高端产品，这就需要在国家的政策层面促进医疗企业产业的进行整合，整合培育出几家实力较强的企业集中人力、财力研究开发出与发达国家同等级的医疗器械产品，完善产品结构。

7.2　"GPS"神话

中国医疗器械行业之痛莫过于在高端医疗器械领域失去阵地。长期以来，MRI、CT、PET - CT 等技术高度密集的设备可谓是三甲医院的"镇院之宝"。可惜，这些"宝贝"几乎被通用电气（GeneralElectric）、飞利浦（Philips）、西门子（Siemens）三家跨国企业所垄断，这三家跨国企业不仅拥有技术、人才、资金，而且拥有从上游材料研发到下游产业化应用的完整产业链优势，占据中国高端医疗设备市场的 90%，而国内设备的占比不足 10%。在 PET - CT 领域，国内医院更是 100% 依赖进口，销售价格和维护费用十分高昂。而这三家企业的英文首字母恰巧为"GPS"，人们因此称为"GPS 神话"。

在国内大型医疗设备市场中，外资品牌依然占据绝对主导地位。从《2014 中国医疗设备售后服务调查报告》公布的 2014 年市场份额数据来看，西门子与通用电器（GE）、飞利浦分食了中国高端医疗设备市场超过七成的份额。从三家企业各自的优势产品看，通用电气在 CT、超声影像、核医学三类设备的市场占有率名列第一；飞利浦则在血管造影机、数字化 X 射线摄影系统两类设备的市场占有率中排在第一位；西门子位列首位的是磁共振设备。

与国外品牌相比，在上述大型医疗设备中，却难见国产品牌的身影。以常用的CT 类设备为例，国产品牌占有超过 1% 市场份额的企业只有东软集团一家，但份额也仅为 1.48%；磁共振设备中，占有最大市场份额的国内品牌是万东，占 1.4%；在软式内窥镜类设备中，几乎没有任何一家国内品牌占据超过 1% 的市场份额。

目前能够生产甲类医疗设备的企业在国内微乎其微，在上海联影医疗科技有限公司去年年底推出自主研发的 PET－CT 产品之前，国内没有企业生产这一产品。而乙类大型医疗设备中，生产 CT 的仅有东软、深圳安科、上海联影医疗等几家企业，生产核磁共振的企业不过 10 家左右。像 PET－CT 这样的甲类大型医疗设备，目前国内企业的市场份额几乎可以忽略不计。

现实中，由于"GPS"对国内高端医疗设备市场的垄断，使得大型医疗设备的采购价格昂贵，最终导致检查费用居高不下。像 PET－CT 检查这种应用于肿瘤、脑和心脏等领域重大疾病的早期发现和诊断的项目的价格在北京的部分三甲医院全身检查价格高达 1.2 万元，上海部分三甲医院的价格在 7 000 元左右。检查费用不在基本医疗保险报销范围内，不菲的价格让很多患者望而却步。

7.3　联影医疗弯道超车，"GPS"神话破灭

2011 年，多位医疗影像行业的海外归国人士、行业内跨国公司高级管理人才、海外知名学府的专家学者走进嘉定工业园区，创办上海联影医疗科技有限公司，他们立志打破高端医疗设备领域的国际垄断，让"中国智造"走向世界。今天，当联影医疗经过 4 年闭关、4 年拼搏，向市场推出 30 款具有完全自主知识产区的"联影产品"，这些产品与国际品牌相比，平均价格下降三成左右，个别产品价格降幅超过 50%，在反复试用与临床验证中，各项性能指标均达到世界领先水平，凭借着出色的性价比，联影产品已经走进北京、上海多家三甲医院，一举打破了国际厂商几十年的技术封锁和市场垄断，国际医疗设备界震惊了，"GPS"神话已被"联影医疗"打破。

7.3.1　以自主创新打破技术与市场垄断

日前，上海联影医疗科技有限公司发布了其与美国分子影像科研团队"探索者"联盟携手打造的"史上最强 PET－CT"——世界首台全景动态扫描 PET－CT。"它很快，传统 20 分钟的全身扫描将被直接缩短到 15～30 秒。同时，它剂量极低，探测器灵敏度提升 40 倍，辐射降低 40 倍，相当于一次跨太平洋空中旅行的辐射剂量，孕妇和婴幼儿也能安全接受全身扫描。更令人振奋的是，它首次实现了全身多组织器官的 4D 高清动态成像，这将为医、药等交叉科研领域开启无限的创新空间，为个性化精准诊疗、新药研发等提供强大的创新平台。"

联影董事长兼首席执行官薛敏表示，在外资品牌一统天下的中国市场，很多国内企业仅满足于以低质低价产品在中低端市场分一杯羹。因此薛敏向创始管理团队提出的第一条建议就是："如果只满足于中低端市场，路只会越走越窄。只有坚持自主

创新之路，才能不被国外巨头扼住喉咙。"

联影医疗在成立之初的思路就很清晰：自主创新，为的是在外资技术封锁、市场垄断下杀出一条路，从而打开市场空间，降低中国老百姓的诊疗费用。成立 6 年来，联影医疗已经实现 PET/MR、PET－CT、MR、RT、CT、DR 等全线高端医学影像和放疗设备全部核心技术的攻坚，产品综合性能国际领先，部分技术指标已经超越国际最先进水准，多项技术填补国际或国内空白。目前，联影对核心技术的自研比例在行业里是全球第一。

在联影，"跟随"与"超越"是两大创新口号。

1."跟随"战略

"跟随"战略的主体是联影各大事业部，但这里说的"跟随"并不是简单地跟在跨国公司后面，而是有足够多的创新点。

比如，X 光机、CT、磁共振等技术已经有几十年甚至上百年的历史。在此基础上，无论怎样创新，给市场的印象还是"跟着做"。然而，在这一过程中有许多创新点可以挖掘。怎么在相对成熟的技术基础上做得更好、更能满足中国特色的需求？这就需要创新。就好像苹果 iPhone6 和 iPhone5 之间的关系，新一代产品可以在原有的技术基础上创新。

在张强主持下，基于自主创新理念，联影研发团队在不断磨合和审视中摸清了前行的道路，一系列创新之举接连诞生：96 环 PET－CT 以分辨率和扫描速度的双重突破成为世界首创；全部核心部件及技术自主研发的业界首台动态多极 3.0TMR 成为中国首创；全部核心部件自主研发的 1.5TMR 树立了超导磁共振新标杆目前，联影提交的专利申请已逾千项，其中高技术类超过 700 项。

2."超越"战略

"超越"战略的主体是联影研究院，研究院基于市场需求，联合国内外科研机构、高校和医疗机构，关注可能会应用于未来产品的技术，如果"跟随"战略创造的是新生代产品 iPhone6，超越战略就是生产出 iPhone7、iPhone8。

"我们喜欢拿苹果手机做比喻，一方面是因为这样容易让人理解，另一方面是因为我们一开始就想高起点，无论是内在品质，还是产品外观，都要做到苹果手机那样惊艳。"联影设计创新中心负责人俞晔珩说。全球竞争的格局中，联影既要在高端医疗设备打上"中国智造"的烙印，还要打上"中国设计"的基因。

"为什么一台核磁共振机不能设计得像一部苹果手机？"这样的问题，以前在行业中从未被提及，但联影却大胆倡导跨界创新，引入消费电子领域的先进技术。工程师们为两款医疗设备配备了超大尺寸的"智感"触摸屏，这种触摸屏集成了从患者登记、图像采集、浏览打印与图像确认等临床医疗工作，让医生一屏在手，操作不愁。

"为什么病床一定要给人一种冷冰冰的感觉？"这又是一个经典的"联影之问"。于是，俞晔珩和她的设计团队把"情感因素"导入联影产品中，在一些检查设备上，为床体配备了可调节明暗的环境灯,既可缓解患者的紧张情绪,又便于医师在偏暗的环境中识别脚踏开关。

正是基于这样追求极致的创新精神,截至 2017 年 7 月,联影累计获得专利逾千项。就拿设计环节来说,联影已有 7 款产品获得世界工业设计最高奖。

如今的联影,七大产品事业部拔地而起,与联影研究院交互并行;联影研发中心根植中国,辐射全球;30 款自主研发的系统与软件产品全线铺开打入市场;2014 年销售元年即收获近 10 亿元订单;针对中国国情打造的"联影区域影像中心"以医疗信息化为纽带,提供远程诊断、会诊、教育培训、设备维护支持等整体解决方案……在坚持自主创新的同时,联影十分注重品牌建设,斩获了中国专利金奖与中国商标金奖。在中国,只有联影与华为两家企业同时获得这两项殊荣。

中国高端医疗设备行业一度由外资企业一统天下的旧格局已轰然崩塌。国际垄断巨头们在医疗设备设计领域也开始与联影对标,进行战略升级。薛敏、张强领导的团队,正以自主创新"撼动"行业垄断者的根基,"中国智造"和"中国设计"的国际影响力开始凸显。

7.3.2　聚拢人才,赶超国际标准

联影的"影"是指医疗影像设备;其"联"字则表明公司要联合全世界高端医疗设备精英。

联影从成立之初,就是一个积聚人才的平台。最初的创业团队,怀揣着同一个梦想,来到上海、来到嘉定,他们中有的人放弃同行业跨国公司的高薪要职,有的放弃世界著名高等学府的终身教授身份,"赌"上全部身家,只为中国高端医疗设备产业的崛起。

联影研究院 CEO 陈群教授已在美国待了 24 年,曾在美国哈佛大学、西北大学和纽约大学任教时间超过 20 年的磁共振方面专家。在被问及当年加入联影是否有后顾之忧时,陈群坦言:"首先,我确实想要做点事情。我在国外担任终身教授,事情虽然做得很'尖',但也很'窄',对社会带来的价值有限。第二,是我对联影创始团队的信任。我与董事长薛敏认识十几年了,当时也就对着几张打印出来的 PPT 聊。我认为,这件事恐怕别人都做不了,但联影创始团队可以做。"

同一爱国心,同一中国梦,联影不拘一格招纳全球人才。如今,联影已拥有超 2 800 名员工,其中 110 多位海归、2 000 多位博士、500 多位具有行业经验的高端人才,联影已成为中国高端医疗设备产业的人才高地。

汇聚英才,就是凝聚底气。联影的核心竞争力可以浓缩为人才和平台。高端医疗设备行业不是简单的制造业,而是创新技术高度密集的高科技行业。如果没有相关背景的高技术人才,联影是做不成的。值得骄傲的是,联影已吸引了很多海内外顶尖人才,中坚技术力量也拥有丰富的行业经验。这些人才是联影的基石。此外,这么

多产品线同时起步，没有强有力的平台支撑，也是不可能做成的。据张强介绍，目前联影已初步建起了世界级的硬件技术平台、软件平台、服务平台、产学研医协同创新平台。这些跨产品线的平台成为联影核心竞争力的重要组成部分。正是这些，才让外界相信在这一代中国本土公司中，真正有了诞生一家世界级医疗设备公司的可能。

7.3.3 吸引外部资本

2017 年 9 月 15 日，联影成功完成 A 轮融资，融资金额 33.33 亿元人民币，投后估值达 333.33 亿。此轮融资由中国人寿大健康基金和国投创新投资管理有限公司共同领投，中国国有资本风险投资基金、中金智德、中信证券、国开开元、招银电信等投资机构共同出资完成。

融资后，联影将持续加大对创新的投入，以创新驱动的价值创造回馈客户、回馈股东、回报员工，为行业带来更多的创新产品和技术，以高性价比的产品和让更广泛的社会群体受益。

7.3.4 校企合作

2017 年 3 月 3 日，联影与上海交通大学正式签署合作协议，共同建立上海交通大学—联影医学影像先进技术研究院（以下简称"影像先研院"），聚焦医学影像尖端技术与相关大数据、人工智能等最前沿领域，建立行业人才高地，打造国际一流的创新研究基地和技术转化基地。一方是为中国乃至世界输出各学科领域顶尖人才与创新科研成果的一流学府，一方是以源源不断的创新推动医疗科技发展的医疗设备公司，二者走到一起是高端医疗器械行业发展史上值得被铭记的一天。双方此次合作不是以单体项目为切入口，而是真正将校企两大平台合二为一，在上海交大与联影之间建立长期的、战略的合作机制。因此，在人才吸引和培养的长线规划、创新路线长期动态演进、技术深度、创新应用与升级、关联性创新等方面具有天然优势。在人才培养上，影像先研院积极引入国际顶尖人才，同时打造国内首个高端医学影像专业高等教育体系，校企联合培育创新型高端研发人才，成就具有世界影响力的医学影像技术人才高地。在研发方向上，影像先研院将关注影像领域前瞻技术和创新应用，持续积累医学影像领域的技术深度；同时，不断拓展创新边界，除了深耕医学影像领域，还将在与其紧密相关的医疗信息化、影像大数据分析、人工智能诊断、微创和辐射治疗的图像导航、影像的临床应用研究等领域重点发力。在临床应用上，影像先研院将深化与交大附属各大医院的临床合作，为各类临床需求提供定制化技术解决方案，促进以临床为导向的技术创新和应用创新。在创新产业化上，影像先研院产生的知识产权等成果，直接与联影进行产业化无缝对接，加速创新的商业价值和社会价值变现，推动生命科学的加速演进和高端医疗设备行业的升级发展。

2016 年 11 月，联影、南京鼓楼医院、东南大学医疗器械研究所签署三方战略合作协议,旨在打造产学研医协同创新平台,共同推动影像技术与临床医学创新发展。根据协议,三方将通过优势资源互补,在多项临床、科研项目开展研究合作,共同探索针对疑难病例的影像诊断解决方案,并积极制定相关诊断规范。

2017年8月,联影医疗与复旦大学附属中山医院共建"中山—联影临床应用示范基地"与"中山—联影精准医学影像研究中心"的建立,开创了产医合作的全新模式。

7.3.5 企业合作

深圳迈瑞生物医疗:2016年4月,中国医疗器械行业的两家龙头企业——上海联影医疗科技有限公司与深圳迈瑞生物医疗电子股份有限公司在联影高端医疗产业园区会盟,正式签署战略合作框架协议。

双方协议,将以医疗设备及服务领域为战略合作的核心领域,在医院和医疗中心的产品解决方案整合、协同创新、国内外销售与服务渠道优势互补等方面展开长期战略合作,推动双方战略目标有效落地,探索最新技术与未来商业契机。同时,双方将在自主创新、行业标准制定、企业社会责任等方面形成合力,共同推动国产医疗设备行业的发展。

上海伦琴医疗科技:2016年5月,上海联影医疗科技有限公司与伦琴(上海)医疗科技有限公司在联影高端医疗产业园区正式签署战略合作协议,将作为创新动力的医疗设备企业与顶级医生资源强势对接,共同打造创新医疗诊断模式,通过高品质、高性能硬件设备、全套医疗信息化解决方案与顶级医生资源结合,合力建设专门的医疗机构,在与大型医院优势互补的同时,提升基层医院患者就医质量、促进分级诊疗有效落地。

7.4 结语

如今,中国本土医疗设备厂商正不约而同地开始创建或升级现有的设计语言与工艺标准,联影在技术、质量、服务、商业模式等一系列创新,引来众多模仿者与跟随者,而这正是联影创始团队乐见的局面,也是联影"用心改变"的又一层内涵——以自主创新建立行业标杆,引导行业内本土企业彻底摆脱低水平竞争,推动行业进步、重塑行业格局。

联影医疗,这家入驻上海嘉定工业园区的企业,从"负起点"出发,"高举高打",创造了多项世界和国内第一,努力改变国产医疗设备质次价低的负面形象,在短短4年内做出了足以震惊整个业界的成绩,同时为中国的患者带来了福音。

联影医疗勇于突破"GPS"垄断,坚持自我创新的发展思路对于践行"健康中国"战略,具有更深远的现实意义:一方面,高端医疗设备国产化将使得设备购买成本、维护成本大幅降低，这样一来，老百姓"看病难、看病贵"的问题都将得到解决；另一方面，人工智能与医疗行业的融合，将加速精准医疗时代的到来，提高诊疗效率与准确率，并推进国家分级诊疗政策落地。

链　接

链接 1　联影医疗大事记

2011 年 3 月　联影医疗于上海成立。

2011 年 4 月　联影分子影像(MI)事业部成立。

2012 年 1 月　联影医疗自主研发设计的首台 3.0T 超导磁体成功完成励磁测试标志着中国企业打破跨国公司垄断。

2014 年 1 月　联影医疗 uDR 盘古、uDR 磐石获得德国 iF 工业设计奖国产大型医疗设备首都荣获国际设计大奖。

2014 年 2 月 28 日　联影医疗前赴德国慕尼黑 iF 设计大奖颁奖典礼领奖。

2014 年 3 月 5 日　联影医疗正式入驻上海嘉定的联营高端医疗设备产业园区。

2014 年 4 月 10 日　上海市"医疗器械质量万里行"推进活动在联影医疗正式启动。

2014 年 4 月 25 日　联影医疗于与嘉定区人民政府合作建立的"联营—嘉定区域影像中心"正式启用解决偏远地区市民"看病难"的问题。

2014 年 5 月　联影医疗推出世界首台 96 环超清高速 PET‐CT，提供突破性高清分辨率。

2014 年 5 月 24 日　国家主席习近平到访联影："你们的事业大有可为！"

2014 年 6 月 18 日　国家科技部部长万钢一行莅临联影医疗考察。

2014 年 7 月　"中国科学院上海高等研究院——上海联影医疗科技有限公司高端医疗影像技术研究中心"揭牌仪式在联影总部举行。

2014 年 8 月　联影区域影像中心示范项目落户"全国医改试点城市"镇江。

2014 年 9 月　联影 uMR560 获 TÜVSÜD 权威 CE 认证，具备进入国际市场资格。

2014 年 9 月 19 日　联影医疗荣膺全国首个"工业设计领军人才实训基地"称号。

2015 年 1 月 28 日　联影自主研发的数字化 X 射线成像系统 uDR770i 经检验和 SGS 评测，获颁医疗行业全国首张 SGSRoHS 认证证书。

2015年1月1日　联影医疗uMammo嫦娥获德国iF工业设计奖。

2015年1月1日　联影医疗uCT 760获德国iF工业设计奖。

2015年2月2日　联影再赴德国领域两项工业设计"奥斯卡"。

2015年4月10日　联影uMI510、uCT510获德国TÜV莱茵权威CE认证。

2015年4月　联影医疗uMR570、uCT510获德国红点奖。

2015年7月　中国首台自主研发高端CT"时空"探测器诞生。

2015年8月　第四届苏浙沪皖医工技能大赛在联影举行。

2015年8月25日　联影医疗获中国首张PET-CT日本市场准入许可。

2016年3月　联影再夺四项"红点"设计大奖,全线上市产品均获世界工业设计至高殊荣。

2016年10月28日　联影医疗与华为公司双方正式签署战略合作协议,联手助力国家分级诊疗体系建设。

2017年7月28日　联影医疗与中山医院开创产医合作新模式。

2017年9月　中国首台高端医疗设备进驻日本市场。

2017年11月　上海市委书记李强率团来联影。

2018年4月12日　联影与华润凤凰医疗签署战略合作协议,将在医疗设备供应、管理等领域开展全面合作。

链接2　《中国制造2025》

医疗器械国产化及进口替代是国家政策重点鼓励的方向。2015年5月,国务院印发《中国制造2025》,其中重点提出要提高医疗器械的创新能力和产业化水平,重点发展影像设备、医用机器人等高性能诊疗设备,劝降解血管支架等高值医用耗材,可穿戴、远程诊疗等移动医疗产品。此外,卫计委颁布多项政策支持我国医疗器械国产化。

表7-2　2015年以来我国医疗器械行业相关国产化政策(部分)

时　间	政　策	内　容
2016年10月	《"健康中国2030"规划纲要》	到2030,具有自主知识产权新药和诊疗装备国际市场份额大幅度提高,高端医疗设备市场国产化率大幅提高
2016年10月	《关于征求医疗器械优先审批程序意见的函》	对列入国家科技重大专项或国家重点研发计划的医疗器械和临床急需的医疗器械可获得优先审批
2016年9月	推进国产医疗设备发展应用座谈会并签署合作协议	提高国产医疗设备竞争力,加快推动国产设备"走出去"步伐

续　表

时　间	政　　策	内　　　容
2016 年 8 月	关于印发控制公立医院医疗费用不合理增长的若干意见的通知	在保证质量的前提下鼓励采购国产高值医用耗材
2016 年 7 月	《关于促进医药产业健康发展的指导意见重点工作部门分工方案》	加快医疗器械转型升级。重点开发数字化探测器、超导磁体、高热容量 X 射线管等关键部件，手术精准定位与导航、数据采集处理和分析、生物三维(3D)打印等技术
2016 年 4 月	国家卫计委召开进口设备专家论证会	要求凡属于国内产品可替代进口产品的情况，应优先选择国内产品
2016 年 3 月	国家卫生计生委 2015 年度政府信息公开工作报告	及时主动公开大型医用设备配置批复文件、优秀国产医疗设备目录等一系列政府信息
2015 年 8 月	《关于改革药品医疗器械帘评审批制度鼓的意见》	鼓励医疗器械研发创新，将拥有产品核心技术发明专利、具有重大临床价值的创新医疗器械注册申请，列入特殊审评审批范围，予以优先办理。及时修订医疗器械标准，提高医疗器械国际标准的采标率，提升国产医疗器械产品质量
2015 年 5 月	《中国制造 2025》	提出要提高医疗器械的创新能力和产品化水平，重点发展影像设备、医用机器人等高性能诊疗设备，全降解血管支架等高值医用耗材，可穿戴、远程诊疗等移动医疗产品

链接 3　《"十三五"医疗器械科技创新专项规划》

为了崛起兴国重器，2017 年 5 月 26 日，科技部办公厅关于印发《"十三五"医疗器械科技创新专项规划》的通知，其中提到，我国医疗器械产业竞争力不强，高端医疗器械主要依赖进口的局面仍未改变，许多跨国公司通过并购本土优势企业抢占市场。加快推进我国医疗器械科技产业发展，促进医疗器械产业转型升级，是应对主要发达国家全球竞争战略的重大需求。

事实上，近年来，国家层面密集出台了一系列加速推进高端医疗设备国产化的扶持政策，鼓励民族企业自主创新，行业整体的技术水平、产品质量、服务水平均得到较大提升。

1. 行业同质化竞争

以深圳迈瑞生物医疗电子股份有限公司为例：迈瑞目前的产品有三大板块：生

命信息与支持、体外诊断、医学影像（数字超声＋放射影像）。其中，放射影像这块，包括数字X线摄影系统（DR）、磁共振系统（MR）以及PACS系统。对迈瑞而言，前两大板块中的监护仪、麻醉剂、血球仪、生化分析仪等设备，已经处于领先地位了，与"GPS"相比市场份额也不遑多让。医学影像板块，彩超亦可一争。但是放射影像就落后位于第二梯队了，并且核磁共振影像产品研发进展缓慢，质量不高，迈瑞暂时应该不会在该方向投入太多。而联影医疗也是三大板块：影像诊断设备、高端放疗（RT）设备及医疗信息化解决方案（HSW）。其中，影像诊断这块，联影医疗自主研发生产了全线高端医疗影像产品，包括计算机断层扫描仪（CT）、数字化X射线成像系统（DR）、分子影像系统（MI）、磁共振成像系统（MR）、X射线（X-ray）产品。联影医疗的DR、MR与迈瑞的产品有所交叉，

2. 政治环境

政治法律环境是我国对联影医疗经营活动具有现实和潜在制约和影响的政局稳定状况、政府政策、政府管制、政治力量和立法等因素。有些政策法规可能会给联影医疗提供一些新的经营机会；有些则会限制联影医疗的战略选择，甚至导致联影医疗的销量下降，影响到它的生存与发展。

产业政策：2013年9月28日，国务院下发了《国务院关于促进健康服务业发展的若干意见》（国发〔2013〕40号），提出"到2020年健康服务相关支撑产业规模显著扩大。药品、医疗器械、康复辅助器具、保健用品、健身产品等研发制造技术水平有较大提升，具有自主知识产权产品的市场占有率大幅提升，相关流通行业有序的发展目标"。该意见中主要任务之六——培育健康服务业相关支撑产业，支持自主知识产权药品、医疗器械和其他相关健康产品的研发制造和应用。该意见将通过科技、建设专项资金和产业基金等政策支持，提高具有自主知识产权的医学设备、材料、保健用品等的国内市场占有率和国际竞争力。

监督管理政策：2014年，是我国医疗器械行业的名副其实的"政策法规年"，完成了历时多年悬而未决的行业母法《医疗器械监督管理条例》的修订，同时还先后出台了4部部门规章，这些成为全年影响行业发展的最为重要的文件。从行业监管上看，国家食品药品监督管理总局2014年对医疗器械行业的规范与监管提升了一个大的台阶，为行业未来数年甚至10年的未来发展奠定了良好的基础。

审批政策：2014年2月7日，国家食品药品监管总局下达了"关于印发创新医疗器械特别审批程序（试行）的通知"（食药监械管〔2014〕13号）通知规定，对于已受理注册申报的创新医疗器械，食品药品监管总局医疗器械技术审评中心应优先进行技术审评；技术审评结束后，食品药品监管总局先进行行政审批。2017年10月8日，中共中央办公厅和国务院办公厅联合印发《关于深化审评审批制度改革鼓励药品医疗器械创新的意见》，提出"改革临床试验管理、加快上市审评审批、促进药品医疗器械创新和仿制药发展、加强药品医疗器械全生命周期管理"等6部分共36项改革措

施。该《意见》强调了深化审评审批制度改革鼓励药品医疗器械创新的重要意义，要求各地区各有关部门要高度重视药品医疗器械审评审批改革和创新工作，将其作为建设创新型国家、促进高科技产业发展的重要内容予以支持；同时要求国家食品药品监管、科技、工业和信息化、财政、人力资源社会保障、卫生计生、知识产权等各有关部门加强统筹协调，分工协作，形成改革合力，切实抓好任务落实。

3. 经济环境

产业发展速度快，规模扩张大：我国医疗器械市场迅速膨胀，已成为继美国和日本后世界第三大医疗器械市场，成为带动全球医疗器械市场增加的主要区域。近年来，每年的销售增速保持在 17％以上，其中高端医疗器械平均每年保持 20％左右的增长速度。

产品结构已发生变化：我国医疗器械市场产品结构发生着显著变化，由过去医疗耗材与医疗设备平分市场，发展为医疗设备产品所占市场份额逐渐扩大，到目前为止已达到 75％以上。

以中小企业占主导，高收益大规模企业少：我国医疗器械行业存在数量多、规模小、行业集中度低、科研投入不足、创新能力弱的问题。实际上，医疗器械行业是一个多学科交叉、知识密集、资金密集型的高技术产业，进入门槛较高。目前我国登记在册的各类医疗器械生产企业超过 14 000 家，但销售额过亿元的屈指可数。

高端医疗器械市场被以"GPS"为首的国外企业占据：在高科技产品方面，中国医疗器械的总体水平与国际先进水平的差距约为 15 年。国内中高端医疗（仪器）设备主要依靠进口，进口金额约占全部市场的 40％，进口公司主要是国际知名公司，如 GE、Philips、Siemens、Toshiba、Hitachi 等。

4. 社会环境

全球老龄化趋势严峻，我国人口老龄化加速。人口老龄化日益成为全球共同面临的严峻问题，呈现出与经济发达水平相关的趋势。随着经济生活水平的提高和人均寿命的延长，近年来我国人口老龄化速度加快。据预测，2050 年我国 65 岁以上人口比例将高达约 25％，将对我国社会稳定发展和医疗卫生服务保障体系造成重大影响。日前，我国全面放开"二胎"政策，在一定程度上将缓解人口老龄化问题，间接推动我国医疗健康事业的发展。

随着我国医疗改革逐步深入，民营医院发展强劲。我国鼓励医生多点执业，逐步完善分级诊疗政策体系，基层医疗机构数量稳步增长，诊疗质量不断提高。由于政策支持的不断加强和人民医疗健康需求的稳步提高，我国民营医院在近几年呈现出快速增长的态势。2010—2015 年间，我国民营医院数量年复合增长率约为 16.2％；截至 2015 年 8 月，民营医院数量达到 13 475 家，首次超过公立医院数量。2010—2014 年，我国民营医院提供医疗服务量相应快速增长，期间年诊疗人次实现翻番。目前，我国民营医院年诊疗人次和出院人数约为公立医院的 13％左右，医务人员与医疗设施质量、服务接待能力等方面具有巨大提升空间。

由此带来我国医疗器械需求的增长以及医疗器械产业的迅速发展,医疗器械生产及经营企业数量总体呈上升趋势,各项产业指标稳步上升。与此同时,医疗器械产业整体创新能力不断提升,创新产品的研发投入和产出均呈高速增长状态,产业整体竞争能力不断增强。

5. 技术环境

为了贯彻落实《国家中长期科学和技术发展规划纲要(2006—2020 年)》,指导医疗器械科技产业发展,科技部制定了《医疗器械科技产业"十二五"专项规划》,该规划将基层卫生体系建设急需的普及型先进实用产品以及临床诊疗必须、严重依赖进口的中高端医疗器械列为重点发展目标,着重满足基层医疗卫生体系建设和临床常规诊疗需求。2017 年 5 月 26 日,科技部印发了《"十三五"医疗器械科技创新专项规划》,并提出,"加速医疗器械产业整体向创新驱动发展的转型,完善医疗器械研发创新链条""开发一批进口依赖度高、临床需求迫切的高端、主流医疗器械和适宜基层的智能化、移动化、网络化产品";推出一批"基于国产创新医疗器械产品的应用解决方案";扩大国产创新医疗器械产品的市场占有率;引领医学模式变革,推进我国医疗器械产业的跨越发展。

经过以上政策环境、经济环境、社会环境、技术环境的分析,可以得知,虽然我国医疗器械行业长期受制于"GPS"神话之下,但是也为一家国产的高端医疗器械企业的萌芽和发展提供了沃土。

启发思考题

(1) 在"GPS"长期垄断国内医疗器械的情况下,联影医疗是如何摆脱受制于尚有的生存状态的?

(2) 面临多方面打压,联影医疗是如何撕开 GPS 神话,度过创业初期的艰难的?

(3) 联影医疗与上海交通大学共建研究生联合培养基地,企业与高校如何寻找校企合作共赢点?

(4) "中国制造"如何破解信任危机,打造自己的未来?

案例 8
陆金所：
大数据技术助力升级
风险控制体系

编者语：风险控制是立命之本

借助互联网技术和信息通信技术，互联网金融在传统金融业的基础上创造了基于网络平台和技术的金融市场、服务、产品、组织及监管等体系，不仅实现了资金的在线支付、融通、投资等，也促进了大数据金融和信息化金融机构的发展，提升了效率，推动了交易结构等方面的深刻变革，对经济的可持续健康稳定发展有着重要且深远的意义。互联网金融具有成本低、效率高、风险大等特点，是否能够控制风险、良性运转不仅影响到企业本身的生存发展，与金融体系的安全以及社会稳定也密切相关。陆金所作为平安保险集团重点打造的互联网金融投资理财平台，从 KYC 1.0 系统开始，建立起包括风险政策、信用评级、信息披露、预警监控、风控系统、风险评价、资产与资金的精准匹配等覆盖投资全过程的、立体化的风险管理体系，到 2016 年将大数据与传统方式优势互补，全面升级推出 KYC 2.0 体系。陆金所不断在风险控制上创新突破，并准备与人工智能技术相结合建设 KYC 3.0。在今后的发展中，风险控制依然是互联网金融企业运营体系里最关键的一环。

本案例由华东师范大学经济与管理学部的姚明雪和吴佳倩撰写，由于企业保密的要求，在本案例中对有关名称、数据等做了必要的掩饰性处理。本案例只供课堂讨论之用，并无意暗示或说明某种管理行为是否有效。

摘　要： 2011 年成立的陆金所发展迅速，凭借其平安集团的背景和扎实的风险控制能力，在竞争激烈的 P2P 领域占领一席之地。2016 年，陆金所开始了向全理财平台的转型，在原来"KYC 1.0"风险控制体系的基础上，加入大数据等技术升级为"KYC 2.0"体系。本案例回顾了陆金所风险控制体系升级的阶段，探讨新科技如何与金融结合更好地进行风险控制，可以给从事相关业务的金融企业提供借鉴。

关键词： 陆金所；大数据；互联网金融；风险控制；KYC

8.0　引言

2018 年 1 月，陆金所要上市的消息再一次在资本市场上流传开来。实际上，自 2015 年陆金所确定将上市以来，市场上就不时传着关于其 IPO 的消息，一旦陆金所登陆港交所，或成为港交所迄今为止最大的金融科技 IPO，其如今的估值已经达到 600 亿美元。

陆金所 2011 年成立，经历六年的亏损之后，终于在 2017 年实现盈利，共积累了超过 3 000 万的注册用户、交易量超过 1.54 万亿元、期末零售端资产管理规模 4 383.79 亿，这些成就撑起了陆金所超过百亿美元的估值。陆金所能在短短六年内崛起，成功因素很多，但是其在行业内数一数二的风险控制能力功不可没。

陆金所首席风控官陆总从公司刚成立就在陆金所任职，著名的"KYC 2.0"系统就是他组织设计的，回顾起陆金所风险控制的演变史，他感慨万千：这不仅是陆金所的发展史，也是这个时代金融和技术结合的缩影。

8.1　背靠平安，拥抱互联网金融浪潮

上海陆家嘴国际金融资产交易市场股份有限公司（简称"陆金所"），在上海市政府的支持下，于 2011 年 9 月在上海注册成立，注册资金 8.37 亿元人民币，是中国平安保险（集团）股份有限公司旗下成员之一，总部位于国际金融中心上海陆家嘴。陆金所旗下 lu.com 网络投融资平台（www.lu.com，原域名 www.lufax.com）2012 年 3 月正式上线运营。

在 P2P 网贷行业中，类似于 2011 年 9 月，贝尔创投事件、淘金贷事件等层出不穷，这类事件的发生极易导致投资者血本无归。而陆金所以平安银行为背书，打消了用户存疑的平台垮台、平台携款逃跑的疑虑。平台发展前期，陆金所还专门引入了同为平安集团旗下的担保公司——平安融资担保（天津）有限公司，对投融资进行全额担保（本金、利息、逾期罚息）。引入担保后，若借款方未能履行还款责任，担保公司将对未被偿还的剩余本金和截至代偿日的全部应还未还利息与罚息进行全额偿付。

2014 年 6 月，在第一届"金互联"奖颁典礼上，陆金所凭借其在风控方面的专业表现一举斩获"最佳风控机构奖"。陆金所创新地由具有担保资质的第三方专业担保公司提供担保，保障了投资人利益。此外，陆金所在风控方面具备三个突出的优势：即交易安全、严格分离平台资金和客户资金、信息安全。特别是陆金所拥有超过 100 人的国际专业团队，均具备多年银证保信从业经验，对金融风险的认识和管理到位，具备很强的信用风险、合规风险管理、操作风险管理能力。

在交易和信息安全等方面，陆金所的风控做法走在行业前列。比如，交易安全方

面,陆金所网站的密码采用国内领先的技术加密,配合手机短信动态码验证,让投资者交易更加安全,更有保障;信息安全方面,陆金所通采用集中的影像存储服务来保证合同等文件信息的存储、支持安全套接层协议和 128 位加密技术等技术手段,保障了客户的信息安全。

同时陆金所坚持平台只是撮合投融资双方达成交易,严格分离平台资金和客户资金,将资金交给第三方支付等有资质的机构来对资金进行管理。正是由于把金融合规与风控文化理念渗透到日常工作中的点点滴滴,陆金所此次荣膺"最佳风控机构奖"亦是实至名归。

背靠平安集团,坐拥众多资源的陆金所在 P2P 行业一路狂奔。通过陆金所平台交易的资产规模保持高速增长,自陆金所成立至 2015 年底,累计总交易量达 18 146亿元。其中个人零售端 7 339 亿元,机构端 10 807 亿元。2015 年全年的总交易量为15 252.72 亿元,同比增长超过 5 倍,个人零售端交易量 6 464.92 亿元,同比增长近7 倍,其中 P2P 一二级市场交易量共计 524 亿元,同比上涨逾 2 倍;机构端交易量8 787.80 亿元,同比增长逾 4 倍,继续保持行业领先地位。

但是互联网金融,尤其是信贷类的互联网金融,核心特征是附属于信贷基础,因此带有极大的风险特性。互联网金融发展的关键是风险控制,"风险控制"已然成为诸多互联网金融企业能否长大的魔咒,陆金所也要不停向前奔跑才能不被时代落下。

8.2 居安思危,寻找风险控制新突破

8.2.1 传统风控,陆金所创建 KYC 1.0 体系

陆金所一直致力于帮助普通投资者提高风险控制能力,拥有庞大个人财务大数据成为其风控建模的前期优势之一。早在 15 年底就推出 KYC 1.0 系统(KYC,全称为 Know Your Customer,了解你的用户),建立起了包括风险政策、信用评级、信息披露、预警监控、风控系统、风险评价、资产与资金的精准匹配等覆盖投资全过程的、立体化的风险管理体系,亦称"七步成诗"风控体系。

KYC 1.0 系统已经基本覆盖风险控制的主要方面了,主要分为以下七点(见表 8 - 1)。

表 8 - 1　KYC 1.0 系统风险控制

风险控制点	介　　　绍
风险政策制度框架体系	专门的风险政策部门对所有交易对手和产品引入都制定了明晰的风险政策指引,所有业务必须在制度框架内运行
信用评级	信用评级部门对交易对手和产品进行主体评级及债项评级,对于有外部评级的标准化产品也会建立映射模型换算成陆金所自己的风险评级。评级结果用于定价和展示产品的安全度

续　表

风险控制点	介　绍
信息披露	针对每一个不同的产品,将其内部评级、底层资产、主要风险、还款来源、保障措施都一一列明,并且用互联网化的语言传达给用户
投后预警监控	自主开发的预警系统对所有在售资产至少每三个月进行一次检视,一旦发生异常将自动预警。同时对于一些非标资产的所投项目,也会有投后团队进行定期的实地检查
风险管理系统	陆金所的风险管理系统覆盖全产品线、整个产品生命周期,实现风控的标准化、智能化、模型化,大幅提升陆金所风险管理工作的效率和效果
风险评价体系	风控人员被内嵌至前台业务单元中,业务人员在做业务时必须将风险摆在第一位,同样的业务量陆金所会根据不同的风险程度给予业务部门不同的业绩评价
资产、资金的精准匹配	在资金端,陆金所对投资者进行风险分类,建立产品与投资者风险适配系统,确保资产提供方能够获得符合其所需要的资金,同时投资者都能买到适合其投资风格与风险偏好的产品

　　建立 KYC 系统有诸多好处,一方面是对客户风险承担和投资能力的识别,用投资门槛做好区分;此外,互联网线上平台的角色,应给客户提供更多投资的机会,而 KYC 之后,通过分散投资,在合规前提下更好地满足投资人的投资需求。

　　过去的风控主要是针对资产端,但完整的风险管理体系应该包括风险的识别、披露、匹配三个部分。资产端的风控技术已经相对成熟,但后两者才刚刚起步。KYC 1.0 已经尝试一端对资产进行风险分类,另一端对投资者进行风险承受能力分类,并根据既定的模型对两者进行匹配,辅之以清晰的信息披露,实现资产和资金的精准匹配以及产品全生命周期风险管理。

　　在风险适配方面,KYC 1.0 体系采用“向下兼容”的原则,即高风险承受能力的客户可以购买同级或风险等级更低的产品,而低风险承受能力的客户投资高风险等级产品的行为将会被严格限制。例如,评级为“C2”的客户只能购买风险等级为 R1～R2 的产品,如果想越一级购买 R3 等级产品,便会有弹窗提示该产品与客户风险承受能力不匹配,需要关注产品风险;如果想要跳两级购买 R4 产品会直接被系统拒绝。

　　但在以体验和便捷至上的互联网世界,多一次点击往往就意味着一部分流量的流失。年末上线的 KYC 1.0 系统,仅 2 个月时已经影响了陆金所 10% 左右的交易量。尽管短期内对交易量的提升有负面影响,但陆总认为,从符合监管要求和行业发展的角度来看,建立一套投资者与产品风险适配体系,围绕“资产和资金的精准匹配”的目标进行风险管控是必然的趋势。只是陆金所也许需要寻找更加科学有效的匹配方式。

8.2.2　大势所趋，陆金所备战 KYC 2.0 体系

在 P2P 进入白热化竞争的 2016 年，"去 P2P 化"或为陆金所上市的第一步。而且陆金所旗下 P2P 平台陆金服营收情况也不容乐观，据互金协会披露的财报显示，2015 年净亏损 251.88 万元。陆金所也在寻求从 P2P 转型的出路。

早在 2015 年 3 月，陆金所即宣布转化为开放的金融资产交易信息服务平台，并陆续上线了基金、保险等新业务版块。凭借着提早布局所取得的先发优势，继续走在行业的前列，更为投资者带来"理财科技"的全新体验。为了突围线上"一站式理财"市场，寻找新的增长引擎，陆总打算升级 KYC 系统，正好可以和最近发展的火热的大数据和人工智能技术结合一下，但是如何结合陆总还没什么思路。

要做理财平台的 KYC 体系，陆金所又要从头开始做起。其实，目前绝大多数"一站式理财"平台并未建立自己的产品分级体系，甚至，在投资前并没有对投资人进行风险承受能力的测评。即使部分互联网理财平台尝试 KYC 体系，但基本也是沿用传统金融机构的模式。想要寻求新的突破，陆总觉得眼光不能局限在行业内。

在传统的风险控制中，风控人员通过人工手段搜集客户企业信息、识别投资风险，会耗费大量的人力、物力，同时也对风控人员的专业性、投资经验有较高的要求。一方面，由于客户企业数量庞大，风控人员仅仅依靠人工搜索信息，工作量庞大，而且难免会有信息的遗漏或滞后，对企业投资构成风险隐患；另一方面，即使能够及时、全面获取信息，面对大量的数据，风控人员需要花费大量精力和时间对信息进行筛选和分析，并凭借丰富的投资经验对各种信息加以综合判断，还需要从专业的角度寻找出风险的根源，这对风控人员的专业性提出了很高的要求。风险控制容易被人为主观因素制约，结论具有较大的不稳定性。

陆金所的 KYC 1.0 平台上的产品评级和客户风险承受能力分类，分别评为 R1 - R5 以及 C1 - C5（R 代表 risk，C 代表 customer，从低到高，5 代表风险最高和承受能力最强），基本沿用了传统财富管理机构的思路，以资金实力和起投金额来界定合格投资者。但这本身又与互联网理财低门槛、多元化的发展模式相矛盾。

陆总也感觉到，现有的合格投资人制度主要考量投资者的客观财务实力，较少考量投资者的主观风险偏好和产品风险差异，开发 KYC 2.0 就迫在眉睫。能否尝试构建一个更适合互联网理财市场的评估体系呢，推出一个"准合格投资人"概念？

从交易规模和市场占比来看，陆金所已经处于国内"一站式理财"平台的第一梯队。中信证券在一份研究报告中提到，2015 年，中国线上理财市场规模约 1 万亿元，陆金所约 2 400 亿元的资产管理规模约占市场份额的 25% ～ 30%。另外，蚂蚁金服旗下的招财宝约 1 800 亿元、支付宝约 600 亿元。但陆金所面临的是互联网理财市场日趋激烈的竞争：高度同质化的产品类别和商业模式，节节攀升的获客成本。陆金所急需建立自身的独特优势，拥抱新科技，寻求新突破。

8.3　不断创新，陆金所拥抱大数据

陆金所的传统风控做得很好，但要应用大数据就力不从心了。而集团的平安科技则可以做到很好的互补。2008 年从平安集团信息管理中心改组而来的平安科技已经成长为一个金融科技平台了，几乎是所有平安业务线的"乙方"2010 年，平安科技与平安人寿保险联手，在业内首创金领移动展业（MIT）模式，将多个金融产品电子化，通过移动网络终端为用户提供服务。2013 年，恰逢移动互联网的风口之上，平安科技又推出"天下通"移动社交金融门户。而包括平安好车、平安好房、平安付在内的平安旗下互联网金融业务中，也均有平安科技的影子。由于拥有海量的金融数据，平安科技的技术在金融场景中具有独特优势。

在新成立的"KYC 2.0 项目组"中，陆总是总负责人，团队主要分为两部分，陆金所原来设计 1.0 系统的核心成员，和平安科技的技术人员。陆总之前和平安科技也有一些其他的合作，这些年来也看到了平安科技的快速成长，技术水平趋于成熟。尤其是平安科技刚成立了一个叫作"平安驭风"的技术团队，专门做面向企业的金融风险控制，和陆金所合作就可以开发面向个人的风控体系了。于是陆总就跟集团申请了一下共同做这个系统，最终确定平安科技的风险控制团队负责人王经理负责技术实现的部分。

2016 年 3 月，KYC 2.0 项目组召开第一次会议，经过前期的准备，两边对于如何升级 1.0 体系都有了一定的想法，通过这次会议双方进行了沟通，制定未来的发展方向。

8.3.1　线上风控技术和数据双轮驱动

KYC 1.0 体系在陆金所尽人皆知，平安科技团队也对此做过详细的研究，于是会议安排是先由王经理介绍平安科技的方案，然后在此基础上，陆金所团队再修改和补充。

王经理做足了功课，首先说明陆金所在风控模型中引入大数据也是非常必要的，在介绍 PPT 上展示了很多关于央行征信的数据：央行的征信系统是通过商业银行、其他社会机构上报的数据，结合身份认证中心的身份审核，提供给银行系统信用查询和提供给个人信用报告。但对于其他征信机构和互联金融公司目前不提供直接查询服务。2006 年 1 月开通运行的央行征信系统，至 2013 年初，有大概 8 亿人在其中有档案。王总解释道："在这个 8 亿人当中，只有不到 3 亿人有过银行或其他金融机构发生过借贷的记录，其中存在大量没有信贷记录的个人。但是我们还要做这些人的业务，这时候大数据模型就可以发挥作用了"

此时王经理不无骄傲地说："如今，平安集团是名副其实的数据巨头，拥有金融全

牌照,是综合性金融服务集团。平安旗下有 32 家分公司,38 个 APP。平安集团是国内唯一一个把所有金融业务的数据都打通的金融机构,与其他金融机构不同的是,平安集团还拥有互联网数据。数据多并不是最重要的,数据的丰富和准确才是更重要的。平安有 8.8 亿人的数据,而且可以准确知道他的身份,可以持续获得轨迹数据。"

负责"平安一账通"的技术成员补充说:"我们从各种渠道采集动态大数据,为互联网金融企业提供重复借贷查询、不良用户信息查询、信用等级查询等多样化服务,随着加入这个游戏规则的企业越来越多,这个由大量动态数据勾勒的信用图谱也将越来越清晰。我们集团的'平安一账通'具有天然的优势,用户仅需要一个账户,就可管理所有平安账户和 50 多个其他机构的网上账户,实现保险、银行、投资等多种理财需求。同时,'平安一账通'上还有生活服务类网站的大数据如水、电、煤气、有线电视、电话、网络费、物业费交纳平台,客观真实地反映了个人的基本信息,在信用评级中可以发挥重要作用,可以在一定程度上解决信息孤岛的问题。"

王经理认为:在 2.0 系统中,应当加上投资人的客观实力这个维度,和原来的风险偏好维度相结合。客观实力着重考察投资人的基本信息、资产信息、投资行为、消费行为等;主观风险偏好则着重考察投资人的投资规划、投资经验、风险认知水平、风险敏感度等。风险测评方式则从过去单一倚赖主观作答的问卷形式,变为"问卷 + 大数据"相结合的模式,以期更精准地对投资者的风险承受能力进行评估,进而对资产和资金进行更高效而精确的匹配。

陆总也表示赞同:"问卷的设计也需要改善。陆金所以前也用单一问卷形式,但是后来验证以后,发现它的误差在 60% 以上,也就是说,准确率非常低,不能真实反映投资者的风险承受能力。因此,基于单一问卷来做匹配,意义不大,无法真正做到精准匹配。不过问卷还是有用的,只是问卷方向需要调整,不应多问资产信息,而是应考量客户的投资规划、投资经验、风险认知水平、风险敏感度等风险偏好方面等要素。"

王经理记下了陆总说的要点,陆总接着说:"其实我觉得有的地方,技术是可以弥补传统方式的不足的。比如说,传统的客户风险承担能力识别,是让客户签一些文件,回顾一些问题,包括'你的教育背景是什么,你的投资是什么,你的资产是多少,你的年收入是多少'。但我们逐渐发现一种有意思的现象:有的客户填写资料平均月收入 5 000 元,但半年间在陆金所投资了 50 万元;另外有人填写年收入 100 万元,但同期在陆金所平台只投资了 1 万元。其实我们发现完全看客户填的资料,不是很准确。你们有什么好的解决办法吗?"

王经理说:"对,这样就需要从两个维度来评估客户的风险水平了,既要有客观的,也要有主观的。我们还可以记录用户在填写时的行为数据,更精准的把握用户的心理。这在过去填纸质表的时代是很难做到的。虽然我们也不懂心理学,但是大数据就可以反应其中的规律。通过多维度去收集投资者的用户数据,能为用户制定画像。"

陆总问道："过去我们对于用户的评级只有五级,现在看来实在太粗糙了,加一个维度就可以多很多的细分级别了。具体怎么实现呢?"

王经理展开讲了一下,"过去的分级还是定性的,加上我们的模型可以实现定量。我们可以在原有的保守、稳健、平衡、成长、进取五大类型基础上对投资者风险承受力评估结果进行量化,每位用户都会获得专属的风险承受能力分值。两个维度的评估也对投资者风险承受能力的判断更精准。例如,一个非常富裕但保守的投资者,系统给予他的评级可能仅是平衡型;一个收入中等但风险偏好高、投资经验丰富的用户,则有可能被评为成长型投资者。"

陆总满意地说："你们团队已经走得很远了嘛,我们过去也不是不想定量,就是当时技术还实现不了啊。现在能做到量化评估,就已经是行业内一个很大的进步了。我再具体问一下,长期来看,用户的风险分数也是会变化的,这也是过去困扰我们的一个问题,这点你们是怎么解决的呢?"

团队的机器学习专家解答了陆总的问题："我们可以利用机器学习,对用户风险分数进行实时动态调整以反映用户风险承受能力的变化。在用户后续使用过程中,系统将根据用户不断积累的投资行为等数据对指标及参数进行自动调整,从而更准确反映用户风险承受能力。而且,该系统能够根据客户投资经验的累积、投资知识的学习等动态更新测评结果。也就是说,这个模型不是静态的,而是动态变化的。"

8.3.2　大数据与传统方法优势互补

技术团队一提起技术就热情高涨,但是陆总也给他们浇了浇冷水："互联网金融的本质还是金融,只是更多地运用了互联网技术和互联网精神,服务到了传统金融机构不愿意做以及还没有覆盖到的领域。所以我们还是要从金融的视角看这个问题,你们工程师也多和陆金所的工作人员多交流,把想法落地。我先简单说说线下能和线上结合的部分。"

"我先给你们打个预防针,两个团队之间的沟通可能比较困难。金融与互联网的基因及思维方式完全不同,所以其融合过程注定是艰难的。互联网具有高效、奔放、唯快不破以及产品服务的不断迭代性质,金融则具有稳健、严谨以及产品服务风险的滞后性质。希望你们多了解下对方的工作内容,多为对方考虑。"

陆总在行业内做了二十几年,说起风控可谓信手拈来："风控分为贷前、贷中、贷后风控。贷前风控最重要的是要实现'线下调查',即通过线下实地走访和考察,对客户信息进行交叉验证和真实性验证,包括对借款人银行流水、征信报告、财产证明、工作证明等的审查,通过审查评估借款人还款能力。这些线下风控是不可或缺的,虽然你们的模型准确率已经很高了,但是风险控制要求很强的可靠性,光靠模型是远远不够的,线上的大数据和线下的实地考察必须结合。"

王总笑着说："'老大哥'说得对,那当然,我们也认识到模型的局限。而相对于那些互联网公司,线下的风险控制配合也是我们的优势所在。我们新老模式配合,一定能将风控水平做到一个新高度。"

"其次是在资产这一端,我们还是可以用大量的传统的风控技术。现在有很多互联网平台都标榜用大数据,用新型技术来解决我们的风控难题,资产端的难题。我认为大数据和新的互联网结合非常有用,但是绝对不能忘记了我们传统的风控技术,在资产端的风控技术,我觉得还是最有效的。这当中有我们所谓的自己的七步成诗体系,实际上前面六步都是为最后一步服务的,最后一步是投资者和产品风险的适配体系。前面六步包括:风险政策、评级、信息披露、投后全过程监控、系统都是为最后一步做服务的。"

陆总继续说:"针对你之前说的征信问题,就有很大的线上线下结合的空间。为了判断借款方是真实的,陆金所利用普惠线下的 500 个网点,4 万多的员工,来确保借款人的真实性。如果有技术的辅助,线下审查的效率也会提高。作为一个平台,我们也要注重用户体验。客户体验和风控是完全融合的,风控做得好,也会让客户体验好。作为金融企业,无论是互联网金融企业还是传统金融企业,风控不是一个独立割裂的领域,而是所有业务的引领与核心。"

最后陆总做了一个总结:"其实互联网金融应该怎么管控风险,没有标准答案,不像银行已有一套比较成熟的体系,这里面需要自己思考和创新,设计一个适合互联网发展、适合陆金所发展的风控体系和模式。未来我们要打一场硬仗,全面升级 KYC 2.0 体系,给集团交出一份满意的答卷,辛苦大家了!"

8.4 全面升级,陆金所成功推出 KYC 2.0 体系

经过大半年的努力,2016 年末陆金所全面上线投资者适当性管理体系(简称 KYC 2.0 系统),为用户进行"坚果财智分"测评,通过产品评级以及借助大数据、机器学习、问卷等方式对投资者"精准画像",最终实现投资者风险承受能力与产品风险的精准匹配,让投资者买到合适的产品。

陆金所投资者适当性管理体系实践成效显著,帮助超过 120 万投资者避免购买不合适产品。数据显示,从 2016 年起,陆金所 KYC 体系已经实现了万亿产品与投资者销售匹配,累计对 121 万人、226 万笔交易进行风险超配提示、拦截,金额 3 739 亿元。同时,陆金所还特别针对风险等级较高的产品及高龄投资者进行电话提示风险,目前电话外呼已超过 100 万人次。

虽然传统金融也在做 KYC,但基本使用调查问卷,实际效果并不好,因为用户填写的数据并不可靠。对此,陆金所通过对集团内外大数据积累,加上用户在陆金所过往的理财记录,更客观地了解用户的行为习惯,同时增加心理层面的调查问卷,二者

结合下形成更精准的用户画像,进而进行产品匹配。对于机器学习模型,陆金所一直进行优化升级。陆金所一方面通过将不同数据来源单独建立模型,减少了不同来源数据相互影响;另一方面,通过设置子模型也增强了机器学习模型扩展性,模型间采用集成学习,使得模型的稳定性和扩展性得到大幅度提升,有助于更精准分析用户实际风险承受能力。

还有一点与其他一些平台不同的是,陆金所的 KYC 2.0 还有机器学习功能,根据用户投资过程中指标和参数的变化,更新用户的测评结果。好玩的是,该系统还有对应的减分机制,例如,对于 70 岁以上高龄投资人,随着年龄增加,KYC 2.0 系统会对其主观偏好得分进行相应调减,来保护用户。

陆金所 KYC 体系拦截不匹配的投资者人数和交易笔数从 2016 年初至 2017 年9 月总体处于下降趋势,已经趋于稳定。陆总在接受采访时表示"现在每月拦截的不匹配交易笔数已经是 2016 年初的十分之一左右。这说明,KYC 2.0 体系真正起到了作用,并且有效引导了投资者去购买适合自己的投资产品。"

陆总在完成 KYC 2.0 的升级之后,对金融科技有了全新的认识,未来仍打算让陆金所走在金融科技的前列,在上海金融科技论坛上,陆总最后的总结发言表明了他的理想:"陆金所通过不断升级投资者适当性管理体系,让产品信息更加透明,让客户充分了解产品,同时也让客户更加了解自己真实的投资风险承受能力,最终帮助投资者购买到适合自己的产品。我们相信,金融科技的价值不仅是让投资理财更加便捷、效率更高、成本更低、流动性更好,而且金融科技还应该帮助广大普通投资者进行合理的投资理财,让他找到最适合投资者自己的方式,实现财富增值保值。这是金融科技最重要的价值之一,也是我们未来会继续努力的方向。"

2017 年 4 月,陆金所 KYC 系统获得张江国家专项资金支持,也体现了政府对真正互联网金融创新的支持态度,凸显出陆金所在中国互联网金融创新中的实力。陆金所之所以获奖,也是因为其 KYC 系统是在金融科技领域,乃至整个金融行业投资者适当性管理方面的重要创新,弥补了互联网金融平台普遍缺乏对投资者真实情况进行尽职调查的风控空白。

2017 年 6 月,在国际权威杂志《亚洲银行家》(THE ASIAN BANKER)主办的亚洲银行家峰会及行业成就奖颁奖典礼上,陆金所再度荣获"年度最佳交易平台"奖项。这也是继 2016 年作为国内 Fintech 领域首次获此殊荣之后,陆金所连续两次荣膺该项大奖。

8.5　尾声

2018 年陆金所离上市的脚步更近了,公司需要加快前进的步伐。陆总不禁感慨市场变化太快,也许 KYC 3.0 的建设也要提上日程了。2016 年陆金所乘上了大数据发展的翅膀,升级了 KYC 2.0 体系,而如今人工智能发展正如火如荼。而且得益于金融领域的大容量、准确的历史数据和可量化等特点,金融行业是非常适合与人工智能技术结合的,陆总又开始琢磨在风险控制上能做点什么文章。在智能处理方面,陆金所正在着力打造基于陆金所、平安集团大数据,结合外部舆情信息的自动化、模型化的智能风险预警监控体系,平安科技最近也推出了应用人工智能进行欺诈检测的服务,结合风险控制,又能擦出怎样的 KYC 3.0 的火花呢?

链 接

链接 1　陆金所业务发展历程

2011 年 9 月　上海陆家嘴国际金融资产交易市场股份有限公司成立,简称陆金所,为中国平安保险(集团)股份有限公司旗下成员,注册资金 4 亿元人民币。

2012 年 3 月 19 日　陆金所发布第一款产品。

2015 年 3 月 17 日　平安集团宣布,将平安直通贷款业务、陆金所辖下的 P2P 小额信用贷款以及平安信用保证保险事业部的业务管理团队整合成统一的"平安普惠金融"业务集群。陆金所将纯化为金融资产交易信息服务平台的功能,更好地发挥其非标金融资产集散地的市场作用,构建成一个开放平台。

2015 年 6 月 16 日　陆金所注册用户规模突破 1 000 万。

2015 年 8 月 13 日　陆金所和前海征信宣布将联手打造 P2P 行业的"人民公社",这是业内首个提供全流程、一站式互联网投融资服务的 P2P 开放平台。

2015 年 9 月 15 日　陆金所披露开放平台战略 3.0,并启用新域名 lu.com。

2015 年 12 月　陆金所正式推出 KYC 1.0 系统。

2016 年 1 月　陆金所宣布完成 12.16 亿美元融资,估值达到 185 亿美元。

2016 年 3 月　兴业银行原行长李仁杰出任陆金所董事长。

2016 年 3 月 4 日　陆金所注册用户突破 2 000 万。

2016 年 10 月　参与陆金所控股 IPO 的四家投行进场开始尽调,并计划于 2017 年一季度向港交所递交 A1 上市申请表。

2016 年 11 月　陆金所推出 KYC 2.0 系统。

2018 年 1 月　注册用户超 3 300 万,服务超数 10 万高净值人群,资产管理规模近 5 000 亿,2017 年度净利润为 50 亿人民币。

2018 年　有消息称其拟年内香港上市。

链接 2　平安集团和平安科技

中国平安保险(集团)股份有限公司于 1988 年诞生于深圳蛇口,是中国第一家股份制保险企业,至今已发展成为融保险、银行、投资三大主营业务为一体、核心金融与互联网金融业务并行发展的个人金融生活服务集团之一,已在香港联合交易所主板及上海证券交易所两地上市。

中国平安是国内金融牌照最齐全、业务范围最广泛、控股关系最紧密的个人金融生活服务集团。平安集团旗下子公司包括平安寿险、平安产险、平安养老险、平安健康险、平安银行、平安证券、平安信托,平安大华基金等,涵盖金融业各个领域,已发展成为中国少数能为客户同时提供保险、银行及投资等全方位金融产品和服务的金融企业之一。此外,在互联网金融业务方面,集团已布局了陆金所、万里通、车市、房市、支付、移动社交金融门户等业务,初步形成"一扇门、两个聚焦、三个平台、四个市场"的互联网金融战略体系,互联网金融业务高速增长,截至 2015 年 6 月底,总用户规模达 1.67 亿。

中国平安拥有超过 79.8 万名寿险销售人员和约 24.6 万名正式雇员。截至 2015 年 6 月 30 日,集团总资产达 4.63 万亿元,归属母公司股东权益为 3 311.90 亿元。从保费收入来衡量,平安寿险为中国第二大寿险公司,平安产险为中国第二大产险公司。

中国平安在 2015 年《福布斯》"全球上市公司 2000 强"中名列第 32 位;美国《财富》杂志"全球领先企业 500 强"名列第 96 位,并蝉联中国内地非国有企业第一;除此之外,在英国 WPP 集团旗下 Millward Brown 公布的"全球品牌 100 强"中,名列第 68 位;在全球最大的品牌咨询公司 Interbrand 发布的"最佳中国品牌排行榜"中,名列第六位,并蝉联中国保险业第一品牌。

平安科技成立于 2008 年,是平安集团旗下的全资子公司。公司总部设在深圳,北京、上海、成都、南京设有分公司,目前已拥有超过 4 000 名专业 IT 技术人员和 IT 管理专家。

作为平安集团的高科技内核,平安科技负责开发并运营集团的关键平台和服务,支持集团的保险、银行、投资和互联网业务高效发展。平安科技也是集团的技术孵化器,在云、人工智能和大数据方面有着强劲的研究和开发能力。

伴随着平安集团成长,平安科技积累了丰富的"科技＋互联网＋金融"经验,在技术研究和储备方面,已拥有超过 18 项前沿新技术、独特的全球研究和开发 AI 内部的能力,包括微表情、图像和语音识别及语义理解。平安科技以客户为先、开拓进取、创新突破为文化,并注重企业社会责任和环境保护,立志成为世界领先的金融科技公司,促成未来以"科技引领金融"的发展模式。

启发思考题

（1）KYC 1.0 体系的特点是什么？

（2）陆金所为什么要升级风险控制体系？

（3）平安科技的大数据风控模型有何优势？

（4）KYC 2.0 有何特点？是否有效地控制了风险？

（5）结合实际与自身认识，请谈谈对于互联网金融公司来说风险管理的意义。

案例 9
魔方公寓：
长租公寓市场领路人

编者语：居住＋社交成就年轻人市场

既有独立的生活空间，又能提供灵活的社交平台，"独联派"是当下在大城市广受年轻人追捧的生活方式，也是"魔方公寓"打造长租公寓的基本理念。公寓不仅为租客提供有品质的生活空间，更配备了公共活动区，定期举办文化娱乐活动，既独立又开放。年轻人是魔方公寓的主要消费群体，他们分享相似的生活理念、生活追求，但在不同的生活阶段，他们也有不同的消费需求。针对这一点，魔方公寓确立了精准化、差异化的市场定位，"9号楼集体公寓"满足劳动密集型企业员工以及刚毕业的大学生是房屋租赁市场上的困难人群的基本居住足球；"魔方公寓"面向22～35岁、收入在8 000～20 000元之间、大专以上学历的商务人士、创业者、年轻白领、企业外派人士等，交通便利、温馨独立是其主要特征；轻奢、中高端的"摩尔公寓"则针对精英人群，满足其在个性和精神层面的更高追求，简单、精致是摩尔公寓着力打造的租住体验。通过以上布局，魔方公寓针对不同人群需求搭建起了覆盖多细分市场的体系。依托互联网，魔方公寓还围绕客户所需，整合了生活服务行业资源，并打造网络社区平台，让租房业务并不止步于"住"，而是构筑了全新"居住＋社交"的生活空间。

本案例由华东师范大学经济与管理学部的李楚楚、刘敏撰写，由于企业保密的要求，在本案例中对有关名称、数据等做了必要的掩饰性处理。本案例只供课堂讨论之用，并无意暗示或说明某种管理行为是否有效。

摘　要： 魔方公寓是国内首家连锁集中式长租公寓运营商，是魔方（中国）生活服务集团在中国境内的全资公司，同时也是领域内的标杆企业。能在众多长租公寓品牌中脱颖而出，魔方公寓一定有其过人之处。本案例描述了魔方公寓的创立与运营的全过程，并且分析了国内房屋租赁市场的现状，从商业模式角度探究魔方公寓在长租公寓领域如何发现问题、分析问题并解决问题，阐述了魔方为应对租房市场需求的变化做出的重大变革。希望可以让公寓企业更好地了解房屋租赁市场，为服务型企业准确把握消费者需求进行服务产品的完善提供借鉴。

关键词： 魔方公寓；商业模式；互联网＋；房屋租赁

9.0　引言

初夏，某个周六的上午，夏天的风微微拂过，阳光暖暖地洒在上海一处造型雅致的高层建筑上。楼外空气微茫，屋内灯光明亮。偶有住客从隔壁便利店回来，传来一阵轻声笑语。这是一处由酒店改造的长租公寓，挑高的三层楼高大厅配上棕色的室内软装，开阔而简约。经过改造，左侧挑高的屋顶被分割成了阁楼书房。落地玻璃窗旁摆上了五六张古朴的木质方桌和扶手藤椅。大厅中央摆放着一张有些半旧的台球桌，旁边是一个吧台，成排的吊灯洒下的微黄灯光，照在两个高脚凳上谈事的年轻人身上，拉长了半明半暗的投影。这是魔方公寓日常生活的一角，住客来来往往，故事悲欢离合，像是一场实时上演、完全真实的"欢乐颂"，在这里，每个人都是故事的主人公。魔方以一种特有的方式、一种开放融合的态度，将一群追逐梦想的年轻人聚集在一起，为他们提供追梦、圆梦的大舞台。

9.1　魔方公寓的简介

在房价居高不下的今天，一种既能提供年轻人所需要的个人生活空间，又能以公寓为一个整体形成天然的社交活动圈的长租公寓模式在北上广深等城市出现。租住在这种公寓的人自称为"独联派"。他们对居住环境有一定的品质追求，重视自我生活空间，但又希望拥有一个灵活的社交平台。位于上海的魔方公寓就是在这样的背景下应运而生。公寓中配备了公共活动区，服务团队在此会定期举办各种休闲娱乐文化活动，如生日会、迎新会、电影沙龙等，并且为租客提供专职门店管家、专业保洁和家居维护、代收快递等服务。这种租赁方式成为年轻人解决住房问题的一种新趋势。

作为目前国内最大的连锁集中式长租公寓品牌，魔方公寓目前已经在全国的15个城市开设了两百多家门店，房间数量大约在3万间。传统魔方的模式是瞄准集中式公寓市场，通常租赁一整栋商业地产，然后按照统一的标准装修改造，把房屋出租给22～35岁的白领人群，租金在3 000～6 000元之间，最后再通过产品价值以及配套的生活类增值服务达到盈利。就发展速度方面，魔方公寓以每年谈一万多个项目、平均两天开一家店，一栋楼招租时间2个月的速度快速扩张。现在每年房间数量的稳定增长率为30％。就客群营销方面，魔方一直倡导"独联派"的生活方式，即"在独立生活的同时还需要共享和交流，融入群体和社会城市中，崇尚独乐乐，众也乐乐的精神"。究其本质，是通过"呼唤用户回归内心"来获取更多的附加值，进而提升获利空间。就融资情况来看，2013年魔方获得华平和德同资本6 000万美元的B轮融资；2015年5月华平追加投资1.4亿美元，魔方累计融资额达到2亿美元；2016年完成近

3 亿美元的 C 轮融资;2017 年蓝山资产参股。魔方已经间接获取百亿资金池的投资额度。2017 年 1 月,魔方发行公寓行业首单 ABS(资产证券化)产品,募集资金总额3.5 亿元。魔方将国内 30 处物业房间中已出租的 3 510 间租金与物业费打包入资产池,预期租金和物业费总收入会超过 6 亿元,其中租金收入 5.5 亿元,预期物业费收入 5 500 万元。葛岚认为,这相当于用打包租金收益的融资方式,打通了魔方现金流的重要一环。

9.2　创业历程

9.2.1　租房坎坷,开辟新天地

2001 年,满怀激情的小伙子小葛来到北京,信心满满的要在北京做出一番事业。小葛首先解决住处问题,他想到通过房屋中介来租房。租房需要考虑的问题太多:距离公司太远、房租太高、生活不便等,让小葛十分烦恼。其中一间房小葛觉得各方面都不错,但卫生间的灯、马桶和地板有些问题,中介小郑说这些都是保修的。小葛想着租房中介帮人租房,很有经验、很靠谱,而且小郑人不错,带他看了这么多,毫无不耐烦,小葛就选择相信了小郑的话,把房子租了下来。入住后,小葛就开始报修,时隔 3 个月,中介也没有派人过来看,小郑让他找房屋管理专员报修,之后检查说是设备老化问题,需要小葛承担维修费用,根据当初签订的合同,设备老化应该由中介或房东来承担。再联系时,专员态度恶劣,不愿意帮助小葛解决。多次打电话的结果还是要求小葛来承担费用,否则维修不了,说是公司的规定。小葛又找到小郑,小郑这时却说,他的任务是把房子租出去,之后房屋出现的问题不归他来管,依旧把责任推到房管。不得已,小葛只好自己承担这笔费用。这段时间小葛的内心是崩溃的,工作已让他应接不暇,回来还得天天愁房间的维修,小葛多想要一个放心而舒适的家。

再租房时,小葛直接在网上搜出租房屋,直接与房东联系,避免中介、房东和房屋管理处互相推卸责任,小葛以为心里的石头终于可以放下,然后安心工作了。没想到好景不长,没过几个月两点一线简单而又充实的生活,房东找到小葛,说急用钱,房子要卖掉,让小葛尽快搬出去,小葛不得已又要开始找房。就这样,小葛萌生了一个想法:给每一个在外打拼的年轻人提供一个可以长期居住的、稳定、便捷的住所。这个小伙子就是魔方公寓的创始人及董事长葛岚。

魔方公寓另一位重要人物——首席执行官柳佳,则见证并经历了国内经济型酒店从无到有的阶段。她于 2001 年加入携程,参与创建了如家酒店集团。作为如家的第一位员工,柳佳几乎涉足了所有重要工作环节,包括开发、运营、销售等。随后,她又跟随团队参与创建了汉庭,负责市场营销工作,并且参与创建了两个新品牌:全季和海友。

2010 年,柳佳迎来了新的事业转机,"那时经济型酒店经历十几年的发展,已经接近红海阶段。而随着城镇化的推进,更多的人口涌进城市,城市流动人口比例越来

越高,而且随着消费升级,年轻人对专业化、规模化连锁公寓有需求,但是在供给市场上,资源是错配的。"柳佳表示,多年来房地产市场的发展是以家庭型的住宅开发为主,大户型越来越多,但是适合年轻人的单身公寓其实非常少。她坚信,将公寓租赁给年轻人的商业模式将是一片新蓝海。

9.2.2 看准时机,及时出手

魔方从一二线城市房屋租赁做起,一二线城市的高房价及庞大的流动人口催生了过万亿的租赁需求。统计数据显示,根据《中国流动人口发展报告(2016)》《国家新型城镇化规划》,中国目前流动人口超过 2 亿,上海的流动人口已达 1 500 万,每年平均净流入在 70 万～90 万之间,其中 70％的流动人口通过租房居住,按目前月均租金475 元来测算,房屋租赁的交易额已破万亿。据华创证券报告显示,截至 2015 年,我国房屋租赁的交易总额总已达到 8 000 亿左右。链家研究院的行业研究报告预测,2020 年、2025 年,中国房产租赁市场租金规模分别约 1.6 万亿元、2.9 万亿元,2030 年预计会超过 4 万亿元;人口流入最多的一二线城市房价高涨,居高不下,刺激租房需求。而围绕流动人口产生的住宿及生活消费,也是一个超过万亿级的市场。

80、90 后是国内租房的主力军,他们偏爱社交,喜欢新鲜事物;注重生活品质和个人享受;追求个性;是"懒人",依赖生活服务;对互联网依赖性较强;土地观念、婚姻观念淡化,他们对于租房消费的需求和传统租赁有较大差别。在消费升级的背景下,房屋租赁将会得到蓬勃发展。

链家预测 2020 年,住宅存量将达 2.75 亿套,其中 2.25 亿套自有住宅中有 35％即8 700 万套房流入租赁市场,另外腾讯房产研究院《2015 年 5 月全国城市住房市场调查报告》显示目前一线城市住房空置率 22％,二线城市 24％,三、四线城市 26％,空置住房也将流入租赁市场,如此庞大的资产管理需求将极大利好房屋租赁企业。一方面是大量空房闲置或者简易装修出租,一方面是大量年轻人找不到理想的家,资源的严重错配给长租公寓市场发展提供了足够的空间。

政策红利给公寓行业带来了巨大想象力,政府围绕"实行购租并举,发展住房租赁市场"出台了一系列政策,对住房租赁问题给出了明确指示,要求大力发展住房租赁经营机构,给予公共租赁住房建设和运营税收优惠。2016 年国务院办公厅发布《关于加快培育和发展住房租赁市场的若干意见》,明确提出"建立租购并举的住房制度",要求改善租房市场有效供给、扩大有效需求、激活租房市场,全面铺开商改租,落实营改增关于住房租赁的有关政策,将长租公寓行业的战略地位提升到新的高度,对于未来住房租赁市场的快速发展带来极大保障。

9.2.3 小试牛刀,困难重重

创业初期,葛岚的想法让不少专业人士不以为然。当他聘请国际权威咨询公司罗兰贝格对国内租房市场进行调研时,项目负责人没有把葛岚的想法太放在心上,认为他的这个想法在中国根本没办法实行。

在外界不看好的情况下,葛岚做起了公寓,因为公寓是一种新业态,国民经济目录里甚至都没有"公寓"这个行业,申请执照时就遇到了困难,消防、建筑、人员等配备均没有官方标准和行业规范。葛岚想这该怎么办呢? 他认为做一个行业必须做到规范、透明,所以要求按照相关行业的最高安全标准来,在硬件配备上,例如消防、门禁、监控、报警系统等都按照酒店的最高标准来做。

此外他们对客户、产品和市场没有把握,只能先尝试在施工改造期间测试性地做一间样板房,并拍照发到西祠胡同论坛上征询大家意见,结果论坛上一片质疑之声,都觉得肯定是假照片,魔方是骗子。为了应对这些质疑,葛岚邀请一批人来实地看房间,此后论坛的风向开始逆转。在寻找投资时,面对投资方的"魔方做的公寓行业没有明确分类,不算酒店,不算房地产,不算物业管理,前期投资基金极大,利润率和租住率不明确"的质疑,葛岚要求在租赁物业之前,要基于核心参数如低租、售价、房间建设成本以及运营成本等测算出投资回报率,并且经营部门和销售部门都要签字,并作为整体的精经营指标来完成。

经历重重磨难,于2009年创立了魔方,并在2010年8月正式成立了魔方公寓。魔方开创了先租下整栋物业,然后按家庭化标准统一进行装修、集中管理、配备统一的物业等再出租给青年都市白领的商业模式。依靠租金差价和服务费获取收益。

9.3 直面市场问题,积极应对挑战

随着后地产开发时代的到来,长租公寓,作为存量物业重要组成部分,已然进入发展快车道。在快速发展的同时,也逐渐迎来问题:部分一线城市开始拆除违章建筑及无证改建长租公寓项目、关停群租公寓等。中国的长租公寓能否实现产品的"万亿未来",还有很长一段路要走。

9.3.1 创立伊始,再遇困境

魔方公寓创立之初就怀着克服困难的决心,但面对市场时仍然遇到了意料之外的困境。

1. 融资途径偏窄,制约公寓规模扩张

国内公寓企业的商业模式决定了长租公寓行业是重资产模式,不管是通过整栋(或一栋中的几层)收房、还是分散式收房,抑或是直接购置房产进行公寓出租经营,前期的资金投入都十分巨大。目前,公寓企业主要通过引入风险投资资本进行融资,有些则通过地产私募基金的形式获得资金,个别上市公司则通过股票增发进入到长租公寓领域。鉴于缺乏抵押物以及贷款期限无法匹配,长租公寓企业目前还很难通

过银行进行间接融资。对于众多股权投资机构来说,需要等到所投资的公寓管理企业股权溢价才能退出,而目前,我们国内相应的退出机制还未完全建立。

自 2010 年以来,众多资本涌入到长租公寓行业,主要看中的是我国住房租赁市场的巨大潜力以及互联网、社群经济、共享经济等概念所带来的巨大想象空间。但这些资金的退出途径依然存在极大不确定性,成为公寓企业试图通过继续引入股权投资资本进行规模扩张的主要障碍。

2. 人才匮乏,管理受限

长租公寓行业属于新兴的产业,公寓企业主要管理人员一般来自房地产中介企业、房地产开发企业、酒店管理企业和互联网公司,等等。他们对于长租公寓行业也处于逐步认识和摸索阶段。他们一方面需要重新考虑如何构建一家公寓企业的运营管理体系(包括 IT 系统、组织架构等),另一方面基于不同层次租客需求的产品和服务研究处于初级阶段。长租公寓行业对运营、营销等岗位需要大量的高级专门人才,不过目前还没有教育机构或大学开设相关专业进行人才培养。

9.3.2　迎难而上,积极应对

1. 充分利用金融工具

2017 年 1 月 10 日,魔方公寓宣布"魔方公寓信托收益权资产支持专项计划"成功设立,各投资者完成认购交易,募集资金总额为 3.5 亿元。这是中国 ABS 发行历史上的首单公寓行业的资产证券化产品。其底层资产为魔方中国及其魔方北京、魔方上海、魔方广州 3 个子公司经营的 30 处物业的部分公寓未来三年租金收入。根据《房屋所有权证》,30 处物业合计租赁面积为 12.9 万平方米,入资产池的房间为 4 014 间。该计划产品期限为 1～3 年,采用优先级/次级支付机制,其中优先级共设置三挡,均获得中诚信证评授予的 AAA 评级。在上交所挂牌交易,由魔方公寓集团内公司魔方(南京)企业管理咨询有限公司担任原始权益人,摩根士丹利华鑫证券于中信信托担任财务顾问,中航信托担任信托受托人。

2. 缜密的产品研发

魔方在南京的江宁设有产品研发中心,若要开拓一个全新的产品种类,首先团队会去做充分的市场调研,了解潜在客群的需求和市场上相关产品的最新设计,结合这些信息作出产品的设计规划。其次,总结出一套标准的作业程序,包括设计、工程到运营各个环节的标准,即设计师完成样板间的初步打造之后,一线运营、采购的员工进行意见汇总,同时定期邀请何可来体验。通过几个试点的试运营,发现问题并进行不断的调整。然后将这套标准作业程序给设计师、工程管理人员、施工队去培训,魔方在每座城市开店时同时持有标准作业的手册。从墙面的颜色到墙角的处理方法,到踢脚线的收口或者每盏灯的颜色都要求做到统一。即在标准作业程序固化之后就拿到各地区复制。最初魔方公寓在扩张的时候就是根据这样的标准作业程序在一年内从 39 家门店扩张到了 100 家。

3. 创新的产品设计团队

魔方设立首席产品官职位,通过自身设计师操刀品牌设计来提高公寓的溢价水平。在公司组织架构方面,每个品牌都成立单独的创作团队。在内部,魔方也鼓励内部孵化创业项目,员工只需要提交商业计划书,董事会审批之后就可以独立发展。魔方旗下的 9 号楼公寓就是通过这样的方式内部孵化而诞生的。

9.4 找准定位,增加品牌溢价

2015 年 3 月,魔方公寓成立近 5 年,只坚持做白领公寓,解决白领住房问题,致力于满足他们的租住需求。但由于长租公寓行业近几年才得到快速发展,租客对某个公寓企业的品牌需要一个不断认知和熟悉的过程,单一的客户定位使得魔方的租房供应与市场需求严重失衡。该如何打破这种僵局,增加品牌溢价,创始人葛岚和 CEO 柳佳开始反思产品定位的问题。开阔视野,进行必要的产品完善和扩张,例如企业住宿式的公寓或许是一个更为广阔的市场,与企业住宿公寓对应的高端公寓是否也可以一试?

9.4.1 精准化、差异化的客户定位

在沪工作的人群大部分为年轻人,且依赖租房解决住宿问题是主流。因此年轻人是魔方的主要消费群体。草根调研中显示年轻租房人呈现出更多对财富值或者对更好生活体验的需求,年轻人希望社区年轻化;对小区环境、配套服务的要求较高;需要公共空间和社交氛围;希望能够定制、设计住房内部环境;他们乐于尝试租房金融产品,而且对室友的要求较高。魔方瞄准年轻人,将住宿产品做得年轻化,迎合年轻人的居住品味。

魔方还进一步对年轻租房人群进行了细分,按照不同的阶段研究租房需求的差异性:将租房需求分成 5 个阶段:大学毕业、毕业 1~2 年、毕业 3~4 年、情侣夫妻及已婚有孩,35 岁之前的租房青年是魔方的主体,将视点重点放在前四个阶段。对于大学毕业生来说,初入社会,社会经验不足,花费较高,工资却还处于较低水平,这个时期的租房预算在 1 000 左右,大部分人都会为了省钱而选择共享卧室,只有最基本的住宿需求;毕业 1~2 年后,工资有了提高,视野也变得更加开阔,有了自己的朋友圈,虽然还是考虑合租,但要求有独立的卧室,具备私密性,预算到了 2 000/月;毕业 3~4 年,对职场有了更深的认识,对自己想要的生活有了更清楚的规划,对住房的要求有了明显的提高,不再接受陌生人合租,追求的是居住环境的舒适而不仅仅是低房租;恋爱夫妻阶段,希望享受二人世界,不再接受合租,而且对于舒适性有了更高追求,同时渴望有家的感觉。可见不同阶段对于住房的要求是不同的,魔方意识到不能

单单考虑某一阶段的需求而忽视其他。来沪人员以大学毕业生和服务业从业人员为主,收入相对较低、住房租金支付能力较弱,中低端的住房租赁需求不断扩大。而魔方在上海这样的一线城市定价为 3 000～6 000 元/月,也就是说,对于这 63.8% 的一般收入水平的劳动者而言,如果要入住魔方,就需要拿出自己工资的大半甚至是全部用于租房,但他们可能只愿意拿出 20% 用于租房,显然,让这类劳动者入住魔方公寓十分困难。

魔方最初是服务于城市青年白领,为他们提供相应的服务,服务模式和价格也以白领需求为标准,但不同的人对于居住环境的要求不同,对租房价格的承受能力也不同,如果不加以区分,无法满足多数人的需求。

都市青年白领对高品质生活有所要求,希望既能关起门来乐享独食,也可以走入餐厅,放肆约饭;可以不受干扰地独自入梦,也能在公共空间组队创业,共同打拼造梦。

而对于普通打工族,例如劳动密集型企业,像大部分服务业,从事酒店、连锁餐饮业、IT 服务业,医疗服务,教育培训的员工,他们每月拿着 3 000～5 000 元的工资,需要三班倒,往返于住处和公司之间,他们不太追求生活品质,只希望房租低一些,住得离公司近一些,方便一些。

还有另外一群人——城市中的精英人士。全球化进程加快,工作的地域性弱化,不少精英人士会随着工作地点的变换在不同的城市短期生活,对他们来说,长期住酒店或直接买房无论在成本、隐私、环境、舒适度等方面都有不足,长租公寓便成为他们大多数人的选择。他们对个性与精神层面有着高追求,对自身的价值取向、生活背景、居住习惯和文化品位有清晰的认识,关注租住环境的设计感和私密性,对社交、商务、时尚、休闲、娱乐有高标准,要求超前的生活理念和多元化服务配套。

柳佳表示,中国有 2 亿以上流动人口,这个数字的背后是一个个真实的、相互区分的租房需求,围绕这些需求的是一个庞大的消费市场。魔方要不断发展,就必须围绕不同的需求,搭建覆盖多细分市场的体系,为不同群体提供多样化的租房选择。2016 年 4 月之前,魔方对人力密集型产业从业者和城市精英人群的标准化租住解决方案是空白的,是魔方发展中的瓶颈所在,但围绕他们产生的住宿及生活消费,却是一个超过万亿级的市场,因此也是魔方发展的重大机遇所在。

魔方意识到关注租赁人群特殊性和租住需求多样性的重要性,决定从相对单一的品牌转向多品牌,将原本的标准化公寓向"轻奢型"公寓和企业集体公寓发展,用更体贴、完善的产品与服务为更多客户提供更高价值:"轻奢型"公寓定位较高端,专为企业中高管、海归、外籍等租住人群设计提供的配套服务更加齐全;企业集体公寓则定位于城市普通打工者的住房需求,服务相对简单。

9.4.2　多细分市场,选择多样性

9 号楼、魔方公寓以及中高端品牌摩尔公寓,是魔方(中国)生活服务集团

(http://www.52mf.com.cn/)针对不同人群需求搭建起的覆盖多细分市场的体系。

1. 集体公寓——9号楼

劳动密集型企业员工以及刚毕业的大学生是房屋租赁市场上的困难人群,他们对住宿的要求较低,满足基本的居住条件即可;对于劳动密集型企业,员工住宿问题也是他们在招用工人时的难点。魔方推出集体宿舍——"9号楼"项目应对这些企业和劳动者的需求,"9号楼"采用B2B的模式直接和企业对接,主打企业定制的全新住宿产品和服务理念,带来住宿综合解决方案。"9号楼"有三大合作模式:自有模式,物业托管模式和定制物业模式。物业托管模式中,"9号楼"可以与事业性单位、劳动密集型企业、园区等组织合作;在定制物业合作模式中,在公寓中植入企业文化因素,根据合作企业的要求建立员工培训教室等;除了标准化的2、4、6、8人间外,从1人间到多人间以及企业文化概念住宿、社区生态服务都可实现定制。"9号楼"的房间划分有双人间、六人间和八人间多种,整个租住空间由房间和公区两部分构成,其中房间内可供休息、储物,而洗漱、淋浴、晾晒、烹饪均安排在公共区域,房间提供全WIFI覆盖等硬件资源,同时还有每周客房清扫、每月免费床品换洗等贴心服务,租金范围在550~1 500元。

"9号楼"秉承为员工提供一个色彩明亮、丰富多彩的生活空间,将住所打造成一个温暖的家的氛围的设计理念。兼顾租住者的私密性和生活上的便利性,同时注重加强安全系数,包括24小时门禁系统、人工定时巡房,且不仅是公共区域,每间房都设有与酒店标准相当的烟感和喷淋消防装置。"9号楼"给出这样的服务承诺:1vs1企业客户紧密服务,1客1登记、一人一密码,9小时休闲舒适空间,12小时公区消杀清洁,24小时公寓管家服务,48小时内设施报修响应,7天客房免费清扫,30天床品免费换洗,360度全方位安全监控。2016年上半年9号楼公寓已经在上海多个区域进行了试点,目前"9号楼"公寓已在全国铺设20余家门店,房量2 500间,床位1.6万张。根据魔方的计划,柳佳告诉第一财经记者,"9号楼"已签约合作伙伴有万豪、洲际等五星级酒店,还有连锁餐饮、IT、金融等企业。

2. 时尚白领的选择——魔方公寓

不同于集体公寓"9号楼",魔方公寓的客群定位方面,主要面对22~35岁的商务人士、创业者,年轻白领,企业外派人士,收入在8 000~20 000元之间,大专以上学历。户型与租金方面,标准户型是25平方米,一线城市租金在3 000~6 000元/月之间;二线城市为2 000~4 000元/月之间。公寓主要分布在一二线城市人口密集区域、办公楼聚集地及大型科技/工业园区周边、地铁1公里范围内,且周边配套丰富的中心地段,提供配备标准化家庭式装修,全品牌家电,使用面积约25~35 m^2,使每个客户都拥有独立居住空间。更配有功能多样的公共客厅及酒店标准的安全系统,致力于为客人提供舒适、安全的居住体验。

魔方公寓的产品理念是,基于"聚焦租住本质",构建以公寓为核心的租住生态圈。创智新区引进魔方生活服务集团旗下的"魔方公寓"品牌，集中建设一批白领单身公寓，同时将魔方生活服务集团经营管理长租公寓的品牌、运营管理的先进理念运用到新区人才住宿配套服务中来，为落户新区项目的各类人才提供高品质的配套服务。魔方公寓目前已经覆盖深圳、上海、北京、广州、南京等城市。投资回收期大致为4～5年，投资回报率在20％～30％之间。目前基本接近满足的状态，平均出租率高达96％。

3."轻奢"中高端公寓——摩尔公寓

2016年12月4日，魔方生活服务集团旗下中高端公寓品牌魔尔公寓正式发布。魔尔打破一般设计、环境和服务较为固化的模式，创新居住模式，创造居家体验，使入住者感受惊喜的居住体验，同时还能结识到情趣相投的朋友，还原一个"谈笑有鸿儒、往来无白丁"的精致生活。

相较于侧重满足基本租住需求的魔方公寓，中高端公寓产品 MORE（魔尔）公寓则代表了对个性与精神层面的更高追求，其诞生初衷是给忙忙碌碌的精英人群提供一个有情有调、放慢节奏的家，租户只需拎包入住，屋内冰箱、洗衣机、电磁炉、淋浴房、衣帽间一应俱全，装修格调清新时尚简单实用，并提供24小时热水。它不但更关注租住环境的设计感和私密性，更能切合潜在客群的价值取向、生活背景、居住习惯和文化品位，满足社交、商务、时尚、休闲、娱乐等上层生活需求，提供超前的生活理念和多元化服务配套。主推自由、舒适、文艺的居住氛围，视链条为纽带，重构建筑与人的互动。此外，公寓为了迎合城市精英对便捷出行、工作、社交等的高要求，在选址方面十分严格，仅为一线城市的市中心或 CBD 区域，而在产品设计方面，多为套房户型，面积平均为55～65平方米，租金范围为5 000～15 000元/月，是在几千元白领公寓一边倒的中端市场和动辄2～3万的高端公寓市场中开辟出的一个新价格区间，填补两极分化的租赁市场的空白，成为中高端租赁市场中的一款"轻奢"产品。

魔尔公寓首席设计师陈明说："魔尔公寓提供给住户的不只是更好的居住体验，而是能渗透到他们生活中的点点滴滴，无论是实用的设计，还是艺术的氛围，魔尔不与冷漠的公寓画上等号，你所需要的每一件东西，都很讲究、很精致。这就是家和酒店不一样的地方，每一个家都是独一无二的。魔尔公寓要传达的是：去体验一种简单、精致的生活方式，而不是背负压力去寻找一个暂时的安身之所。"

魔方公寓旗下的三条产品线（魔尔公寓、魔方公寓以及9号楼）切入租赁领域的各个细分市场，形成高、中、低三种定位的产品，三种产品在装修、格局以及价格上都有明显区别，在提供住宿的基础上更能突出价格细分带来的个性需求，为精英、城市白领、企业员工等多类人群打造了安全、便捷、舒适、友好的租住体验。同时结合"聚焦租住本质"的产品和全方位覆盖的增值服务业务，打造了以租住为核心的"公寓＋"生活服务平台，构建全新租住生态圈。

9.4.3 依托互联网，创新打造"公寓十"的发展战略

新的时代孕育了新的机会，互联网的接入打破了时空的限制，给魔方的发展提供了更大的空间，为了打造以公寓为核心的生活服务平台，满足租住群体对社区生活的更高追求，2015 年 5 月，魔方基于"互联网＋"概念推出了"公寓＋"战略，以公寓住宿产品为基础，把公寓定义为线下流量入口，将互联网与长租公寓领域进行有效"缝合"，充分运用互联网技术，基于客户的实际需求，整合生活服务行业资源，接入 O2O 美容、理发、家政等服务，满足客户的衣食住行各方面，为住客构筑一个全新的租住生态圈，打造满足青年白领居住生活需求的一站式生活服务平台。例如公寓＋工作，使年轻人有更好的创业的空间，也可以提供求职、职业培训的配套服务；公寓＋生活服务，可以衍生出各类 O2O，也可以为住户提供更多便利的服务；公寓＋金融，使住客足不出户就能进行消费贷和投资。同时，魔方也对其 APP 进行了改进，将 APP 页面设计得更加活泼、明朗、精致，把常用的生活应用直接拉到 APP 首页中，以迎合年轻人追求方便快捷、开放、现代化的体验。此外，魔方公寓还为年轻人带来"门到门"（D2D）工作生活新模式，满足他们对居住、办公、娱乐、健身、餐饮等全方位的生活需求。

魔方利用互联网，还在尝试打造互联网社区平台：每位租户都会被拉入一个社区微信群，在群里交流生活及工作体验，并定期组织线下活动，进行"头脑风暴"。魔方公寓的社区 APP，聚拢了一大批用户在线沟通交流，其官方微博、微信公众平台，定期为用户推送贴近生活的公寓及小活动。而且，公寓还不定期组织聚餐、交友、体育竞技类活动，给租户们提供互相认识和交流的机会。这种人性化的、有针对性的社区活动，也大大增进了租友们的感情，增深了用户对公寓的好感度，增加了用户黏度。在公寓＋的实施下，魔方的租户几乎都互相认识，关系融洽。

9.5 不断完善，独领风骚

长租公寓正处于指数级发展的初期，国内青年租房的市场规模近 8 000 亿元，每年仅新增的应届生租房规模就达 600 亿元，魔方正处在发展的风口上。柳佳感叹道："刚刚加入魔方的时候，魔方旗下只有 30 家门店，但它是国内最早布局长租公寓的专业品牌之一，也是彼时规模最大的一家，创始团队非常有眼光，现在是风口大家都知道，但是倒退 8 年，谁会想到长租公寓会有现在的发展？"8 年来，魔方秉持"为客户打造符合他们的产品和服务，为客户创造价值"的品牌价值，凭借高效的运营团队、开放的合作平台，以及首套公寓行业内的标准化产品模型和体系化的管理方式在全国实现了快速复制，到 2016 年底，在门店数量、房间数等方面实现巨大突破，获得近 6 亿的投资。魔方对住户的居住体验有着痴迷追求，研究态度严谨，与国内外知名设计公司合作，打造了数千平方米的研发中心，数十个样板区，样板区内的产品细节模型以

1∶1 放样、随拆随建、模拟真实居住环境的方式呈现,供设计师反复研磨产品细节,并邀请客户体验。2017 年 4 月 21 日,在由迈点研究院和迈点网主办的"2016 年度最具影响力公寓品牌颁奖盛典"中,魔方集团凭借在运营、产品等多维度的优势,荣膺"集体式长租公寓最具影响力品牌"。

魔方公寓由于其丰富的产品特性,较为雄厚的资金实力,已经逐渐成为长租公寓行业里的"独角兽"。长租公寓现在是站在风口上的行业,它的兴起一方面顺应了市场的需求,一方面也是借助了政策的东风。魔方正处于发展阶段,仍然有很长的路要走。就目前而言,魔方多依靠风投等资本支撑在运作,同时加上租期太短、续约率低、融资成本高等问题,使得货币化率低下。而且规模不经济,资源获取困难,即使集中式比分散式更能做出高溢价产品,但盈利还是很困难,同时,在长租公寓领域的领导力和影响力不够,容易因为竞争者的影响导致自身业务的波动。但相信作为集中式长租公寓行业的开拓者,魔方公寓会不断在产品、服务和规模上实现自我突破,发展租住服务多样性,使"魔方"更多面,引领这个行业走向标准化、成熟化。

链　接

链接 1　魔方公寓发展大事记

2009 年 6 月　首家公寓,戴家岗店在南京开业。

2010 年 8 月　魔方公寓成立,首创连锁集中式公寓租赁模式。

2012 年 6 月　魔方(中国)公寓管理有限公司成立,正式启动全国发展战略,开始向全国一二线重点城市布局。

2013 年　获得美国华平集团 6 000 万美金 B 轮融资。

2015 年　华平集团追加投资近 1.4 亿美金投资。

2015 年 5 月　更名为魔方(中国)生活服务集团。签约门店近 70 家,正式启动"公寓＋"战略。

2015 年 11 月　魔方公寓入选"中国最佳消费产业投资案例 TOP10"。

2016 年 1 月 14 日　魔方公寓门店数破百,首创公寓体验师计划启动。

2016 年 4 月 12 日　魔方公寓 C 轮融资 3 亿美元,多品牌进军细分市场。

2017 年 4 月　发行首单公寓资产证券,募集资金 3.5 亿元。

2017 年 8 月　魔方宣布入股深圳 V 客青年公寓,以投资并购的方式继续扩大规模。

2018 年 3 月 28 日　魔方公寓在上海启动品牌升级活动,新一代升级产品魔方公寓 3.0 正式亮相。同时推出全新品牌 slogan——"生活就该有 MO 有样",首推行业七天无理由退房服务。

2018年5月　魔方公寓CEO柳佳向经济观察报透露：利润率在20%左右。

2018年6月7日　铂涛酒店集团创始人郑南雁出任魔方董事长。

链接2　长租公寓市场参与者和主要模式

整体而言，现在主要有四类市场参与者，其特点基本如表9-1。未来资金与和资源端的优势和可持续性将决定行业龙头的归属。

表9-1　四类主要市场参与者特点

类型	开发商类	酒店类	中介类	创业类
代表企业	万科泊寓、招商壹栈	华住(城家)、窝趣(铂涛)	链家(自如)、我爱我家(相寓)	魔方
优势	可以充分利用母公司手中的闲置自持资产进行升级改造，同时借助集团整体的信用进行低成本融资	住客和存量物业的管理经验上更丰富，运营效率有先发优势，并且在物业资源端，拥有较多的存量物业可以进行改造转变物业运营功能	由租赁中介业务延展而来，有天然的客源和分散式房源获取渠道	经营思路和方式灵活，可能在一个细分子领域中实现超速跨越
劣势	对母公司的资源支持依赖性强，温室中成长起来的团队在业务进行对外扩张时盈利的持续能力将遭遇严峻挑战	由酒店运营转为长租公寓运营中对产品角色定位和客户群体转变的把握能力	最大的挑战来自运营，对产品的理解和成本控制能力将是争夺市场的关键	在资源端和资金端都没有先发优势
运营模式	自持集中型		托管型	自持集中型+自持分散型
盈利模式	拥抱资本，通过物业的增值获益		拥抱产业链将租赁业务作为入口，通过产业链业务获取超额利润	谋求各方面的优势相结合
盈利能力	最好		较好	
特点	需要的核心能力是资本运作能力和对周期的深度理解能力		需要相当的平台管理和协同能力	

启发思考题

（1）长租公寓是一个新兴的行业，正如柳佳说，该行业是"一片蓝海"，那么请试分析长租公寓行业发展的背景？

（2）何为商业模式？商业模式构成要素指什么？本案例说明了魔方的哪些商业模式构成要素？

（3）试从商业模式的角度分析魔方公寓在发展中遇到的问题及如何解决。

（4）如果魔方要继续保持在长租公寓行业的领先地位，试为其指出发展方向。

案例 10

拼多多：
电商黑马的出奇制胜之路

编者语：抓住人口红利的社交电商

近两年，拼多多主打"货找人"的新电商模式，以"社交拼团"和人工智能作为依托，实现了平台的爆发式增长，这也足以印证社交电商模式的有效性。拼多多凭借拼团购买的玩法，让微信上的用户参与拼团或者主动发起拼团，获得更加优惠的价格，从而实现了品牌的反复曝光和新用户转化；在购买商品时还可以邀请助力，将"砍价"链接发给好友让其帮忙砍价，提高了软件的吸引力和趣味性；另外，还可以进行分享互惠，以现金签到和分享领红包两种模式促进用户的活跃性。在这样的模式下，每个人都成为一个小圈子的意见领袖，在不断地裂变下汇聚成庞大的流量，"去中心化分发"的商品和基于熟人关系的交易，解决了成本问题和信任问题，让拼多多成为电商领域的一匹黑马。拼多多的崛起，与互联网在三四五线人口中的普及息息相关。在社交流量的加持下，拼多多把握住了人口红利，不断向下渗透，成为一匹电商中的黑马。与其他电商一样，拼多多备受假货问题困扰，再加上与商家的利益冲突，是选择消费升级、拓展自己的商业模式，还是继续下沉巩固自身用户，仍需要时间带给我们答案。

本案例由华东师范大学经济与管理学部的王诗谣和田晓蒙撰写，由于企业保密的要求，在本案例中对有关名称、数据等做了必要的掩饰性处理。本案例只供课堂讨论之用，并无意暗示或说明某种管理行为是否有效。

摘　要：在阿里与京东的双寡头电商行业格局下，拼多多以一匹黑马的姿态杀出重围，引发人们的关注。本文以拼多多的商业模式为切入点，分析在电商行业的大格局下拼多多商业模式的独到之处，追溯近期频繁出现争议的根源，探讨了拼多多飞速发展的关键因素、面临的问题及其未来发展的可能性。本文的目的在于探究社交型团购平台的商业模式及其核心竞争力。

关键词：拼多多；商业模式；社交电商；企业竞争力

10.0 引言

"拼多多基本上实现了货找人的模式。"2018 年 6 月 12 日,在中国经营报社主办的"2018(第五届)中国企业竞争力夏季峰会"上,拼多多高级副总裁许丹丹在其中的新零售论坛上如此说道,同时,她也对拼多多的商业模式提出了新的定义,许丹丹认为,拼多多借助技术创新和模式创新打造了"新电商"模式,拼多多借助人工智能和社交分享手段,通过分享让货找到合适的人,而不是传统零售中"人找货"模式。许丹丹对新零售、拼多多发展逻辑以及消费升级等话题发表了看法。在她看来,新零售和无界零售分别由阿里和京东提出,其实是为了解决线上电商遇到的瓶颈问题。因为传统电商在过去十几年的发展中解决了一些传统零售遇到的问题,但是传统电商也仍面临着一些问题,比如商户获客成本过高、消费场景体验等问题,她认为拼多多虽然没有打造线上线下融合的概念但也通过新模式解决了这些问题。拼多多成立不到两年,实现迅速发展,目前用户规模宣布已过 3 亿,这也让外界对其模式颇感好奇。

10.1 拼多多的创业历程

拼多多的诞生要从黄峥之前的三次创业说起,而黄峥的成长之路,也恰恰是拼多多以小博大的缩影。2007 年,在谷歌干满三年后,实现财务自由的黄峥决定出来创业。他的第一个项目是卖手机,成立了一家电商公司,经过三年的发展,年营业额达到几亿元,但黄峥觉得以后容易陷入和京东无意义的消耗战里。于是,他将这家公司出售,只留下了技术团队。2010 年,为了求生存,黄峥带领着这只技术团队筹办了第二个创业项目——电商代运营公司乐其。很快,乐其便实现了盈利,但他和团队都不太甘心一直做销售。2013 年,乐其的一部分核心员工开始运营游戏,上海寻梦信息技术有限公司正式成立——这是黄峥的第三个创业项目,与此同时,以微信为代表的社交流量正发展迅猛。从商业角度上,黄峥注意到微博、陌陌、快手等社交平台流量很大,但对应的商业没有起来,从这两方面考虑,黄峥决定再次创业,他瞄准的是社交电商领域,就这样一场冒险开始了。拼多多是一个供应商入驻、物流第三方合作的平台模式,它更重视软件产品的互动,把产品当成游戏运营,强调用户以什么方式第一次接触、互动,怎么做用户筛选。本质上讲,黄峥发现拼多多要创造一个不一样的购物形态,而不是说强调某一垂直领域的购物体验。自 2015 年 9 月,拼多多仅成立一年的时间便做到了 10 亿的月 GMV。2016 年 7 月,拼多多完成了 1.1 亿美元的 B 轮融资,2018 年 7 月,拼多多在美上市。在新的国际化形势下,拼多多的发展前景远不止如此。

10.2　拼多多商业模式的创新

所谓商业模式,是一个宽泛的概念。它是指为实现客户价值最大化,把能使企业运行的内外各要素整合起来,形成一个完整的高效率的具有独特核心竞争力的运行系统,并通过最优实现形式满足客户需求、实现客户价值,同时使系统达成持续赢利目标的整体解决方案。一套有效的商业模式,有如下构成内容:战略定位、消费者目标群体、分销渠道、客户关系、价值配置、核心创新能力、合作伙伴网络、成本结构、盈利模式。

10.2.1　高屋建瓴,确定战略定位

拼多多自从创立开始,就面临着"与巨人共舞"的局面,当时电子商务市场上的巨头淘宝、京东等正发展得如火如荼。当时的电子商务巨头发展态势各有不同,阿里巴巴致力于拓展农村市场深挖消费潜力。农村淘宝搭建县村两级服务网络,大力建设农村淘宝村级服务站点,按照阿里巴巴的"千县万村计划"农村战略规划,未来三至五年内,阿里将投资 100 亿元,建立 1 000 个县级服务中心和 10 万个村级服务站。京东则致力于 O2O 创新京东到家,京东到家主打生鲜产品 O2O 服务,而餐饮外卖、家政、洗衣、洗车、美甲、按摩等本地生活服务也是其重点发展方向。京东到家通过盘活线下资源,创新推动"互联网＋实体零售""互联网＋生活服务业"的发展,进而实现传统产业的转型升级。苏宁易购充分发挥互联网零售优势,开设云店深化 O2O 运营模式,线上线下同时发力一方面苏宁对门店进行优化调整和互联网改造升级,不断迭代苏宁易购云店,丰富门店品类,增强整体销售能力;另一方面加强商品供应链建设,通过自营、开放平台的方式拓展 SKU 规模。2015 年前三季度,苏宁易购已新开云店 34 家。商品 SKU 数量达到 1 500 万。黄峥明白,以淘宝的模式再造一个淘宝,对用户来说是没有价值的,如何能够使消费者在消费的过程中有不一样的体验才是拼多多想要追求的。因此黄峥创立拼多多前就打算"另辟蹊径",定位拼多多"不以规模达到多大为追求目标,而是凭自己的优势,不断提升不可替代性"。那么如何才能让自己的产品具有不可替代性呢? 团队陷入了沉思。

黄峥注意到,在拼多多创立之前,发展较好的是搜索式电商,普通购买者在上网之前知道他们所需要的商品,通常人们浏览亚马逊或者阿里巴巴网站时会输入关键字,经过筛选商品和分析购物评价之后进行选择。黄峥想,能不能在改变搜索式电商方面加以创新,使购物不仅仅是一个搜索、购买的个体行为,而是可以让用户体验到与朋友在购物中心一整天的购物经历,让用户有机会分享自己喜欢的商品,使购物成为群体行为。

与此同时,黄峥注意到以微信为代表的社交流量正发展迅猛,商业角度上,微博、

陌陌、快手等社交平台流量很大，但对应的商业没有起来，"存在的微商，很容易就变成了网络传销"。黄峥想，社交网络的快速发展或许可以作为一个契机，这正是这个时代赐予我们的福利，我们必须抓住机会，将社交元素引入到电子商务中来。好比在线下原来去带着一个购物列表去家乐福、沃尔玛，后来逐渐转变为很多时间我不知道有什么明确目的，去逛一逛，顺手看到好的东西拿回来，同时可能叫上很多好朋友或者几个人一起逛，这样一个变化是推动我们成长非常强大的动力。黄峥曾说"能在电商界里立足的，一定是有特色的并占领消费者心智。拼多多的规模还不大，但我们选择的是一条同行们没有走过的路。走通了，对消费者来说，是多了一种选择；而对其他电商来说，也会形成一种正面的溢出效应。"而实现社交和电商的融合，创造一种新的电商模式，让消费者体验另一种购物方式，才是拼多多团队奋斗的动力源泉。

10.2.2　牢记"本分"，让理想落地

拼多多不同寻常的战略定位让黄峥的团队不得不去思考相对应的、可执行的商业模式，以确保目标能够成功实现。事实上，他们也确实在营销、用户定位和创新上动足了脑筋。

1. 营销模式

由于战略定位的差异化，拼多多在成长初期的广告投入几乎为零，主要依靠社交网络拓展消费者群体。但是很快弊端就开始出现，单纯的线上广告已经不能满足拼多多的发展，黄峥认为拼多多的品牌宣传与推广方面的投入与平台的迅速发展已不相匹配。于是拼多多团队采取线上线下相结合的方式进行广告宣传。线下主要是在各大城市的地铁站、公交站等人流量大的地方悬挂宣传广告。以红色为背景，语言幽默有趣的广告词"一亿人都在用的拼多多"很快占领了各大城市。

2018 年暑假的到来，各大口碑综艺也陆续上线。观众很快就发现，各大综艺的赞助商大多发生了变化，其中拼多多更是"特约"了《奔跑吧第二季》和《极限挑战》第四季两大国民综艺。在真人秀综艺的《极限挑战》中，拼多多的身影无处不在，几位极限兄弟随时随地插入广告词，而且"拼多多，拼多多、拼的多省的多，购物就要用拼多多，随时随地拼多多……"一首魔性的广告歌更是迅速火遍全国。

拼多多的"群综冠名"战术，与手机圈 OV 的"群星代言"打法如出一辙，无非是营销目的有所不同罢了——OV 以"颜值"立命，便网罗国内一线流量明星，强化"年轻人都在用的手机"印记；拼多多赞助年轻人都在看的热门综艺，一是希望继续为平台导流，二是希望塑造"中国人都在购物的 APP"形象，换取信任，弱化"劣质、假货"的平台标签。

2. 用户群体划分

拼多多能够迅速获取用户的关键是社交和低价——让价格低得有些不合理的商品通过用户分享、拼团在微信里自发传播，那些愿意为找低价商品付出时间的用户

"中招"了。极光大数据显示,这些用户70％为女性,65％来自三四线城市,来自一线城市的用户仅有7.56％,与京东形成了鲜明对比(见图10-1)。

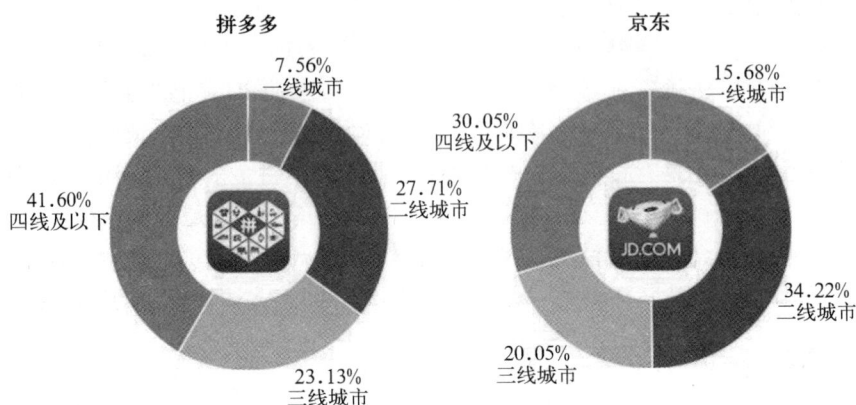

图10-1 用户城市等级分布

这些用户又强化了拼多多低价的属性。对追求低价的用户来说,低价商品之外另一个吸引力就是包邮。不同层次的人有不一样的需求,并不是大家在谈论消费升级时,便宜商品就无人问津。高、中、低收入人群都在追求性价比,只不过他们眼中的性价比不太一样。在中产们眼中,产品简洁、品质高、价格适中就是性价比高,在一些三四线城市用户眼中,便宜、花哨更好。

拼多多将每次购物的用户分成了主动用户和被动用户两部分,两者各司其职:主动用户负责寻找商品,开团后分享给朋友,而被动用户则在微信上看到主动用户发了个链接,一看物美价廉,便决定购买。由此看来,拼多多的用户定位是十分明确的(见图10-2)。

3. 需求创新

如果一家电商就是一个国家,那么追求国民富裕或许可以理解为追求用户购物体验的不断优化。从决心做电商平台的那一刻起,拼多多人就面临着与巨头共舞的局面。他们深知,以淘宝的模式再造一个淘宝,对用户来说是没有价值的。而实现社交和电商的融合,创造一种新的电商模式,让消费者体验另一种购物方式,才是拼多多团队奋斗的动力源泉。拼多多无疑是成功的,它让购物这一行为不再孤单、单调。和亲朋好友一起拼团,让用户既获得了实惠,又体验到了"如线下逛街般"的温度和乐趣。这让拼多多在短短一年时间里便收获了超过一亿的用户。

喜报频传,拼多多人却始终保持着平常心,他们不停地问自己:是否在为用户创造价值,如何能为用户创造更多价值?

对于拼多多的未来,黄峥认为,要坚持以用户价值为导向,在玩法上实现迭代创新。"人们利用时间的方式,正从有明确目的、追求效率的搜索模式,逐渐转向没有目

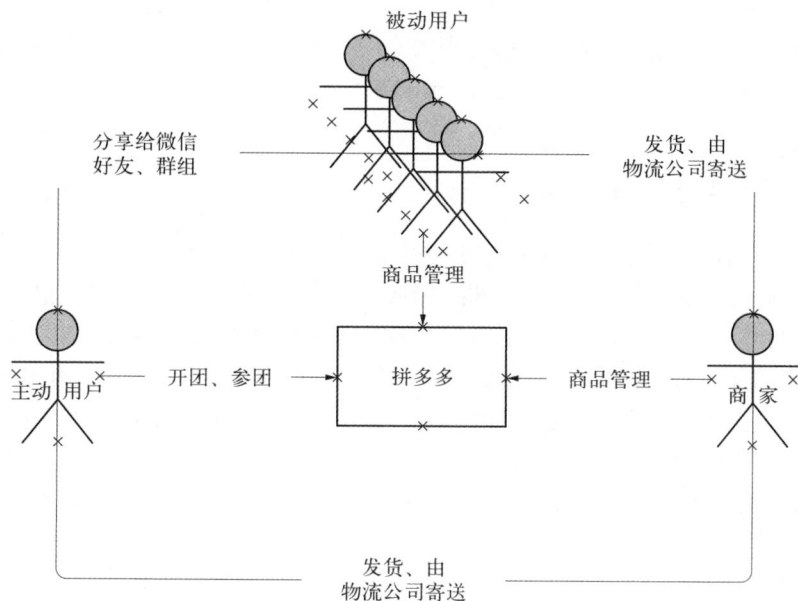

图 10 - 2　用户定位

的的、非搜索的社交与娱乐模式。而购物也呈现着同样的趋势——消费者们原来是'理性的,追求效率的'。他们需要上帝一般的人工智能为自己的消费提供正确而唯一的指引。而现在,人们更愿意由与自己情感相通、偏好一致的一群人给出推介。"黄峥相信,社交电商未来更大的量会出现在这种平等的、多对多的社交网络上,而分布式神经网络领域研究的不断推进也将为拼多多践行新理念提供技术支撑,"感谢在拼多多上花了时间和感情的人,未来那个更贴心、更懂你的拼多多有你们每一个人的功劳。"

10.3　商业模式创新中的痛楚

10.3.1　产品质量问题和运营模式问题

2018 年 2 月 7 日,中国消费者协会发布对 2017 年"双 11"网络购物价格、质量、售后服务的调查结果。在涉及平台上看,拼多多出现问题次数较多。在调查的箱包类样、化妆品类、鞋类样品三种仿冒样品类别中,拼多多平台的商家在 3 种仿冒样品类别中均有出现。

另外,拼多多平台本身也在媒体和网络上受到来自商家和消费者的各种投诉和举报。2018 年 315 晚会,微博电商大 V 龚文祥向网友开出"315 有奖竞猜"。据其统计,拼多多也高居榜首。在网络上,拼多多甚至被网友称为"坑多多"。

何以至此？究其原因，拼多多在其产品质量控制方面一直备受争议。整体良品率越来越好的中国制造，理由让拼多多更有可能提供低价良品。而事实并非如此。其在产品质量控制和平台运营方式上的不足将原本发展迅猛的拼多多推上了舆论的风口浪尖。

10.3.2 社交型电商模式的弊端

在用户流量逐渐进入到瓶颈期时，拼多多的模式具有借鉴性，但并不意味着拼多多可以借此方式获得长线的发展。拼多多聚拢的消费者均是对价格敏感的消费者，对商品的性能没有特定的需求，用户共性不明显，拼多多也因此难以根据消费习惯做用户价值的开发，无法描绘用户画像，这就意味着难以将流量进行场景化和货币化。获取流量是拼多多的强项，但未必能发掘有价值的流量，并对流量进行持续的开发。事实上，拼多多这种依靠软件聚拢消费者形成的强关系并不稳定，尤其是在物联网时代，应用场景的作用会被扩大化，社交功能会逐渐被弱化，而社交本身已经难以实现货币化。

10.3.3 商家与平台的利益之争

拼多多在业界还有一个不太光彩的称号："罚多多"。罚款引发的商家的集体诉讼，让人不得不重新审视拼多多的商业模式。由于处罚力度大，一度让商家认为，拼多多是以此盈利。但拼多多表示，这是部分商家散布的谣言。拼多多每笔账都经得起审计，所扣的都是违约金，在剔除虚假订单后，全部赔付给用户。不过，对于怎么辨别哪些是虚假发货，哪些是刷单行为，拼多多并没有做过多解释，他们强调，拼多多的判定规则与其他平台一致。不管给出的理由是虚假发货、物流延迟还是售假，拼多多是希望通过整顿将能力不足的商家淘汰出局，让商家们"没有金刚钻，不揽瓷器活"，希望通过此举让没有相对应服务能力的商家，再也不敢来拼多多平台经营，影响用户体验。但问题是，目前多数知名品牌已经入驻天猫和京东等渠道，拼多多怎样才能吸引来优质又愿意低价售卖的商家呢？更何况，目前已经有多家电商公司如卷皮、蘑菇街等开始采用拼多多的拼团模式。在此背景下，拼多多如何才能保证对用户和商家的长久吸引力。这个曾让人眼前一亮的商业模式，如今面临着诸多挑战。能否在快速的产品发展和迭代中合理解决这些问题，将直接决定拼多多究竟能走多远。

随着电子商务购物平台的增加，拼多多面临的局势越来越严峻，拼多多如何才能够抵抗压力，在"拼单"这条路上走得更快更稳，黄峥不禁思索起来……

10.4 尾声

通过对拼多多商业模式的重点探讨，我们发现，社交型电商平台在我国仍有巨大的发展空间。但是发展势猛,痛楚犹存,正如古人言道"水能载舟,亦能覆舟",拼多多赖以出奇制胜的商业模式,是否会因其弊端成为拼多多发展道路上的掣肘,是值得关注和深思的一个问题。

带着这些问题,拼多多于 2018 年 7 月底在美上市。同时,国内外针对其平台的投诉和维权风波仍未平息。过去,拼多多用新颖的商业模式、超速的发展规模为我们带来了不一样的电商体验;未来,内忧外患的拼多多在拥抱了资本之后又会如何前行呢? 我们拭目以待。

链　接

链接 1　拼多多发展大事年表

2015 年 9 月　拼多多公众号正式上线,上线 2 周粉丝数破百万。

2015 年 11 月　未投放广告的情况下用户突破 1 200 万。

2016 年 1 月 18 日　单日成交额破 1 000 万元,上线 4 个半月,付费用户突破 1 000 万。

2016 年 7 月　获得 B 轮 1.1 亿美元融资,IDG 资本、腾讯、高榕资本领投。

2016 年 9 月　与拼好货宣布合并,用户量突破 1 亿,单月流水破 1 亿元。

2016 年 11 月　单月 GMV 超 20 亿元,日均订单量破 200 万,单日交易流水 2 亿元。

2017 年 9 月　成立 2 年,用户数达 2 亿。

2018 年 3 月　成立不足 3 年,用户数达 3 亿。

2018 年 6 月　向 SEC 提交了 IPO 申请书,预计 7 月底在美上市。

2018 年 7 月 26 日　拼多多在美国纳斯达克上市。

链接 2　拼多多深陷"投诉门"

(1) 据中国电子商务研究中心发布的数据显示,2016 年拼多多投诉量位居行业第一,高达 13.12%。被用户投诉的问题则主要有两大类:其一是商品类,如水果腐烂、疑似售假、货不对版等问题;另一方面是商家服务类,如商家虚假发货、售后无人、发货迟缓、售后态度差等问题。

(2) 2018 年 6 月,记者调查发现,拼多多电商平台上有不少涉黄、涉暴力且涉违法的商品,包括开刃刀、伪基站设备、摩托车车牌及充气娃娃等,当月,全国"扫黄打非"办公室对"拼多多"平台涉嫌违法违规问题进行了深入核查,相关线索已移交有关地方进行查处。

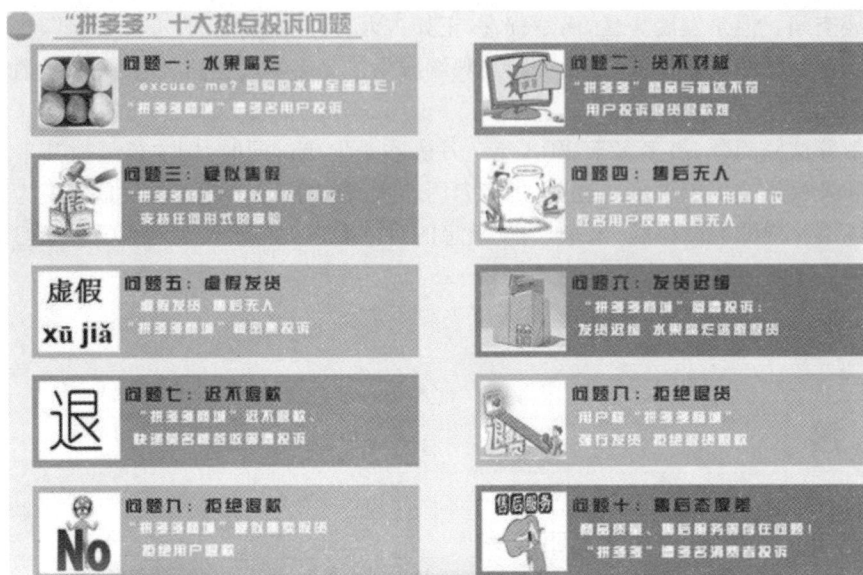

图 10-3 "拼多"十六热点投诉问题

图片来源：中国电子商务研究中心

(3) 2018 年 6 月 13 日，大量商家前往拼多多上海总部维权，双方一度发生肢体冲突。

(4) 2018 年 7 月 20 日下午，据美国《纽约时报》网站报道，拼多多 19 日在美国遭遇注册商标侵权诉讼。原告方是一家名为"爸爸的择"（Daddy's Choice）的尿不湿生产商，总部位于北京。他们指控拼多多在明知是假冒商品的情况下，仍然销售印有该公司商标的产品。

启发思考题

(1) 拼多多是在怎样的内外环境下出现的？

(2) 拼多多相较于其他同类型的社交型平台具有哪些独特之处？

(3) 拼多多的商业模式是什么样的？如何评价它的商业模式？

(4) 拼多多的核心竞争力是什么？如何评价它的战略？

案例 11
平安好医生：
中国最大规模的
互联网医疗平台

编者语：解决"痛点"才能有人买单

从 2014 年互联网医疗行业兴起至今，融资总额接近 2 000 亿。一方面，国家对"互联网＋医疗健康"行业给予厚望，相关政策的出台为产业发展注入强大的力量；另一方面，互联网医疗也是未来医疗行业的大势所趋，有利于满足社会的健康医疗需求，提升医疗服务的水平和效率。平安好医生依托平安集团，不仅资金雄厚，还整合了大量业务资源和客户资源，可谓赢在了起跑线上。除了背靠大树。拥有强大的资本、资源支撑，平安好医生还组建了互联网医护团队，将大数据、图像识别、人工智能等技术应用到企业实践中，一举成为国内最大的互联网医疗平台。

互联网医疗健康并不是简单地将互联网与医疗健康行业拼合在一起，而是要充分利用互联网在信息处理技术触及医疗健康行业的核心业务，解决当前医疗健康行业的痛点、难点，才能形成清晰的商业模式，获得最终的商业成功并实现其社会价值。平安好医生已经在此过程中迈出了第一步，智能辅助治疗系统、AI 助手、AI＋中医、大数据技术等都将更好地打造医疗健康产业链、服务链，提升企业竞争力。

摘　要：平安好医生运营着全国最大规模的互联网医疗平台，累计为超过 1.9 亿用户提供健康管理服务，基本搭建成全国最大的医疗健康生态系统，如今已是互联网医疗健康领域中的独角兽。从 2014 年正式上线到 2018 年股票上市，平安好医生的快速发展让人惊叹。平安好医生根据用户的医疗需求及健康管理需求，打造自有医疗团队及人工智能助理的在线家庭医生服务，同时通过与医疗服务网络合作为用户提供多种线下服务，此外还提供个性化的健康管理计划，帮忙用户建立健康的生活方式。平安好医生目前取得的这些成功是综合社会环境，经济以及自身努力因素三方面合成。因此，本文也将从这三个分析平安好医生的成功之道。通过分析我们知道不论是从经济实力、战略规划、医疗资源还是合作共赢等方面，平安当之无愧为独角兽之名。

关键词：平安好医生；优质团队；技术优势；数据资源；生态场景

11.0　引言

2018 年 5 月 4 日香港互联网医疗第一股——平安健康医疗科技有限公司敲响上市的锣声，正式开始上市交易。这一举动，立马引来了人们的关注，更是将人们的目光再一次聚集在互联网医疗健康这个领域。

不过在股票上市的开始发生了一个小的插曲。首先市场在平安好医生上市第一天就翻脸了，而且高开之后一路走低，第一个交易日勉强保住发行价。接着首发上市第二日便惨遭破发，高调上市第三天，平安好医生盘中股价再次跳水，跌幅一度超过10％。短短几日，观望的人如同坐"过山车"般提心吊胆。部分媒体更是纷纷发出了对平安好医生的质疑。

作为顶着"独角兽"光环的平安好医生，如此的尴尬境地，使得有些投资者十分失望。但是风物长宜放眼量，对于"独角兽"不能只用几天或者半年甚至一年的表现来观察，尤其是对于"平安好医生"，它作为全球 AI 医疗科技第一股，更是要从长远的目光来看待和考虑。就像曾经阿里巴巴 2014 年在美国上市时，同样也是经历过一轮深跌跌幅超过 50％的境地。

因此从 5 月 11 日平安的股价缩量震荡回落，收于发行价附近，已经显示出股价恢复平稳运行。同时，全球两大顶级机构瑞银、摩根大通低调进场，分别斥资 4 亿和7 441 万港元吸纳平安好医生股票。

对于目光长远的投资者来说，他们所看重的是平安好医生在接下来几年，甚至是更长时间后的发展潜力。因为从长期看，平安好医生有望用良好的用户数据、财务数据可以给投资者带来丰厚的回报，因此这些机构投资者才会果断地下注平安好医生，下注未来。就如同分析人士所表示的一样：平安好医生跌破发行价其实是投资价值真正回归的表现，同时也是价值投资者的机会所在。

现如今说起平安好医生，多数人都耳熟能详。平安好医生在互联网医疗界具有显著的知名度，堪称该领域的"独角兽"。按照当下比较流行的说法就是："相信用不了多久平安好医生就会升职加薪，当上总经理，出任 CEO，迎娶白富美，走向人生巅峰"。如此优秀的"学霸"，方可有望打造成全球最大的医疗健康生态系统！

培养出一个如此优秀的平安好医生需要社会环境、"家庭"背景以及"个人"的努力协同。接下来，我们就来共同分析平安好医生成功属性的三个方面。

11.1　有利的社会环境——国家政策支持

2018 年 4 月 28 日，国务院办公厅发布关于促进"互联网＋医疗健康"发展的意见，该文件的发布可谓是"互联网＋医疗健康"快速发展的一剂高效催化剂。从国家层面上来看,给予了互联网＋医疗健康宏观发展的大方向,也可以说是主流方向。我们可以期待,在未来的十几年间将会是互联网＋医疗健康发展的蓬勃时期。

该文件对"互联网＋医疗健康"的服务体系提出了7个方面,对比这7个服务和平安好医生的战略目标、战略布局,不得不惊叹两者之间几乎完美切合。

从这7个服务当中,我们分别来看一下。

11.1.1 发展"互联网＋"医疗服务

在该项服务内容中,明确提出了"支持医疗卫生机构、符合条件的第三方机构搭建互联网信息平台,开展远程医疗、健康咨询、健康管理服务,促进医院、医务人员、患者之间的有效沟通"。

平安好医生作为互联网＋医疗健康服务的第三方机构,这项条款无疑是为其证明了身份,给予了其开展相关服务的通关卡。

11.1.2 创新"互联网＋"公共卫生服务

在该项服务内容中,第一条就重点提出了"推动居民电子健康档案在线查询和规范使用"。平安好医生自身拥有巨大的用户信息和用户健康信息,在其创办的过程中就已经建立与用户相关的电子健康档案云平台,记录了大量的用户健康信息。掌握着部分数据以及规范数据的格式,平安好医生未来将有无限的可能与社会各界以及政府达成合作,提高用户电子健康档案的高效管理和应用。

11.1.3 优化"互联网＋"家庭医生签约服务

该项条款内容可谓是为平安好医生量身打造,条款当中提到的"加快家庭医生签约服务智能化信息平台建设与应用……提高家庭医生团队服务能力,提升签约服务质量和效率,增强群众对家庭医生的信任度。"这正是平安好医生的战目标之一,平安好医生始终致力于提高全民的健康管理水平,从管理健康入手降低人们的发病率。平安好医生先下手为强为其占领了先机。

11.1.4 推进"互联网＋"医疗保障结算服务

关于该项服务中提出的"加快医疗保障信息系统对接整合,实现医疗保障数据与相关部门数据联通共享,逐步拓展在线支付功能,推进"一站式"结算,为参保人员提供更加便利的服务"这应该是平安好医生的优势所在了。作为平安好医生的巨大靠山平安集团,保险服务一直是平安的根基所在,对于平安而言医疗和保险的结合是其基础服务,努力打通保险支付存在的屏障,其目标同样更是要建立中国最大的管理式医疗保险公司。

11.1.5 推进"互联网＋"人工智能应用服务

由人工智能派生出来的 AI 医疗是目前各个互联网公司争相研究的领域，如同文件中提到的目前已有研究的领域包括"研发基于人工智能的临床诊疗决策支持系统，开展智能医学影像识别、病理分型和多学科会诊以及多种医疗健康场景下的智能语音技术应用，提高医疗服务效率。支持中医辨证论治智能辅助系统应用，提升基层中医诊疗服务能力。"

作为由互联网发展起来的医疗公司，AI 医疗将是不久将来发展的主流方向。平安好医生的人工智能技术并不是强势，但是平安也深知如果此时不仅跟 AI 医疗的潮流，平安好医生目前看似拥有的资源以及用户优势也将会面临威胁。

剩余两个服务分别是完善"互联网＋"药品供应保障服务和加强"互联网＋"医学教育和科普服务，在这两个方面已经有做得比较好的阿里健康和丁香医生，对于平安来说，他也深知自己的优势所在，因此没有必要在这两个不熟悉的领域去耗费精力。

从《"健康中国 2030"规划纲要》到《国务院关于积极推进"互联网＋"行动的指导意见》再到 2018 年的《促进"互联网＋医疗健康"发展的意见》，我们可以看出来，医疗健康行业在互联网环境下的发展路线是越来越明确了，在这样有利的大环境下，平安好医生具有明显优势，因此其未来的发展潜力不可估量。

11.2 雄厚的家庭背景——集团的保驾护航

平安好医生是名副其实的"富二代"，分拆自平安集团——这家今年刚好成立 30 周年的金融巨头，去年的净利润近千亿元，约为百度的 5.5 倍，比腾讯还要多 200 多亿。

2014 年 8 月，平安好医生所属的平安健康医疗科技公司注册成立。相比丁香园、寻医问药网、好大夫在线、健康 160、微医、春雨医生等竞争对手，平安好医生从一开始发展就极其迅速，甚至可以说是"后来居上"。

如此显著的成绩除了平安集团采用的"扶上马，送一程"策略外，在发展初期，除了出人、出钱，也给予了大量的业务资源和客户资源。

2018 年 1 月底，中国平安公告称，已向香港联交所申请批准平安健康医疗科技公司上市。公告不久前，平安好医生已获得软银愿景基金 4 亿美元投资。

A 轮资方看起来与平安集团没有直接联系，但平安好医生上市前的投资方软银，看重的却是平安集团整体的"数据金矿"——除了平安好医生，软银愿景基金也在同期洽谈投资陆金所和壹账通，对众安保险和平安医保科技的投资则已完成。

所以说，平安好医生才可谓是真正的赢在了起跑线上。拥有如此资金雄厚的"家庭"背景，也难怪在短短的 4 年间平安好医生鲤跃龙门，成为互联网医疗界的独角兽了。

11.3 自身的核心竞争力——团队、技术、数据和生态场景

平安好医生如此优秀,除了平安集团给予的强大支撑之外,更重要的是自身也要有实力。不然再雄厚的经济支持也避免不了弹尽粮绝的一天。对于平安好医生来说,自然是具备"独角兽"的特征,包括互联网、大数据、人工智能等。这些实力反映到平安好医生的实际层面上分别是优质团队、核心技术、大数据、生态场景。

11.3.1 优质团队

平安好医生创新性组建了中国第一代互联网医护团队,聘请 1 000 名全职专业医生,覆盖全科、内科、儿科、妇产科等数十个科室,医生团队拥有 10 年以上临床经验,为三甲医院各科室主治以上级别。除了全职问诊医师外,平安好医生还签约5 000 名北上广三甲医院副主任级别以上专家,入驻"名医馆"。

专业的医疗团队使得平安好医生可以更快地相迎用户的需求,因此从 2015 年4 月 21 日中国平安宣布上线互联网健康管理产品"平安好医生"之后,平安好医生的在线医疗服务以医生资源为核心,并提供实时咨询和健康管理服务,包括一对一家庭医生服务、三甲名医的专业咨询和额外门诊加号等。取得了上线 100 天,APP 注册用户就突破百万的成绩。截止到目前,平安好医生注册用户达到了 1.92 亿人,平均月活跃客户 3 300 万,平均月付费用户 90 万人。

实际上,平安好医生用三个医生"圈层"能网住尽可能多的用户。全职医生团队作为"核心服务圈层";同时还签约了 5 万社会化医生作为"服务外圈",分布在线下3 000 家定点医院,完成后续分诊转诊、线下首诊及复诊随访服务;在名医预约方面,平安好医生还汇集了 5 000 位三甲名医,可以实现"全国名医一键呼叫"。

11.3.2 核心技术

1. 链接——线上线下无阻碍沟通

平安好医生的目标之一就是致力于实现家庭医生的普及,为此首先要从技术上解决后顾之忧。那就是要打通线上线下的无阻碍沟通和无缝链接,为此进行了三大端口建设。

(1) 手机端 满足用户在线诊疗需求。

(2) 电视端 2017 年 8 月 8 日,平安好医生与贵州省广电签署战略合作协议,发挥广电家庭终端优势,面向家庭场景提供一站式健康管理服务,深层次、多角度拓展广电智慧医疗养老服务。其中图像识别技术就应用到了客厅视频问诊场景,向中老年人提供各类常见病的中医养生类资讯服务。这是平安好医生与全国广电系统的试点合作,未来还会推广至全国。

（3）家庭端　平安好医生即将推出一款智能家庭健康硬件产品，提供"专家＋AI"系统的日常健康管理服务，尤其是中老年人偏重的中医类服务。

（4）技术支持　好医生目前在图像识别技术研发上已经进入成熟期，开始广泛运用于在线诊疗。人脸识别技术也在加速研发中，这有助于用户获得更智能化的"望闻问切"在线诊疗服务。

除了利用技术打通线上线下，建立无缝链接，人工智能技术也带来了前所未有的机遇和挑战。

国务院 2017 年 7 月印发的《新一代人工智能发展规划》，提出了面向 2030 年的新一代人工智能发展的指导思想。人工智能医疗作为重要的应用领域之一，在《规划》中被重点强调。

医疗 AI 所对应的产业是健康管理产业，与快速发展的国民经济相比，健康管理产业在我国尚处于成长期，目前整个行业还缺乏服务标准和规范，用户认知度和行动力不高，完整的产业链尚未形成，重治病、轻健康的误区突出。

但是从另一方面而言，这也意味着行业正处于爆发前夜，被业界认为是万亿级别的蓝海市场，其中仅体检业务的市场规模，预计到 2020 年就达 2 338 亿元，市场需求高速增长，行业定位、用户特点逐渐明朗，具有广阔的发展想象空间。

没有互联网企业不对 AI 医疗动心的，甚至是传统的医疗机构，也在努力寻求人工智能技术下自身的发展，更别说像平安好医生这种本身就具备相当实力的互联网＋医疗平台了。每一个蠢蠢欲动的人都面临着 AI 医疗带来的机遇与挑战。

2. 机遇——及早布局，未雨绸缪

平安好医生首席运营官白雪表示，AI 并非新概念，平安好医生 AI 研发也并非最近才开始的，而是从移动医疗 1.0 时代就开始了，虽然目前已经到了移动医疗 3.0 时代，平安好医生也初步完成了"一站式健康医疗服务平台"的构建，"基于我们团队计算机行业的职业背景，我们对 AI 一直都会关注，并投入 30 亿专项资金展开基础性的研发"。

平安好医生打造医疗 AI 产业链和服务链不仅仅是投钱这么简单，在相关的软件和硬件建设上早有准备。之前自主研发的智能辅助诊疗系统已悄然上线半年，该系统在集合数亿条在线诊疗及健康咨询数据的基础上，推出 AI 助手，服务于在线医疗的预诊分诊、问诊环节，将医生从重复性、初级咨询工作中解放出来。智能辅助诊疗系统运行以来的数据显示，好医生在线医生团队的就诊效率不断提升，日均服务患者人次增加了 5～10 倍。

（1）智能辅助诊疗系统　分为 3 个阶段：第一阶段构建知识库，把用户常见问题整理成知识库，使医生可以更精准的回复同样的问题，提升效率；第二阶段在数据挖掘的基础上，尝试做疾病知识图谱、单病种知识图库；第三阶段，在第一第二阶段完成的基础之上，展开具体的医疗服务。

如何保持系统服务的零出错率？系统里有一个完全独立的组在做这样一件事：收集每一次问诊记录。有任何类似持续出血三个月、腹痛哪个部位等很复杂情况出现之后，就会增加这个案例的高危程度，然后被纳入整体三级质控体系里。另外一个医生会复查，复查这个医生处理得是否足够，甚至比较高风险情况下，由科室主任、专家委员会共同评判这个案例是不是要启动紧急预案做追加处理。

社会价值：应用到基层医疗卫生机构上，有助于基层机构医生提升诊疗水平。智能辅助诊疗系统对患者在线问诊的相关交互数据梳理脱敏，获得患者授权后，会与合作的三甲医院对接，实现用户开放、数据开放和服务开放。

（2）AI助手　智能辅助诊疗系统在集合数亿条在线诊疗及健康咨询数据的基础上，推出AI助手。

AI助手实现分级问诊的基础，在于要有海量数据进行学习和分析，而在过去几年里，平安好医生服务了上亿的健康医疗用户，积累了几亿条的互联网问诊、电子处方、用药等医疗大数据，这些大数据为平安好医生率先深入研发AI在医疗健康领域的应用打下了基础。目前针对部分疾病，平安好医生已经研发用AI助手辅助进行问诊。

目前，平安好医生人工智能AI已达到世界领先水平，如平安人脸识别技术准确率达99.8％，声纹识别文本相关准确率达99.7％，流感、手足口病预测精度达90％以上，慢阻肺预测精度达92％。医疗影像研究在国际医学影像领域权威评测LUNA排行榜上，分别以95.1％和96.8％的精度取得"肺结节检测"和"假阳性筛查"的双世界第一。

3. 挑战——技术不明，前途未卜

"AI+中医"（现代华佗计划）是平安在2018年年初主动、大量去做的事。因为现有AI模型对中医问诊数据的学习和对西医问诊数据的学习是不同的。西医更讲求以疾病为核心的循症医学，而中医是基于体质和症状的辩证思维方式。

该计划的目标是希望推动中医从中医典籍、中医诊疗、健康护理等全流程的标准化、智能化。为此还组建了"现代华佗"专家委员会，包括国家级中医基础理论学科带头人、中医体质学创建人、国医大师王琦等一批中医国医大师，以及上海中医药大学曙光医院等多家国内知名中医研究机，共同研发中医AI的"决策树"。

截至目前，已经构建了702个病症图谱，1 681种辩证证型，60多万首中药方。

虽然说中医的另外一个优势是所有检查项目基本上集中在望闻问切这几个方面，具体来讲就是舌诊、面诊和脉搏。而恰恰舌诊和面诊是相对成熟的图像识别可以深挖的领域。但是也正是因为这几个方面目前普遍基于经验积累，没有固定规范和标准，因此需要从这几个方面去寻找技术支持。

除此之外还有脉搏的问题，脉搏其实不是数据的问题，而是同样的脉搏在中医含义里到底是什么，缺乏统一标准。因此需要与各个地方的医科大学建立合作，尝试获得一套或者多套标准来满足这个工作的推进。

未来还将进一步扩容。更多知名中医可以通过平安好医生的 AI 技术扶助，为患者提供系统化、可循化诊疗，极大提升了服务能力和效率，更好的帮助确立中医医生 IP。

在"AI＋中医"（现代华佗计划）这个计划上，不仅仅是当前遇到的问题，还会有更多的技术性或者非技术性难题需要平安去解决。究竟在平安的摸索探究之后，中医与 AI 如何结合？我们不得而知的同时也万分期待着。

11.3.3　大数据优势

当今世界，医疗卫生发展面临很多的挑战，如人口健康存在老龄化、慢性病、临终前消费压力等问题，医疗技术发展在解决问题的同时，也推动了高昂的医疗费用。如何解决这些问题营造良好的医疗体验，正是"大数据"所需要研究和解决的。在这方面平安好医生正走在行业前面，利用整体平台优势收集的大数据不断为用户营造前沿医疗体验。

平安拥有中国金融机构中规模领先的大数据平台，全年实现超 9 亿次信用查询。平安的大数据平台已建立起"1＋N"生态圈合作伙伴关系，在金融、医疗健康、汽车和房产等领域得到广泛应用。目前平安医疗健康领域覆盖 8 亿人口、200 多个城市医保服务、2 000 多家医院。截至 2017 年 12 月 31 日，平安好医生注册用户 1.93 亿，平安好医生 APP 平均月活跃用户为 3 300 万名、每日平均约有 37 万次在线问诊咨询、累计服务 2.11 亿次在线咨询，并且该项数据不断地在以每日 300 000 至 400 000 个在线咨询记录增项而扩充。各项数据均在业内遥遥领先。2018 年春节期间，平安好医生注册用户更是突破 2 亿大关，用户数行业第一。

成立三年多以来，积累了天量级的用户交互数据，这些数据成为平安好医生部署未来发展的根基。以数据驱动，平安好医生将在大幅提高移动医疗效率、用药情况的改善等诸多方面大有作为。

1. 移动医疗效率的提高

好医生三年来实时问诊的大数据显示，约 40％的患者经过实时问诊流程后，还需到线下医院做进一步诊疗。平安好医生通过已悄然上线半年的智能辅助诊疗系统，与合作医院对接，在患者同意的前提下，严格按照程序对数据进行脱敏，然后开放用户数据，让医生通过患者"数据化病历"更深入了解其身体健康信息，减少重复问诊，减少医生和患者的沟通成本和时间，让医生有更多时间专注于更有价值的工作。对于合作医院而言，平安好医生的智能辅助诊疗系统，将为其专业水平提升打通"信息通道"。

在这个基础上，平安好医生正与合作医院实现线下就医、分诊转诊、随访复诊等一站式医疗健康服务平台。整个医疗服务的流程和效率都将得到提升。

2. 用药情况的改善

平安好医生健康商城在医药电商领域也有着重要的位置,不断积累用户用药数据,同时,通过和医院合作使用智能辅助诊疗系统,可以获得患者的用药情况。

通过梳理和挖掘用户用药数据,平安好医生可以获得不同健康状况和病患情况的合理用药信息,有助于医药企业研发新药,和针对用户提供更加合理的保健和用药建议。

平安好医生集成了这些数据的系统,能主动地给医生提供建议,降低医疗事故,提升医疗质量。因此,医疗行业也意识到,做临床决策如果有大数据加 AI 的帮助将做到更加精确、快速。当然这也不是一两年内就会实现的,而是一个长远目标。未来,平安好医生将继续在这方面不断提升,为用户营造前沿医疗体验。

11.3.4　生态场景

平安好医生董事长兼 CEO 王涛表示,平安好医生以打造全球最大的一站式医疗健康生态系统为使命,致力于用科技让人类更健康。秉承这样的使命,公司希望为每个家庭提供一位家庭医生,为每个人创建一份电子健康档案及制订一个健康管理计划。未来,公司将以更以更透明、开放、进取的态度,将平安好医生建设成为具有全球影响力的互联网医疗健康平台。通过搭建"互联网＋保险＋医院"模式、打造中国版的管理式医疗 HMO 模式、四大业务板块的合理布局、及与第三方机构合作,逐渐建立一站式医疗健康生态场景。

1. 打造中国版的管理式医疗 HMO 模式

所谓的 HMO 模式就是通过为参保人指定服务提供方,引导参保人选择家庭首诊,提倡健康管理,力求通过降低疾病发生率来控制赔款;保险机构和医疗服务提供者则通过协议共担风险,防止过度医疗。

其实质在于,医保机构将从过往游离于医患关系之外的被动赔付者,转变为介入医患关系中间。通过对医疗机构的供给行为和患者消费行为的主动管理,解决医患关系紧张、医疗费用和质量等问题。

因此在平安好医生诞生初期,平安高层对这个承载平安"医疗"战略的平台提出明确的要求,力争在数年内搭建互联网健康管理生态圈,实现三网融合;确保平安好医生尽早向平安集团用户提供良好的在线医疗服务,在数亿互联网用户群形成良好的口碑。

为此,平安好医生从诞生起,便投入资源构建医疗健康管理生态圈,包括提供在线健康医疗信息咨询(图文、电话、语音、视频);O2O 医疗服务(预约挂号、慢病管理、健康体检、基因检测);健康商城(OTC 药品、医疗器械、健康商品)以及保险合作(支付、控费)四大类服务。

具体而言,平安好医生线上业务将通过咨询、健康计划、健康商城、健康社区及送药上门五大产品，实现线上医网、药网、信息网三网合一，打造互联网医疗领域最大的流量入口平台；线下业务则接入辅助诊断治疗、医药器械、健康管理及护理等领域的垂直合作伙伴，打造平安好医生 O2O 产业链，实现服务落地。

最终平安好医生将打造中国版的管理式医疗 HMO（Health Maintenance Organizations）模式。虽然有业内人士直言，基于保险公司与移动医疗机构在这方面的数据积累尚不健全，HMO 模式在中国的开展并不会顺利。但平安银行前行长理查德-杰克逊形容马明哲的这句话放在这里正合适：他能看到远景。我们这种人看事情是看风险和困难，他看到的世界、想到的事情，是别人看不到、想不到的。

2. 四大业务板块合理布局

平安好医生战略布局包含四大业务板块分别是：健康医疗服务、医保 + 商保和健康云。

（1）健康医疗服务　平安好医生通过线上、线下的方式，整合医院、体检中心、健康监测机构、诊所、三甲医院医生、自建家庭医生团队等优质医疗资源，搭建一站式、全流程、O2O 的健康管理及医疗服务平台。

（2）医保与商保双管齐下　将其打通成为整个医疗服务闭环中的支付方。2016年 8 月，平安提出"致力于成为全球领先、中国最大的管理式医疗保险公司"的战略布局。并与南方医科大学深圳医院首家签订战略性协议，试水管理式医疗保险。2017年 1 月 5 日，平安医疗健康管理股份有限公司成立，在平安的医疗布局中，负责打通医疗的支付环节。聚焦医改重点领域，通过与医疗健康服务各参与方的高效连接和有效协同，打造精准、合理、便捷的"三医联动"新生态体系。

（3）平安健康云　通过依托云平台与试点城市上百家医疗机构合作，建立病人的电子病历健康档案，收集病人数据和案例。2016 年 5 月 31 日，中国平安向公众首发健康云"随身病历"新产品，核心是电子健康病历档案管理，将建立一个基于标准的、具有互操作性的医疗健康信息共享平台，提高专业医疗信息的标准水平与易用性。

平安集团斥巨资搭建这些医疗资源，建立起自身的核心医疗资源，目的就是寻求医疗 + 保险的结合，实现理想中的 HMO 模式。

3. 与第三方机构合作

我们谁都不希望出现个人主义。学会合作，懂得团结，在集体中发挥个人的价值才是正确的选择。平安好医生从创始开始一直到现在从未轻视合作的重要性，对于平安好医生自身，如果要单凭自己的力量来实现目标是十分不理智的选择。因此，平安好医生需要不断寻求各个领域、各个方面的合作，在一种合作共赢的状态下不停地向前走。

在合作方面主要体现在新型业务的合作上。AI 医疗的兴起，为平安好医生提供了新兴领域的合作机会。目前平安好医生与多家国际顶尖智能医疗硬件开发企业洽谈合作意向,共同研发远程智能诊断可穿戴设备,搭建智慧影像云平台,以推动个性化医疗的技术进步。服务模式和终端上的生态延展,将为在线医疗的最重要的指标:诊疗正确率提供强大的支撑,在未来在线医疗生态中有举足轻重的意义。这其中就包括合作比较知名的企业:瑞慈医疗集团和云之声信息技术有限公司。

瑞慈医疗是国内健康体检及深度健康管理领域的领军者,每年为超百万的高端客户提供深度健康管理服务,帮助中国精英全力构筑健康资产。2017 年 11 月 8 日,平安健康互联网股份有限公司(暨平安好医生)、平安信托有限责任公司、中国平安人寿保险股份有限公司和瑞慈医疗集团达成合作战略:实现将"移动医疗 + AI"转变为"健康管理 + AI"。为用户打造健康体检、报告解读、风险预警、疾病干预、名医服务一站式健康管理闭环。通过高标准的服务,提高用户黏度和渗透率;通过健康大数据分析和医疗 AI,为用户建立完整的健康档案。这是一次基于平安好医生的平台优势以及瑞慈集团的健康管理服务优势的优势合作。

云知声是世界顶尖智能语音识别技术的高新技术企业,双方发挥各自优势,凭借场景、数据、技术、资金四大优势,将在移动端、家庭终端等多端,全产业链布局医疗人工智能,解决中国医疗资源不足和高效连接的问题。实现 AI 医生与 AI 语音完美融合,让用户用声音就可以享受平安好医生家庭守护者提供的医疗健康服务。2017 年12 月 8 日,平安好医生与云知声成立合资公司——上海澔医智能科技有限公司。本次合资公司澔医智能的成立,是平安好医生医疗 AI 战略落地的重要里程碑之一——打造家庭终端健康守护者。平安好医生与云知声的战略合作,将加速实现人工智能在智慧医疗领域突破性的技术应用,并为中国智能医疗领域的发展探索出一条新的发展路径。家庭终端健康守护者将以家庭用户为主,在平安好医生 APP 功能的基础上,增强降噪、远讲等功能,满足家庭用户的场景需求,就像一位"智能家庭医生"住进了用户家里,24 小时实时看护家庭成员健康状态,将问诊、专家预约、健康管理、日常看护、危机救急、情感陪伴、中医养生等健康服务带入用户的家庭生活,用户通过语音就能获取家庭健康守护者的服务,让科技问诊回归专业与温情的本质。未来,健康检测和环境监测也将逐步引入平安好医生硬件生态系统。

11.4　总结

平安好医生仅仅用了三年多时间,迅速将自己打造成全国最大的互联网医疗平台,这些都得益于国家政策的大力支持、平安集团的强大后盾和自身的努力。未来,公司将以更透明、开放、进取的态度,将平安好医生建设成为全球最大的医疗健康生态系统,以优异的业绩向支持的股东提供长期具有竞争力的回报。经营企业的根本就是要实现盈利,然而 2015—2017 这三年,公司净利润分别为 - 3.24 亿元、- 7.58

元、－10.02 亿元，累计亏损超 20 亿元。平安好医生 CEO 王涛谈到关于盈利的考虑："平安好医生是一站式的互联网医疗健康平台，公司的发展一般分为场景、流量、收入、利润四个阶段，我们现在处于第二个阶段，要获取更大的流量，改变消费者的习惯。"健康医疗业是一个多元化的垂直型结构，服务形式因个体和人群的差异，文化、产品等方面而改变，这就注定了医疗保健的发展会朝向个性化发展，这样势必会更加加大成本投入；同时移动互联网医疗平台面临严重的竞争态势，这势必会引起营销费用继续保持高企等，面对诸多因素，平安好医生将如何顺利过渡到"收入、利润"第三四阶段，实现企业扭亏为盈，为股东提供长期具有竞争力的回报呢？

链　接

平安好医生发展历程

平安好医生从诞生到上市，经历了以下四个主要历程：

第一步：通过平安集团注资，提供初始发展资金。

第二步：通过平安集团的关联交易和用户导入，完成初期在线医疗咨询商业模式的建立和种子用户获取。

第三步：通过营销活动和现金补贴，实现用户的大幅度增长。

第四步：通过搭建在线商城，实现销售额的大幅度增长。

平安好医生通过以上四个步骤的发展，逐渐打造全球最大的医疗健康生态系统，用科技让人类更健康。平安好医生从用户的医疗需求和健康管理需求出发，专注于提供由自有医疗团队及人工智能助理支持的在线家庭医生服务，并通过合作医疗服务网络提供多种线下服务。平安好医生同时还提供广泛的健康管理产品和服务，以及个性化的健康管理计划，帮助用户建立健康的生活方式。

2.平安好医生的后续发展

平安好医生于 2018 年 4 月 23 日至 26 日期间招股，共发行约 1.6 亿股。根据平安好医生公布的发售结果，IPO 定价为发行上限 54.80 港元，供散户认购的公开发售股份获得大幅超额认购，公司共接到 22.5 万份认购申请，申请认购共 6.8 亿股香港发售股份，是可供认购的 1 040.6 万股香港发售股份总数的约 654 倍，冻结资金超 3 768 亿港元，为港股新股"冻资榜"第 11 位。

而且此次上市还引入了 7 家全球顶级的基石投资者，其中包括贝莱德集团、新加坡主权财富基金 GIC、加拿大退休金计划投资委员会、美国资本集团、马来西亚政府战略投资基金、正大光明控股有限公司、瑞士再保险。平安好医生招股的第一天就获超额认购 209 倍,超过史上第二大冻资王阅文集团,阅文总冻资逾 5 200 亿元,以平安好医生首日的招股反应推算,市场认为其有望跻身新股冻资王之列。

启发思考题

(1)平安好医生通过几年的发展,能快速成长为估值百亿的独角兽,有哪些成功因素?

(2)对于拥有很多客户资源的 BAT,平安好医生该如何寻找并占据一定的市场资源?

(3)平安好医生"产业链 + 服务链"的商业模式该如何发展下去?

(4)平安好医生是如何建立健康生态的闭环布局?

案例 12

齐家网：
互联网＋家装的探索之路

编者语：不断升级成就互联网家装巨头

互联网＋家装是典型的线上、线下相结合的行业，但是这种结合不是简单的线上买单、线下服务，而是要认真思考如何随着互联网的发展以及用户消费习惯的变化，不断探索新的发展模式，只有不断自我升级才能走在市场最前沿。齐家网做团购起家，为供应商和消费者搭建了交易的桥梁，并在此基础上整合资源，将企业定位于家居建材这一垂直领域。从最初两年线上推广，发展线下场景、线下交易为消费者良好的体验；到后来适应消费者观念变化，建立网上商城和线下体验店，在 O2O 模式创新方面，齐家网走在了行业电商发展的前列。2015 年开始，齐家网为迎接移动时代的到来，从 PC 端转移到移动端，在家装细分领域进行深挖，并拓展金融业务，力图打造产业深度，形成 T 字型的商业模式。13 年里，齐家网发展成为互联网家装行业的巨头的过程，也是不断探索、不断升级的过程。目前，国内互联网家装行业竞争激烈，发展核心竞争力最好的方法就是要深耕细作，在营销、供应链、物流、质量管控等方面下功夫，以不断创新的经营模式迎接互联网发展的挑战，迎接同行业竞争的挑战。

本案例由华东师范大学经济与管理学院的王子玄和殷静雯撰写，由于企业保密的要求，在本案例中对有关名称、数据等做了必要的掩饰性处理。本案例只供课堂讨论之用，并无意暗示或说明某种管理行为是否有效。

摘　要：随着人们对装修品质的更高要求和家装个性化需求的增多,家装电子商务平台逐渐成长起来。本文阐述了互联网家装的发展趋势,揭示了行业巨头——齐家网的发展历程,并对其具有代表性的竞争对手分别做了介绍。指出齐家网在发展中的突破点以及面临的问题。

关键词：互联网家装;发展战略;电子商务平台;商业模式

12.0　引言

2018 年 3 月 15 日，齐家网在第十一届中国消费经济高层论坛·峰会暨 2018 年"3·15 中国消费市场行业影响力"品牌推广活动上被授予"2018 年中国消费市场行业影响力品牌"称号。齐家网成立于 2005 年 3 月，是家装行业的早期开拓者，是中国最大的装修、建材、家居领域电子商务平台。历经 13 个年头，目前已发展成为互联网家装行业的巨头之一。家居家装电商研究院首席专家唐人曾说，"齐家网在互联网泛家装行业中可能是最早上路的企业，也是泛家装的行业变革道路上走在最前沿，经历更多艰辛和磨炼，更加懂得企业进化历程的企业。"

12.1　互联网＋家装的发展趋势

12.1.1　简单透明化

家住上海浦东的丁先生，在齐家保的装修直播上更新了家中装修的照片。平台显示装修进度进入开工交底阶段。接下来的水电、泥木、油漆、竣工阶段的装修照片，都将随进度更新在齐家保上，同时还可以远程监工。"早上到新房时，土巴兔的监理刘凤已经到了，态度很好也很认真，确认水电达标后还特地嘱咐我：'后续闭水试验人一定要来现场，卫生间移门需要加固。'我马上和吴队长确认，移门加固的事情他支支吾吾的。后续自己可不能忘记。"吴女士在土巴兔的业主日记中这样写道。

除了齐家网和土巴兔，在"互联网＋"的时代背景下，互联网＋家装不断向简单、透明化方向发展。互联网家装平台主张的高性价比、高效率更容易被业余时间有限并且对装修程序的不熟悉，不能跟踪装修公司、建材市场和施工工地的互联网年轻消费者所接受。一些互联网家装平台的崛起使家装流程中存在的诸如设计人员、报价、装修团队等问题逐渐得到改进，产业链不断优化整合。完善服务评价机制，让用户有保障，让装修更透明可控，互联网家装逐渐建立威信。

12.1.2　注重用户体验

互联网装修是装修行业的一大发展趋势，多家家装电子商务企业的经验告诉我们，纯线上活动无法有效的带动消费，注重用户体验，将互联网门店化，将为互联网家装企业带来更大的发展机遇。"线下体验店"成为互联网家装企业进行商业扩张、提高市场占有率的重要一环。

科技进步与用户消费观念的升级，使体验式的个性化消费需求上升。人们对装修材料的高品质要求与传统观念的影响使得他们更倾向于看好实物再消费。互联网家装为用户提供更智能化的产品线下体验，有助于推动行业规模化发展。

12.2　齐家网的发展历程

12.2.1　垂直领域,小试牛刀

2005—2007 年,齐家网创立,进入垂直领域。

齐家网的发展历程,要从它的创立说起。1996 年,从华东师范大学毕业的邓华金,成为一名中学教师。也许是出于对现状的不安,他辞去了工作,投身建材行业,先后开过家具厂,做过飞利浦灯具的区域负责人。在家具装潢领域的工作经历让他感受到,建材业的客单价和毛利较高,但行业呈混乱态势,价格不透明。于是在 2005 年,创立了齐家网的前身"上海团购网",并在无锡设立了第一个城市分站。

最初,齐家主要是为客户提供团购信息,组织线下的团购活动,为供应商和用户之间搭建一个交易的桥梁。随着火爆的团购现场活动不断举行和对供应商的逐步了解,齐家专门培养了一批专业的砍价师为顾客提供更好的服务。

2006 年,齐家在团购模式上进行了再次升级,推出线上互动品牌专卖系统系统,提供专家式服务,用细致的服务吸引了更多用户。凯风投资款项的到来为齐家注入了新鲜血液的同时,齐家通过对供应商的进一步了解,逐渐摸清了各类产品的价格底线。

所有的经历都是财富。邓华金凭借飞利浦渠道高管工作中积累下来的经验,决定专做家居建材,进入了垂直领域。这是个明智的决定,公司开始从一个团购组织者转向"专业导购者"的角色,通过让供应商在齐家的线上平台开店,让消费者直接在网上下单,来实现交易。让邓华金欣慰的是,齐家终于走向正式的公司化,向"信息聚合型"的电子商务公司转变。

12.2.2　线上线下,惠及用户

2007—2009 年,齐家网开启线下交易,不断提升用户体验。

"我觉得光线上不行,开始跑线下。"邓华金开始搞团购,找专业的供应商,去梳理供应商的服务体验。渐渐的,邓华金发现他不用为活动广告,上海各大论坛里面就已经充斥着齐家的活动信息了。"那时候开始聚集,就需要线下场景,我们就想用户体验最好的就是线下场景。那种流量从线上来,然后在线上交易,仓储配送,在那个阶段是行不通的。"

于是,在用户消费心理和电商消费基础设施均未发展成熟的情况下,邓华金将提升用户体验定为关键点。首先在苏州,杭州、无锡、南京等东部城市打下用户体验基础。其次,齐家把海量的品牌按照质量筛选到一定数量,并对服务商的服务质量进行里筛选,使得用户便于快速选择产品和服务商。针对行业属性,齐家梳理了交易流程,用户通过在齐家线上预约,再到线下体验,再在线下下单,下完订单以后,工作

人员再将订单录入线上，经历了从人工录入到更具智能化的系统刷卡录入的演进过程。

12.2.3　享受红利，着眼门店

2009—2013 年，齐家网建立线上商城，享受商城流量带来的红利。

用户的消费观念悄然发生变化，渐渐接受线上交易付定金，预约。针对这一变化，齐家网及时地建立了线上商城。虽然邓华金认为这并不是完整的电商模式，他发现光靠口碑是不够的，获取用户仍然变得非常重要，于是在 2009 年后开始投放广告，网页上各种促销位置的广告费和销售额的提成，为齐家带来了大量收入。

这一阶段，齐家从用户装修的角度来构建消费的完整过程，计划完成找装修公司和买建材工作。2009 年齐家网的"在线一推三"走向成熟。2010 年获得鼎辉、百度投资，齐家网的官网也在这一年上线。邓华金意识到，齐家的订单量冲得很高，但线上的订单，客单价明显很低，主要是家居建材类产品、软装饰以及小件产品，而大件的产品在线直接交易的比例较小。

邓华金对齐家商城的期望，是能够打通装修流程的每个环节，让齐家的业务覆盖到家装业的整条产业链，形成一个 O2O 的服务闭环。而线下体验店的最终目标，是建成线上线下一体化的经营体系。在 O2O 模式创新方面，齐家网又一次走在了行业电商发展的前列。2013 年下半年开始，齐家网着力打造全新概念的线下体验场所——互联网门店。

12.2.4　移动逼近，流量难行

2014—2015 年，齐家从 PC 到移动，遭遇了前所未有的流量困境。

随着 2014 年 WAP 终端上线，建材商城启动招商，齐家网全新升级为建材家居一站式解决方案服务提供商。移动时代的来临让邓华金感受到 PC 流量难增长甚至下滑得很厉害。

"从服务形态上看，我们在 2014 年的时候，突然觉得装修的体验阶段没有根本性改变，我觉得可能要回到行业看这个问题。我们其实没想得太清楚，所以扎进去了，亏了很多钱，你也可能知道互联网装修前两年，我们也好，土巴兔也好，爱空间也好全部跳到那个坑里面去了，自己做施工，自己找设计师，搞得很辛苦，但是方向没错。"邓华金说。

12.2.5　克服困境，芝麻开门

2015—2018 年，齐家网从自营向赋能，T 型平台进化。

2015 年，互联网家装开始爆发。这一阶段，齐家网一直走在行业发展的前沿。"2015 年到 2016 年是最难的两年，现在这一关算是闯过去了，我觉得对齐家来说，其

实是颠覆性的。"年初,齐家获得 1.6 亿美金 D 论融资。邓华金一方面将这笔资金用于继续推进 O2O 百城战略落地,另一方面用于打造精良的战斗团队,储备更多移动端的优秀人才。此外,齐家网将在家装细分领域进行深挖,力求形成产业闭环,推动价格透明,并提升服务质量。

当时齐家除了自营家装外,还有投资的家装公司和合伙的家装公司,邓华金发现,两者都比自己做得好。投资的做得最成功,于是齐家就开始放弃自营,把原本自营的团队融入投资的公司里面去,不再直接做家装,齐家网的细分行业的 T 字型平台化思维在新的时代得以建立。

齐家钱包的诞生,为平台用户做了信用和质量保证,齐家的金融,未来还可以为平台企业提供更多的金融支持。要在未来的平台竞争中打造自己的核心竞争力,那就是要打造产业深度,所以产业深度才是最后的商业模式,就是一个 T 字形的商业结构。

齐家在上游企业重金投资了上市公司海鸥卫浴,投资了定制企业,投资了家装公司博若森,合伙制模式的齐家典尚。对于未来的投资布局,邓华金说,"我们肯定是围绕生态链,上游工厂去看一些,研发的机构会去看一些,前端用户体验,颠覆性变化的一些场景我们会看,会投。齐家的资金稍微比一些同行宽裕一点,所以可以拿一些钱去投,放在账上也就是放在账上了。"

12.3　不可小觑的竞争对手

互联网装修行业兴起的时间不长,但企业竞争非常激烈。除了同类型平台的竞争者,还存在开设家装频道的购物网站、自营式垂直家装电商平台、开设线上业务的传统家装企业等几类竞争者,齐家在发展,竞争对手更是紧追不舍。

12.3.1　以土巴兔为代表的平台式垂直家装电商平台

土巴兔(to8to)创立于 2008 年 7 月,创办以来,始终秉承"用户价值第一"的经营理念,发展迅速而稳健。2011 年获得著名的风险投资公司经纬创投数百万美元 A 轮融资,2012 年 5 月土巴兔正式推出了"装修保"服务,保障业主装修质量,并为业主监管装修资金。2015 年土巴兔被中国建筑装饰协会授予"中国建筑装饰行业互联网装修领导者"称号。土巴兔装修网在 2009 年上线。土巴兔在线下有体验店,以配合销售;体验店则以建材、家居销售为主,没有涉及装修工程。土巴兔不做装修,仅帮客户筛选海量信息,并给客户建议最合适的装修公司。目前,土巴兔已开通 250 个城市分站,汇聚全国近 8 万家正规装修公司、85 万名室内设计师,成立北京、上海、广州、武汉、长沙、南京、杭州、厦门、福州等 27 家分公司,员工超过 3 000 人。

土巴兔在整合行业评价、构建口碑体系具备有利条件。着力于构建行业信用体系，同时为商家提供相对低成本、高效率的发展支持。多年积累的互联网家装品牌和声望，和对家装一站式服务开拓。从设计报价到建材家具线上选购，再到线下，建立和在线支付装修款等为用户提供一站式家居服务。

同时又缺少线上平台的管控，一旦遇到装修公司老板跑路，客户的利益就得不到保障。由此可见线上平台的管控是很重要的，尤其是对家装公司的线下工人。对于服务管控能力和平台资源的整合运营能力要求极离，是其需要强攻的方向。

12.3.2 以天猫为代表的开设家装频道的购物网站

天猫（Tmall，亦称淘宝商城、天猫商城），是中国最大的企业对消费者购物网站，由淘宝网分离而成，多为知名品牌的直营旗舰店和授权专卖店组成，现为阿里巴巴集团的子公司之一。同时支持淘宝的各项服务，如支付宝、集分宝支付等。作为综合电商平台，天猫开启了实体建材、家具产品的网络零售，也为装修公司搭建平台售卖家装产品。

天猫的市场流量无疑是它的绝对优势。作为电商领域名副其实的大佬，众多家具建材品牌都把进驻天猫视为进军电商的第一步。2013 年"双 11"家具建材的数据就令人刮目相看，林氏木业、全友、顾家家居、芝华仕、雅兰、欧瑞家具、和购、穗宝、皇朝、迪士尼跻身家具类销售业绩前十名，成交额均突破 2 000 万元，在建材类，排名第一的九牧成交金额为 7 363 万元，成交商品数为 34.8 万件。

天猫是 B2C 模式，是一种纯线上模式，没有无线下体验店，使其难以满足用户后续的装修需求。消费者以卖家提供的商品照片为参照，在线购物和支付。齐家网高级副总裁毛新勇公开表示，首届 O2O"家装节"之所以选择和天猫"家年华"同时开展，是因为天猫"家年华"只能在纯线上开展，不能满足用户真正的装修需求，很难实现一站式购物、线下测量和安装等服务，而齐家网依托其线下数十家门店优势，可以实现线上和线下一体化的购物和服务，为用户提供更完整的装修一站式产品和服务。

12.3.3 以新居网为代表的自营式垂直家装电商平台

新居网隶属于广州新居网家居科技有限公司，是为销售尚品宅配家具而建立的整体家居直销平台。新居网与定制家具行业领导品牌尚品宅配联手建立"尚品 Homekoo"家具商城，历经市场检验，其家具网络直销模式之价格体系以及服务体系已臻成熟，并获得国家信产部的高度认可和支持。

新居网拥有业内时下时尚前沿的三维虚拟实况技术，为用户提供家具"试穿"效果的购买体验。通过网络呼叫中心，新居网打造网络购买的全程跟踪咨询服务，为工作繁忙的现代都市人群提供轻松便捷的全屋家具配套专业咨询。新居网通过网络设计平台和虚拟现实技术，整合产业链资源，为客户提供个性化定制服务，从而创建了网络直销和"大规模数码化定制"相结合的崭新商业模式，是其品牌核心竞争力。

针对家居商品非标准化、大宗的物理特性,新居网打造一个由全国800个线下店面构筑的地面服务系统,为消费者提供免费上门量房、免费方案设计、免费配送安装以及一系列的售后保障。采用"试衣间"营销模式,新居网从服装行业移植而来的"试衣间"营销模式,为家居营销注入新鲜血液。变样板间的"参观"体验为"试用"体验,是"体验经济"时期化消费共性体验为个性体验的创新突破。

12.3.4 以红星美凯龙为代表的开设线上业务的传统家装企业

红星美凯龙家居集团股份有限公司(以下简称"红星美凯龙"),截至2017年12月31日,红星美凯龙在全国共经营256家商场,覆盖全国29个省、直辖市、自治区的177个城市,商场总经营面积1 514万平方米。红星美凯龙一直为实现"打造中华民族的世界商业品牌,2020年进入世界500强"的企业愿景而不懈努力。

红星美凯龙正在积极探索新零售路径与模式,实现线上线下一体化融合、建立无缝衔接的服务闭环,坚持创新,持续带动行业未来的发展方向。进行企业转型,打造"星易家"。红星美凯龙星易家(MMALL),是由红星美凯龙集团投资创立的家居类网上购物平台。主营家具、建材、家居等品类商品。依托红星美凯龙的资源优势,星易家为消费者提供专业、丰富的在线家居购物服务。秉承"提升国人居家艺术与居家品味"的使命,星易家致力于成为中国家居垂直电商领导品牌。

然而,2015年原官方网站"红星美凯龙星易家"中的"星易家"字样已被去除,只留下了"红星美凯龙"几个字。星易家的消失,以及改做家装平台,是否意味着红星美凯龙将放弃成为线上版的家居商城模式?抑或放弃O2O战略?我们不得而知。

12.4 不忘初心,再谋突破

12.4.1 更完善营销

2009年起齐家做广告宣传。当时的广告成本很低,而现在已经翻倍。当时,齐家网在内的电商企业都在买流量、冲销量。邓华金说,当年齐家花了一两亿元,去做营销和推广,订单量虽然冲得很高,但也存在问题。"我发现在线上的订单,客单价明显很低。同样一个品牌,线下交易的客单价是线上交易的两倍。"邓华金指出,家居建材类产品、软装饰以及小件产品,在线购买比例比较大。但是,家具类这些更需要体验的大件产品在线直接交易的比例较小。

互联网企业的品牌塑造意识大幅加强。齐家网如何塑造品牌?

邓华金认为,齐家网逐渐在构造齐家在消费者心中的认知,齐家也做了些品牌投入,比如冠名北京卫视节目《暖暖的新家》等,让消费者觉得齐家可以信赖。比起眼前利益,齐家网更看重用户的体验,并愿意付出更多努力。此外,齐家网重视创新,并不断向消费者传递其创新理念,以前瞻的眼光来看待互联网家装业。

从品牌角度上,提供年轻人要素,随着满足的用户年龄层来越多,开始围绕着90后细分做,将博若森、典尚、居美服务细分化,以消费者在品牌认知的一些需求。互联网家装的消费群体逐渐扩大。网络平台能够吸引部分年轻的消费者,他们追求装修风格的个性化,但中老年和比较务实的消费者往往较年轻消费者而言不易接受这种崭新的消费观念,通过完善网络营销方式与线下的实体服务相结合满足不同年龄段的消费需求。

12.4.2　更实时的物流

起初,齐家网采取人工录入订单的方式,录完以后,用户在后台就可以知晓订单的物流信息,用户等待系统的送货提醒即可。后来齐家系统升级后,通过用户会员卡刷卡的方式录入订单。用户需要给会员卡充值,下单以后,用卡刷一下,订单就进入系统。

在线上线下一体化阶段,用户可以在线直接下单,也可以来到门店体验样品。同时可以用手机扫描门店中的二维码进行同款产品的在线比较,查看该产品的用户评论。用户是现场下单的情况下,订单就可以实时同步到齐家网后台,用户可以在自己的订单页查看自己订购完成的确认信息以及配送的物流情况。

12.4.3　更结实的供应链

"对于低频的行业,如装修O2O,用户5年才会装修一次,移动互联网3年迭代,3年以后都是新的玩儿法,贴钱也没有意义。低频O2O的战略方向并不是看最近铺了多少城市、份额有多高,而是要看运营效率是否有提高、给用户带来的体验是否不同。"邓华金说。

齐家是基于建材销售发展壮大的企业,在建材供应链上有较强的优势。齐家可以通过自己的建材供应链,用更大量的采购来输出给平台上这些本地有品质的装修公司,帮助装修公司在报价的时候能给用户提供更低的价格。

对于齐家网这样的低频O2O企业而言,为了做好用户体验,重构供应链是必然的选择。但作为垂直类的行业,如果没有在供应链上建立壁垒,就难以生存。"装修这个行业的价值链非常长,每个环节都要沉淀10%～20%的成本。互联网兴起以后,我们就有机会缩短它的结构,通过规模化来提升优势。"邓华金说。邓华金表示,齐家网在2016年的战略是从撮合发展到产业闭环,以真正提升用户体验,提高行业的运营效率,而产业闭环发展的齐家网将装修分成设计师、施工、材料三部分,并一一攻破。

邓华金坚持的"深耕供应链"是否经得住市场的考验呢?2017年4月,齐家网携手旗下整装代表品牌博若森在昆明召开"品质·透明·融合·共赢"发布会。在会上,齐家网深耕供应链逻辑的先行军齐家博若森公布了战绩:1年多时间里,规模由原来4家公司迅速发展到目前的16家公司,业务范围渗透至四五线城市,业绩每年保持3倍增长,成为福建市场占有率最高的装修企业之一,并开始走出福建,正式进入全国。齐家博若森的快速发展,证明了邓华金对行业判断的科学性和团队超高执行力,这套工业化、标准化生产可以快速复制。在供应链的更上游领域,齐家仍在继续发力,继续探求家装全产业链的工业化、标准化。

12.5 问题依在,解决的路在何方?

12.5.1 装修质量管控问题

"反正装修就是各种坑!师傅要赚钱可以理解,但请不要糊弄人,谢谢!"徐女士这样评价道。装修质量是用户最关心的问题。施工工期很长、不可控,装修质量不稳定,这些问题也引发了很多售后的问题。

邓华金指出,目前还很难从源头开始进行系统化的管理,很难进行标准化的施工,很难对工人进行产业化的培训,也就是管理边界提高的难度较大。

施工监理难题仍未破解,标准化服务体系难以建立。互联网家装电商平台产品容易复制,但装修工程供应链管控和施工监理的复制相对要难,再怎么标准化,还是得让人去做,施工、监理人员的"职业化"不是短期内可以解决的。目前包括土巴兔在内的互联网家装电商大部分都是与装修公司合作,在施工上有两种方式:一种是自有产业工人,可以标准化管理,但前期运营成本高;另外一种是和装修公司合作雇佣工人施工,有的直接和工长合作,管理成本相对较高,边际成本会随着接单量的增加而增大。运营和管理上的双重压力使得齐家网在装修质量的管控上还需要进一步摸索。

12.5.2 订单难统一问题

"现在多数家居建材企业的支付账单全是割裂的,账都对不起来。一个橱柜8 000元,线上付1 000元订金,门店付6 000元,在家里又付1 000元尾款,账对得起来吗?对不起来。对于我们这个行业,支付的订单、收据都是分散的。"毛新勇在2014年接受采访时说。用户首先在网上支付订金,然后在门店支付大部分的款项,等最后安装完毕,再在家里支付尾款,这样一个看似简单的支付流程,实际难以理清,用户的订单统一起来非常困难。

12.6 结语

从早期PC互联网时代到移动互联网时代的O2O跨越与转型过程中,齐家网抓住机遇,并取得了一些成果,但同时也面临一些挑战。如何在机遇和挑战中稳步求生?如何继续保持其巨头地位?这是个值得深思的问题。

链 接

齐家网大事记

齐家网网站 http://www.jia.com/

2005 年 齐家网成立，专注于装修、建材、家居垂直领域的 O2O 平台。

2008 年 引入了苏州中兴投资 200 万美元。

2010 年 完成 A 轮私募股权融资。

2014 年 推出 Jia.com 移动应用程序。

2015 年 齐家网完成 B 轮战略融资。

2016 年 齐家网在全国 300 个城市落地，服务总用户超过 2 000 万，市场估值达 30 亿美金，是中国最大的装修、建材、家居领域 O2O 平台，也是互联网装修的领导者。

2018 年 齐家网完成 C 轮 2 230 万美元融资。

启发思考题

（1）哪些因素推动"互联网＋"装修行业的出现？

（2）请结合案例，齐家网商业模式的演进路径是什么？

（3）试析线上→线下与线下→线上的发展路径有何不同之处？

（4）与竞争对手相比，齐家网的竞争优势是什么？

（5）如果你是"齐家网"的总经理，你将如何选择"齐家网"商业模式创新方案？

案例 13

威马汽车:
离理想化最近的智能电动车

编者语:围绕用户所需开发产品与服务

　　智能电动汽车是汽车行业发展的未来方向,也是国家大力扶持发展的产业之一。威马便是当前智能电动车行业"造车大军"中的一员,要成为行业独角兽,首先需要过硬的研发设计,从外观设计到实际性能,都需要经得起市场的检验;其次,从概念到量产是决定企业成败的关键一步,威马汽车建立了自己的生产线,为汽车质量和交付效率提供了保障。在销售方面,威马汽车聚焦行业痛点,兼顾性能与价格,重新定义了智能出行市场的价格基准,同时筹划建立了包括旗舰店、大型交付中心、服务站和服务点四种不同规模的渠道相结合的销售网络,以实现对市场的全覆盖;在售后服务方面,威马汽车也创立了完全不同于传统企业行业的体系,除了有维修及专业服务和保养服务之外,还增加了售后充电服务、突发及应急维修服务、远程诊断空中服务以及手机端、车机端和在线服务等。作为新兴的造车企业,威马汽车需要在继承传统造车业经验的基础上不断创新,不断探索建立新的产业模式、行业标准才能在白热化的市场竞争中站稳脚跟,而这些大多是在毫无参照的基础上进行的。其中,最重要的决策依据就是对消费者的深刻洞察,从"价格平民化"到多渠道的销售体系,再到多元的售后服务系统,威马汽车对消费者的尊重成就了企业的成功。

本案例由华东师范大学经济与管理学部的张梦柳和陈健康撰写,由于企业保密的要求,在本案例中对有关名称、数据等做了必要的掩饰性处理。本案例只供课堂讨论之用,并无意暗示或说明某种管理行为是否有效。

摘　要: 近年来,国家频繁加大对新能源汽车的政策扶持,中国的新能源汽车得到了快速发展,兴起了一批造车新势力,而威马汽车能在众多造车新势力当中迅猛发展离不开其优质的产品。威马倡导绿色生活的理念,其产品主要是智能电动汽车。本案例主要描述了威马汽车从研发设计到生产、销售直至售后服务整个周期的形成过程,以期能够引发学生对智能电动汽车整个形成过程的讨论。

关键词: 智能电动汽车;研发;生产;销售;售后服务

13.0　引言

嗡嗡嗡……又一班地铁开走了,市区上班的小李叹了口气,又没挤上去,上班又要迟到了,这个月又要扣工资了,一连串的噩耗开始从小李脑中浮现。此时的小李好想买辆车啊就不用天天挤地铁了,但是对在一线城市工作没几年的小李来说买车好贵啊,还要上牌、油钱、保养费等,买得起也用不起啊! 这时候小李打开手机 APP 弹出来一则威马 EX5 的广告消息,小李顺势点开看了下感觉还不错,性价比挺高的,我应该也可以买得起,补贴后 10 万元左右,于是想着周末去看看吧

就像上述场景一样,尽管北京、上海等城市的压力很大,但还是有很多人在不断地挤入这些城市,而交通问题是普通上班族每天都要面对的问题,许多人想要拥有一辆自己的车子方便自己的出行,但面对昂贵的油钱、保养费以及各种附加费用等,很多人也只是想想,而新能源汽车的出现却给人们的想法带来了可能,同时新能源汽车优惠政策的不断出台,使得越来越多的人关注到了以智能电动汽车为代表的新能源汽车。

电动汽车:电动汽车(BEV)是指以车载电源为动力,用电机驱动车轮行驶,符合道路交通、安全法规各项要求的车辆。由于对环境影响相对传统汽车较小,其前景被广泛看好,但当前技术尚不成熟。智能汽车:"智能汽车"是在普通汽车的基础上增加了先进的传感器、控制器、执行器等装置,通过车载传感系统和信息终端实现与人、车、路等的智能信息交换,使汽车具备智能的环境感知能力,能够自动分析汽车行驶的安全及危险状态,并使汽车按照人的意愿到达目的地,最终实现替代人来操作的目的。当前的新能源汽车主要以电动汽车为主,而电动汽车往往具有智能化汽车的特点,汽车厂商往往会将二者融合在一起。

2018 年 1 月 23 日,上海市发布了《上海市鼓励购买和使用新能源汽车实施办法》,文件指出,对符合条件的纯电动汽车,按照中央财政补助 1∶0.5 给予本市财政补助;对符合条件的插电式混合动力(含增程式)乘用车,且发动机排量不大于 1.6 升的,按照中央财政补助 1∶0.3 给予本市财政补助。在此之前,也有很多新能源汽车的政策,如 2010 年 5 月,财政部等四部委发布了《私人购买新能源汽车试点财政补助资金管理暂行办法》,在北京、上海、重庆、长春等 13 个城市逐步开展节能与新能源汽车示范推广试点工作;2013 年 9 月,国务院印发了《国务院关于印发大气污染防治行动计划的通知》,要求公交、环卫等行业和政府机关要率先使用新能源汽车,采取直接上牌、财政补贴等措施鼓励个人购买,北京、上海、广州等城市每年新增或更新的公交车中新能源和清洁燃料车的比例达 60% 以上等。

随着国家频繁加大对新能源汽车的政策扶持,中国的新能源汽车得到了快速的发展,以造车新势力为代表的新能源汽车行业成为近两年资本市场尤为追捧的新领

域。在经历过一段时间的发展过后,诸多新兴汽车企业在开展造车项目的过程中却出现了"雷声大,雨点小"的情况,真正推出量产车型的新兴企业少之又少。而威马汽车技术有限公司(以下简称"威马汽车")也正是这"造车大军"中的一份子。那么威马汽车是如何在诸多企业的竞争中生存并且发展得很好的呢?

对于很多人来说,威马汽车可能是一个陌生的品牌,远远不如一些老牌的汽车在人们心中的形象,但是其创始人沈晖却是汽车行业中的"老江湖",他在汽车圈内拥有着二十余年的从业经验,所以,对于未来威马汽车的发展人们是既抱有一些期待也有着许多的担忧。

13.1　创始人团队——"老江湖"沈晖领导下的汽车精英

据公开资料显示,沈晖生在上海,"由于父母调到广东去工作,很小的时候我就在上海和广州两地生活,上海人讲面子,追求高大上;广东人讲里子,追求实际。我的思维系统很自然地融合了这两种截然不同的文化特质,积淀了开放、包容的性格。"他出生和成长于中国,后来也去了加拿大和美国等地学习、生活和工作,并长期在欧洲公司或美国公司欧洲分部工作。

2003年,沈晖曾担任博格华纳集团亚洲董事总经理、中国区总裁。此后,沈晖先后担任菲亚特中国区副总裁、吉利集团副总裁以及沃尔沃全球高级副总裁兼中国区董事长。其中,在担任菲亚特中国区副总裁期间,曾促成了广汽与菲亚特双方的合作。在加入吉利汽车后,又助力吉利汽车成功收购了沃尔沃,其后便任职沃尔沃全球高级副总裁兼中国区董事长,并带领着沃尔沃进行重组,构建了两座整车厂、一座整车研发中心,以及实现全球供应商的整合与沃尔沃整体发展规划的制定,成功使沃尔沃在并购后的短短两年内实现了扭亏为盈,年销售额增至1 200亿元,使中国成为沃尔沃全球最大和盈利最高的市场。吉利对沃尔沃的成功收购,也正是其职业生涯中浓墨重彩的一笔。

后来,2014年沈晖毅然辞去了沃尔沃中国区董事长这个高薪的职务,开始了自己的创业生涯。2015年,沈晖注册了威马汽车技术有限公司、威马汽车技术有限公司上海分公司等3家创业企业。

联合创始人兼副董事长杜立刚:虽然不是汽车领域的专家,但他的履历主要包括了葛兰素威康、卡夫卡食品、飞利浦家电(苏州)等跨国公司的财务和管理工作。简单说,他更擅长的领域就在于公司财务管理,成本控制,计划分析,内部控制,ERP系统实施,运营管理等方面。

首席运营官COO徐焕新,曾先后在德国FEV、大众、奔驰、沃尔沃等公司任职,负责技术研发、产品开发、商务拓展、市场、销售等多个领域。另外,他还筹备建立了威睿电动汽车公司。从资历可以看出,他同时具有研发和营销背景,这应该是比较难得的一点。在大众的时候，他的职位是研发部技术总监，而在沃尔沃，他主导了新能源车的技术研发。

首席财务官 CFO 张然，曾在福特中国和北美担任管理职务，之后加入吉利任集团 CFO，负责海外并购及融资。在吉利汽车担任执行董事时，负责公司财务管理、内部控制、基础设置装配及汽车金融体系管理等。在资本运作、融资层面，他在威马应该是不可或缺的，也算是和沈晖一起从博泰离开的。

品牌战略副总裁陆斌，之前在上海通用、吉利、奇瑞工作，负责销售、市场等领域的工作。他是我们接触比较多的威马核心团队成员之一。之前采访沈晖的时候他提到过，威马的市场、销售负责人会参与到产品研发过程中，陆斌就是其中之一，同时，他需要给威马在运营、销售模式上开不少脑洞。

设计总监孙震：一个生于 70 年代的双子座设计师，毕业于考文垂理工学院（这个大学的汽车设计专业号称全球第三），有着泛亚设计中心、宾利汽车设计部、上汽集团、福田、博泰等任职经历。去年上海车展的时候，博泰展出的（Project N）概念车就是由他主导的。

产品规划总监林仕翰：一直在主机厂从事产品规划和产品市场策略制订的工作。例如在上海通用时期与北美团队共同制定了 ATS\ATS－L\XTS\CT6 的市场规划，并全程参与 CT6 在北美的研发、设计。之后在宝沃汽车完成产品型谱规划，主导开发新能源平台，定义车联网 B－Link 开发方向。

13.2　威马汽车产品介绍

13.2.1　汽车的研发设计

2015 年 1 月，威马汽车成立了，它凝聚了一批以董事长沈晖为代表的经验丰富的汽车人，包括联合创始人兼副董事长杜立刚、首席运营官 COO 徐焕新、首席财务官 CFO 张然等。

在威马汽车成立后不久，2015 年 3 月，创始人沈晖发起了一场关于威马汽车首款纯电动汽车的讨论会议，与会人员主要包括威马汽车的核心团队人员及各部门的经理（主要负责人）以及部分员工等。研讨会上气氛热烈，对于汽车的外观设计、汽车性能的设置以及一些其他的研发设计问题，大家都充分表达了自己的观点及对首款电动汽车的想法。

首先在汽车的外观设计方面，大部分与会人员比较认同设计总监孙震的观点。设计部的副总监小王首先提出了自己的看法，他认为威马汽车既然是研发智能电动汽车的，所以以后面向的客户群体的年龄偏向于年轻化，而对于年轻人来说，尤其是现代很多人非常珍爱自己的车，所以在外观设计方面一定要具有时尚感，让人一眼看上去感觉很美观，美的事物总会让人心情愉悦从而趋向于去购买。同时，汽车在行驶的时候是一个动态的过程,所以汽车的外观线条设计上也可以注重这一点,使其具有动态飘逸感,这也可以迎合大部分人的需求。对此,设计总监孙震也表示是认同的,同时他也提出了首款车型外观的大致框架。他认为,既然是智能电动汽车,那么在外观设计上就可以体现智能的性能,这样可以让购买者体验到新颖感和科幻感,就是一眼看上去感觉这车好高级,比如可以把汽车的窗户设计成交互界面,当拥有者靠近汽车的时候,窗户上可以显示剩余电量,可行驶的路程等信息,既时尚又实用。其次根据以前的汽车购买用户反馈,他认为现在汽车的风阻设计也可以改变,如开车门的把手和后视镜等在大风天气高速行驶的状态下,摩擦阻力很大,所以我们可以在设计时把门把手设置成电动感应式的,隐藏于车门当中,用的时候在拔出来,同时注重后视镜的设置角度以及汽车前身受风面的设计,尽可能地减少行驶中的摩擦力,把车头设计的简约饱满,至于尾部可以采用溜背式造型设计。他认为前车灯可以采用当下逐渐使用的远近光一体式 LED 前大灯,尾灯可以采用一体式 LED 灯尾组。至于汽车的颜色方面,我们可以不做过多的要求,可以让用户提前预订,再喷上他们想要的颜色。在他发表完观点后,市场部的张经理提出了一个问题,就是现在社会上还是轿车比较多,那么首款车的车型是采用轿车式还是设计成 SUV 式的呢? 对此,孙震建议首款车是采用 SUV 式,随着 SUV 的普及,越来越多的年轻人都很喜欢 SUV 那种饱满大气的感觉。同时他认为,威马设计的首款汽车将不仅是一个代步工具,它还具有许多其他的功能,所以在空间设计上可以保留更多的空余。

在汽车性能方面,大部分的与会人员都比较同意市场调查部的张经理想法,但也有人提出了一些质疑。张经理在会上说,"我们市场调查部前期对社会上人们对电动汽车的看法做了一些调查,其中有一份就是主要想知道如果人们购买电动汽车,那么他们会更注重电动汽车的哪些方面,根据调查的结果显示,满电续航能力、充电的速度以及行车安全是人们比较集中关注的方面。"所以他建议,威马的首款汽车要着重注意这三点的研发设计,根据调查资料的分析结果,他认为,威马首款汽车最好可以满电续航达到 500 km,这个路程可以满足大部分人的日常需求;在充电速度方面,在应急的情况下一般人希望不要等太久,30 分钟到 60 分钟是可以接受的范围,30 分钟左右最好;在行车安全方面,因为是主打智能电动汽车,所以他建议最好从驾驶安全、智能系统检测、电池动力以及空间全方位的来保证安全的问题,最好能设置远程诊断在线维修服务等。对于此,杜立刚则表示比较同意上面的观点,但也有人提出质疑,销售部则有人提出,"我们的产品的设计和营销理念是价格平民化,如果想要达到上述的性能,生产的成本会不会很高? 这样在制定销售价格时就会出现一些问题,在保证高性能、低价格的情况下,盈利也可能会出现问题。"研发设计部的人也表示,低价格和高性能是目前研发面临的主要问题。

在此次会议上,威马汽车联合创始人、战略规划副总裁陆斌也提出了自己对威马首款智能电动汽车的想法。他认为,"我们应该研制一款汽车,不同人打开后完全是不同的体验，有人是英语角，有人是卡拉 OK 厅，有人只是一台安静的代步工具。你可以把它想象成一个巨大的手机，每个人的手机从外表看都差不多，打开后它们就截然不同，就是因为不同人装有不同的软件。"他认为威马汽车的研发理念就是为所有硬件装上一个"大脑"——车窗可以化身为投影屏幕、座椅可以根据不同 ID（身份）自动调整。对此，研发设计部的负责人表示，这种研发所需要的技术要求比较高，对系统的安全性能要求也很高。

接下来，也有人陆续提出了一些自己的建议。大会最后，沈晖等决策层根据这些观点最后了总结，肯定了上述建议中合理的部分，尽管目前可能会有一些难题，但在后续的讨论中都可以不断地完善，以达到最好的效果。这次会议为以后威马汽车的研发设计打下了很好的基础。

在此之后，有人建议与其调研市场的需求不如让用户直接参与到研发设计当中，最终这个建议也被沈晖采纳了。2016 年 7 月，威马创建粉丝平台威盟，与用户直连，让用户来参与、创造自己想要的车。

在以上基础和威马员工的共同努力下，2017 年 4 月 18 日，威马汽车第二个平台的首款概念车"AG2020"首次亮相。同时宣布首个平台的首款量产车型全球累积测试里程超过 100 万公里。AG2020"定位于大型 SUV 车型，轴距 3 米。外观方面，新车采用欧翼门设计，整体造型科幻感十足；内饰方面，新车采用全液晶仪表盘设计，可智能显示行车信息，并能与中控屏形成互联。新车最快 30 分钟可完成充电，续航里程达 1 200 km，0～60 km/h 加速时间 2.2 s。可以看出，该车的性能很好地采纳了会议上的建议。到 2017 年 12 月 11 日，在"Always On 无威不智"威马品牌发布会，沈晖向大家揭幕了全球首款 SUV 量产车 EX5。沈晖表示威马 EX5 不像"AG2020"，它是可以量产的，兼顾了性能与价格，很好地采纳了之前的建议，它拥有最高续航里程 600 公里的强大性能，充电 42 分钟则可以达到有效的续航电量，采取了双 ECU 动力电池安全监控，高压电断电保护，车机远程加密安全等措施，从安全、动力及空间全方位的策略体系，来提供更安心无虑的驾车体验，并且它的外形设计是 2018 年全球唯一荣获 iF 设计奖"iF DESIGN AWARD 2018"的量产电动车型。这都离不开研发设计阶段的博弈过程。

13.2.2　汽车的生产

沈晖认为汽车本身是非常复杂的智能硬件，又与生命安全相关联。所以，我们认为当一个产品打上我们公司的品牌，而这个东西并不是我自己做的，我对它没有信心。所以目前威马正在做的是"新制造"，即自己进行汽车零件的生产而不是外包。沈辉表示，"如果代工生产，我会天天睡不着觉"。

2016 年 6 月份，沈晖召开了领导层的会议，主要来商讨在什么地方建立生产工厂，与会人员主要是董事会成员及各部门负责人。并且这次会议，请来了一个特殊的人物——乔继虎,一个在汽车工厂建设方面有着资深经历的人,他曾经负责了沃尔沃成都工厂、凯迪拉克金桥工厂等目前国内先进汽车工厂的建设。会议开始市场部的负责人提出可以把生产基地设在上海,这样可以方便销售、减少运输的成本。有人则提出了不同的意见,认为上海地区虽然便与销售,但劳动力和基础建设等成本过高,其代价可能比运输费还高,所以可以选择在上海附近的一些城市。在一段激烈的讨论后,最终威马决策层综合各方面的考虑决定把生产基地放在了温州,看准了温州瓯江口产业集聚区存在巨大的智慧交通规划空间和基础设施建设,同时让乔继虎来主要负责工厂的建设。并且在会上沈晖提出了想要建设的目标,即工厂每年的生产数量可以达到 10 万到 20 万之间,也就是要能满足量产的需求,因为他认为"车没有量就没有一切,真正的伟大不是超级,是普及"。

2016 年 11 月 23 日,威马新能源汽车智能产业园在温州市瓯江口奠基。乔继虎表示,从 2016 年起,零部件配套工厂和自动驾驶试验区先行开工,等到全部达产后,将拥有年生产 20 万台新能源智能汽车的生产能力。2017 年 7 月 31 日,威马新能源汽车智能产业园首台涂装大型设备也已进厂安装。到了 2017 年 9 月,温州市瓯江口的新能源汽车智能产业园已完成所有主体厂房土建建设,冲压、车身、涂装、总装四大工艺车间厂已经全部封顶,全面进入设备安装及调试阶段。仅仅经过了 10 几个月的时间,威马的生产工厂就可以正式运行。各调试完成后,到了 2018 年的 3 月 28 日,威马新能源汽车智能产业园生产线全部贯通,与此同时,沈晖表示,首台量产车 EX5 试装已经下线,将于下半年大批量交付用户。据乔继虎的介绍,此时的产业园区总占地约 1 000 亩,共有 6 个厂区,4 个核心厂区包括冲压、车身、油漆和总装。其中,车身生产部车间主线区域自动化率达到 100%,并且工厂一年的产能在 10 万台左右,这使得威马量产化成为现实。并且沈晖表示,2018 年下半年将开始大批量交付,客户在下单后 20 天左右就可以拿到车,汽车生产的效率也是非常的高。

13.2.3　汽车的销售

威马汽车一开始就是以"价格平民化"的理念来来设计和营销的,沈晖曾多次表示,"威马汽车就是要造让消费者买得起、用得爽的车"。要想有好的销量,首先要有合理的价格。2018 年 2 月,沈晖发起了关于首款纯电动汽车威马 EX5 的销售价格以及销售渠道的讨论会议。

在这次会议上,市场营销部的负责人张经理首先提出了自己部门的建议,他认为首先应该明确目标客户,因为"价格平民化"里的平民并不是指面向所有人。在市场细分方面,市场部把目标群体根据年龄、地区和收入三个指标划分了不同的群体。首先,依据年龄,可以把人群分为 18 岁以下的青少年儿童,19～35 岁的青年群体,35～45 岁的中年群体,46～60 岁的中老年群体,60 岁以上的老年群体。依据地区,可以把人群分为乡村群体和城市群体。依据收入,人群分为年入 15 万以下的低收入群体,年入 15 元～30 万元的中低收入群体,年入 30 元～50 万元的中高收入群体,年入 50 万元以上的高收入群体。根据上面三个维度的细分,不同的市场消费者会有不同的消费特征。张经理表示他们根据调查数据,并在综合分析各群体特征人群喜好的基础上,建议威马首款纯电动汽车的目标客户群体可以选择低收入的城市青年群体、中低收入城市/农村青年群体、中高收入城市/农村青年群体、中低收入城市中年群体、中高收入城市/农村中年群体。如低收入城市青年、中低收入城市/农村青年、中低收入城市中年群体等会更加注重方便与实用,注重性价比,主要是为了日常代步;而中高收入的人群关注的不只是性价比,他们对外观、操控感受等有着更多的要求。然后,在制定威马 EX5 汽车价格时就可以参照生产等成本和这些人群的消费特征,制定合理的价格。

沈晖在此基础上也提出了自己的看法。他之前在 2017 年 12 月份威马第一次召开品牌发布会的时候就表示过,未来威马的 8 款车,无论两厢、三厢、SUV、MPV 补贴前售价全部在 30 万元以内,这与沈晖想要快速做大规模的思路是契合的,太贵的产品卖不动。在这次会议上,他再次强调,"我们暂时不能做高端的份额,品牌的认知度跟价位是息息相关的。原来我在沃尔沃的时候也知道,30 万元以上的沃尔沃卖不动,30 万元以上选择太多了。"他认为,如果把售价定在 30 W 以上,消费者可能更倾向于购买一些知名品牌的汽车,而威马此时并不在内。当然,他也表示价格不能太低,如定位到 10 W 以下,这样是不能盈利的,也就无法持续发展,所以他最后建议可以把威马 EX5 价格定位在 20 W 左右。

会议期间,也有人陆续表达了自己对销售价格的看法,但关于价格的定位大家都趋向于一致,认为在 20 万元左右比较合理,首先这个价位是能够盈利并持续发展的,其次他们认为这个价位也能被主要的目标客户群体所接受,最终决策层也接接纳了这些建议,把价位定在了 20 万元左右。2018 年 4 月份,威马汽车公布了 EX5 的 6 款车型的售价区间为 16.65 万～29.88 万元,补贴后售价为 9.9 万～21.63 万元,让竞争者都吃了一惊,在动辄几十万元、上百万元售价的智能 SUV 市场中,威马汽车聚焦行业痛点,兼顾性能与价格,重新定义了智能出行市场的价格基准。

在此之前,2017 年 9 月份,沈晖曾召开了一次会议,主要讨论销售渠道的问题。威马汽车集团销售公司副总经理林仕翰首先表达了自己的观点,他认为可以引用传统的 4S 店销售模式,同时也可以开设自己的旗舰店,配合服务站、点来进行销售。对此沈晖则表示,威马应该设计有自己性格的城市智行合伙人模式作为自有渠道的补充,固然要考虑到线上和线下两种模式,根据以往经验和实地考察他觉得威马可以既不引入传统的 4S 店模式,也不照搬如特斯拉的体验店形式,威马可以通过旗舰店、大型交付中心、服务站和服务点四种不同规模的销售渠道实现对中国市场的全面覆盖。最终这一建议也得倒了大家的认可,同时也做出了相应的规划。最后,沈晖表示,准备把旗舰店在北上广等一线城市推广建设,提供品牌与产品展示;大型交付中心吸引各地汽车经销商为智行合伙人,由其负责提供销售、维修保养、充电网络建设以及分时租赁等出行服务,城市中汽车销量每达到500台车就推出一座服务站,而承担充气补胎等快修服务的服务点将与国内知名的连锁快修店合作完成。

威马目前在15万～25万元的价格区间的竞争对手虽然少但也是有的,如途观、CRV等走量车型。对此,从事销售一线工作的则对威马汽车的销售量冲完了信心,他表示"虽然在品牌和资源方面处于弱势,但威马汽车对于用户需求的把握却更加精准,只要用户觉得威马汽车更好用,那么威马汽车的竞争优势就体现出来了"。

合理的价格也使得威马迅速获得了比较多的订单,据威马汽车战略规划副总裁陆斌此前在威马EX5下线仪式上向外界透露,从2017年12月11日我们威马品牌发布并在官网上开放预定,在还未公布任何配置、价格的情况前,到第63天我们EX5线上的订单就突破了10 000台。在价格公布之后,订单量也在快速的增长,每天大概保持在200～300台的增长。在公布售价以及获得不错的订单量后,摆在威马汽车面前下一个重大挑战就是威马EX5向用户大批量交付的问题,也是很多人对威马迟疑最多的地方。

13.2.4　汽车的售后服务

汽车售后服务主要包括维修、养护、救援、信息咨询、保险、二手车交易等内容。但就目前国内汽车业发展水平而言,传统的汽车售后服务一般主要是指维修服务和保养服务。沈晖认为,威马汽车的售后服务要在此基础上再加入一些新的东西,因为威马的第一款量产型车型是纯电动汽车,这就注定了它与传统汽车售后服务的不同。

2017年3月,沈晖召开一次讨论关于威马首款量产型汽车威马EX5的售后服务问题。在此次大会上,大家讨论的十分热烈,你一言我一语地纷纷表达了自己的想法,并且决策层最终确定了威马EX5的售后服务体系。

大会开始之初,沈晖首先肯定了传统的汽车售后服务的作用,他认为威马EX5首先作为一款汽车,那么在售后一定要做好维修和保养的服务,这也是最基础的服务,同时威马EX5又是一款纯电动智能汽车,那么大家认为应该增加哪些新的实用的售后服务。在此之后,品牌战略副总裁陆斌首先提出了自己的想法,他认为EX5作为一款纯电动汽车,电力则是支撑其行驶的唯一动力,所以最好可以让用户随时随地的可以就近进行充电,即售后充电服务应该加快建设,不仅要加快充电APP的研发,也要加快与供电商的合作,加快充电桩的建设。接着林仕翰也发表了自己的观点,他认为威马EX5除了是纯电动汽车,也是一款智能汽车,对技术的要求比较高,如果还是依照传统的维修站点进行维修,很难让用户拥有安全感,所以他建议应该增加远程诊断空中服务等……后来陆续有人提出了自己的想法。最终,大会后期,沈晖等决策层综合了大家的建议,确定了威马EX5的售后服务体系,除了有维修及专业服务和保养服务之外,还增加了售后充电服务(包括公共、私人家用充电服务以及应急充电服务)、突发及应急维修服务、远程诊断空中服务以及手机端、车机端和在线服务,同时表示会大力加快充电桩的建设。在威马正式公布 EX5 上市时,威马也承诺了将会在全国各地建设 11 万个充电桩、一线城市充电网络平均间隔 3～5 公里。

13.3　结语

尽管威马汽车抓住了新能源汽车的发展机遇,利用政策和自身的优势在众多的造车新势力当中或得了较好的发展。但其目前的发展仍然面临很多的问题,如价格低收益少带来的持续发展问题,与其他的一些互联网造车企业的竞争问题等,越来越多的品牌汽车企业投入到了新能源汽车的研发领域当中,威马应该如何更好地生存?

威马作为一个新兴的造车企业,可能会有很多人不知道这个品牌,其背后并没有传统企业作为背景的加持,威马的价格优势和服务优势并不足以让其在未来的竞争中脱颖而出,在这个竞争激烈的时代,如何让消费者在短时间内更好地接受威马这一品牌是威马目前面临的比较大的一个挑战。

链　接

威马汽车大事记

威马汽车(WM Motor)成立于 2015 年 1 月(前身为联合创始人杜立刚的三电系统研发企业,成立于 2012 年),致力于推动智慧出行产业的发展及落地。

2016 年 7 月　创建粉丝平台威盟。与用户直连,让用户来参与、创造自己想要的车。

2016 年 9 月 21 日　威马汽车创始人、董事长兼 CEO 沈晖首次公开露面。宣布威马汽车"128 战略",并与参会的 13 家企业共同组成"智慧出行精英企业汇"。

2016 年 11 月 23 日　威马新能源汽车智能产业园在温州市瓯江口奠基。

2017 年 4 月 18 日　威马汽车第二个平台的首款概念车"AG2020"首次亮相。同时宣布首个平台的首款量产车型全球累积测试里程超过 100 万公里。威马汽车的首个出行服务产品——"威马充电"APP 正式上线公开测试。

2017 年 8 月 5 日　威马汽车战略规划副总裁陆斌应邀参加极客公园奇点创新者峰会,首次对外公布了威马汽车首款量产车产品信息。

2017 年 11 月　威马汽车与网易、网易人工智能共同签署独家战略合作协议,携手打造"互联网＋"时代智能汽车。

2017 年 12 月 5 日　威马汽车宣布了，完成了由百度资本领投、百度集团等跟投的新一轮融资。

2017 年 12 月 11 日　"Always On 无威不智"威马品牌发布会，并揭幕了全球首款 SUV 量产车 EX5。

2018 年 3 月 26 日　威马汽车与产业链龙头企业——远景智能及远东宏信有限公司签署了战略合作协议。

2018 年 3 月 28 日　威马汽车旗下首台量产车 EX5 试装下线。

启发思考题

（1）智能电动车企业的发展受到哪些因素的影响？本案例中影响威马汽车发展的因素有哪些？请对此进行讨论。

（2）沈晖的经历会对威马汽车产生什么样的影响？

（3）威马汽车的产品有何优势，威马汽车的竞争性体现在哪些方面？

（4）威马汽车的发展对我国智能电动车领域有哪些影响？在我国当前的环境下发展智能电动车会遇到哪些问题和阻碍？智能电动车未来的发展方向如何？

案例 14

微鲸：
一家基于内容创新的
智能电视厂商

编者语：扬长避短开拓智能电视发展之路

目前，我国智能电视市场已趋近饱和。相较于传统家电厂商，微鲸在品牌、渠道、硬件制造、供应链整合层面并有特殊的优势，内容是微鲸的"独门秘籍"，也是互联网电视发展中的关键一环。于是，微鲸选择了自建生态的发展模式，形成了"多家内容平台依托"+"差异性精品内容资源"+"自制内容"的内容金字塔，从而成为目前市场上唯一一家拥有对内容进行精细化整合运营能力的智能电视品牌，为用户提供了无比流畅、沉浸、淋漓的观影体验。内容的生产、分发必须以用户为中心，敏锐地感知用户需求是微鲸电视另一个独特的优势，通过玩乐化的体验，与用户做朋友，微鲸不仅在年轻用户中赢得了品牌认同，更能准确把握用户所需、所求、所爱，实现了娱乐与科技、内容与渠道的有机融合。在智能电视发展回归理性，并逐步"去泡沫化"的时代，如何做到扬长避短，整合自身资源、优势，完成进一步的产业结构升级不仅决定了单一企业的生死兴衰，更将影响整个行业的发展方向。

本案例由华东师范大学经济与管理学部的孙琳睿和陈玥彤撰写，由于企业保密的要求，在本案例中对有关名称、数据等做了必要的掩饰性处理。本案例只供课堂讨论之用，并无意暗示或说明某种管理行为是否有效。

摘　要: 随着科学技术的发展,人们的生活中出现了越来越多的智能产品,智能家居的概念也越来越普及。而智能电视作为智能家居的重要环节,也成为众多公司争相抢占的领域。无论是传统的家电企业还是想做硬件的互联网企业,都企图在智能电视的领域分一杯羹。本案例描述了微鲸科技作为一家专门做智能电视的新兴公司,是如何在"媒体人"黎瑞刚和"理工男"李怀宇的带领下,短短两年时间内突出重围,成为一匹黑马。

关键词: 智能电视;内容创新;内容建设;内容运营

14.0　引言

2016 年 2 月,春节假期刚刚结束,大多数人们还没从懒散的状态中缓过神来,芒果 TV 的一个新人制作团队却早已忙得团团转。时间已接近深夜,新节目开发办公室却依然灯火通明。这次担任制作《明星大侦探》的团队,几乎全是新人,既有想法又有热情,制作过程顺畅无比,现在却因为与哪家智能电视合作而争论不休。

总监制丁诚力推小米电视:"小米这几年的成绩大家有目共睹,而且做手机起家,智能系统方面应该可信。"制片人周山却提出了不同的意见:"不知道大家有没有关注去年的'双 11',微鲸电视可是一匹黑马,面市仅仅三个多月,'双 11'就达成了一亿销售额,不可小觑啊。"丁诚反驳道:"用销售额来评价太片面了,万一是靠的打价格战呢,新公司嘛不可靠的,还是小米更安全。"听完这番话周山反而笑了,问道:"你知道微鲸的创始人是谁吗? 黎瑞刚,你搞媒体的,大名鼎鼎的黎叔总会不认识吧? 不仅黎叔,另一位创始人李怀宇也是电视界的牛人。"看到丁诚有点愣住,周山笑笑继续说,"微鲸你没听说过,IPTV 总知道吧? 就是这两个人搞的。微鲸的牌子虽然新,人家的经验可是累积了 10 年了,背后还有华人文化和阿里,简直是最完美的合作对象啊。"丁诚听完,有点不好意思,"原来是我小看了微鲸,还好有周哥,不然这大馅饼怕是要飞喽!"

那么,微鲸究竟是如何在智能电视界脱颖而出的呢?

14.1　行业背景

14.1.1　当前行业的市场环境

随着智能家居概念的普及,智能电视已经逐渐替代传统彩电,走进了千家万户。电视不只是智能家居的重要环节,也是居民日常家电的重要组成部分,智能电视相比传统非智能电视,增加了比如在线视频平台、体感游戏等新功能,是家庭电器需求的刚需。在智能手机普及后,人们对于智能产品的概念逐步加深,智能电视的更新迭代已经成为每个家庭的重要关注。而智能电视的发展,同样带动的新产业的兴起,观察智能电视的行业状况,不论是从产品上,还是推广策略上,都充满了互联网化、智能化、个性化的气息。而这同样促进了智能电视行业的竞争与发展。2016 年,全球智能电视市场规模达到 1 355.1 亿美元。而在当前中国经济下行的条件下,2016 年中国智能电视销量也达到 4 098 万台,预计到 2018 年,智能电视销量将突破五千万台。

随着智能电视的普及,及智能电视市场的高速增长,智能电视的保有量也迅速得到提升。2015 年中国智能电视保有量达到 1.12 亿台,2016 年已达到 1.46 亿台,预计到 2018 年,中国智能电视保有量将突破两亿,基本覆盖国内大部分家庭。智能电行业未来发展空间巨大。

从电视价格上来看,3 000 元以下、3 000～5 000 元价位的智能电视分布最广,最受用户青睐,智能电视市场也主要向中低端市场集中。因为智能电视作为大众消费品,还是要照顾到中国的大部分家庭,尤其是三线城市、农村等地,对于智能产品的概念平平,只是当做正常电视的更新迭代,和智能手机相比,智能电视的高端发展之路还很漫长。

智能电视已经逐渐在中国的每个家庭中开始普及。由于一二线城市的人群属性和传播环境,让智能电视快速在发达城市普及。而一二线城市普及后,智能电商市场则注定在三线以下城市、农村开始下沉。毕竟 T3 级城市、农村有着广阔的人群和市场潜力。而数据也证明了这一点,从 2016 年智能电视的销量分布上看,超过半数的电视销售来自三线城市、农村,T1 级、T2 级城市的电视销量仅占 20.4％和 14.1％,而笔者预测,未来三线城市、农村市场的销售将会继续增长,直到国内智能电视市场的饱和,或等到下一代智能电视产品革新之时。

作为客厅经济的重要入口之一,智能电视被不少公司视为一块"香饽饽"。由于技术门槛低,越来越多的传统电视厂商和互联网企业都开始加入了争夺战。在 2016 年国内彩电零售量突破的 5 000 万台中,乐视、小米、微鲸、PPTV、风行等互联网电视品牌零售量占据了 20％的比例,说明互联网电视品牌已成为一支不可忽视的生力军。2017 年,智能电视行业的竞争势必会更加激烈,想要从中胜出,占据市场领先地位,就需要企业把握市场趋势,抓住机遇,更要增强自身的竞争力。

虽然智能电视整体销售情况比较乐观,互联网品牌却份额大跌。受制于原材料成本的不断增长,通过低价抢市场的方式让互联网电视企业背负沉重负担,大部分互联网电视企业受上游供给成本影响,产品不得不涨价;消费需求低迷,又逼迫要求电视机降价,生产企业夹在中间博弈,艰难度日,直接导致绝大多数电视机企业利润大幅缩水。

据第三方数据调研公司奥维云网的数据显示,2017 年,全年电视预期销量在 4 796 万台左右,1 月至 11 月份 4 278.2 万台,同比下行 6.5％。低迷的市场环境、暴增的生产成本,让相当部分互联网电视企业偃旗息鼓,传统电视企业也遭遇盈利下滑。

基于体量、议价和生产成本优势,传统生产企业抗压能力与受到的冲击大大小于互联网企业。中国电子商会副秘书长陆刃波表示,互联网电视迅速萎缩有五大原因:一是缺乏有效供应链,自身没有话语权;二是主要依靠资本融资,产品制造能力几乎为零;三是上游面板长周期高幅度涨价,自身体量不足以承受压力;四是信任危机引发用户谨慎购买,造成恶性循环;五是产品内容同质化严重,缺乏创新,盈利模式脆弱。

实质上,低价互联网电视品牌已被市场边缘化。乐视由于自身原因导致电视销售几近停顿,风行、微鲸、看尚、暴风电视也被传出电视业务陷入困局,小米电视也只能躬身于低价拓展市场。

另据中国电子商会消费电子产品调查办公室发布的 2017 年《平板电视发展趋势报告》显示，经过短短一年多的时间，互联网电视的市场份额从 20％ 迅速降低到 10％，降幅惊人。在 4 796 万台电视总销量中，小米、微鲸、酷开、风行、暴风、CAN 等互联网电视加起来只有 480 万台，业内人士认为，2018 年互联网电视将进一步萎缩，环境进一步恶化。

虽然智能电视行业在整体经济下行时仍能取得佳绩，证明了其产业活力和市场潜力。不过，未来，技术瓶颈或将成为智能电视行业高速发展的"拦路虎"。因为以目前的技术来说，智能电视很难实现重大突破，加之，电视行业产品更新迭代比较缓慢，因此，在我国智能电视市场饱和之际，技术上的突破或将成为整个行业发展的下一个重要契机。

14.1.2　当前行业的竞争现状

1. 整体竞争态势

2016 年，亚太地区占据了智能电视市场的主导地位，其收入份额超过了 30％。4K 电视拥有更佳的设计和更高的图片质量，因而深受用户喜爱，市场对 4K 电视的需求正在不断上升。并且，由于 4K 电视普及率的提高，用户对 4K 视频资源的需求也与日俱增，为视频内容平台提供了更好的发展机遇。

中国市场则占据了亚太地区的主导地位，尤其是在海信、TCL 等品牌的大力发展下，他们还将品牌战略覆盖至全球，海信、TCL 的身影在北美、欧洲随处可见。在全球化和本土化共存的环境下，为克服水土不服，不少外来品牌选择和当地品牌进行合作，实现更加深入的本土化营销。例如，TCL 集团与 Roku 公司达成了合作，建立并发布了一款名为 TCL Roku TV 的智能电视联合品牌，并成为《艾伦秀》的官方智能电视赞助商，还宣布与加州大学洛杉矶分校体育队合作，成为布鲁因斯足球队和篮球队的官方赞助商。

中国智能电视品牌群雄并起。从厂商类型上看整体分为两类，一部分是以海信等品牌为代表的传统电视品牌在智能技术上的突破，而另一部分则来源与小米、乐视这样的互联网品牌。而从 2016 年中国智能电视市场的品牌关注度来看，互联网电视品牌则是更胜一筹，乐视 TV 的用户关注度最高。而对于用户人群来说，年龄较大的人群对传统品牌的信赖程度较高，而对于年轻群体，则更钟爱于互联网品牌，而营销、推广方面，互联网品牌相对于传统厂商也有着明显优势。

2. 三种发展模式

目前市面上的智能电视产品已经相当丰富，就其产品和商业模式大致可分为三种。

第一种，传统家电巨头的改革模式。传统家电厂商对电视产品有着深厚的积累，他们不仅拥有着天然的品牌、渠道优势,在供应链整合层面也拥有着新兴智能电视厂商所不具有的优势。但随着新一波智能电视的普及,传统家电巨头的电视业务正遭受巨大的挑战。它们被迫向新兴智能电视厂商学习,改革已有的产品模式,推出自己的智能电视产品,典型如:海尔、康佳、创维等知名传统家电厂商,这种模式可以称为"传统家电巨头的改革模式"。这种模式尽管具有先天优势,但也存在严重缺陷。智能电视并非只是往传统电视里装个安卓系统,在互联网内容、软件应用、服务等智能电视核心体验上,传统家电厂商与新兴智能电视厂商之间有着近乎不可逾越的鸿沟。

第二种,联合模式。互联网巨头 BAT 对大屏市场的窥视已久,尽管它们具有互联网基因优势,但在传统硬件的研发、生产层面存在软肋;相同的是传统硬件厂商似乎也有相同的困惑,它们强在硬件的研发、生产,但却缺乏互联基因。于是两者联合共同打造智能电视成为一个选择。从早前百度和 TCL 合作的"TCL 爱奇艺电视",到海尔与阿里巴巴联合推出的海尔阿里电视,甚至再到阿里和魅族的合作,360 和酷派的合作,互联网公司和硬件公司结合的案例比比皆是,但称得上成功范例的却没有一个。

第三种,自建生态模式。这种模式目前以乐视为代表,依靠自主研发,将硬件、软件、内容、核心应用进行融合,通过互联网模式下的各产业链协同,打造"平台＋内容＋终端＋应用"的完整生态系统,开放式闭环。目前这种模式成为其他厂商广为效仿的对象,它不仅颠覆了功能机时代,还引发了一波互联网内容整合的大潮。追寻这种模式的除了乐视,还有小米,但由于小米先天缺乏内容的支持,导致步履蹒跚。

3. 主要竞争厂商

在竞争对手方面,近年来,中国电视品牌不断在国际舞台上显露锋芒,同时也面对着包括 LG 电子、松下、三星电子、索尼在内的等诸多国际劲敌,尽管强者环伺,中国电视品牌仍然拥有强大的技术竞争力和价格优势,在高手如林的国际市场上,也能与之一较高下,平分秋色。为了应对中国电视制造商的挑战,三星选择了 QLED 电视,而索尼和 LG 则采用了 OLED 电视,同时还有更多新品牌正在进入市场,试图以更低的价格抢占市场份额。

而与微鲸相同的自建生态模式品牌主要有以下几家:

乐视致新乐视电视致力于打造基于"平台＋内容＋终端＋应用"的垂直整合乐视生态,主打产品为乐视 TV。尽管手握多个影视资源渠道和自制内容,但只通过内容收费无法支撑像乐视抗住低价售卖硬件所产生的成本缺口。与 TCL 的联手合作或能在硬件上争取优势。

小米 从小米盒子到一体式智能电视,再到现在分体式智能电视,面对硬件成本提高的问题,小米回归主打智能机顶盒的销售模式。一方面方便用户升级换代智能硬件,另一方面也是降低智能电视中屏幕的成本支出。

酷开网络 作为创维彩电的智能电视品牌,背靠多年硬件制造优势,配合"大内容战略"，与腾讯、爱奇艺合作建立影视内容体系，酷开电视或有着不可小觑的潜力。

14.2　微鲸发展历程

14.2.1　微鲸的"幕后推手"

2015 年 4 月，上海的春天迟迟还没有来到，乍暖还寒的天气让许多上班族提不起精神，浦东新区盛银大厦 E 座 3 楼的一间办公室里，两个合作多年的老友却异常激动。"10 年了，想来想去，能助我实现梦想的人，还是你啊！"黎瑞刚握住李怀宇的手无限感慨。

黎瑞刚，曾经的上海文广新闻传媒集团（SMG）总裁、上海第一财经传媒有限公司董事长，现在的华人文化产业投资基金董事长，在亚洲电视行业可谓是无人不知无人不晓。2002 年 10 月开始出任 SMG 总裁，在 9 年的时间内带领 SMG 实现收入增长近 10 倍，从 18.5 亿元增长到 2011 年的 167.3 亿元。这样的一位中国媒体产业的标志性领军人物，却偏偏爱江湖胜过庙堂，想要在新兴的互联网电视行业搞出一番名堂。于是找到自己合作多年的李怀宇，联合创立了微鲸科技。黎叔嘴上说是喜欢尝试新的东西，但微鲸科技绝不是一时兴起。早在 2005 年他就提出了"颠覆电视"的理念，在网络宽频、IPTV、手机电视等新媒体领域全方位出击，并在全国广电率先启动了百视通 IPTV 的探索。2010 年创立华人文化产业投资基金并任董事长后，也十分专注传媒与娱乐、互联网与移动、生活方式三大领域，并打造了众多行业龙头和明星企业。这些无疑为现在微鲸科技的创立做了铺垫。而正式萌生做互联网电视的想法，是在 2011 年。时任华人董事长的黎瑞刚认为，传媒娱乐属于内容的开发、品牌的推广，和另外两个方面都是有关系的。微鲸电视作为一个平台型、生态型的系统，能够成为华人文化在运营方面一个非常典型的布局，将和华人文化在其他领域的投资业务形成协同，把之前在内容方面的布局打通。如此一来，早前在华纳兄弟、梦工厂、星空传媒、IMAX、财新媒体、TVB、体奥动力等平台的布局，通过微鲸电视这个硬件平台输出，并且试图产生更多回报。

董事长是个大人物，CEO 也同样不简单。提起李怀宇，有人说他是"标准理工男"，有人说他是"电视极客"，但其实最适合他的描述应该是"跨界高手"。1996 年，他作为项目总负责人在上海推出首个商用宽带上网服务"有线通"，是中国宽带互联网接入和互联网电视产业的第一批探路者。2005 年，作为"百视通"的创始总经理，他带领团队开创了中国 IPTV 产业，并打造了用户规模全球第一的 IPTV 平台。2011 年，李怀宇加盟华人文化产业投资基金，担任首席投资官、董事总经理，成为中国与好莱坞规模最大的合资公司"东方梦工厂"以及上海现场娱乐地标"梦中心"的操盘手。从 1996 年到 2016 年，"网络工程师"李怀宇做互联网推广、探索商业模式、组建内容团队、运营互联网产品、投资互联网和文化产业等，这 20 年"不务正业"职业生涯,让他成为微鲸科技联合创始人的不二人选。

14.2.2 微鲸的"发展之道"

黎叔进军互联网电视,准备了四年。2011 年智能电视还是一池盈利模式缺失的"浑水"。当年,年轻的电视观众逐步流向 PC 和视频网站,为了让电视重新成为家庭娱乐中心,彩电企业开始推广智能电视。2011 年,智能电视进入快速普及期,中国市场出货量达到了 800 万台。但据创维集团总裁杨东文透露,当时绝大部分用户买了智能电视还是看传统电视节目,只有不到三成的用户真正使用了智能电视的功能。

就在传统厂商还摸着石头过河的时候,2012 年,乐视宣布进军电视机市场,并推出超级电视;小米公司也在 2013 年推出智能电视产品。互联网生力军杀入后,传统的彩电企业纷纷以独立运作的互联网子品牌来迎战。比如,创维旗下的酷开、海信旗下的 VIDDA。

四年过去,智能电视的激活用户和日均活跃用户都得到了提高。运营基数的放量使得智能电视除硬件之外的商业模式也日渐可期,更多的生态链环节上的非硬件厂商也开始介入智能电视。运营商鹏博士、有线电视网络运营商歌华有线、互联网电视牌照方 CIBN、暴风影音、PPTV 等相继发布了自有品牌智能电视。

由于传统电视厂商、内容派、互联网派等阵营早已杀入智能电视机领域,且覆盖了一定的用户人群,业内对于微鲸的看法并不乐观,但是,微鲸真的"生不逢时"吗?

在黎叔看来,未来电视"屏"的转型是巨大的,但"懂内容没有用,更重要的是懂内容的整合"。

和眼下大行其道的互联网思维不同的是,售价 3 799 元 55 英寸的微鲸电视,从一开始就没有走倒贴用户的"免费"路线,而是向用户收取 199 元的年费。黎瑞刚向南都记者表示,这并不是违反客观市场规律,而是建立一种良性模式。"既要把硬件原来不合理的成本规避掉,因为传统家电在营销渠道有非常多中间环节,把最高性价比的产品给到用户,但服务也不能马虎。"他认为,没有内容的产品是不完整的,而内容成本是非常高的,尽管有这样一个会员费的收入,其实微鲸的投入要远比这个数字大得多。

14.3 微鲸的"独门秘籍"

14.3.1 调制用户最爱的鸡尾酒

做了十几年的媒体人,突然转入一个新的行业,要说没有顾虑是不可能的。就算是在业内叱咤风云的黎叔,也苦思冥想了四年,才找到了微鲸最能在智能电视界站稳脚跟的优势。黎叔说:优势是我们在内容方面的储备,今天很多互联网公司都可以用资金买到内容,但是对于内容和用户需求的理解,这些不是钱能解决的。"这些需要经验的积累，我和李怀宇之前做的 IPTV，是中国目前唯一一个达到 3 000 万付费用户的平台，我们对产品、用户的理解和认识，是做互联网电视最好的背景。"黎瑞刚认为自己很了解用户，传统厂商卖再多的电视，如果不懂用户和内容，不懂得家庭电视节目是怎样制作的，那么就是不够了解互联网电视。

"懂内容"被喻为黎叔的独门秘籍。由于华人文化产业投资基金（CMC）本身是做内容出身，微鲸"这方面有一些基础"。他们建立了一套"鸡尾酒"内容建设模式，形成了"多家内容平台依托"+"差异性精品内容资源"+"自制内容"的内容金字塔。将优质内容调和为一站式整体。其内容主要来源于四个方面：第一，微鲸背靠中国首家文化产业综合投资运营平台 CMC；第二，微鲸与互联网巨擘阿里巴巴、腾讯合作共享内容资源；第三，微鲸投资或收购上游内容企业来整合内容，拥有巨量 OTT 内容资源库；第四，开发独家性和原创内容。CEO 李怀宇将其策略比喻为鲸鱼喷水：整合的多家资源一起构筑了庞大的鲸身，依托 CMC 的投资触角获得的独有电影资源，是鲸鱼喷出的高高水柱。客观而言，微鲸是目前市场上唯一一家拥有对内容进行精细化整合运营能力的智能电视品牌，十分注重集约化内容管理，为用户提供了无比流畅、沉浸、淋漓的观影体验。

正因如此，我们看到微鲸电视其在底层直接整合腾讯视频和芒果 TV 等大型内容平台，集结其庞大内容资源，囊括目前国内最全的 TVB 影视内容以及 BBC 少儿、好莱坞等资源库，一个典型的例子是，高口碑电影《摔跤吧爸爸》作为 OTT 端同步首播内容，集中凸显了其对卓越品质的永恒追求。在体育方面，获得中超联赛、世界杯、德甲联赛等核心赛事版权。除此以外，微鲸以"综艺合伙人"的形式，牵手《中国新歌声》《盖世英雄》《明星大侦探》等热门综艺，微鲸与华人文化旗下的内容公司共同制作内容，进顶层自制内容建设，以"微鲸出品"的身份，推出了诸如《球迷朋友圈》《里约热了 WHO7》等精品自制节目。一组数据是：在头部内容的争夺上，微鲸表现抢眼，2016 年院线大片覆盖了 70%，收视率 Top20 电视剧覆盖了 85%，热门网综剧 Top20 覆盖了 18 部。在 2017 年上半年的综艺、电影和电视剧的 Top15 榜单中，微鲸分别覆盖 13 部、9 部和 5 部，均位列第一。

不过，能让微鲸的电视和其他平台之间产生一定区隔的，是其在上游的原创内容有非常独特的战略合作，即"传统的内容提供商会针对微鲸的特定用户来生产原创内容"，这是微鲸的战略重点。黎瑞刚认为，作为内容开发商，他们要理解微鲸不是原来电视频道的播出，然后赚取广告收入，而是通过好的内容形成用户的付费需求。

除此之外，微鲸的发展并不是看中电视这一个点，而是向分发平台和生态系统来发展。"这个平台是有审核有管理的一个平台，但其底层系统是开放的，凡是基于开放平台来开发的应用都是很欢迎的。"而对于 CMC 来说，会让其内容投资有了落地的可能性，在微鲸这个能够操控、变现的平台上形成一个闭环。当这个闭环的用户不断积累，将家庭娱乐终端很好地覆盖后，这后面所能够带来的增值空间就会非常大。

14.3.2　以客户为中心，其他就会滚滚而来

"加入我的战队！选我选我！"李怀宇还没打开办公室的门，就先在门口听到了激动的喊声。再推门一看，产品负责人张桂东正坐在办公椅上，带着 VR 眼镜，高举双手挥舞着。要是别人看到这场景，肯定要吓一跳，不过李怀宇知道，张经理这是在测试他们最新研发的"黑科技"——《中国新歌声》的导师视角。《新歌声》能成为全民关注的大热综艺，与其新颖的导师选人方式脱不了关系。在早前"转椅选人"的时候，网络上就有不少网友争相模仿，无疑是想过把导师瘾。李怀宇抓住了一点，开发了导师视角，并结合 VR 眼镜，使这一视角更加身临其境。看着张经理玩得这么 high，李怀宇也不打扰他，悄悄又关上了门，嘴角的微笑却一直下不去。

微鲸创立不过短短两年，却一直秉承着感知用户需求比彰显自己的科技能力更为重要的理念。此前，马云讲过一个有关技术与用户需求之间的小故事。说的是他被微软邀请去参观微软工程师建造的一栋高科技智能房子，微软的工程师认为这栋房子充满了各种高科技，十分牛逼，将会是未来的发展趋势。但是马云只在里面待了一个小时就逃了出来，并坚定地认为，这栋房子虽然高科技满满，但必定不是微软所言的未来住宅，因为它缺乏一个最基本的要素，使人住着舒服。与其向外炫耀技术科技，不如多想想用户究竟需要什么？但不幸的是，在现实中我们看到的多数事实是，厂商依旧是更为愿意向用户炫耀、阐述他们的产品采用了何种牛逼的技术，采用了多么昂贵的元器件，历经了多少磨难，以此来彰显自己的黑科技、极客范儿，试图满足当下用户对于技术的崇拜感，在用户心中塑造科技创新的形象。

而论到与用户做朋友，感知用户需求，微鲸电视在这方面有着自己的独特优势。一直以来，微鲸就有通过玩乐化的体验与用户交朋友的传统，可以说爱玩、爱闹、爱fashion 是微鲸天生的基因。回首微鲸电视过去两年的发展历程，我们发现，其在玩乐中实实在在的 get 到了年轻人的 H 点，与用户做了朋友，并且在一路的玩乐中又达到了让娱乐、科技的双效合一，让自家科技产品功能潜移默化的植根于用户心中，使得年轻、时尚、炫酷成为微鲸电视的品牌特征，在年轻用户群体中建立起了深厚的品牌认同。

微鲸特别善于将娱乐与科技相结合，用玩乐化的方式将新技术新模式推介给用户。除了《新歌声》的导师视角之外，在中超赛事中，微鲸还用 VR 进行直播，打造的沉浸式体验让观众如同身临其境般看球。而微鲸玩乐会更是成为微鲸产品推介的传统，诸如在 2017 年 7 月份，微鲸在北京乐空间就举办了一场"不会玩谁看你，微鲸火力全开玩乐会"，在被游戏主播和魔术师承包的活动现场，微鲸电视玩乐的主题被无限放大，而微鲸新品所具备的视频通话、投屏功能和可以任性操作的微鲸助手，已在玩乐中在潜移默化的植根于用户心中。

而在微鲸电视两周年之际，微鲸电视更是选择与用户一起，用玩乐会的形式为自

己庆生。微鲸科技联合肯德基、百威、科沃斯、沁园和美的等多家品牌，为用户带来了一次科技与生活的跨界体验之旅，用户可以使用微鲸智能电视的蓝牙语音遥控功能，实现订餐、购物等体验，尽享科技生活魅力。而后，微鲸微投又联合源麦茶，在上海举办"白日梦"快闪活动，打造"浴场影院"。而更为震撼的一点是，此前备受好评的纪录片《未来之家》在微鲸两周年之际也从科幻变为现实。两周年庆典当天，微鲸在北京的未来之家举办了一场"未来夜现场——开启未来智能生活"活动，同时还上演一场未来风题材沉浸式戏剧：《I.F》，众多嘉宾空降现场，不仅能观看到一场极具梦幻色彩的未来好戏，还能体验到令人怦然心动的未来智能生活。这样前卫酷玩的庆生方式，让微鲸走出了一条差异化娱乐竞争之路。

无论是联手快闪让用户走进沉浸式白日梦浴场，还是邀请用户感受语音控制所带来的生活便利，未来之家真正走进现实等一连串的场景化的线上线下娱乐联动玩乐会，让我们看到的是微鲸科技的与众不同，看到了其对于潮流的拥抱变化，坚持用户至上以及躬身亲为将科幻变为现实的能力。而其在让用户在尽享科技所带来的生活便利，感受真正科技乐趣和惊喜的同时，也让用户体会到真正年轻范儿、有娱乐精神的品牌是何种姿态。

14.4　未来路在何方

零点的钟声一响，"双 11"促销大战激烈展开。2015 年"双 11"期间，微鲸电视一举成为众多智能电视品牌中的一匹黑马。2016 年微鲸表现更是抢眼，从 11 月 11 日零点开始，仅仅 20 分钟，微鲸电视包括 VR、投影等全线产品，全渠道销量突破 90 000 台。截至 11 日当天早上 7：38，微鲸电视全渠道销售总额就已经顺利突破两亿元大关，势不可挡。

2017 年 11 月 11 日，微鲸团队的几位核心人物，齐聚 CEO 办公室，等着今年的喜讯传来。的确，公司成立短短两年，2015 年"双 11"销售破亿，2016 年破 2.5 亿，2017 年公司推出多种新产品，也举办了各种各样的活动，这样好的发展势头自然是应该延续下去的。然而，左等右等也没等来铺天盖地的大字报，这时李怀宇才幡然醒悟，势头是好，但也不能过于乐观。

微鲸的优势在于其内容，背靠华人文化是其先天优势，这个别人学不来，但是开放加自制的模式却是可以学的。无论是互联网公司转型的小米、乐视等，还是传统家电公司转型的创维、海尔等，都在学习微鲸的内容模式。在硬件与内容都开始变得同质化的时代，微鲸如何保持并提升其竞争力呢？

李怀宇认为，微鲸科技要做一些酷炫的产品，才能吸引未来那些年轻的消费者。作为典型的 70 后，现在要做 90 后 95 后甚至 00 后使用的产品，李怀宇表示自己并没有太大压力，因为他有办法"打入"年轻人内部，比如 B 站，逛 B 站的 70 后企业家可能并不多,李怀宇是其中一个。他在两年前就看到了 B 站已经成为中国新一代互联网原住民最活跃的地方,通过投资成为 B 站的股东。通过观察和体验,他认为当下年轻人的品位和追求,跟上一辈人明显不同。他们追求特色,对内容和品质有非常高的要求。而作产品,必须洞察这种需求,必须和年轻人走在一起。

"所以我想,未来我们会更多深入到这些 00 后的生活中。把这种国际范的,本土文化的,这种创新,又比较酷的,比较贴近他们生活的这些内容发掘出来,同时,也不断提升我们现在这些智能的产品,把这些东西融入他们的生活中,让他们体会到我们做的产品不是一个给恐龙看的,不是给 70 年代的人看的,而是给这些年轻一代的消费者量身订作的产品。"

2018 年 5 月 19 日,一年一度的微鲸全国核心用户答谢会在安徽合肥展开,商家、粉丝用户及微鲸的合作伙伴数百嘉宾悉数到场。微鲸科技总裁邓礼帆发表了题为《拥抱变化快乐前行》的演讲:"2017 年,互联网电视行业愁云惨淡,折腾不断,但微鲸三年沉淀的品牌和口碑都给团队巨大的信心,微鲸初心不变,2018 继续携手小伙伴快乐前行。"2016 年,互联网电视行业掀起了一股竞争热潮,而今,互联网电视领域的竞争开始"去泡沫化",各大行业玩家趋于理性,2017 年不论外资、国产、互联网品牌都过得不好,但 2018 种种迹象表明,行业正在回暖,产品结构也在向更高品质转型。

"微鲸在消费者心目中拥有科技和娱乐的属性,有年轻品牌的标签。美好生活催生新需求,拥有颜值,能够向用户提供健康、便利,让用户感到快乐。"这才是微鲸前行的最强动力吧。

链　接

微鲸大事记

2015 年 11 月 19 日　微鲸"WOW PLAY"发布会在北京 798 艺术区举行,并成功发布 43 寸互联网电视新品"小钢炮"WTV43K1(针对年轻人开发的产品)。

2015 年 12 月 12 日　双十二期间,微鲸 43 寸小钢炮销量持续领先,一炮而红。

2016 年 3 月 3 日　推出第三款 50 寸新品智能电视微鲸 W50J,外号刺客。

2016 年 3 月 21 日　微鲸春季发布会"放肆精彩"在上海举行,推出旗下第四款新品智能电视微鲸 55 英寸 Pro。

2016 年 4 月 25 日　鲸科技在北京召开发布会,正式公布了微鲸 VR 战略,并阐述了具体的硬件产品及内容策略。微鲸科技将联手 Jaunt 与 NextVR,在影视内容与体育直播内容的制作上进行更直接的技术合作，并基于华人文化的内容资源共同打造 VR 平台。

2016 年 4 月 25 日　微鲸科技推出旗下首款 49 英寸高清互联网电视——微鲸 W49F。

2016 年 6 月 15 日　微鲸科技推出旗下第二款 40 英寸高清互联网电视——微鲸 W40F。

2016 年 8 月 1 日　"更好的"微鲸电视周年启航发布会在北京举行，微鲸电视旗舰机型 78 英寸"天幕"发布。

2016 年 10 月 20 日　微鲸科技推出首款 1 秒自动对焦的智能投影——微鲸投影魔方 K1。

2017 年 3 月 8 日　微鲸电视二代斩获 REDOT 红点奖，实现奖项大满贯。

2017 年 3 月 9 日　中国家电及消费电子博览会上，微鲸科技宣布与美的智慧家居达成战略合作，充分发挥各自在用户、技术、资源、渠道、营销等领域的优势，在智慧家庭服务领域深度探索。

2017 年 4 月 5 日　微鲸科技发布了全面升级的智能语音电视 2.0 高端产品——醉薄 A 系列，同时微鲸科技 CEO 李怀宇宣布微鲸全线产品也将进入 2.0 时代。

2017 年 5 月 11 日　微鲸在北京召开媒体沟通会，宣布与体奥动力、飞猫影视合作，用 VR 形式对 2017 年中超联赛进行直播。

2017 年 7 月　微鲸电视 D 系列 79 上市。

2017 年 9 月　微鲸电视 D 系列 65 上市。

2018 年 3 月 8 日　中国家电及消费电子博览会 AWE 上，AWE 微鲸美的再携手，"黑白配"强势升级"微鲸智能"赋能家庭硬件。

2018 年 3 月　微鲸投影 M1 凭借"斯堪的纳维亚风格"几何八边形独特设计，一举摘得 2018 年 iF 设计大奖。

2018 年 3 月 15 日　吉利汽车吉客智能生态系统发布会上，微鲸科技联合吉利共同发布了一款能实时收看新闻视频的"智能车机屏幕"。

启发思考题

（1）当前智能电视行业的竞争现状是怎样的？

（2）微鲸的商业模式是什么？其关键在哪里？

（3）微鲸的业务是以智能电视为主，那么它是如何在智能电视行业脱颖而出的？

（4）除了智能电视，还有哪些可以到达用户的重要手段？

（5）在竞争激烈的智能电视行业，微鲸的未来会如何？

案例 15

蔚来汽车：
未来能否与特斯拉一较高下？

编者语：用资本的力量撬动行业变革

目前，全世界的汽车行业正在经历一场前所未有的深刻变革，新能源、互联网、人工智能是其中三个重要的关键词。中国"互联网造车运动"始于 2014 年，各路互联网企业搅动传统汽车行业，蔚来汽车便是在这场热潮中快速发展起来的新兴品牌。互联网对汽车制造业的介入并不是简单地体现在投资上，而是强调汽车作为互联网资源的载体，通过互联网操作系统、大数据、通信、导航、云计算等互联网资源的整合，打造线上、线下相结合的智慧出行服务系统。

如此庞大的行业，如此颠覆性的变革，需要强大的资本支持，接近 150 亿的强大吸金能力正是蔚来汽车的一大优势。有了资本便有了人才，有了前沿技术开发、产业全球布局、资源深度整合，也支撑起了蔚来与特斯拉一较高下的野心。要实现这个目标，不仅需要资本，更需要在可能没有任何参照的情况下探索创新，从研发、生产、销售、品牌、盈利模式等多个环节打造"汽车智造"产业链。

本案例由华东师范大学经济与管理学部的徐欣怡和颜炳瑾撰写，由于企业保密的要求，在本案例中对有关名称、数据等做了必要的掩饰性处理。本案例只供课堂讨论之用，并无意暗示或说明某种管理行为是否有效。

摘　要：本案例以中国市场为背景，从蔚来汽车出发，探究其是否能和已成为新能源汽车行业典范的特斯拉形成强有力的竞争。首先给出互联网汽车的定义，然后从蔚来汽车出发，通过企业介绍初步了解蔚来汽车的资本、核心团队等情况；其次从定位、研发、产能与交付、销售四个方面将蔚来汽车和特斯拉进行多方位对标，分析蔚来与特斯拉的盈利模式；最后就蔚来 ES8 和特斯拉 MODEL3 进行实例分析，以期为我国初创互联网车企在实际的市场竞争中的应用发挥切实可行的作用，增强企业核心竞争力提供思路和建议。本案例的目的主要是启发案例使用者对新能源汽车行业乃至互联网汽车行业的"产业链"和"竞争力"进行深入思考。

关键词：蔚来汽车；特斯拉；新能源汽车；体系对标；竞争力

15.0　引言

近日，蔚来汽车董事长李斌在参加北京车展时表示，蔚来是特斯拉的竞争对手，也会对特斯拉的中国销量造成一定地冲击，量产车 ES8 将在 5 月开始实现交付。蔚来 ES8 是蔚来旗下首款量产智能电动汽车，于 2017 年 12 月 16 日正式上市并开启预订，定位高端 7 座 SUV。

与此同时，有蔚来汽车内部人士向媒体透露了一份盈利预测信息。资料显示，蔚来预计将于今年实现整车 3 万辆的销量以及 114 亿元的营业收入，虽然在盈利方面，蔚来或将面临 51 亿元的亏损，但在未来三年之内，公司有信心扭亏为盈。

蔚来汽车的即将交付结合对外透露出的盈利预测，真是有些耐人寻味。要知道，作为行业先行者的特斯拉迄今都没有真正实现盈利，究竟是什么样的实力给予了蔚来自信：迄今还没有车辆交付，却宣布要在 2020 年内实现盈利？蔚来汽车和特斯拉相比，蔚来的"未来"可以成为中国的特斯拉甚至超越特斯拉吗？

15.1　国内互联网汽车的热潮

一直以来，中国汽车产业与德国、美国、日本等汽车大国的汽车制造业包括技术水平、制造工艺水平、品牌价值等方面相比有很大差距，处于追赶态势。对于国产品牌来说，传统汽车工业起步得较晚，与合资车的差距即便是越缩越小，但仍有不小的距离。

而新能源动力的出现，特别是特斯拉的成功，让不少人看到了新能源领域的巨大潜力。新能源汽车产业的崛起，给了我国快速赶超的机会，甚至能够实现"弯道超车"。目前，中国新能源汽车销量占到全球市场的 50%，成为全球最大的电动汽车市场。

从 2014 年开始，国内便掀起了一大波互联网造车热潮，这里边又以各路互联网巨头的加入，尤为吸引人。史称：互联网造车运动。在这一波运动中，涌现出了很多新兴的造车企业。而蔚来汽车就是在这一巨大的热潮下新兴的全新品牌。

当我们谈论互联网汽车时，其实泛指了两种略有不同的汽车。

其一，是传统汽车厂商推动的，在传统汽车上能够实现车联网、高速互联网，甚至自动驾驶等功能的汽车，其依然是传统汽车的功能拓展。

其二，是指众多互联网企业宣布进入汽车行业后，参与设计、制造的汽车，相较传统车厂的互联网汽车，其更强调车是互联网资源的载体，更类似于电子数码产品。

这里借用上汽与阿里合作时对于互联网汽车的描述，将互联网汽车定义为以最终用户体验为导向，能够充分集成互联网企业的操作系统、大数据、通信、导航、云计算、娱乐等资源的汽车,在其硬件背后,更有一个开放融合互联网和大数据。围绕用户的车生活,整合线上线下资源,为用户提供智慧出行服务的互联网汽车生态圈。

互联网的核心模式之一是"免费＋长尾",即免费模式加长尾理论,通过核心业务免费吸引大量的用户,提高用户满意度,用长尾理论来寻找新的商业模式。未来的智能汽车也许会借鉴这一模式,智能汽车本身可以少赚钱或者不赚钱,获取大量用户,精心维护用户的忠诚、黏度和好评度,当智能汽车真正成为移动入口的时候,长尾市场将会为汽车厂商带来源源不断的衍生利润。

这也是明明知道造车难度很大,蔚来汽车等一众造车新势力依然一头扎进来的主要原因。但硬币的另一面,李斌以及其他造车新势力们则很少提及,即日渐收紧的时间窗口。

政策方面,政府在发放了 15 张新能源造车的生产资质后,已经暂停发放,对于新进入者的门槛大大提升;传统车企们早已在新能源汽车领域准备多时,2018—2020年也将是中外车企巨头密集推出新能源车型的时期。

同时也是最重要的,创业的残酷性就在不远的前方。近年造车新势力的队伍不断扩容,据不完全统计,目前已多达 60 多家,其中获得 BAT 垂青的不仅仅蔚来汽车一家,还有威马、小鹏等,都在忙着招兵买马,快马加鞭推进"造车大业"。但大家心里都清楚,几年之后能够存活下来的也就 3～5 家。尽管蔚来汽车已经在造车新势力中抢先一步推出量产车,但为了争取最终胜出的 3～5 张优胜者牌照,唯有与时间赛跑,以最高效的方式整合资本、营销、研发、制造等多方资源,争取更多成功的机会。

15.2　互联网汽车的一股"清流"

"造车是一件很'烧钱'的事,没有 200 亿的资金准备,最好别想进来。"这是蔚来汽车的发起人之一李斌曾经说过的话,也是互联网造车最实际的情况,没有充足的资金,汽车根本造不起来。那么我们先来看看蔚来这个集众多大佬资本于一身的"宠儿",他的资本究竟有多雄厚。

李斌曾表示,造车需要足够多的钱,还有足够多的时间。因为用 5 万块钱不可能造出宝马来,也不可能付 5 000 元的月工资招全世界最好的工程师。要造出好车,在研发制造、零部件采购上就要舍得投入;还有品牌,要打造一个高端品牌,同样要舍得投入,店面不可能建在胡同里,而且一开始就要面临跟宝马、奔驰、奥迪等传统高端品牌竞争。

15.2.1　资本圈造就的"吸金"能力

20 年的创业经历,让李斌积累了一个强大的朋友圈。据媒体不完全统计,2014年开始,李斌以易车为依托,密集投出了 4 亿美元,共投资了 32 家互联网汽车服务公司或产品，囊括了汽车媒体、汽车电商、整车制造、汽车后市场、移动出行服务以及汽车周边服务等与车相关的领域和行业。

涉足整车制造无疑是李斌"出行帝国"版图上最重要的一环，但也是难度最大的一环。他说服"朋友们"投资蔚来的理由则是：汽车行业这么大的变革浪潮，你不能缺席，这么大的事，你怎么能不在里面呢？

这样的游说理由不能不说非常吸引人，除了最开始与李斌一拍即合的原汽车之家总裁李想，蔚来汽车的投资人名单中还包括：腾讯 CEO 马化腾、京东 CEO 刘强东、小米 CEO 雷军、高瓴资本创始人张磊、顺丰总裁王卫，近年最火的中国商业大佬一大半都被李斌拉过来为蔚来汽车背书。除了一众互联网企业，据李斌表示，蔚来汽车共有包括红杉、TPG、国开行、招商银行、兴业等中外知名投资机构共 56 个投资人。如此庞大的投资团队，给蔚来在渠道以及宣传方面大开方便之门。

2017 年，共有 7 家互联网造车企业获得了融资，其中，蔚来汽车在 3 月份获得了由百度资本、腾讯领头的 6 亿美元战略融资，在 11 月份获得了由腾讯领投的 10 亿美元 D 轮融资。自 2015 年开始到 2017 年，蔚来汽车共完成了 6 轮融资，融资总额高于 143.19 亿元，吸金能力在国内一众造车新势力中遥遥领先。

15.2.2　"豪华"高管，全球布局

正如《天下无贼》里那句经典台词所言："21 世纪什么最贵？是人才！"

手握海量资金的蔚来汽车，旗下的 2 000 多名员工来自 40 个国家，分布在圣何塞、慕尼黑、伦敦和上海等 12 座城市。其中，位于硅谷中心区圣何塞的北美总部负责智能网联及前沿驾驶技术的研发；位于"世界汽车设计重镇"慕尼黑的是蔚来的全球造型设计中心，至于伦敦的未来车队总部则负责 FE 项目和 EP9 超跑项目；而上海主要是研发中心和用户体验中心，负责整车的研发制造以及营销、用户服务等。每个领域由一位 VP 和公司项目管理团队直接负责，李斌参与所有重要决策。

不难看出，蔚来汽车从一开始就摆出了全球化战略布局及资源整合的架势。并且，为了在一定程度上弥补了其作为汽车行业"新面孔"缺乏造车经验的短板，蔚来给自己配备了一支"王者之师"。

首先是国外高管，包括，联合总裁马丁·里奇（Martin Leach）曾是玛莎拉蒂全球 CEO、福特欧洲总裁、马自达全球董事总经理，在伦敦举办发布会的蔚来超跑 EP9 就是由他一手打造；首席发展官、蔚来北美公司 CEO 伍丝丽（Padmasree Warrior）曾是思科全球首席技术与发展官、摩托罗拉首席技术官，目前她也是微软、自动驾驶行为分析公司 Zendrive 的董事会成员，主要负责蔚来汽车全球软件开发以及北美公司的全面管理。

国内方面，联合创始人、总裁秦力宏曾是奇瑞销售公司副总、龙湖地产执行董事兼首席市场官；另一位联合创始人、公司执行副总裁郑显聪在汽车供应链板块有着丰

富经验,此前曾任玛涅蒂马瑞利中国区总裁和菲亚特中国董事长兼总裁、菲亚特克莱斯勒亚太区副总裁以及菲亚特金融公司董事长;而来自万宝龙前中国区董事长的陆晓明则掌管蔚来的用户体验;江铃执行副总裁钟万里和来自宝马的一位全球高管将负责制造环节。

而把这些人聚到一起的,正是蔚来汽车的创始人、董事长李斌。

在创立蔚来汽车之前,李斌的身份是国内最大的汽车类垂直网站之一易车网的创始人。自 2000 年创办易车网开始,其已经深耕汽车行业十多年,已然从与汽车厂商、经销商以及消费者等的接触中,积累了大量经验,从而形成了对汽车行业的深刻理解。

2014 年创办蔚来汽车前后,李斌又密集投资了 30 多家汽车或出行相关的公司,其中包括优信二手车、摩拜单车等明星企业,曾一度被称作"出行教父"。在汽车出行领域有着丰富的经验,使李斌比起纯粹的"造车门外汉"更易获得投资人的信任。

以上提到的这些人物没有一位是所在领域的"nobody",单看他们的履历和不难猜到的薪水便能发现蔚来的野心。

15.3 蔚来 VS 特斯拉

15.3.1 战略定位

特斯拉(Tesla)的火爆引起了我们对于电动汽车更多的思考。Tesla 不是第一个做电动汽车的,但是前者鲜有能像 Tesla 这么成功的电动汽车案例。一时间,成功者总是能够吸引更多的注意力,研究 Tesla 的人不胜枚举,Tesla 成为汽车圈子和科技圈子里上好的谈资。

Tesla 的成功主要的原因是,它有很明确的核心定位,即电动车本身不是定位,高端豪华、电动、四门、很酷的跑车才是定位。

豪华和高端,证明其特定客户群体有比较强的消费能力。

电动,就是希望能够彰显它的环保理念,对科技的开放态度也表达了对未来负责任,对环境负责任的情怀。

四门,是因为这是一辆商务和家庭用车,不是两门的小众人群是使用的。

轿跑,就是说驾驶这个车的人对性能是有需求的,是很注重驾驶体验的人。

最后连一起就是一个具有消费能力,并且崇尚环保,拥抱高科技,对未来负责任的情怀的商务人士,并且对驾驶有比较高追求的商务人士。这个人群是特斯拉比较关注的消费群体。有了这样一个清晰的定位以后,其潜在客户可以清晰地知道这就是自己想要的车,这是符合自己的驾驶取向和需求的车。

特斯拉独特的市场定位,和绝大多数新能源汽车生产商从起步的时候就致力于生产"能够进入寻常百姓家"的新能源汽车的"平民路线"不同。特斯拉反其道而行之,定位于高端不差钱客户。也许这不是主流市场的定位,只是利基市场,然而在电动汽车发展初期确是最准确的定位。

电动汽车本身造价较高，以比亚迪 E6 为例，售价 30 万多，减去国家补贴，也得 20 万多，这种价位也无法被大众接受。与其这样，不如把它定位到能够被接受高端的市场，更准确地说不差钱的人群。购买力的问题就解决了，加上豪车元素、科技元素、环保元素，解决里程问题，以上能很好满足这类人群的需求，与动辄几百万上千万购买豪车相比，花更少的钱，抢先开上不烧油的车，也是很拉风的事情。这样美国富豪们、大明星们争先购好的情景不奇怪了，因为这是一种时尚。在一个并不成熟的市场找准自己的定位，成为 Tesla 火爆的助力。

要做中国特斯拉的蔚来汽车，官网也给出了明确定位：互联网＋电动汽车＋从高端到中低端＋赛车技术向民用技术的过渡。其中可以看到大量有关蔚来车队在各种电动方程式赛事上的新闻以及无人驾驶的消息。透过这些，我们也可以清晰地看出其从高端市场发力，逐步向中低端扩展的战略目标。

参加国际汽联电动方程式是蔚来汽车一步非常不错的棋。既可以借由比赛打出名气，节省一大笔宣传费，也可以验证自己的在电动车上的储备技术。实验室里的技术到量产车辆之间有很长的路要走，而赛车是很好的验证和积累经验的方式。

蔚来的第一部车定位是一台电动高端跑车，而高端跑车的爱好者一般都好赛车技术这一口，不然你以为为什么保时捷每年要投入那么多钱去参加各种赛事。

同样，较小的产能也有利于蔚来在质量稳定性上积累经验。

蔚来先于 2016 年发布了一款体现强劲动力表现的限量超跑，为之后发布的纯电动 SUV 打开市场，纯电动 SUV 才是蔚来真正的量产产品。产品以极致用户体验为目标，旨在创造全新出行的生活方式。产品定位从高端切入中端，对应高级纯电动车产品相应的用户定位（一线城市高学历高收入人群），思路清晰，市场可期。

15.3.2 研发

新能源汽车面临的一个问题就是"里程焦虑"。"里程焦虑"是指驾驶电动汽车时因担心突然没电引起的精神痛苦或忧虑。作为新能源汽车关键技术之一的动力电池，其技术水平是影响新能源汽车发展的关键。动力电池的成本、技术、制造等水平，决定了新能源汽车的成本、续驶里程、性能、舒适度等。

正是因为行驶距离短并且补充能源时间长，导致了很多人都难以接受纯电动汽车。纯电动汽车使用不便，正是因为这两个问题刚好撞在了一起。未来的纯电动汽车想要发展普及，甚至淘汰掉传统燃油汽车的话，这两个问题至少要解决其中一个。要么，续航里程超过 1 000 公里，只要它超过普通消费者长途驾驶的极限距离，就可以承担起中远距离驾驶的重任；要么，补充能源的速度大幅提高，如果充电的体验接近加油的话，相信也会有不少消费者能够接受纯电动汽车。

因而在购买电动汽车问题上，电池的续航能力无疑是消费者购车时考量的一大重要因素。实际上进入 2018 年以来,就"续航里程"这一问题,电动汽车市场风起云涌!

先是吉利、比亚迪等国产厂商将十几万售价电动车的续航里程升级到了 400 公里,拉高了行业门槛。然后又是捷豹、奥迪、保时捷等豪车巨头相继推出量产/准量产电动车型,在兼具品牌与性能的同时,也非常默契地将豪华电动车的续航标准定在了 500 公里,掀起了新一轮的里程大战。

在上有传统豪车巨头 500 公里高级车型,下有自主品牌 400 公里平民车型的双重挤压下,蔚来采取的则是非常规动作,一是在对 ES 8 的销售上推出电池租赁的方案,售价减免 10 万;二是希望通过建设换电站以及推出充电无忧的服务来解决用户的里程焦虑与充电问题。相较传统车厂而言,蔚来的解决方案降低了用户单次购车需要付出的资金,更多地考虑了用户的使用体验,这一点值得肯定。但蔚来的电池租赁每月的租金为 1 280 元,消费者每年付出的租赁成本为 1.5 万元,用车时间尺度稍微拉长,这一租赁方案的价钱并不低。并且,选择电池租赁方案将严重影响原车的二手车价值,最后,中国的新能源汽车补贴是跟续航里程挂钩的,如果车辆没有电池,那续航里程就是 0,理论上是拿不到任何补贴的。也就是说,如果 2018 年补贴额度不变,那么租电池也就比买电池便宜了 2.74 万元,相当于 21.4 个月的电池租金。

不过,如果以动态的眼光来审视这个问题,租电池在未来是一个不错的选择。到 2020 年,中国将彻底取消新能源补贴,那么租电池就实实在在比买电池便宜了一大笔钱。而且电池的技术在不断发展,买回来的电池在不断贬值,而租用的电池则有升级的可能。

另外一方面,蔚来推出换电方案。实际上,换电技术并不新鲜。目前在北京运行的部分电动公交车就采用了换电技术,在杭州和海口等城市,也有一些电动出租车采用了这项技术,但是它们的规模都不大。然而蔚来却坚定地采用"一款电池包打天下",大胆推行电池系统平台化,似乎是铁了心要推动换电计划。

要知道过去所有国内外换电模式都以失败告终,只有北汽新能源在出租车市场目前推广的换电模式还是成功的。连在全球新能源汽车如日中天的特斯拉推广的换电模式也以失败结局,可见推广换电模式难度非常大。要推广换电模式最大的一个难点就是电池标准不统一,而解决这个问题最好的方法就是所有的车都是用同一款电池包。

蔚来汽车在发布会上公布了宏大的换电计划,到 2020 年要布局 1 100 座换电站,以 3 公里为服务半径,在各大城市部署自动换电站。为了顺利推进此项计划蔚来采用了一款电池包打天下的策略,这种模式有利有弊,至于实际效果如何,我们只能拭目以待了。

换电、充电车与传统充电桩相结合,确实能够在很大程度上弥补蔚来 ES8 在续航里程方面的短板,在城市里完全不用担心了,但是出远门可能还是会面临一些困难。另外,换电站和充电车同时也会带来成本的飙升,对于一个新品牌来说,这无疑是巨大的负担。蔚来的这一整套方案能不能跑通,目前还存在疑虑。

15.3.3　生产

2016 年 4 月，蔚来汽车与江淮汽车签署了《制造合作框架协议》，确认江淮代工一期产能 5 万辆的计划。彼时，江淮发布公告称，双方将全面推进新能源汽车、智能网联汽车产业链合作，预计整体合作规模约 100 亿元。另外，蔚来汽车创始人、董事长李斌表示，"蔚来将与长安共同成立一家合资公司，全面合作包括研发、生产、销售、服务和供应链等各个领域。可以肯定的是，我们与长安的合作，不是第二个代工厂的概念，而是将一起研究一种全新的模式。"2017 年 4 月 9 日，在长安汽车北京房山工厂，蔚来汽车与长安汽车共同签署战略合作协议，双方将在智能网联新能源汽车领域开展全面且深入的合作，共同推动智能化服务和新能源汽车的发展。

时隔一年，两个不同的合作伙伴，两种不同的合作模式，在笔者看来，蔚来汽车的模式虽不能说是完全正确，但至少目前可以说是很符合其自身发展的特色了。

蔚来汽车作为一家全球性新能源汽车企业，一直宣称以产品技术研发和打造极致用户体验为核心。而其创始人来自互联网企业，公司本身又具备移动互联属性，移动互联企业的典型特征就是轻资产，如 BAT、传统的门户网站以及滴滴这样的新兴企业，都属于轻资产模式，因此自成立初期蔚来汽车就打算把自己做"轻"。

作为涉及平台、技术、管理、生产、营销方面等全产业链的传统车企，则属于典型的重资产模式，尤其是自建生产基地，包括土地、厂房和设备都需要很大的投入，这对于像蔚来汽车这样的初创企业来说是难以承受的，因此它们选择了一个能把企业做轻的、新的生产模式——代工模式。

代工模式的出现，可以让像蔚来汽车这样没有生产资质，却又具备正向研发能力的初创车企存活下来，同时还能解决它们产能过剩以及经验不足等问题，最重要的是会减少初期的投入，但同时也带来一系列问题。一般来说，代工厂不能只为一个品牌代工，如果是为多个品牌同时代工，那还涉及产品交付周期的问题，跳票或者产能不足对品牌形象的影响会很大。在看到代工模式的种种弊端之后，蔚来汽车打算两条腿走路，即代工模式和自建工厂，这也就有了跟长安汽车的合作，这是蔚来汽车对于自身模式的反思，其中也体现了优势互补的原则。

从目前的行业现状来看，汽车代工模式还不成熟，其弊端也让蔚来汽车有所忌惮，作为一个初创企业，抵抗风险的能力尚未建立，更需要稳扎稳打，因此蔚来汽车选择了一条代工和自建工厂并存的模式，在笔者来看，蔚来汽车走向了模式正确，要成为一个严格意义上的汽车企业，工厂、研发、销售、售后以及供应链一整套体系必不可少。

相比之下，特斯拉从创业之初就选择了自建工厂，过去 10 年间，特斯拉从一个野心勃勃的新星成长为全球电动汽车行业的领军者。特斯拉的超级工厂，几乎能够完成从原材料到成品的全部生产过程，除了驾驶杆等少量部件从戴姆勒购买，几乎所有零件都自给自足。其四大制造环节：冲压生产线、车身中心、烤漆中心和组装中心有超过 150 台机器人参与工作，整个工厂几乎都是机器人。

但是过于自动化的加工反而给特斯拉带来了问题。随着 Model 3 车型生产的不断滞后，特斯拉 CEO 马斯克在今年当地时间 4 月 13 日发布推特称，"特斯拉工厂的过度自动化是个错误。确切地说，是我的错误。人类被低估了。"券商 Bernstein 的分析师在 2 月发布报告称，过度自动化正在毁掉特斯拉。该报告写道，马斯克将特斯拉位于加州 Fremont 的工厂几乎全部自动化，而这正是特斯拉不能迅速扩张的原因。正是这些机器人导致特斯拉无法足够快地生产备受市场期待的 Model 3 车型。

面对产能不足这一问题，马斯克在当地时间 5 月 2 日，第一季度财报电话会议上透露特斯拉将于四季度前公布全球第二座超级工厂事宜，也计划宣布在中国兴建超级工厂的地点。其实去年就有报道，特斯拉与上海市政府达成协议，在当地建设自己的生产厂。马斯克当时表示，特斯拉在中国的工厂计划于 2020 年投产，每年生产数十万辆汽车。根据此前消息，特斯拉计划在中国主要生产 Model 3 和 Model Y 高端 SUV 车型。而中国作为全球最大的新能源汽车产销市场。在业内人士看来，特斯拉在华建厂后将降低至少 20％的成本，从而直接降低产品的终端售价，对其在中国市场的销量将有较大刺激作用。

不论是自建工厂，还是代工模式，其实没有完美的生产模式，每种模式都有其先天的缺陷，而根据各自企业的发展特点降低成本，找到适合自己的生产模式，才是最重要的。

15.3.4　销售

特斯拉从诞生之日起便以创新和颠覆者的姿态受到业界瞩目，这其中就包括一直坚持的"线上销售＋线下体验和服务"的直销模式。特斯拉的直销模式的主要操作流程：车型了解、意向购买→门店体验、预约试驾→官网预订、支付定金→工厂接单、定制生产→支付尾款、车辆交付。

事实上，采用直销的模式与大部分汽车主机厂普遍采用的经销商 4S 店销售模式是有很大不同的。采用直销模式，接单生产，可以有效降低产品库存和资金占用，收到的定金又可以进行生产组织。通过直营门店，可以减少与消费者之间的隔阂，获得最直接有效的信息反馈，以提高产品的适应性和快速应变能力，进而提升产品的市场竞争力。

但是，有利就有弊，直销模式，需要自建体验店，因为体验店重在线下展示、体验和集客，地点通常选择在城市中心或人群密集地，购地或租店成本很高，再加上高大上的装修，需要花费高昂的建店成本和运营维护成本。

再看蔚来，也是将通过两种方式让消费者认识或购买这款车，首先是线下的用户中心（可以理解为展厅），蔚来已经在北京开业两家用户中心，在用户中心消费者可以与蔚来旗下车型进行零距离接触；线上渠道，消费者可以通过 APP、线上客服或官方网站进行购车。至于交车，由于取消了销售环节，交车仪式也将打破常规。既可以选择在用户中心交车，也可以自行定义交车地点，方式更加趋向于场景化。

按照蔚来汽车的设想，消费者有需要就通过 APP 与蔚来汽车沟通，公司帮你解决用车时候遇到的问题。蔚来汽车将采取上门代办的业务，可以在用户上班等汽车闲置时间帮忙完成保养维修，遇到事故公司会派人协助处理，保险、充电等都将由蔚来汽车包办，用户只要享受服务。这样不仅节省了维修空间，更加用互联网思维解决了客户的痛点。

在产品未到，概念先行的行业现状下，很多新兴品牌都提出过创新的销售和售后模式。蔚来的理念十分具有互联网思维，也十分超前。蔚来的销售模式结合市场的发展、消费形态的变化、自身企业的发展阶段和产品定位，和特斯拉相比，运用互联网思维似乎使蔚来的销售服务更加的人性化。在 2017 年新车上市之后，对于蔚来这套销售/售后体系的检验和考验都全面开始，能否给消费者带来期待中的体验，将会直接影响到蔚来用户的口碑积累。

15.4　盈利之谜

说到互联网企业，人们首先关注的就是盈利模式。那么，这些互联网车企靠什么盈利呢？如果靠卖汽车赚钱，互联网车企在规模与技术等方面显然无法与传统车企抗衡。因此这些车企大多宣称将以卖"服务"盈利，像滴滴、外卖 APP 一样先培育"流量"，再通过其他多方向的业务躺在流量上赚钱。这一类似于互联网企业的盈利模式，也决定了这批车企不管后期能否赚钱，前期一定很烧钱。

作为世界第一大汽车市场，中国毫无疑问是汽车巨头们的兵家必争之地。在电动时代来临之际，特斯拉就加紧了进军中国的脚步。不过，面对特斯拉的超级光环，特斯拉的中国对手蔚来汽车显然并不畏惧，它已经准备好与美国电动巨头展开厮杀。

特斯拉主要还是以售卖汽车以获取盈利。但是特斯拉自建立 15 年来一直处于亏损之中，不是因为特斯拉销售业绩不好。反之，就特斯拉 2018 年第一季度财报显示，特斯拉汽车相关业务的毛利率达到 27.4%，接近三成的毛利率，还让特斯拉获得全球"最会赚钱"的汽车制造商称号，只是赚来的钱都被"烧"掉了，支出一直大于收入，特斯拉仍然处在输血式的商业模式中。

但众所周知，汽车由于研发和制造一次性投入的成本高，需要规模化的生产和销售来摊平成本，直至盈利。而由于极低的制造效率，特斯拉的销量、营业收入和营业成本不成正比，才导致其长期处于亏损当中。只要特斯拉能实现快速生产，就不仅可以获得大量的现金，并且可以扩大公司生产规模，降低制造成本并实现盈利。

相对于特斯拉，蔚来汽车的一大优势就是政府扶持。据了解，眼下蔚来汽车每辆车都能拿到政府 4.8 万元（人民币）补贴，同时不同的城市还有各自的补贴政策。每当媒体问李斌"蔚来靠什么赢利"时，而李斌则把"用户体验至上"挂在嘴上，一句"我前几年不打算挣钱"搪塞过去。然而,"近期不打算挣钱"和"持续不断地亏欠"是两码事。京东也在亏损,但是大家看好自建仓储的商业模式,所以投资人愿意投钱。

但是蔚来这种商业模式,看不到盈利的任何希望,投资人还争着往里投钱,脑子都坏掉了吗?答案显然是否定的。当一个人说"不在乎钱"的时候,其实往往"所图甚大",他看中的是比钱更重要的东西,而那个东西能够给他带来更多的钱。蔚来也告诉我们"不差钱","尽情烧",但是这时我们就要想了,蔚来"所图甚大",图的究竟是什么呢?

经过一番深入思考后,终于想明白了。蔚来压根就没打算挣用户买车的那点钱,而是后续的服务费用,而且多半是会以"会员费"的形式收取。类似于蔚来电池租赁的服务,但是其服务换成了其他的服务,比如维护、保养、换电甚至保险等业务。

首先是"能量无忧"业务,其服务费用为 10 800 元/年或 980 元/月,购买后每月可享受 15 次的上门充换电服务,并提供"免费"的 1 000 度电/月来抵扣蔚来 ES8 充电产生的电费,并有机会免费升级新的容量电池。

其次便是"服务无忧"业务,其服务费用为 14 800 元/年,购买后享受有效期内的"免费维修"、60 000 公里内车辆全部保养、太平保险公司提供的交强险/100 万三者险/70 万乘员险的三项保险、24 小时内免费代步车、每月流量升级 15 GB 以及不限次数的专人上门取送车保养服务。

至此,是不是一种恍然大悟的感觉?这就不难想明白蔚来为什么要坚持换电而不是充电了。如果用户自己充电,就与蔚来断开了联系,蔚来的服务就失去了吸引力;而选择换电,则蔚来将用户和自己紧紧地捆绑在一起,不能分开。

在后续的运营商,可以通过买车后送一年或半年会员服务(类似于通用的安吉星服务),让用户体验服务并培养用户习惯。到期后,告知用户需要缴费了,否则将会停止这种服务。用户将会怎么选择?

讲到这里,我们可以发现,蔚来利用了几个有关消费者心理的信息不对称,巧妙地将电动车的各种成本(包括心理成本和实际成本)拆解后重新组合,把成本放到成本最小化的地方,把收益放到收益最大化的地方,从而既改善了消费者体验,也为自己争取了更多利益:

首先是贴现率不对称。消费者对于当下的支出远比未来的支出更为敏感。

因此蔚来尽力将车价压低,而依靠各种服务项目赚钱。

其次是风险不对称。对于个体消费者来说,电池的风险很大。但对于一家车企(几万台车),风险其实是降低了的。这好比把鸡蛋放到不同的篮子中。

因此蔚来做了电池租用模式,使得全部电池都由蔚来所有,风险由蔚来承担,在转移的过程中风险成本其实也降低了。

最后是心理损失和心理收益不对称。行为经济学已经证明,绝大部分人都会对失去的东西更敏感,而对可能的新增收益漠然。虽然电动车的全寿命周期成本已经接近燃油车,但大部分消费者看到的是电动车更高的车价,而对于电动车使用成本的降低却不那么在意。

因此，蔚来尽力拉低车价，使得裸车车价与燃油车看齐。但同时将能量无忧、服务无忧的价格参照燃油车的用车成本定价，利用电动车在能耗成本、保养成本方面的优势，回收车价部分损失的利益。

愿意掏四五十万买车的人，自然不缺钱。对这些人而言，体验更重要，服务更重要，他们有很大的意愿去付更多的钱，享受更好的服务。比如代客充电或者维保服务，可以在 APP 上呼叫服务人员上门取车，帮忙换电或是进行维保。

这样能够给用户节省大量的时间，给社会创造更多的效益。而且这样的话，蔚来可以利用其他品牌的维修资源，从而避免集中修建面积巨大的 4S 店，省去了大量投资不说，还可以更好的优化现有的社会资源，整体上而言，社会资源的利用率提高了。

对于这些"都市新贵"的用户而言，他们怕"麻烦"远远胜过怕"花钱"。

而随着这批车主的成长和影响力的扩大，蔚来车主将成为一种代表"都市新贵"的身份与地位的象征。后续甚至会有人为了获得这种社会认可去买蔚来汽车，不过那是后来的事情了。

15.5　选"凤尾"还是挑"鸡头"

5 月 4 日，两年才举办一次的国际性车展在北京落下帷幕，这一次的北京车展上有两款新能源车型被大家关注和讨论最多，分别是蔚来 ES8 六座版本以及美国特斯拉旗下的 Model 3。

蔚来的这款 ES8 和特斯拉的 Model 3 在价格定位上或许正好是对标的车型，这两款车在北京车展亮相可以说是非常有话题的。

从品牌角度来说，特斯拉作为纯电动车的佼佼者，在很多人心中被看作是身份的象征，但对于绝大多数消费者来说，无论是 Model S 还是 Model X 都可望而不可及，所以更为廉价的 Model 3 的问世，也降低了特斯拉的准入门槛，特斯拉的初衷也是希望可以有更多人可以开上特斯拉。

而对于蔚来 ES8 来说，它的出现则是相应提高了国内品牌纯电动车的上限，这一点从价格也可以看出，补贴前 44.80 万元的售价（前 1 万辆创始版不计算在内）在国内品牌纯电动车来看，无人可比。当然，蔚来 ES8 所拥有的车内科技以及相关配置也决定了其价格势必会在这个水平。所以说，随着特斯拉 Model 3 以及蔚来 ES8 的出现，可以说是无限拉近了国际品牌与国内品牌纯电动车的价格区间。

然而，作为市面上国际品牌和国内品牌价格最为接近的纯电动车，消费者势必会在这二者之间产生选择的问题，那么到底是毫无顾忌地选择国际品牌的入门产品 Model 3，还是宁当鸡头不当凤尾的选择国内品牌的高端产品蔚来 ES8 呢？接下来，我们不妨分析一下这两款车的优势以及劣势所在。

15.5.1 价格不一定有想象中美好

价格永远是消费者买车时最为敏感的话题,而无论是 Model 3 还是 ES8 的价格都至少要在 40 万元以上,那么对于这两款车的价格,究竟有没有什么门道呢? 30 万买特斯拉到底是不是一个梦?

关于特斯拉 Model 3 的价格,所有人都知道是 3.5 万美元起售,那 3.5 万美元折合成人民币是多少钱呢? 按照当前汇率计算大约在 22 万元左右,难道说 22 万就能买特斯拉了? 其实并不是! Model 3 由于需要进口,所以还要附加各种关税、运输费,再加上买车需要交增值税以及购置税(没错,Model 3 不能免购置税),这一下是不是多了不少? 网上也有人做过类似计算,大约售价 3.5 万美元最低配的 Model 3 到了中国大约会是 39 万人民币左右,当然 Model 3 还没有任何补贴。

然而 39 万最低配的 Model 3,特斯拉根本不会生产,加上各种各样的选装,包括升级续航里程、辅助驾驶、轮毂、车身颜色等等。由此如果想要得到一辆最高配 Model 3,需要在最低配的基础上多 2.5 万美元,也就是说最高配 Model 3 需要 5 万美元,再加上一系列费用,到了国内消费者手中将至少要超过 55 万元人民币。

再看看蔚来 ES8,官方在 12 月上市时共推出了 2 个版本(基准版和创始版),创始版包括了 ES8 的所有配置及功能,补贴之前售价是 54.8 万元,但只限前 1 万辆,相信早已被订购一空,所以忽略不计。而基准版作为未来正常市售的车型,补贴前售价是 44.8 万元,但却比创始版少了超过 10 项配置及功能,好在这些配置可以选装,全部选装的话价格差不多也在 10 万元左右。别忘了最为重要的一点,蔚来 ES8 作为自主品牌车型,是可以享受到国家以及地方补贴的,虽然说 2018 年的最终政策还没落地,但按照 ES8 的相关数据来看,补贴金额也至少会在 5 万元以上。

15.5.2 配置反而拖了 Model 3 的后腿

也许拿一款国内品牌的旗舰车型和一款国际品牌的入门车型来比配置显得有些不那么合适,但由于价格因素的存在,消费者对于购车价位的认同往往要高于车辆品牌等因素,所以对于 ES8 和 Model 3 来说,即便车型水平相差再大,只要价格接近,那绝对会被比上一比。

只不过因为 Model 3 到现在为止仍然没有最为详尽的车型参数,所以也就暂时无法进行详细的对比。但从现阶段的已知参数来看,Model 3 完败显然是板上钉钉的事情了,毕竟蔚来 ES8 的配置已经十分全面了,甚至全面性已经超过了 Model S,难道 Model 3 的配置可以比得过 Model S 么? 显然不能,所以也就更不用提 ES8 了。

15.5.3 关于交付,都让人心里没底

关于新车交付这个问题,Model 3 已经成为全世界都在关注的对象,从去年 7 月

首批交付以来，埃隆·马斯克此前曾说会在 7、8 月交付 1 500 辆以上的新车，年底共计可交付 20 000 辆，但没过多久就爆出了 Model 3 产能的问题，而特斯拉也确实是用行动证明了其产能确实有问题，第三季度交付 260 辆 Model 3，第四季度交付 1 550 辆，如果说产能没问题，会有人相信么？由此，特斯拉此前曾说会在 2018 年底开始交付全球市场内的 Model 3 车型，但按照这个情况来说，大面积推迟，看来是肯定的了。

而蔚来 ES8 的预计交付时间有两个时间点，创始版的交付时间是 3 月开始，基准版则是 10 月开始。虽说为蔚来代工的江淮工厂预计年产量为 10 万辆，但作为刚刚开始量产的车型，初期的生产速度究竟如何，没人知道。零部件供应链方面，会不会出现供应不足的问题，也需要时间去检验，而一旦供应链出现问题，对于蔚来 ES8 的产能绝对会是毁灭性的打击。不过好在蔚来 ES8 在初期只交付创始版车型，距离基准版交付还有 7 个月左右的时间，也足够产能逐步攀升。所以从目前状况来看，蔚来 ES8 的产能压力应该不会太大。

15.5.4　续航没问题，充电是个坎儿

以现在的三电水平来看，综合续航里程达到 300 公里以上完全没有问题，而 Model 3 和 ES8 的综合续航水平都达到了至少 350 公里以上，如果换装更大容量的电池，Model 3 的综合续航里程甚至可以达到 500 公里水平。不过，续航里程虽然可以达到消费者的使用要求，但充电就成了这两款车最需要面对的问题。

特斯拉会为 Model 3 的两个不同续航版本分别配备 55 kWh 以及 75 kWh 的电池组，也使其续航里程可以达到 350 公里和 500 公里。然而使用大容量电池所带来的充电问题，对于 Model 3，尤其是在中国的 Model 3 就显得尤为明显。所有消费者都知道特斯拉的超级充电桩对于特斯拉车主可以免费使用，但是因为 Model 3 的廉价属性，使得免费使用超级充电桩这一特权在 Model 3 上消失了，取而代之的就是 Model 3 车主使用超级充电桩需要按次收费。这样一来，虽然充电速度依旧没的说，但用车成本也就直线上升了。

至于蔚来 ES8 就考虑地比较周全，除了交流直流充电外，还计划提供换电以及充电车业务，只不过对于这两项业务，可能还需要很长的时间去发展，尤其是换电业务，虽然 ES8 在上市时公布租用电池可以减 10 万元购车费用，但是按照目前状况来看，应该没有人敢冒这个险。毕竟蔚来提出的 3 分钟换电愿望很好，可现实往往会给予当头一棒。

李斌曾提到说蔚来换电站密度要在北京这种城市提升到加油站水平，2020 年按 3 公里一个换电站的密度在主要城市部署至少 1 100 个换电站。可截止到 2017 年，北京市内加油站数量为 1 963 座，远超过蔚来 2020 年换电站的规划数量。而且蔚来换电站还会存在用途单一、市场小等问题，所以实际操作起来还是会困难重重。另外，蔚来将目光聚焦到了北上广深这种一线主要城市，像二三线城市的充换电服务该如何展开估计也是一个会令蔚来头疼的问题，所以从目前的实际情况来看，蔚来的

3 分钟换电理想是美好的,但现实却是骨感的。

15.6 尾声

通过对企业定位、产能、销售、续航、盈利,以及两个相似价位车型的对标,我们发现,中国作为世界第一大汽车市场,蔚来与特斯拉在中国市场的竞争不可避免,但是本土企业蔚来依旧具有一定的竞争力。

今年 5 月 3 日,由腾讯大学出品自制的创业访谈节目《CEO 来了》迎来首播,蔚来汽车创始人、董事长李斌作为首期嘉宾做客节目,好友腾讯汽车总监王秋凤现身主持。节目中,李斌分享了自己创立蔚来汽车的历程、创业中的心态和故事,李斌表示他并不满足只做一个代步工具,更要做"汽车中的 iPhone",让网络穿透汽车。

有人曾说,蔚来是"中国的特斯拉",以后甚至能超越特斯拉。

访谈节目中,李斌也就"蔚来汽车的起点是对标特斯拉"进行了回应,"我觉得特斯拉有的我都有,我都会。中国的创业者应该有这样的自信,可以参与全球竞争。"

"我觉得智能电动汽车这个领域以后不会有什么国外品牌的天下,没有他们的机会。因为智能电动车更依赖于本地化的基础设施、本地化的数据、本地化的应用场景,我不觉得一个美国的公司能够知道在中国充电到底是怎么回事。"

李斌的访谈不难看出其对于蔚来的信心与决心,虽然说我们自家的孩子可能还没完全长大,但外来的和尚也不一定就会念中国的经。所以,当蔚来与特斯拉在无硝烟的战场"狭路相逢"时,谁能够更具市场竞争力呢? 让我们拭目以待!

链 接

链接 1　发展大事年表

表 15-1　蔚来汽车发展大事年表

时　间	蔚　来　大　事　记
2014 年 11 月	蔚来诞生
2015 年 3 月	蔚来车队首次参加国际汽联电动方程式锦标赛
2015 年 6 月	蔚来德国公司正式成立
2015 年 6 月	蔚来车队获得国际汽联电动方程式锦标赛历史上首个年度车手总冠军

续　表

时　间	蔚　来　大　事　记
2015 年 8 月	蔚来英国公司正式成立
2015 年 9 月	蔚来北美公司正式成立
2015 年 11 月	蔚来举办第一届"蔚来杯"中国大学生电动方程式大赛
2016 年 4 月	蔚来与江淮达成百亿战略合作
2016 年 4 月	蔚来合作伙伴大会召开，设立 100 亿新能源产业发展基金
2016 年 4 月	投资 30 亿元，蔚来高性能电机生产基地于南京落成
2016 年 7 月	江淮蔚来合作项目（新能源汽车）正式启动
2016 年 8 月	蔚来车队 2016/17 赛季 FE 新车伦敦发布
2016 年 10 月	蔚来获得加州无人驾驶测试牌照
2016 年 10 月	蔚来首批高性能电驱动总成在南京下线
2016 年 11 月	蔚来在伦敦发布英文品牌"NIO"、全新 Logo、电动汽车 EP9
2016 年 12 月	蔚来新能源产业发展基金落户武汉
2017 年 3 月	蔚来发布北美战略及首款概念车 EVE
2017 年 4 月	蔚来品牌中国首秀，携 11 辆车亮相上海车展，量产车蔚来 ES8 首次揭开面纱，旗舰超跑蔚来 EP9 开启预售
2017 年 5 月	蔚来 EP9 在德国纽博格林北环赛道以 6 分 45 秒 90 的成绩创造了该赛道当时的历史圈速纪录
2017 年 5 月	蔚来能源项目落户武汉光谷
2017 年 5 月	蔚来与大陆集团签订战略协议，深化智能电动汽车领域合作
2017 年 11 月	蔚来汽车入选时代影响力·中国商业案例 TOP30
2017 年 11 月	蔚来全球首家用户中心 NIO House 在北京开业
2017 年 11 月	蔚来携手国网电动汽车公司签订战略协议
2017 年 12 月	蔚来与南方电网南方和顺签订战略合作协议
2017 年 12 月	蔚来与广汽合创新能源汽车项目——"广汽蔚来"正式签约
2018 年 3 月	蔚来获颁中国首张智能网联汽车道路测试号牌
2018 年 4 月	蔚来成为首批在北京获得自动驾驶车辆道路测试牌照的整车企业
2018 年 7 月	蔚来与博世签署战略合作伙伴协议

表 15－2　特斯拉发展大事年表

时　间	特斯拉大事记
1991 年	通用汽车研发出 EV－1,并作为第一款量产电动汽车投放市场
2002 年	通用汽车于宣布放弃 EV－1,参与 EV－1 项目的工程师艾尔·科科尼(Al Cocconi)在加州创建了一家电动汽车公司 AC Propulsion,并生产出仅供一人使用的铅酸电池车 T－Zero
2003 年 7 月	特斯拉公司成立,开始研发首款车型 Roadster
2004 年 2 月	埃隆·马斯克向特斯拉投资 630 万美元,但条件是出任公司董事长、拥有所有事务的最终决定权,而马丁·艾伯哈德作为特斯拉之父任公司的 CEO
2006 年	艾伯哈德在特斯拉官网一篇名为《态度》的开篇博客中写道:"特斯拉汽车是为热爱驾驶的人们打造。我们不是为了最大限度降低使用成本,而是追求更好性能、更漂亮外观、更有吸引力"
2007 年	危机集中爆发,而变速箱问题成为导火索
2007 年	Ze'ev Drori 接任特斯拉的 CEO 职务
2008 年 2 月	TESLA 开始交付第一辆 Roadster,最初的 7 辆车作为"创始人系列"提供给马斯克和其他出资人
2008 年 10 月	第一批 TeslaRoadster 下线并开始交付
2009 年	奥巴马和朱棣文参观 Tesla 工厂,Tesla 也成功获得美国能源部 4.65 亿美元的低息贷款
2010 年 6 月	特斯拉登陆纳斯达克,IPO 发行价 17.00 美元,净募集资金 1.84 亿美元,融资额达 2.26 亿美元
2010 年 7 月	该公司挖来了苹果的零售店副总裁乔治·布兰肯西普来负责它的零售战略
2012 年 6 月	美国加州 Fremont 的特斯拉工厂,公司生产的全新电动车系列"Model S"首辆电动跑车正式交付
2012 年 10 月	特斯拉汽车公司获得加州能源委员会一项价值 1 000 万美元的专款资金,用以生产特斯拉 Model X SUV,并进一步扩建其弗里蒙特工厂
2013 年 5 月	特斯拉宣布其 2013 年第一季度首次盈利后,一时成为全球瞩目的焦点,市值突破 100 亿美元
2014 年 2 月	特斯拉汽车发布了 2013 年的致股东邮件显示,第四季度特斯拉取得了创纪录的汽车销量,而年营收超过 20 亿美元
2017 年 7 月	特斯拉在澳大利亚打造"世界最大锂电池",预计年底前完成
2018 年 6 月	特斯拉宣布将在 9 个州关闭约 12 个光伏设施

续　表

时　间	特斯拉大事记
2018 年 7 月 10 日	特斯拉公司与上海临港管委会、临港集团共同签署了纯电动车项目投资协议。根据协议,特斯拉将在临港地区独资建设集研发、制造、销售等功能于一体的特斯拉超级工厂(Gigafactory 3),该项目规划年生产 50 万辆纯电动整车。特斯拉公司目前也正在寻求从中国当地合作伙伴筹集部分资金

表 15 - 3　蔚来汽车融资情况

轮次	时　间	融　资　方	融资金额
D 轮	2017 年 11 月 8 日	腾讯、BaillieGifford、Lone Pine、中信资本、华夏基金等	10 亿美元
C 轮	2017 年 6 月 1 日	光际资本、百度投资部、腾讯、华平投资、高瓴资本等	金额未透露
不详	2016 年 6 月 30 日	淡马锡、TPG、厚朴、联想集团	金额未透露
B 轮	2015 年 9 月 17 日	红杉资本、JOYCapital 愉悦资本	5 亿美元
A 轮	2015 年 6 月 17 日	腾讯产业共赢基金、顺为基金、京东商城、高瓴资本、易车网等	金额未透露

链接 2　特斯拉将在上海建厂

从 2015 年马斯克宣布 Model 3"国产"承诺之后,上海市就启动了和特斯拉的合资谈判。不过,特斯拉和上海市的谈判也是一波三折,主要是因为特斯拉谈判要求不让步,第一个要求就是要独资。对此上海市政府必然是不答应。谈判多次陷入僵局。

真正的转机也出现在 2018 年 4 月,国家发改委在当时的新闻发布会上宣布,2018 年将取消专用车、新能源汽车外资股比限制,2020 年取消商用车外资股比限制,2022 年取消乘用车外资股比限制,同时取消合资企业不超过两家的限制。随着中美贸易战打响,特斯拉等进口车企受到的影响巨大,根据特斯拉官网显示,在售 Model S 和 Model X 两款车型全系价格均有所上调,涨幅区间在 13.932 万~25.662 万元。环境越来越紧迫,加上产能也需要尽快释放,或许让马斯克终于坐不住了,而且攀上上海临港,也可能解决特斯拉国产对资金的渴求。

终于,2018 年 7 月 10 日,特斯拉与上海临港签署了投资协议,将在临港地区独资建厂,项目年产量达到 50 万辆整车生产规模。之所以选择把工厂落户上海临港,一方面是上海临港是个大地主,家大业大,另一方面是因为临港招商由上海市直接负责,政府主导,税费政策必然利好。此外,临港的主产业区重点扶持新能源项目、物流园区具有保税性质跟特斯拉相符。

不过,根据《财经》报道,该次签约只是特斯拉与上海方面达成协议的签约仪式,之后特斯拉仍需花大半年时间拿地、建厂。另外也存在几个疑问待解。

一个疑问是,大多数车主都认为特斯拉工厂要落地了,以后可以买到30万元的特斯拉了。那么选择独资后,特斯拉就能够避税了吗?对此,业内人士表示,特斯拉虽然在自贸区建厂,但仍然是关外模式,需要交纳25%的关税和增值税等税费,但在成本方面能够获得不少优势,包括运输成本以及人力成本,同时,采购国内电动汽车零配件也能享受出口退税减免优惠。不过对于特斯拉来说,坚持独资的目的,一是为了独享丰厚利润;二是防止技术外流。从这两方面来说,特斯拉的目的是达到了。

另一个疑问是,作为规划年50万产能的特斯拉工厂,少说也得是50亿美元以上的投入。特斯拉独资的钱从哪来?虽然特斯拉上市8年来,股价已经攀升了2000%,其市值一度超越福特和通用,被投资人赞誉为"全球最赚钱"的汽车制造商。但是持续的"烧钱"行为,使特斯拉从来没有实现过盈利。今年一季度财报还显示,特斯拉自由现金流从上一季度的负2.77亿美元,已扩大到负10亿美元。截至2018年5月,特斯拉未偿还债务已达94亿美元,其中12亿美元债务将于2019年到期。如果不进行额外融资,特斯拉难以撑过今年。对此,普华永道咨询公司分析师接受记者采访时表示,50万的产能慢慢释放,初期10万辆产能也不需要多少钱,而且地方政府也可能免费提供很多支持。由此或可推测,由于落户上海临港,特斯拉有可能因此解决目前面临的许多困难。

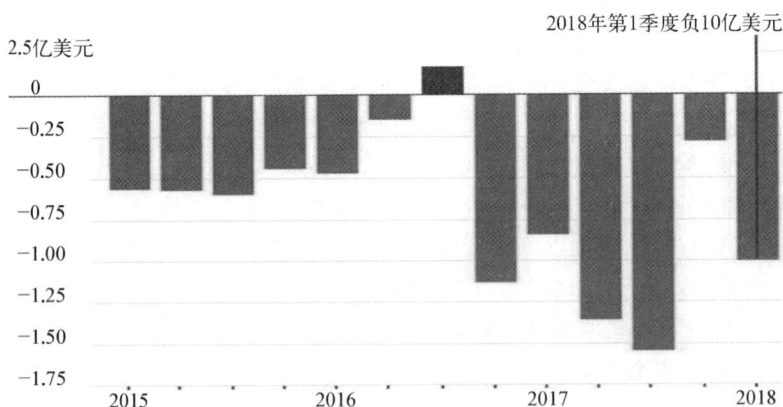

图 15-1 特斯拉公司季度性现金流分布

数据来源:特斯拉官方网站 www.Tesla.cn

而从中国市场来看,特斯拉在中国市场的销量尽管目前只有寥寥几千辆,不过中国广阔的新能源市场,对于马斯克而言依旧是"心动不已",而且在特斯拉全球50万辆的销量目标里,中国市场占据举足轻重的地位。再加上政府支持电动车的政策,以及随着新能源产品的越来越多，乐视、蔚来等新兴造车势力在新能源市场搅局，这对特斯拉而言并不是利好消息。克莱斯勒东北亚区域前主管比尔·罗素表示："如果特斯拉不完成国产化，很难一直保持现有的势头。"所以，特斯拉国产化进程势必会加快推进步伐。而特斯拉以独资的形式杀入中国市场，这也将是历史性的大事件。它不只是一条鲇鱼，更可能是一条杀伤力巨大的鲨鱼。乘联会秘书长崔东树此前曾表示，"特斯拉一直是新能源汽车企业对标的样本，相比于中国品牌纯电动车，特斯拉拥有品牌、做工和续航的优势。"背后的意思不言而喻，一旦特斯拉实现国产化，不仅是价格上形成一定优势，而在技术层面也对新兴造车实力形成压迫姿态。目前，蔚来、威马、小鹏等一大批国内新能源造车新势力还在培育期，尚未跨过新产品交付的分水岭，但接下来，马上就要进入与狼共舞的时期了。

启发思考题

（1）如何评价蔚来汽车现今的发展模式？

（2）成立仅 4 年，蔚来汽车取得如此快速发展的关键因素是什么？

（3）蔚来汽车与相似市场定位的特斯拉相比，能否在中国市场更具竞争优势？

（4）蔚来汽车后续融资是否会依旧顺利？需要关注哪些方面的核心竞争力？

（5）如果特斯拉在上海建厂并成功实现最大产能，对蔚来汽车有怎样的影响？蔚来汽车应该如何应对？

（6）蔚来汽车能否实现其在 2020 年盈利的目标？互联网汽车的未来又将如何？

案例 16
喜马拉雅：
被唤醒的"耳朵经济"

编者语：与用户共创价值

喜马拉雅是在媒体融合过程中，平台化发展成功的典范。喜马拉雅并没有依循传统网络广播的做法，即简单地将广播内容搬运到互联网上，而是将自身定位于"音频淘宝"，做有声的自媒体平台。平台化发展的关键不是自制内容，而是为用户内容生产提供传播的渠道，与用户共建平台、共创价值。平台价值的创造建立在用户体验不断提升的基础之上，喜马拉雅为此做了许多探索和尝试，包括基于大数据的内容分发、精准推送，为了提升用户内容生产的质量而建立的 PUGC 梦工厂等。此外，喜马拉雅还开创了多元的盈利模式，从流量广告、社群和硬件三个部分拓展到内容付费领域，通过深耕专业内容、强化社群关系以及音频直播、问答互动等，为用户建立了完整的知识付费体系，并使之成为企业最重要的变现渠道。

目前，中国的媒体融合已进入下半场，即从内容的融合、渠道的融合走向更为深度的平台融合、生态融合。喜马拉雅通过做音频新媒体平台，在激烈的行业竞争中异军突起，成为行业主要的领军者。下一步，如何同蜻蜓 FM 等同类型企业实现差异化竞争，如何依托人工智能抢占市场先机，如何实现媒体深度融合，不仅是喜马拉雅需要思考的问题，也是整个媒体行业转型中的关键所在。

本案例由华东师范大学经济与管理学部的孔琦和冀莎撰写，由于企业保密的要求，在本案例中对有关名称、数据等做了必要的掩饰性处理。本案例只供课堂讨论之用，并无意暗示或说明某种管理行为是否有效。

摘　要：互联网的快速发展带动了网络视频的迅猛增长，使得我们的眼睛被过度开发，声音将成为未来新的生活方式。喜马拉雅 FM 自 2013 年 3 月手机客户端上线以来，一年半内手机用户规模突破 8 000 万，两年内估值增长 200 倍，以 30 亿的市场价值创行业之最，成为国内发展最快、规模最大的在线移动音频分享平台。这些闪光的数字背后，是怎么的创业故事？喜马拉雅如何在大多数人都不看好音频产业的情况下选择这个创业方向？本案例旨在讨论在互联网尤其是移动互联网高速发展的时代背景下，创业者如何寻找创业机会、进行商业模式创新以获得持续竞争优势。

关键词：移动音频；商业模式；知识付费

16.0　引言

网络音频是一个新兴行业。在 2012 年以前,音频市场还是个小众市场,音频分享平台是一个初露尖角而尚未全面普及的全新方向。中国移动电台市场真正起步于 2010 年,在喜马拉雅上线之前,市场中已经有豆瓣 FM,蜻蜓 FM 和凤凰 FM 等多家移动电台,其中豆瓣 FM 只提供音乐内容,蜻蜓 FM 是将传统广播电台搬到网络平台上,在创立之初有"网络收音机"之称。从 2011 年到 2012 年中国移动电台市场处于探索期,大部分移动电台仅仅是将广播节目搬运到移动平台上,传统广播具有一定的听众基础制作团队也比较成熟,搬运广播内容就是换个平台播放,内容是否受欢迎是基本可以预知的。

在初创时期,喜马拉雅 FM 是跟随同行还是打破陈规？是做电台的搬运工还是做移动电台的创造者？余建军认为,如果仅仅简单地照搬传统电台内容,喜马拉雅 FM 未来很可能重蹈电台覆辙,因而喜马拉雅 FM 虽然面临着不可预知的市场反应,仍然从创立之初就抛弃了传统广播节目,采用了用户生成内容(user generated content,UGC)模式,也就是用户原创内容的模式,并以有声读物作为主要内容。而这也成为喜马拉雅 FM 日后重要的竞争优势。

移动音频 5 年的耕耘沉淀,完成音频内容基础建设,累积起来数量庞大的音频内容,通过近 2 年的迅速崛起,实现厚积薄发,向更多内容类型伸出触角,将其纳入音频内容板块当中；耳朵经济近两年在其他领域也有较大发展,例如,2016 年黑龙江卫视《见字如面》、2017 年 CCTV‐1《朗读者》、湖南卫视《声临其境》、哔哩哔哩上线 ASMR 板块等,耳朵经济已全面绽放,其他领域的发展将为移动音频提供更多内容；继 2016 年知识付费打响移动音频内容之战后,2017 年有声书有接棒之势,有声书自带海量内容、用户高渗透率、用户强粘粘、购书习惯等特性,深受到各大平台重视。经过多年的版权购买、主播培养、品牌打造,2018 年初已显现竞争之势。

16.1　"为喜欢声音的人而生"

随着移动互联网的发展,智能手机成为连接人与信息最重要方式,在这样的背景下,传统广播电台逐渐陷入低谷、艰难前行,与此同时网络音频行业进入爆发"风口期",孕育着难以估量的潜力。

在今天这样一个信息爆炸、智能家电和视觉冲击占主流的时代,随处可见"低头党"：孩子在"看"电视、"看"电脑、"看"iPad,约会时男女朋友低头刷朋友圈。我们都有一双眼睛和一双耳朵,眼睛被过度开发,而耳朵却无人照顾,"听"觉产品的重新发现无疑将减轻眼力和指尖的压力,给予每个人灵魂更多思考空间的同时,还能带给人们个性化的听觉分享。在用户的时间被迫被碎片化的同时,其获取更多信息和知识的需求也越加强烈。移动互联网催生了碎片化生活方式,为音频提供了更丰富的使用场景,声音将成为移动时代新一代的生活方式,"听"必将成为不亚于"看"的大行业。

16.1.1 确定方向,聚焦移动音频领域

喜马拉雅的创始人余建军毕业以后首先做的是软件公司,叫杰图。主要做全景软件的开发,让别人来用,是工具软件。做了这款软件以后,他想应该怎么把它做得能够让更多的人使用,不只是 ToB 的事情,而是能够 ToC。所以当时做了城市吧,他沿着采集车,把全国各地的街景都采了,有点类似于谷歌街景,但比谷歌早了一年多。他们也曾经跟谷歌谈过,希望能帮谷歌在世界各地做街景的服务,但后来谷歌选择了自己去做。

街景这块业务后来他们卖给了百度,现在的百度街景团队就是他原来的合伙人,带了一群人过去的。

余建军对 ToC 的平台产品一直有一种执念或者说是期待,城市吧是他第一个实践产品。但城市吧有一个问题,它只是一个环境,用户看完了就完了,很难产生用户与用户之间的互动。于是他就开始设想,有没有可能做一个线上的社区,里面有环境、有人物化身等。机缘凑巧,当时证大集团前投资总监陈小雨也正在寻找创业伙伴打算做类似的项目,于是 2010 年他们合作了"那里世界",并在 2011 年初接入第三方平台 51.com 开始运营。"那里世界"的意思是相对于我们生存的"这里"而言的在线"那里",里面每个人都有自己的化身,可以打招呼、握手、做表情动作、甚至组织线下活动、虚拟结婚等,是一个虚拟现实的社区。

那个项目他们一开始没考虑音视频,只做了化身和全景的部分。运营到后面觉得,如果在里面要实现跟用户之间更好的互动,应该有音视频的元素,所以在 2011 年前后,他们把音频和视频加了进去。

在这个过程中他们体会到:当时做的是直播类型的,直播要求所有人必须在一起才能玩得起来,它的用户撮合成本比较高。当时在做转型的时候,他们觉得要把直播改成点播、改成推送式的,有点像微博的形态,这样的话,就可以让用户利用他们的碎片时间,用户使用成本比较低,也比较容易撮合。技术上,直播和点播是相通的。

2012 年初,他们决定聚焦到移动音频领域,并花了三四个月时间做相关的调研:调研欧美的相关产品、用户需求、音乐人、电台主播等。

但做出这个决定之后,团队的很多人员都不看好,当时李开复正好写了一篇文章,指出语音微博是个伪命题,于是当时的技术总负责人,还有一部分技术人员和产品负责人都离职了。

当时还有一个重要的背景趋势——移动互联网开始发展,智能手机以非常快速

的出货量在增长。2012年，互联网产业发展迅速，各大视频网站抢占用户眼球，优酷和土豆之战最终以合并告终。而此时余建军将目光转向音频市场，整个创业团队都对此持有怀疑态度，电台的只能用声音向用户传递信息，在现代人的生活中，电视节目早已取代电台节目成为人们主要获取信息和愉悦身心的主要方式，由于视频对用户的吸引能力较强，投资方和广告商也更看好视频企业的商业价值。

但是余建军并不认为音频节目必定逊色于视频节目，2012年移动互联网已经开始普及，余建军想，移动互联网跟互联网到底有什么不一样？关键词就是"移动""移动"意味着互联网企业必须将视线转到用户的使用场景，从场景中挖掘用户需求，用户不仅在家和办公室上网，而可以在很多移动碎片时间上网，比如开车、挤公交地铁、做家务时，包括跑步、睡前那点时间等。余建军认为用户的这些碎片时间没被满足，而音频是满足碎片时间的一个有效媒体，虽然声音表达的信息直观度最低，但是声音有着天然的优势——解放双手和视线，具有强烈的伴随性。还有喜马拉雅FM团队观察了广播电台发展历程。广播电台一开始被电视边缘化，但随着汽车人群兴起，它又获得一个新生，同样，移动电台在汽车这个场景中可以大有作为。所以余建军觉得媒介无谓高低贵贱，只有适合不适合，只要有适合的使用场景，移动电台就一定有机会。

他们当时与想要离职的员工做了很多沟通，但他们比较难以转变，团队从五六十人变成了十多个人。6月份，他们重新开始组建团队。

16.1.2　采用 UGC 模式，重新定义电台

他们跟 SoundCloud 有同样的投资人 KPCB。SoundCloud 是欧洲的项目，在美国也做得很好，去年估值大概七八亿美元。SoundCloud 更多的是以音乐为主，欧美很多独立音乐人创作音乐节目，可以在上面互相评价、分享。余建军他们走的是类似的模式，但音乐比重很小，更多的是语言类节目。

2012年初，他们在做调研时发现，欧美人群从小就有音乐教育的传承，很多人都是多才多艺，创作也非常茂盛。但在中国能够小时候就懂音乐、懂编曲的人几乎没有，这样产出率就会很低，也没办法培养用户习惯。他们作为 UGC 的平台，在除了音乐人之外找到了另外一个很重要的族群——网络主播及传统电台 DJ。传统电台 DJ 及网络主播们在 PC 时代做了大量的节目，但实际上，当人坐下来可以看也可以听时，会更倾向于选择视频和文字。他们相当于是直接跟最红海的视频和移动阅读竞争，所以一直火不起来。

在推出喜马拉雅电台以后，等于给他们雪中送炭。网络主播的影响力比起整个互联网网民来说，很小很小。但对于他们自己的小族群来说，他们有自己非常铁杆的用户。当其产品出来之后，本身就带来了一些种子用户。

喜马拉雅把他们的内容放到移动场景中去，让他们被更多的人听到，而他们的粉

丝也可以被平台吸引。选中种子用户后,喜马拉雅开始进入一个良性的循环——越来越多的粉丝可以收听到他们的节目,也带动越来越多的人进行节目创作,从而带来更多的粉丝。

传统广播电台里面,由专门的人做节目,可以称之为封闭式生产,它不是社会化生产。我们的平台做出来以后,每个人都可以自己上传自己的节目,手机上也可以录音直接做节目,也可以直接配背景音乐,这是喜马拉雅的第一个服务。另外,喜马拉雅非常快速地发展,有大量的用户,产品里又提供了社交的元素,可以评论、点赞、分享,这样做节目的人也挺有成就感。喜马拉雅提供了粉丝参与互动的可能性,使之得到充分互动和被认可的满足。

这也是个比较重要的原因,就是让用户有动力去传播。这个传播不光靠喜马拉雅来做,用户自己也在上面不断地加分。

移动互联网其实跟木桶原理很相似——如果有一个短板,水就会漏走。比如即使产品、UI做得美轮美奂,但市场、运营跟不上就不行。喜马拉雅一直对这个行业保持如履薄冰的状态。

产品体验好是基础,用户规模是吸引主播来到喜马拉雅平台的原因,主播越多内容就越丰富,又进一步带动了用户满意度的提升,这是一个良性循环。他们也一直在对产品进行不断的优化和改进。

这是一个全方位的竞争,从产品、运营、市场都需要尽善尽美。当很多地方都往一个地方使劲的时候,掀起的浪会远远超过你看到的努力。

很多APP,可能在产品上有亮点,或者在某一种运营资源上特别有优势,但它最后却没办法在竞争中成为领跑者,就是因为它没有协同和联动起来。

余建军对自己的定位是"音频淘宝"。他说:"未来我们希望能把喜马拉雅打造成一个有声自媒体平台。这对媒体人来讲,是一件挺有价值的事情。我们站在新的有声媒体的风口上,媒体人越早进来开始经营自己的东西,就越有可能爆发。新媒体平台竞争非常激烈,而媒体人可以通过专业化、细分化,成为细分品类的权威。我们同时会提供流量推广、数据统计分析、商业变现等服务。"

16.1.3 基于大数据的精准推送

公开数据表明,喜马拉雅FM目前活跃用户的日均收听时长已达到103分钟。平均一天听1小时43分钟,这一数据足够惊人,甚至要高于如火如荼的视频行业。用户使用时长的飞跃,正是用户黏度大幅增强的表现。据喜马拉雅FM相关负责人表示,这与2015年第3季度上线的"猜你喜欢"功能密不可分,用户可以收到根据自身兴趣量身定做的内容推荐,它的背后则是一整套基于大数据的个性化推送系统。

喜马拉雅FM也是音频行业内最早启用大数据技术的内容平台,并成立了专门的算法团队,基于音频内容的传播特点针对搜索及推荐算法进行系统性地研发。用户的每一次点击和搜索，以及其他各种行为，都会被记录下来产生数据，然后再基于年龄、性别、地域、职业等维度建立用户兴趣图谱。

用户兴趣图谱既能用于个性化内容推荐、广告投放、商品推送等各种用途，也能被主播及运营团队用于节目内容的质量判定，同时平台也可对数量庞大的主播进行优劣筛选，构建主播自动孵化体系。

"喜马拉雅知道每个人的画像，可以根据不同的用户个性、包括不同的场景来推送内容。内容付费很明显比广告来得更加有效，或者更加受用。整个量级和体验会更好。谷歌出了谷歌 home，将来内容产品通过智能音箱的分发也是一个巨大的浪潮。"喜马拉雅 FM 联席 CEO 余建军说。

有了大数据指导下的定制服务，喜马拉雅 FM 用户真正实现了"听你想听"。比如你爱听养生类节目，那么与养生有关的其他节目会自动出现在你的 APP 首页中，广告推送内容同样会尊重受众的个性。换句话说，用户需要快速找到自己想听的节目，而主播也需要对听众进行精准定位，大数据的运用大幅提升了平台的撮合效率。

这在很大程度上优化了用户体验，音频作为伴随性媒体，更懂你的"伴侣"属性也得到了用户的强烈认同，于是用户黏度大幅增强，直接体现为使用时长的飞速增长。

相比于文字和视频内容，音频的使用成本更高，因为文字可以一目十行，视频可以快进浏览，但音频只有试听一段时间后才知晓是否感兴趣。

这就意味着，用户获取其所需的优质音频内容，可能需要耗费多次试听与搜索的时间，容易造成不太友好的用户体验，久而久之甚至会放弃对音频平台的使用。

而喜马拉雅 FM 借助于大数据的运用，实现了更精准、高效的内容匹配，将用户的使用成本降至最低。

音频作为移动互联网时代的唯一伴随性媒体，拥有着图文、视频等无可比拟的丰富使用场景。在开车、睡前、做饭、健身等场景中，由于用户的双眼被占据，只能通过听觉来获取信息与放松娱乐。

因此，喜马拉雅 FM 对大数据技术运用的另一方面，体现在满足用户在不同场景下的不同收听需求。比如在你睡觉前，它推荐你一则温馨小故事或者助眠音乐，让你欣然入眠；在你起床后，它知道你即将开始忙碌的一天，为你推荐最感兴趣的晨间新闻；而在你开车遇见塞车时，它会推荐你最喜爱的歌曲或者脱口秀以缓解你的不快。

一个公认的行业事实是，大数据顺应了互联网内容消费的千人千面，已成为新媒体平台竞争制胜的关键。例如，在新闻资讯领域迅速崛起的"今日头条"，便是利用大数据满足用户个性化阅读的经典案例。

所以今日头条 CEO 张一鸣预言："在下一个五年中，将有越来越多人的兴趣、行为被投影到网络世界，当数据越来越多，机器就会越来越懂我们。"这就好比谷歌的 AlphaGo 围棋人工智能系统，它却可以不知疲倦，每时每刻收集、分析、判断数据，能够大规模的抹平信息的鸿沟。

在音频这样一个最需要大数据底层支撑的领域中,在其他竞品还只是在做一些初步尝试的时候,超前发力的喜马拉雅 FM 已和今日头条一样,充分尝到了"海量内容积累,分发无限细分"的大数据红利。随着未来用户使用时长的进一步攀升,届时音频将从小众应用真正成长为大众应用。移动互联网多屏时代,人们的眼球已被过度开发,而耳朵却没有得到很好的照顾,随着喜马拉雅 FM 所引领的移动音频进一步走向大众,可以想象的是,未来"耳朵经济"或许将迎头赶上,并与"眼球经济"并驾齐驱。

16.2 唤醒"耳朵经济"

16.2.1 PUGC 的梦工厂

从音频行业的后起之秀,迅速成长为国内最大的音频分享平台,喜马拉雅 FM 用了不到两年的时间。基于 PUGC 生态战略所形成的主播生态链,是其最大的制胜法宝。

PGC(Professionally-generated Content)是专业化内容产品,UGC(User-generated Content)是普通用户上传生成的内容,将 UGC 内容培养成 PGC 的内容,侧重内容生成,就是 PUGC(Professional UserGenerated Content),即专业用户生成内容。喜马拉雅 FM 是国内最早布局 PGC 的音频平台,内容来源主要以 UGC + PGC + 独家版权组成,以此形成层次丰富的 PUGC 生态战略。

在内容生成上,喜马拉雅 FM 作为平台方的核心资产是主播与版权。据相关资料显示,其在一年前就已积累了超过 400 万草根主播入驻,并从其中选出八万认证主播,还设立喜马拉雅大学对主播门进行专门培养。喜马拉雅从内容服务到数据分析、推广、商业化,最后到多层空间和基金的服务,为主播提供一条龙服务,让他们能够做更好的节目,有更大的名气和更多的收入。但余建军表示刚开始在做这个平台的时候很头痛,每一个人每一天会上传很多节目,现在一天有好几万条节目,鱼龙混杂,根本不知道某个节目好还是不好。

通过多次讨论,余建军团队最后确立了两个指标,一个是完播率,即一个节目有多少人是听完的。好节目通常完播率会很高,达到 60%~70%,不好的节目则是 10%~20%,因此完播率可以作为判断一个节目质量好不好的标准。另外一个是留存率,主播节目每周更新一期,听完第一期的人有多少会听第二期,有多少会听第三期,就是节目的留存率。通过这两个数据,后台程序可以很方便地判断这个节目好不好,这个主播有没有潜力,该给他多少推广资源,以及如何来匹配这个资源。

另外,喜马拉雅 FM 还会从通过加 V 认证等审核手段对内容、主播严格筛选,到为主播、自媒体人提供包括资金、资源、培训、服务和工具在内的一系列支撑条件,再到商业化造就成熟的盈利模式,喜马拉雅希望将那些有潜力成为专业人士的草根主播都挖掘出来,助力他们实现梦想。

为了维持在内容上的优势,喜马拉雅 FM 还在版权上投入了大量资源。2015 年 7 月,喜马拉雅 FM 也与腾讯旗下的阅文集团签署了版权合作协议,获得了阅文集团大量版权作品的有声改编权。截至目前,其已与国内 9 家一线图书公司签订了独家内容合作协议,与大量知名自媒体人或公司签署独家排他协议,郭德纲、罗辑思维等知名 IP 所生产的音频内容,只能在喜马拉雅 FM 一家平台上收听。自马东开始,吸引吴晓波、葛剑雄、龚琳娜等一众名人产出内容,成为喜马拉雅 FM 在变现上的核心能力。

PUGC 生态战略集合了 UGC、PGC 的双重优势,有了 UGC 的广度,通过 PGC 产生的专业化内容能更好地吸引、沉淀用户。在 PUGC 战略的部署下,现在国内的声音创作人员,大约 60%～70%进驻喜马拉雅平台;目前,平台上 70%～80%体量的电台内容由 UGC 构成,还有约 30%来自同内容生产机构进行互惠合作,如《财经郎眼》《逻辑思维》《晓松奇谈》等,这些不仅整体上提高了平台的内容水准,同时让用户能够随时随地获取自己想要的音频内容,解决了用户在不想使用眼睛的场景下获取信息不便的痛点。

16.2.2　电台行业的淘宝

喜马拉雅 FM 联席 CEO 余建军常用"声音的淘宝"来形容喜马拉雅。2017 年 12 月 3 日 24 点,第二届喜马拉雅 123 知识狂欢节落下帷幕,其官方公布的"战报"显示,为期 3 天的知识狂欢节内容消费总额达到 1.96 亿元,是 2016 年首届 123 知识狂欢节消费总额的近 4 倍。

喜马拉雅 FM 方面表示,用户付费只是开始,平台如何为用户提供深度的知识吸收场景才是重点。知识付费平台需要通过深耕专业内容、强社群关系维护打造完整体系。据悉,喜马拉雅 FM 现已有平台社群、音频直播、问答互动,并支持退款,为用户提供知识付费的完整体系。

1. 真正的变现模式

如果要追溯喜马拉雅进军知识付费领域的起源,那时间或许可以往前推移到一个马东在望京撸串的夜晚。那天晚上,马东和他的团队有了一个想法,想做一个教人如何讲话的节目。经过讨论,他们内部确定了这档节目的形式应该是音频。于是,马东给喜马拉雅 FM 的联合创始人余建军打了一个电话。

"是我们求喜马拉雅的。"谈及最初与喜马拉雅的合作,在接受媒体采访时,马东如是说道。之后,马东的团队和喜马拉雅 FM 的团队在北京—上海两地飞了两次,双方一拍即合。没过多久,《好好说话》这一档付费音频课程就在喜马拉雅 FM 正式上线。同一天,喜马拉雅 FM 的首个"付费精品"专区也正式上线。也正是从那天起,喜马拉雅 FM 加入了知识付费的赛道。

然而,在进入知识付费领域初期,喜马拉雅 FM 内部也曾有过犹豫。在当时,短视频很火,图文很火,但他们不知道的是,用音频的形式做知识能不能火。不过,在经过三个季度的实践之后,"我们总结出来的第一条就是,音频一定是知识的良导体。"在此前的采访中,喜马拉雅 FM 副总裁张永昶如是说。

以 2016 年 6 月上线付费音频课程《好好说话》为起点,喜马拉雅 FM 正式进军知识付费领域。从 2017 年 123 知识狂欢节的战绩来看,在过去一年半的时间里,在知识付费这一赛道上,喜马拉雅快速发展。数据显示,截至 2017 年 6 月,喜马拉雅 FM 上已有马东、吴晓波、龚琳娜、华少、乐嘉等 2 000 多位知识网红和超过 10 000 节付费课程。此外,去年 6 月,其官方公布的 2017 年以来付费用户的月均 ARPU 值(企业从每个用户所得到的平均收入)已超过 90 元,该数值与腾讯休闲游戏 ARPU 值接近。

在进军知识付费赛道之前,喜马拉雅的收入主要来源于流量广告、社群和硬件这三个部分,"2017 年下半年,我们就发现整个内容付费的收入就已经超过了流量广告、社群、硬件这三块的总和。"此前,喜马拉雅 FM 副总裁张永昶透露,"我们做了四年的时间,终于找到了真正的变现模式。"

2. 谁在为知识付费

喜马拉雅 FM 的后台数据统计显示,在所有付费用户中,25 岁至 34 岁的付费用户已超过七成,其中 90 后的付费比例最高。对 90 后来说,付费阅读、为内容买单、花个几百块钱来订阅课程,这些在以前看来似乎低频的事情,正在逐渐变得习以为常。随着越来越多的 90 后、95 后愿意为知识买单,内容消费正成为年轻人群的消费新宠。

这场消费总额 1.97 亿元的知识狂欢盛宴,也印证了上述趋势。30 岁以下的年轻用户已经成为这场知识狂欢的主力军,贡献了其中 60% 左右的销售额。据统计,这些年轻用户,更偏爱购买个人成长类、商业财经类、教育培训的课程。

在 2016 年 123 知识狂欢节畅销总榜中,《蔡康永的 201 节情商课》销售额超过千万,位列榜首。排在第二是新东方前教研组长刘东欣的《不一样的新概念 2+3 合集》。从细分榜单来看,教育培训、人文历史、儿童、女性情感的课程销售额延续了 2017 年以来的快速成长趋势。

当 123 知识狂欢节来到第二个年头,不难发现,用户已经从当初的冲动买单,到更多地因为优质内容做出理性选择,甚至不再拘泥于眼下的收获而是更放眼于长期的回报。

在用户需求变化的背景下,喜马拉雅 FM 亦涌现出越来越多以陈志武、蒙曼等为代表的从事传统教育的行业专家、知名学者转行知识付费的"大师课"。在这一届 123 知识狂欢节中,蒙曼、陈志武、肖星等多位高校名师的课程均刷新了销售新高。整体而言,这些"大师课"凭借在内容上的独特吸引力正在不断接近明星课程,成为年轻人最受欢迎的付费内容之一。

与此同时，随着需求的细化，平台内各个垂直领域的知识网红不断涌现。根据易观发布的《中国知识付费行业发展白皮书 2017》表明，头部内容引领的多元内容群峰效应正在凸显。在喜马拉雅 FM 上，奢侈品、红酒这种小众需求也逐渐受到欢迎。随着用户整体规模的扩大，内容的需求将日渐多样化，垂直细分领域的课程拥有更多想象空间。

16.2.3　智能终端中的新"声"活

如果说营销有万能药的话，那就是找到一个具有共性的情感洞察点，然后将它演绎到极致。小雅的火恰恰是抓住了"孤独"这一点。音频的一大特征就是伴随性，几乎可以叠加到各种生活场景中，作为一个人生活的陪伴。

1. "孤独是种病，小雅是解药"

2017 年 6 月 20 日，喜马拉雅专门为小雅举办了一场"孤独发布会"。当喜马拉雅思考如何挖掘"孤独人群"洞察的时候，很多共鸣冒了出来，于是大家一致决定：何不为这些人写一首歌呢？于是《孤独是种病》作为孤独发布会主题曲，应运而生。它也是史上首个人和机器共同参加录制的歌曲。不同于其他的广告歌曲，这首歌全程无广告，且专门收录孤独患者那些扎心无助瞬间，唤醒大家的共鸣而形成转发。发布会后几小时大量媒体自媒体纷纷转发《孤独是种病》，而《人民日报》微博的转发更是将 MV 推向了风口浪尖，激发全网风潮，短短瞬间，冲上微博话题榜，MV 播放量突破九千万，又一只"神曲"诞生。而发布会结束半个小时内，第一批 5 万台小雅音箱就售罄了。也火成"爆款"。截至 2017 年底，出货量近 20 余万台。喜马拉雅 VP 李海波透露小雅的出货量已名列国内智能音箱品牌前三。

2. 为什么做智能音箱

喜马拉雅 FM 内部曾经多次论证过这个项目，也引起过一些争论，最终由联席 CEO 余建军亲自拍板决定上马人工智能。内部对该项目的预期是，探索内容转电商的新盈利模式。

为什么做小雅？因为喜马拉雅的核心使命是用声音分享人类智慧，让有声内容如水电一样，无处不在，随取随用。从生态分发场景上来说，喜马拉雅分发布局可以总结为三"上"（"车上""路上""床上"）——分别对应三大核心用户场景。

2015 年 12 月，喜马拉雅 FM 与上汽、比亚迪、宝马等数十家车企深度合作，将应用程序内置到车载娱乐系统中，推出了改善车内娱乐生活的智能硬件"随车听"，是通过众筹的方式进行，24 小时内众筹总金额达 123 万元，并荣获淘宝众筹风尚榜第 1 名、人气榜第 5 名、土豪榜第 6 名的成绩。最终众筹超过 6 万笔订单，金额高达 731 余万元，得到了市场的肯定。据统计，截至 2015 年底，全国机动车保有量达 2.79 亿辆，其中汽车 1.72 亿辆；机动车驾驶人 3.27 亿人，其中汽车驾驶人超过 2.8 亿人。目前国内城市道路拥挤状况的加剧，路上花费的时间不断拉长，车载场景又具有良好的收听环境，音乐、电台应用将作为丰富的内容支撑，发展前景非常可观。因此，以考拉FM、喜马拉雅FM、多听FM、蜻蜓FM等为代表的电台应用都在主打用户车内场景收听，除了与多家汽车品牌商达成前装合作外，也在通过推出智能硬件进入车载市场，加大移动电台对车内场景的布局。

从终端硬件来看，除了绑定喜马拉雅FM平台内有声内容外，还兼容了QQ音乐、网易云音乐等一些主流音乐播放软件，并支持百度地图、高德地图等汽车导航应用，用户在车内操作更便捷，良好的娱乐体验得到用户喜爱也是情理之中。因此，像喜马拉雅FM、多听FM和考拉FM又通过智能硬件进入车载市场的电台应用，低成本的绑定了用户，让用户延续了从手机到开车收听电台的习惯。最后要强调的是，目前，做好音频内容、做好产品是各家厂商都该努力去做的事情，得用户者得天下。

"路上"的则主要由移动APP承接。"床上"则是指居家场景。之前推出喜马拉雅inside，与小米、京东、联想、海尔、美的等国内外一线品牌合作，作为其智能家电的核心内容模块，让用户在不同的家庭场景中更方便地获取声音内容。在整个过程中，喜马拉雅INSIDE一直扮演的是"内容仓库"的角色，但经过2年的市场实践发现：仅有内容，没有内容服务，是无法满足用户的收听体验的，这也是为什么在小雅AI音箱问世前，国内没有真正一款爆款智能音箱。而这次的小雅AI音箱则是在此基础上分发升级的一次示范——从"内容仓库"到"内容服务"的升级。

目前喜马拉雅FM的官方天猫店内销售的商品包括了车载MP3、家庭智能音箱、耳机等多个品类。硬件销售也已经成为与APP广告、内容付费齐平的三大营收来源之一。但对于"耳朵经济"这门生意来说，硬件更大的意义在于场景。

车联网、智能家居等爆发所带来的硬件入口变化，其实与移动音频有着天然的连接属性。而且音频本身有碎片化特征，也非常符合移动互联网的特性。而拥有足够好的内容与分发技术之后，打通设备链条，让音频"连接一切"，则为未来留下了巨大的空间。

直接与喜马拉雅FM智能音箱有竞争关系的几家国外企业分别是：Google、苹果和亚马逊；国内的竞争对手则包括了百度、京东和Rokid等公司，大家都知道人工智能是未来趋势，所以巨头们也在争抢赛道，人工智能这个市场的竞争未来恐怕会比共享单车和二手车更激烈。

国外来看，前不久苹果在WWDC大会上公布了备受期待的智能音箱HomePod，Google和亚马逊也早在美国市场推出了智能音箱GoogleHome与亚马逊Echo。国内来看，京东此前与科大讯飞共同推出了智能音箱产品叮咚，不过因为科大讯飞无法运用京东的数据做语义分析从而提高语音识别率，因此产品体验并不好，创业公司Rokid在一周前发布了第二代智能音箱产品。此次喜马拉雅与猎虎星空合作的产品,则要直面来自这几家公司的竞争。

未来喜马拉雅 FM 以及合作伙伴猎户星空能否登顶人工智能市场？没人知道,但他们的进入终于点燃了智能音箱这场大火,并且用实际行动向我们证实：语音互动成为互联网与物联网的下一个入口。

16.3　竞争激烈,困难重重

16.3.1　竞争格局渐渐明晰,蜻蜓喜马拉雅成头号玩家

近日,喜马拉雅 FM 宣布,将推出"万人十亿新声计划",未来一年将投 10 亿基金扶持音频内容创业者。这一"效仿"今日头条、百度的举动,展露出这家音频分享平台的野心。APPSTORE 的榜单上,目前喜马拉雅排名 58 位、蜻蜓排名 281 位、荔枝排名 303 名(企鹅 FM 在 559 位),三家基本平分了电台音频类 APP 市场。

在模式上,喜马拉雅 FM 以比较"传统"的"UGC ＋ PGC"生产内容引用户,目前激活用户量高达 4.5 亿,主播总量超 500 万。以"广告盈利 ＋ 内容付费"为主要盈利模式,并辅以部分硬件收入,但其也表明并不想依赖硬件赚钱,而是想通过音箱等硬件提升用户黏性。蜻蜓 FM 则是在 2011 年 9 月正式上线,2015 年提出"PUGC"战略,大规模邀请意见领袖和自媒体人入驻并制作发布音频节目,同时对接大量的广播资源。但其未开放用户上传,但也没有放弃直播模式,在"UGC"上显得颇为踟蹰。"广告盈利 ＋ 内容付费"的大模式未变,但对比喜马拉雅,其没有硬件收入,则多了和运营商的合作分成。

在用户量上,除了喜马拉雅 FM 公布自己的 4.5 亿用户量外,蜻蜓 FM 表示自己的用户数量为 3 亿,荔枝则称拥有 1.5 亿的用户。依照各方自己提供的数据,喜马拉雅 FM 和蜻蜓 FM 在规模上已经开展"近身肉搏"态势,二者注册用户虽有出入,但相差不大。据统计,以高晓松的《晓说 2017》为例,依节目整体 40 集"开始""完结"两个时段的播放量(取前五集和后五集均值,截至 1 月 16 日),蜻蜓 FM 的数据从 7 000 万到 2 000 万;而喜马拉雅 FM 的数据从 5 000 万到 1 000 万。但该节目的平均评论数量蜻蜓 FM 仅为 100 到 200 之间;而喜马拉雅的平均值则在 500 左右。二者评论数/播放量的比例相差巨大,是否某一方数据存在问题不得而知。

从资本上看,喜马拉雅 FM 于 2016 年 11 月完成 C 轮的融资(据鲸准数据,C 轮两笔融资一笔为 6 000 万,另一笔未披露),至 2017 年中旬,其创始人兼联席 CEO 陈小雨透露估值已经达到 120 亿。蜻蜓 FM 则在 2017 年 9 月完成了 E 轮高达 10 亿人民币的融资,同时刷新网络音频行业的单轮融资纪录。值得关注,喜马拉雅 FM 在 B 轮融资的背后有小米科技和阅文集团;蜻蜓 FM 的背后则是百度、经纬中国和小米、顺为资本。如果说二者背后的"巨头"分别是小米 ＋ 腾讯、小米 ＋ 百度(荔枝 FM 也曾经获得小米 2 000 万美元的投资)。二者的资本实力在伯仲之间。

从模式、用户、资本上都看不出喜马拉雅 FM 和蜻蜓 FM 的区别,二者同质化竞争非常明显,如果没有荔枝那样果断转身的情况下,"近身肉搏"的格局已经基本确定。

"移动音频市场格局已经差不多定下来了。"前创新工场投资经理,现小米科技投资部、MIUI 生态负责人孙志超告诉娱乐资本论。经过往日攻城略地的争夺,喜马拉雅、蜻蜓最终成了该领域的两大主角、头部玩家。

但竞争丝毫未减。

从最初在有声电台、有声阅读方面对版权的抢食,像喜马拉雅与阅文集团、众多出版公司、热门节目合作;蜻蜓拿下金庸小说等文学版权,合作中央人民广播电台等;如今,到知识付费、人工智能的布局,双方都不遗余力。

16.3.2　蜻蜓"后知识付费"能否后来居上

2016 年,被称为知识付费元年。

4 月,值乎横空出现;5 月,分答、知乎 live 热闹攘攘;6 月,《李翔商业内参》推出,罗辑思维下的"得到"走红……各种各样的知识付费产品接连不断在市场冒出。同年 6 月 6 日,移动音频玩家喜马拉雅也正式加入这一风口,上线精品付费区,其中马东的《好好说话》上线一天销售额破 500 万。时隔半年,喜马拉雅又在 12 月 3 日启动了中国第一个知识内容狂欢节——123 知识狂欢节,仅 24 小时,销售金额达到 5 088 万。到了 2017 年 6 月 6 日,喜马拉雅又推出了"付费会员",会员月费 18 元,年度会员 188 元,价格与视频网站会员相仿。最终,喜马拉雅会员日共召集 342 万会员,产生知识消费 6 114 万元。

等到蜻蜓 FM 进军知识付费领域,已经是一年后的事情。尽管晚了一年,但经其推出的高晓松《矮大紧指北》《蒋勋细说红楼梦》等独家付费音频内容,依旧来势汹涌。其中,《矮大紧指北》上线一个月付费用户就超 10 万人,流水过 2 000 万;后者上线三个月以来收入超过 500 万,约 10 万人次订阅。

蜻蜓 FM 副总裁郭嘉不愿意将自家平台上的付费内容归结为知识付费,他更倾向于称其"内容付费"或"后知识付费"。换句话说,喜马拉雅上更多是教你如何创业、致富、说话、理财的"硬"内容,蜻蜓则偏重于人文、历史、艺术的"软"内容,"不会告诉你应该怎么做,更多是陪伴和更高级的文化消费,随着消费升级,人们的这种需求也会越来越多,"郭嘉表示,蜻蜓希望做的是泛文化课程,"知识付费强调的是有用,后知识付费强调的是美好"。

无论知识付费,还是内容付费,不可否认的是,这一商业形态对于互联网音频行业的意义。在此之前,整个行业的想象空间更多局限在广告上,市场容量一眼望到底,"有了付费这个概念之后,天花板一下子就拉起来了,从一个普通人有可能长成姚明,而且可能出现很多姚明,这是付费带来的价值。"蜻蜓 FM 总裁钟文明说。

　　至于知识付费，前瞻研究院曾根据腾讯财报公布的相关用户数量做过估算，假设用户年人均消费 199 元，市场规模在 480 亿左右。另外，钟文明也曾经让团队测算音频市场规模，预计 2020 年将达到 1 000 亿元。

　　但现实情况，离百亿还相差甚远。据郭嘉透露，目前蜻蜓的营收主要还是来源于广告，"去年广告收入有 1 个亿，基本上可以把成本给 cover 掉，不过，之前更多是流量广告，今年会重点推和内容相关的植入广告、音频贴片、冠名等。"喜马拉雅 CEO 余建军也说，付费内容占比比较小。

　　因为对于平台而言，头部内容数量有限，规模化不断生产爆款内容是一个考验，其次，更多长尾内容并没有被利用起来。仅仅依靠几档优质头部内容，销量有限，而这些产品往往都有周期性，比如一档节目 100 多期，一旦更完，很容易导致平台出现真空断层。

　　最重要的是，经过一年的市场验证，用户的付费意识不断提高，另外，用户也变得越来越挑剔，"就像电影一样，一开始烂电影都有很多人看，随着观众品味提高，就不会再看"某音频平台内容 CP 说。

　　但进入知识付费的玩家却源源不断，像网易云音乐、豆瓣、新世相等纷纷抢食蛋糕，"付费用户有限，产品又多，用户被摊薄，所以接下来考验的是各家的内容够不够精细、优质。"

16.3.3　人工智能领域的"火药味"

　　在蜻蜓 FM 对外宣布 10 亿融资，提到本轮融资金额的用途时，其中包括人工智能领域。而此次投资方包括百度，"百度在人工智能方面走得很快，所以这也是蜻蜓拿百度钱的原因。"郭嘉解释说。

　　其实，早在 2014 年，蜻蜓 FM 就与百度汽车有所合作，现在，还加入了百度 DuerOS 开放平台。2017 年 7 月，蜻蜓 FM 成为 Apollo 计划中传统广播电台收听的独家合作方。

　　而谷歌、苹果、微软、百度等国际巨头的纷纷布局，使得人工智能的战火越烧越旺，智能音箱则成为这些公司抢滩的领地，关于音频入口成 AI 新风口的讨论也喧嚣热烈。据由 Strategy Analytics 发布的调查数据，2017 年智能音箱的全年销量可突破千万台级别，未来 5 年时间内其产值就能达到接近百亿美元的规模。

　　2017 年 6 月份，喜马拉雅 FM 发布的"小雅"的智能音箱，被称为第一款全内容 AI 音箱。近日，余建军首次对外公布了"小雅"音箱的相关数据：上市两个月，卖出 10 万台，人均互动次数 20 次，人均每日收听市场大于 100 分钟。

　　但是，如果你以为喜马拉雅想通过硬件销售赚钱那就大错特错了，这一数字根本支撑不起规模。喜马拉雅之所以要做小雅智能音箱，其实并不是为了抢占所谓的智能家居入口，也不是想靠硬件赚钱，而是想通过音箱延长用户在喜马拉雅主站上的在线时长,从而提高用户对喜马拉雅 FM 的黏性。

无论是人工智能还是智能音箱,都是大业务,未来都是属于大公司的,像喜马拉雅、蜻蜓这些音频平台最重要的是为人工智能提供内容。

智能分发或许是知识付费的最终形态。

"现在互联网音频行业的出路还是要继续做大规模,"孙志超说,同时,他也表示,如何规模化也是这个行业接下来的竞争所在。如前面提到的,整个音频市场规模在 500 亿量级,但现实却与之大相径庭。

"目前的付费内容定价已经不低了,不可能通过提高价格来扩增市场,只能靠增加付费用户。"但现在最好的《矮大紧指北》付费人数也不过 10 万人。无论喜马拉雅还是蜻蜓,他们的内容更多是在自己平台上做分发,"平台上用户数量是有限的,而一旦潜在付费用户挖掘完毕,就只有那么多。"

"之前和大的流量平台并没有打通,而音频想再上一个平台,必须和 BAT 大的平台打通。"郭嘉表达了类似的想法。而现在局面正在打开,无论布局人工智能,还是与其他平台、大号合作,他们对内容分发越来越重视。

音频内容的分发接下来应该走向智能化,而算法推荐或许是其终极形态,识别用户需求,完成精准匹配,"通过大数据统计,音频内容越来越精准地找到对应的潜在付费受众。"

而最容易让人想到的便是以算法推荐为主的像今日头条这类智能分发平台,所以,这种方式一旦被音频平台掌握其中,想象无可穷尽。

而关于知识付费的故事,正如余建军所说,一切才刚刚开始。

16.4 喜马拉雅的未来

喜马拉雅 FM 近日宣布,将于近期正式发布"万人十亿新声计划",预计未来一年将投 10 亿基金扶持音频内容创业者。

在宣布计划的同时,喜马拉雅还发布了含郭德纲、王耀庆、杨澜、姚明、郝景芳、梁冬、蒙曼等众多大咖参与的近 20 个 IP。

对于知识付费崛起后,是否也有一些 IP 面临着销量和播放量不高的情况,喜马拉雅 FM 希望建成像 App Store 一样,做节目的主播就像上架的 APP。

"作为平台方建立一个利益分享模型,是给主播提供一个舞台,一起推广、分享、商业化,形成利益共同体。喜马拉雅 FM 提供'知识网红'聚集的平台,在喜马拉雅平台内,不是只有'一个山头',而是'群峰',每个细分领域的知识网红能够占领各自领域的山头,有各自的粉丝和用户。"

喜马拉雅 FM 的重点主要还是在于加固音频生态壁垒,不断丰富内容,提升撮合效率,进一步完成场景深耕;除此之外,之后重点工作还有帮助平台主播实现"微创业"，将为内容创业者提供包括内容服务、数据分析、推广、商业化等一系列孵化服务，并进一步完善生态圈打造，这也是提出万人十亿新声计划的初衷。

喜马拉雅 FM 联合创始人、联席 CEO 余建军认为，声音是一个人工智能时代的新媒体，与文字、视频都不同，是特别匹配移动互联，以及未来人工智能时代的产品。

"音频天然是移动媒体，相对文字来说，声音能更好传递情感，通过声音获取内容的成本很低。"

对于未来的商业传播，余建军介绍说，第一，内容越来越会成为入口。用户越来越相信的是内容，且从短内容变成深度内容。很多平台的崛起，都是靠内容做起来的。第二，AI 正在洗礼着各个行业，AI 向往垂直领域做比较靠谱，但是如果一下做一个通用无所不包往往不尽如人意。第三，智能商业会不断地涌现出来，是以在线化、网络化、智能化为标志的智能商业。

未来的整个智能商业，可能分几个阶段，第一个阶段是人工做决策；第二，机器辅助人工做决策，机器给数据很多参考；第三，机器可以自己做决策；第四，机器可以自己学习，做决策效率越来越高越来越精准。"那对商业尤其是我们品牌主意味着，好内容是获取精准用户最重要的手段，好内容制造流量。"

音视频行业正在经历一轮行业的爆发与升级，从在线狼人杀、线上抓娃娃到如今爆火的直播答题都是如此，对于这方面的布局和计划，喜马拉雅平台的直播答题和知识付费一样利用的都是用户碎片化时间，喜马拉雅 FM 很早就布局了音频直播，现在也一直在关注这些新的玩法和趋势，但在现阶段还是想更多的专注于做好音频 IP，给大家提供更多优质的内容，不断完善音频生态圈。

事实上，这些产品也是平台增加用户黏度和活跃度，增强社交属性的重要功能，对于喜马拉雅现今的社交方面的打造，喜马拉雅方面回应说，"音频社交这块我们一直在做，在社交化机制上，就要满足用户炫耀和利益的需求，让社交传播链条滚起来；关键点在于对场景和需求的理解，内容跟平台嫁接，只要内容好，就可以带来用户的黏性。"

社交属性的打造核心两点在于，一个是重度垂直，用高价值 IP 或者人的沉淀形成自己的壁垒；另一个是社交黏性，让平台和角色发生关联。

在商业模式上，喜马拉雅目前主要分为广告、内容付费、硬件三个部分。从商业模式来说，内容付费是比广告更好的商业模式。对消费者来说，每个人的时间越来越稀缺，付费是非常高效、简单的，也是筛选用户体验的更好方式。只要有了付费模式，很多优质内容就会加入进来，社会交易成本和交易效率会更高，这个市场会越来越繁荣。

链　接

UGC 和 PGC 模式介绍

　　一般认为 Web2.0(论坛、博客为代表)和 Web3.0(社交平台、微博客为代表)的相继流行,UGC(User-generated Content,用户生成内容)功不可没。UGC 模式指用户生成内容。即用户将自己原创的内容通过互联网平台进行展示或者提供给其他用户。UGC 是伴随着以提倡个性化为主要特点的 Web2.0 概念兴起的。UGC 并不是某一种具体的业务,而是一种用户使用互联网的新方式,即由原来的以下载为主变成下载和上传并重。简而言之,这种模式就是调动网民的积极性去参与视频创作的热情,一般是企业通过活动,征集与企业相关的视频作品。在 UGC 模式下,网友不再只是观众,而是成为互联网内容的生产者和供应者,体验式互联网服务得以更深入的进行。UGC 模式具有四个特点:① 用户既是受众又是传播渠道;② 传播力相对强;③ 一般与其他主题活动配合开展;④ 达到病毒传播效果的一种有效方式。

　　UGC 模式的网站主要有很多种,首先是社交网络如 Facebook,开心网,人人网(校内)等,这类网站的好友大多在现实中也互相认识,用户可以发表日志,发布照片,分享视频等,从而了解好友动态。其次是视频分享网站,如 YouTube,优酷网,土豆网,搜狐视频等。这类网站以视频的上传和分享为中心,用户可以上传自己制作的视频。照片分享网站如网易 LOFTER、Instagram。这类网站的用户可以分享自己拍摄制作的图片。知识分享网站如知乎、分答、百度知道等。这类网站的用户能够产生问题,也能回答他人的问题,产生原创性的内容。论坛如百度贴吧,天涯社区,豆瓣等。这类网站的用户往往因共同的话题而聚集在一起,产生有价值的内容。微博如 Twitter,新浪微博等。微博的用户能够实时发布简短的内容,每一个微博用户都有可能成为第一现场的发布者。

　　PGC(全称:Professional Generated Content),互联网术语。指专业生成内容(视频网站)、专家生产内容(微博)。用来泛指内容个性化、视角多元化、传播民主化、社会关系虚拟化。目前许多视频网站已经由 UGC 模式逐步转化到以 PGC 模式为主。例如,优酷认为内容和体验永远都是留住用户最重要的方式,它已经与多个 PGC 团队合作制作自制内容。区别于视频行业的自制生态,PGC 生态系统更关注 PGC 内容合伙人的原创品牌,优酷会充分调动资源去帮助他们打造原创品牌。从内容上,PGC 生态系统是从内容生成、内容推广、到品牌的形成、粉丝的汇聚,最终内容品牌被粉丝反哺并进行自推广的整套生态闭环。从商业上,优酷让优质内容形成品牌价值,再通过价值变现让创作者更专注内容创作。

　　PGC 模式由于内容的优质性,大多会衍生出内容付费的盈利方式,例如优酷推出了视频创收平台,《罗辑思维》《暴走漫画》《飞碟说》等多个节目分成收入超百万,可以保证优质原创视频内容的不断涌现。像《罗辑思维》《万万没想到》为代表的部分优酷频道订阅数近百万。

UGC 和 PGC 并不是完全区分的,一个平台(网站)的 PGC 和 UGC 有交集,表明部分专业内容生产者,既是该平台的用户,也以专业身份(专家)贡献具有一定水平和质量的内容,如微博平台的意见领袖、科普作者和政务微博。UGC 和 PGC 的区别,是有无专业的学识、资质,在所共享内容的领域具有一定的知识背景。

启发思考题

(1) 当前的移动音频市场状况如何?

(2) 移动互联网时代下,喜马拉雅 FM 是如何做到精确的了解和满足用户需求?

(3) 你认为喜马拉雅的"知识狂欢节"活动为何能取得巨大的成功?

(4) 面对争相模仿的竞争者(如蜻蜓),喜马拉雅 FM 如何提高核心竞争力?

(5) 依据喜马拉雅的未来走向看,你觉得喜马拉雅的发展前景可观吗? 为什么?

案例 17

小红书：
女性海外购物的终极宝典
到电商平台之路

编者语：从购物平台到生活方式社区

短短几年时间，从"找到国外的好东西"到"标记我的生活"；从女性购物攻略，到全球最大的消费类口碑库和社区电商平台，小红书利用其渗透力极强的内容，注重口碑建设，提升用户黏性，为女性赋权提供了表达自我的平台。同时，抓住女性用户爱分享、擅交流的特点，借力女性经济，培养新型意见领袖，从内容发酵口碑，实现了一个 UGC 内容分享的闭环生态。

"社区＋电商"的商业模式，使得小红书突破了跨境电商同质化的困局。通过去中心化的运营方式，小红书鼓励 UGC 内容的发布，以分享为主，解决购物痛点，提供晒物平台，满足物质和精神上的双重需求；同时利用大数据挖掘爆款，强运营推动自身品牌，引流电商实现自身流量的变现，打造出了极强的带货能力，最终形成了社区电商的双向共生，在跨境电商之中站稳了跟脚。凭借社区内容的红海，小红书以经验驱动，聚焦分享用户的使用体验，在激烈的竞争中走出了一条垂直化的路径。但下一步如何从女性市场向外延伸，吸引更多用户参与到其中，拓展更有效的变现渠道，是小红书需要面对的首要问题。

本案例由华东师范大学经济与管理学部的张悦和周子番撰写，由于企业保密的要求，在本案例中对有关名称、数据等做了必要的掩饰性处理。本案例只供课堂讨论之用，并无意暗示或说明某种管理行为是否有效。

摘　要： 小红书从其一诞生便获得了很多关注，而后两次转型也都成功在跨境电商的竞争中站稳脚跟，小红书由诞生开始，经由 PGC 向 UGC 的转型，并向电商的进一步转化，形成社区电商的商业模式，其采用的模式中特有的社群因子和 C2B 电商的结合，更是使其在跨境进口电商的行业里取得一席之地。本文从分析它初创到两次转型的契机和变化，呈现小红书一路发展的历程，为互联网社区电商企业提供先例。

关键词： 小红书；电子商务；转型

17.0　引言

2013 年 9 月一款名为"小红书出境购物攻略"的 APP 在 iOS 平台悄然上线,其内容主要是创始人毛文超与瞿芳邀请当地的购物达人制作的 PDF 购物攻略,然而谁也没想到这样一个购物攻略在三个月内就获得了几十万的下载量。同年 12 月社区性质的小红书购物笔记在苹果商店上线,三个月后它便位列苹果商店付费软件第二名。不过小红书的道路到这里却还远远没有结束,2014 年,小红书依次收到了来自 GSR 与 GGV 的两轮融资;同年 12 月,它的电商平台福利社上线,完成商业闭环,半年后其销售额就突破了两亿。截至 2017 年 5 月,小红书的用户突破 5 000 万人,成为 200 多个国家和地区、5 000 多万年轻消费者必备的"购物神器",其电商销售额已接近百亿元。

我们可以看到无论是出境购物攻略、购物笔记,还是福利社,小红书的表现都让人眼前一亮。而它能取得这样的成就,其中一定有其必然性存在。那究竟是何种因素促成了这种必然则是我们需要了解和探讨的问题,为何小红书在购物攻略后接连做出两次转变?为何每次转变后它都能迎来新的发展点?如果你的头脑中产生了这样的疑惑,不如跟随我们的脚步一起来探究小红书的转变、崛起之谜。

17.1　跨境电商之争

随着经济的发展,人民的生活水平也逐渐提高人们逐渐不满足国内的商品带给自己的体验,为了或者更优质、更符合自身需求的商品,他们把目光看向了更广阔的国外市场。而网络正是这样一个没有边界的媒介体,附于网络的跨境电子商务也因此获得了发展的土壤。中国电子商务研究中心的数据显示,2017 年中国跨境电商交易规模(含零售及 B2B)达 76 000 亿元人民币,到 2018 年跨境电商交易规模有望增至 90 000 亿元。这样一个发展前景可观的市场,必然也吸引了大批人进入其中,那么跨境电商的市场到底呈现怎样一种局势?

17.1.1　市场政策环境

从 2013 年开始中国的海外代购市场交易规模就超过了 700 亿元,庞大的市场需求为我国跨境电商带来前所未有的发展机遇。国内各大电商巨头依托其已有优势在这个领域快速崛起。而跨境电商行业的高速发展离不开政策的支持,从 2012 年 8 月商务部颁布《关于利用电子商务平台开展对外贸易的若干意见》以来,国家多个重要部门相继颁布相应政策支持跨境出口电商的发展。这些政策深入跨境电商的方方面面,大到总体制度、环境建设,例如开展跨境电子商务综合试验区试点,小到跨境电商的具体环节,例如税收、支付、通关、海外仓等方面,为跨境出口电商的发展扫除障碍,创造各种有利条件推动其快速发展。

从国务院的政策看,各相关部门大力支持跨境电商新兴业态的发展,以及积极引导跨境电商运营的规范化;从海关的角度看,2014年海关总署的《关于跨境贸易电子商务进出境货物、物品有关监管事宜的公告》和《关于增列海关监管方式代码的公告》接连出台,从政策层面上承认了跨境电子商务,认可了业内通行的保税模式,也明确了对跨境电商的监管框架;海关还出台多项举措来保证跨境电商的发展,如海关对跨境电子商务监管实行全年365天无休息日,货到海关监管场所24小时内办结海关手续等;而其他部门也从自身所属的业务角度出发,给跨境电商行业出台或参与出台扶持或监管的相关政策措施。这些政策措施的出台给跨境电商行业带来了极大的促进作用;跨境电商的试点城市自2012年12月启动以来,已经拓展至二十多个城市。这些城市依托建设机制和平台优势,实现跨境电商企业与口岸管理相关部门的业务协同与数据共享,如重庆的"e点即成"、上海的"跨境通"、宁波的"跨境购"、杭州的"一步达"、郑州的"E贸易"等;从跨境电商的整个大环境来看,它有着政策的倾斜和支持,而且在这种政策环境下,各类跨境电商也如雨后春笋般发展起来,逐渐成长为能独当一面的参天大树。

17.1.2　竞争对手

跨境电商之间的竞争,不仅仅受政策大环境的影响,其他竞争对手的发展情况也是重要的参考依据,正所谓知己知彼、百战不殆,小红书既然能在这个领域立足,那么对它的竞争对手的了解是少不了的。

据中国进口跨境电商的产业链图谱显示,目前进口跨境电商已形成多类模式和完成产业链,主要有使用直邮拼邮发货的平台类电商,如HIGO、淘宝全球购、易趣、优集品、魅力惠、保税国际、么么嗖、跑客帮、熟人邦、冰帆海淘;使用保税仓或直邮拼邮发货的平台类电商,如洋码头、聚优澳品、海蜜严选、孩子王、跨境淘;使用保税仓或直邮发货的自营类电商,如波罗蜜全球购、林德帕西姆、网易考拉海购、小红书、唯品国际、丰趣海淘、麦乐购、优盒网、五洲会、母婴之家、莎莎网、摩西网、保税店;使用保税仓或直邮发货的平台+自营类电商,如天猫国际、宝贝格子、苏宁海外购、聚美优品、京东全球购、亚马逊海外购、1号店全球进口、国美海外购、蜜芽、美囤妈妈等。

首先是平台+自营类的跨境电商,如天猫国际、京东全球购、亚马逊海外购等。天猫国际,京东全球购、亚马逊海外购等是电商大平台,拥有大量的用户网购数据和强大的电商供应链,有着天然的用户和流量优势,而且它们在与国外品牌合作或涉及国际电商方面起步早,入驻品牌多。天猫国际目前最受国内市场追捧的品类包括食品、化妆品、母婴类、小家电等;京东全球购擅长国际物流仓储管理,商品涵盖母婴用品、食品保健、服装鞋帽、礼品箱包等品类；亚马逊海外购在全球拥有丰富的供应商资源，海外物流仓储体系完善，SKU 丰富，消费者可通过亚马逊中国直接购买到美国、英国、法国、德国、西班牙、意大利六大海外站点 8 000 多万种国际商品；蜜芽宝贝垂直母婴特卖则以"进口母婴品牌"为定位，以"限时特卖"为卖点，在采购模式上，蜜芽宝贝首先参考消费者需求，上线后最先收集口碑信息，形成反向采销流程。

其次是交易平台模式的跨境电商，如洋码头、淘宝全球购等。洋码头是一家面向中国消费者的跨境电商商务第三方交易平台，洋码头上的商品由海外零售商通过国际物流配送到手，商品涵盖母婴用品、食品保健、生活家居、服饰箱包、美容护肤等品牌。洋码头是跨境电商行业的先行者之一，经过多年的行业深耕，海外物流队伍的建设，聚拢了高质量的海外商家，整合上游产业链省去进口中间环节，以供应，物流配送取胜，确保用户体验。

最后是自营模式的跨境电商，如小红书、网易考拉海购等。自营的优势是可以自建仓储和 IT 系统，降低成本和提高服务质量。聚美优品就以直营方式，通过自建渠道、仓储和物流，销售化妆品，自己来控制供应链。而网易考拉海购首倡"微利电商生态圈"＋"保姆式服务"。作为自营型电商平台，网易考拉就像桥梁一样连接了商家和消费者，它将海外商家不擅长的平台、推广、支付、仓储等拿到自己手上，以保姆式服务获取优质商品。网易考拉以平台对接的模式，既让商家节约了成本，又让消费者享受了低价，然后通过规模取得了利润。

通过上述介绍，我们可以看到在众多跨境电商中，竞争者不在少数，而且各有优势，大家都通过自身独特的、不能被其他电商品牌替代的特点立足于跨境电商之林。那么在这种已经趋近于无法插足的状态下，小红书又是如何找到上述企业的痛点，成功经营起自己的品牌？

17.1.3　发展的夹缝

与其他跨境电商的不同之处才最能引起消费者对自身的兴趣。而目前已有的跨境电商中，看似品类齐全、种类多样，实际上却忽略了一点——用户的需求。只有真正抓住了用户的需求才算是把握住了自身的核心竞争力。

从对已有跨境电商的分析中我们可以看到，大型的跨境电商虽然有用户和流量的天然优势，不过凡事都存在着两面性，庞大的用户群体给它们带来利益的同时，也绊住了它们挖掘用户的脚步。正是因为它们过于庞大的商品范围和用户数量，使得它们无法掌控自己的核心用户，用户需求挖掘不深，自身的业务范围不可能做到商品信息和商品需求的高度连接。而且，大型跨境电商的商品门类也大多集中于母婴用品、美妆护肤、美食保健、家居日用品等方面，很难在众多竞争对手中独树一帜。其次，在网上购物过程中，尤其是海外网上购物的过程中，消费者对商品的真实性抱有更高的期待。消费者会不会选择这个平台开展购物行为，源于消费者对此平台的信任程度。但是网上的信息往往是鱼龙混杂的,平台也很难控制商家的行为,单纯做国际电商,并不能很好地解决国际贸易中的信任度的问题。

微店等以社交驱动的电商形态的用户为了交友会虚构身份信息,虽然注重与用户的点对点交流,但是很难形成规模效应;而马蜂窝等旅游网站则主要偏重于旅游,它们的用户不见得会分享他们在旅途中的购物信息,部分用户甚至不会购物;至于同样以女性用户为主的蘑菇街等网站,它们的用户年龄层次不一,部分"学生党"在资金的限制下可能不会选择境外购物;"什么值得买"主打品类为数码3C产品,而且是通过折扣信息来驱动购买欲望;海淘城的主要目的则是帮助网友减少网购的风险,向用户介绍高性价比的海外产品,从低价、比价为卖点,但只是满足了客户对于低价的偏好,却不可能完全对接上用户的需求。

面对琳琅满目的海外商品,不熟悉当地市场的消费者难免会产生力不从心的感觉。创始人毛文超也曾经提到过,他在国外购物时也面临过不知道应该买什么的情况。在这种需求的推动之下,小红书从消费者出发,上线小红书出境购物攻略,为海外购物的消费者提供手把手的攻略。紧接着小红书又推出了以分享为主的社区——小红书购物笔记,这种购物分享完全是经验驱动的,消费者以自己的购物情况来为其他人推荐商品,注重体验。别人称小红书就是境外购物应用里的知乎,能够让用户在面临无法抉择的问题时,可以通过这个社区找到答案。而基于经验和口碑的产品形态也推动了小红书的去中心化运营,在小红书的APP版式布置上也处处体现着这种对"人"的因素的弱化。在浏览区,商品的图片总是会更占版面;而与此相比,推荐者的id就相对弱化。除此之外,小红书对核心用户的把控也十分精准。它们圈定已经工作的白领阶层的年轻女性为主要用户群体,女性本来就是购物的主力,而已经工作的女性群体相较学生群体有更强的经济实力,既具有境外购物的欲望,也有境外购物的实力。最后小红书上线福利社,以社区＋电商的模式完成向跨境电商的转化。他们的电商建立是在社区的互助交流分享的前提上,有了用户分享和喜欢的数据基础,小红书能做到将用户需求通过社区数据提升出来;传统的数据分析是基于用户的购买经验而推送的商品信息,但这种推送实际上是晚于用户购买行为的,所以对用户的消费点的把握略模糊,而小红书的数据分析是基于社区的数据而产生的购买单,被喜欢的更多的分享中蕴藏着更加准确和迫切的需求,小红书所做的就是直接同商家合作,将消费者的消费需求转化为消费行为。

17.2　异军突起的小红书

小红书的出现并不是偶然的,而是创始人在对消费者的消费需求与当前跨境电商行业环境的分析下做出的选择。所以它在上线之后立刻席卷了年轻工作女性的圈子,成为人手一本的海外购物宝书。

17.2.1　逆境求存转型伊始

哲学上讲世界上的一切物质都在不停地运动，而市场则是能最快体现变化的地方。如果没有问题和形势的预判，那么就极有可能在商海战争中失了先机。小红书海外购物攻略上线后不久，小红书的创始人们便意识到这种状态并不能支撑他们走到最后。

1. 购物攻略的瓶颈

小红书购物攻略中介绍了目的地性价比高、有特色的品牌和购物商家，同时也专题总结了最热门的商圈购物地。它抓住了消费者需求的尾巴，彰显出小红书的创始人们敏锐的观察能力，他们开始意识到当前的跨境电商们并不能给消费者一个知乎般的购物体验。传统的跨境电商们也只是如传统的电商一样，将海外的商品精心罗列在平台上，至于怎么挑、如何挑、该挑什么，他们并没有给出一份满意的答案。尤其是面对广阔的消费市场，语言障碍、商品门类繁多、商品体验等都是拦在国内消费者面前的大山。购物攻略给出了一份虽然粗糙但却切题的回答，攻略的撰写者一般都是毛文超和瞿芳两人邀请来的当地的购物达人，这些购物达人们对当地的商场和商品基本上都有一个粗略的了解，由有购物经验的人写出的本地购物攻略也比商家的广告更具魅力和真实性，所以在小红书海外购物攻略上线的三个月内下载量就达到了几十万之多。

然而，购物攻略就真的已经是更完美地回答了吗？最初上线的小红书海外购物攻略，只包含 8 个国家或地区的内容，而商品的信息则是瞬息变化的，消费者的需求也不是一成不变的。什么时候什么商品会打折、哪个商场在搞活动等信息是无法在固定的 PDF 攻略上面实时体现的内容，正如一个优秀的消费者并不会比对几个月前的购物信息来选择商品，固定化的购物攻略也并不能跟上商品信息变化的脚步。

一定有一个更加完美的解决方案，能够跟随商品信息的变化而为其他消费者实时产生新的攻略，小红书的进化方向也依赖着他们对于这道问题的回答。

2. 打开社区大门

互联网的出现在很大程度上满足人们对实时信息交流的需求，通过网络人们可以随时了解世界各地发生的事情。而实时交互正是小红书的攻略所需要做出的改变。

能够满足人们实时交流的软件大概有两类，一类是 QQ、微信等社交软件；第二类就是天涯、猫扑、贴吧等交流社区。消费者们分享商品与浏览其他人分享的商品，这种交流需求与社区不谋而合，自此，社区类型的小红书的想法出现了。2013 年 12 月，在创始人半年的策划下，小红书购物笔记终于上线，在苹果商店的所有付费软件中排名 25，在它之后的则是已经有一定积累的携程、马蜂窝、穷游、锦囊、去哪儿攻略等，这样亮眼的成绩也在侧面证明了小红书这一步棋并没有下错。

小红书购物笔记实质上是一个境外购物者的移动垂直社区,鼓励用户分享和交流自己的境外购物心得。在形式上它借鉴了游记分享应用,将每个商品的品牌、照片、用户心得、价格和购买地点列出来。这样一来,买过海外商品、具有丰富购物经验的消费者可以自行生产攻略内容,而不再需要小红书来邀请特定作者撰写购物攻略;而迫切需要海外购物的消费者们也可以随时随地查询小红书上的分享,根据别人的使用体验,选择最适合自己的海外商品。自此,小红书在购物攻略时期积攒的人气彻底爆发开来,它开始值得更多的人注册、分享和交流使用。

17.2.2　稳中求变二次突破

随着小红书购物笔记的蹿红,随发展而来的除了名气还有问题。用户的购买欲如何满足、小红书应该选择何种商业模式等都是摆在面前的问题。

1. 社区面前的岔路口

小红书购物笔记作为一个垂直的用户社区,就存在传统社区也具有的特质。如天涯、猫扑、贴吧、豆瓣等都是传统社区中的佼佼者,它们拥有庞大的话题门类和注册用户,然而正如大型综合性平台会遇到的问题一样,正因为用户属性和数量的庞杂,它们很难说清自己的核心用户是哪一个群体,自然也就难以继续挖掘核心用户的需求,完成商业转换。就像豆瓣做过的豆瓣小组一样,豆瓣试图划分用户群体,深度挖掘每个用户群体的价值,然而因为用户群体过多,而每个群体的总量又不足,仍然难以提炼有价值的信息,反而是一些专攻某一方面的社区,逐渐兴起。瞿芳也回忆起2014 年,很多投资人最关心的就是"你们怎么赚钱""你们到底打算直接做广告、电商还是导购"。

相较传统的电商模式,小红书有一个得天独厚的优势,就是它已经经营起一个高用户黏度的垂直社区,能够快速的把握用户心理和需求。通过 UGC(用户创造内容),小红书也拥有了一批能够自行、实时产生内容的撰写者,用户既是体验者也是创造者。一方面,大多数用户乐于分享并发现好的东西,所以来自用户的数千万条真实的消费体验笔记足以汇成全球最大的消费类口碑库;另一方面对品牌来说,用户的口碑积累可以快速使小红书获得消费者的关注和青睐,实现将最优的产品和消费者达到无缝对接的作用。正如郄小虎所说的,"这里全天的用户关系是别人拿不走的,因此最终用户还是会停在我的这个平台上"。

现在,小红书已经站在了发展的岔路口上,如何将自身的优势与某种商业模式联系起来,是其走向未来的第二个选择。

2. 福利社应需而生

随着社区的高速发展,越来越多的用户不满足于只是去分享与种草,他们在种草之后还有一个迫切的需求就是获得这件商品,可是纯分享类的社区并不能满足他们购买的欲望。因此,小红书面临了新的抉择:是否要在社区内支持购买?如果支持,那购买的方式是自营还是对接其他平台？而用户的需求恰好点明了小红书的转型方向，将社区与电商联系在一起，完成商业闭环。随后，为了测试运营电商的可行性，小红书做了一个实验：2014 年 8 月，根据相关社区数据分析，小红书上线了第一款秒杀产品——一款希腊品牌的清洗液。由此，小红书上线福利社，为社区中的大热产品提供购买渠道。关于自营还是对接平台的问题，瞿芳表示"我们一开始就坚持做自营模式。"因为自营可以最大程度的保证正品的货源，控制商品质量。随后，不到 6 个月的时间里，小红书组建了海外采购、仓储物流、客服、关务管理团队，人员也从起初的 30 人扩张到当时的 100 人，逐渐形成自己的电商团队。2017 年 6 月 6 日，开卖 2 小时后，小红书的销售额就达到了 1 亿元，当天小红书在苹果商店的购物类软件下载排名第一。

福利社上线成功，社区贡献的数据功不可没。社区当时虽然是小红书在发展道路上需要突破的一个思维拐角，但用户的需求却永远是他们需要满足的重点，这些需求多来自消费者生活方式的多元化以及对生活品质的高要求。可以说，福利社正是应用户需求而生，从用户分享海外购物经验，到消费选择，小红书就这样自然而然的完成从社区向电商的过渡。而且从电商来看，单纯的电商数据挖掘稍落后于用户购买选择，小红书用户的关注可以模拟用户长期的兴趣所在。所以瞿芳认为，社区始终是小红书的战略指针，而电商不过是为用户多渠道的提供了一个完整的体验闭环。社区＋电商的模式由此形成。

17.3　变革中的新气象

"我们内部已经不再讨论小红书的定义了"，毛文超说："也许最好的商业模式就是难以定义的商业模式吧。讨论定义，不如讨论小红书到底能不能给用户提供价值，提供什么样的价值。"

17.3.1　精准用户定位

对用户的经营要把握住两点：一是种子用户是谁，这个决定社区的风格；二是核心玩法是什么，应该提倡何种用户行为。小红书在诞生之初就瞄准了爱好出境旅游和购物的高价值女性用户，以一二线城市的白领为典型代表。在玩法上鼓励去中心化，每个人都能发表自己的意见，这也促使用户能持续活跃。就像其中一位用户说的："每个女生都有一帮闺蜜，下午茶和微信群里都会分享最近买了什么好东西，小红书就是把我的闺蜜圈从线下搬到了线上，还延伸到了全世界，想知道美国日本韩国欧洲最近出了什么新东西，去看看就好，有时候买到很喜欢的东西，也愿意去分享，反正男朋友也不会懂的。"这样精准的用户定位，让小红书很容易抓住用户的特点，开展用户创造内容，根据用户口味选择商品。瞿芳也指出小红书核心的内容的还是关注用户。她提道:"为什么有的时候我们去做一些强硬的分隔,有时候是有一些利益冲突的。比如说电商有一个新牌子,社区要不要给更多的流量? 如果运营的主要指标以结果导向去驱动的话,可能会有一个最终的指标。社区叫社区的活跃度,电商叫(GMV)销售额。当你以商业化的目的为导向的时候,你势必会牺牲用户的体验。所以说这也是为什么我们现在打开的主业是社区,我们是一个以社区和生活方式为主的平台。"

截至 2017 年 10 月底,小红书的相关负责人表示今年新用户中有近 70% 都是 95 后年轻用户。小红书的内部内测产品"小红书指数"也显示,95 后用户对新创品牌和产品接受度高,与超市大牌消费品相比他们更加愿意尝鲜原创新品牌,相信和自己一样的普通人真实消费体验,而非广告。《2017 上海消费新贵大数据洞察》也验证了这一趋势并指出,当下品牌想要获得消费新贵群体(23～28 岁泛 90 后消费者)的好感所需要具备的三大特性分别为能够满足个性化需求的产品、层出不穷的创新体验,以及能引发情感共鸣的内容营销。所以在小红书擅长的海外优质商品领域,新创品牌和新产品凭借设计、品质、故事迅速赢得 95 后的追捧。

17.3.2 用户需求为导向

无论是社区还是福利社的推出都是在用户需求的导向下完成的。从 2015 年底开始,创始人瞿芳就意识到,用户对于好生活的需求不仅来自美妆和个护,而是来自生活的方方面面,想要让社区得到更快的增长,提高用户数量,就必须满足用户多维度的需求。但在这之前的很长一段时间,由于小红书采用的是人工编辑推荐的形式,内容还局限在美妆和护肤的推荐方面,由于人力有限,其他品类的信息很长一段时间被没有被发掘出来。

从 2016 年初开始,小红书 CTO 郄小虎开始进行系统升级,把人工运营内容改成了机器分发的形式。第一阶段,基于用户过去的历史行为,把用户分成了不同的群组,然后根据数据判断每个群组的用户会对哪些内容比较感兴趣。第二阶段,采用机器学习的方式,通过用户点赞、收藏、评论、加购物车等操作给用户构建一个用户画像,并且自动化地对平台上的内容进行学习和分类。"在没有机器学习之前,这些工作需要一些专业的人,或者有经验的人来进行工作,有了机器学习后这些工作就被自动化,更高效了"郄小虎说道。第三阶段,在算法上进行调整,除了匹配用户感兴趣的内容以外,还要推荐给用户他可能感兴趣的内容,来促使用户更高频次地使用小红书。举个例子,如果用户在小红书中搜索过母婴关键词,未来用户的首页就会出现与母婴相关的内容,并根据用户的其他使用行为推送一些他可能感兴趣的内容来更精准的捕获这个用户的画像。这一举措的效果也非常直观,因为社区中越来越多的内容能被不同的用户看到,在不做太多推广的前提下,用户总量从 2 400 万上涨到 5 000 万多,从 2017 年开始,年后每天可以新增用户 20 万左右。

用户们经常戏称小红书为透明的小红书，这个称号就源于小红书对其自营的电商团队的管理与对海外商品的透明化处理。他们遵守"监管透明、货源透明、物流透明"的原则，而在这"三个透明"之中，物流透明值得一提，这关系到在商品运输过程中，假货是否有机可乘。以一件海外商品为例：小红书海外仓库接收到订单信息将商品出库并装车送到机场；当地海关人员称重、检验商品并为货物贴上运输标签，签发出口证明；货物上飞机；进入国内物流阶段，有专门人员去货站办理提货手续，对装载货物的监管车辆进行加封；加封后车辆进入上海快件监管中心，快件中心海关对加封车辆进行核对确认并拆封；货物入库后，机场工作人员进行现场扫描到货，并向海关和检验检疫申报；经过海关和检验检疫部门核检之后的商品，分发给国内的快递公司并最终送到用户手中。

小红书的用户小林直言："其实，现在海购的途径已经非常多了，对于我来说选择在哪个平台上买不外乎是价格、真假以及购物体验这三点。价格现在已经没什么花头了，习惯性在小红书上买就是因为它的物流真的很安心，甚至都可以查到买的东西搭乘的是哪趟航班，这样购物体验一下子就好很多"。对商家来说，也许在商品质量上这种用户的信任度才是最难达成的任务。

17.4　未来之路

虽然现在小红书已经有了趋近稳定的发展道路，但它的未来也不会是一成不变的，小红书未来之路的探索仍在继续。

17.4.1　前端产品个性化推荐

小红书社区现在已经有 5 000 万用户，开始有很明显的量级下沉，社区里出现了更多的二三线年轻女孩和一些在二三线城市活跃的品牌，这很容易带来文化冲突。虽然目前已经小红书已经将人工运营转换为机器分发内容，但具备一定规模的电商APP 如淘宝、京东，已经有了千人千面的功能，在 4 月 1 日的改版中，用户眼前出现的不再是内容营销专场，全部替换为按算法推荐的商品，以双列瀑布流的方式呈现。但是如果是没有使用数据沉淀的新用户，在众多推送中就会产生迷失感。虽然千人千面能帮助小红书规避了很多社区在用户在量级下沉时遇到的文化冲突。但在推荐内容方面仍然可以向更智能的个性化方向靠近。

17.4.2　后端供应链系统布局

跨境电商区别于普通电商，有很多不稳定的因素，要想更好地满足用户的体验就要完善自身后端的供应链布局。小红书也快速建设了自己的电商团队，不过在供应链方面，仍然是早期的跨境电商做得更完善。未来应该继续完善供应链，确保产品的质量,同时还可以考虑继续将国家范围扩大。SKU曾经一度是小红书发展电商的瓶颈,在2016年下半年小红书拓展了第三方平台和品牌商家,2015年6.6大促,其SKU数量在1万多件,到了2017年则已经有了15万,而且除了最早的美妆和护肤,服装、3C等品类也在快速增长。

毛文超和瞿芳都不愿意将小红书单纯定义为一个电商平台,对他们来说,电商仅仅是将社区内容商业化的手段之一。更好的模式还处在探索中,他们试图寻找一种解决方案可以让电商和社区遵循各自的规则、更加独立的发展。社区打开了小红书的大门,也让它顺利的与电商的模式相结合。但是也要重视电商发展的规则,围绕着电商开展的一贯就赔、正品承诺、会员体系等也应该得到更好的维护。"零售本身有自己的原则,并不会因为你在前端有一个社区,这个原则就会失效。"毛文超这样说。所以无论是相对于深耕社区内容提出的产品个性化推荐,还是针对电商提到的后端供应链布局的完善都值得小红书在这方面做出改变。也许,未来它还会在本地生活、旅游等方面做出相应努力。

链 接

小红书的发展历程

2013年6月　小红书在上海成立。

2013年12月　小红书推出海外购物分享社区。

2014年3月　小红书完成数百万美元的A轮融资。

2014年8月　小红书Android版本上线。

2014年11月　小红书完成GGV领投的千万美元级B轮融资。

2014年12月　小红书正式上线电商平台"福利社",从社区升级电商,完成商业闭环。

2014年12月　小红书发布全球大赏,获奖榜单被日韩免税店及海外商家广泛使用,成为出境购物的风向标。

2015年初　小红书郑州自营保税仓正式投入运营。

2015年5月　小红书与澳大利亚最大的保健品品牌Blackmores澳佳宝达成战略合作。

2015年5月　零广告下,小红书福利社在半年时间销售额破2亿。

2015年6月　小红书深圳自营保税仓投入运营,保税仓面积在全国跨境电商中排名第二。

2015 年 6 月　6 号周年庆期间,小红书 APP 登上了苹果应用商店总榜第 4,生活类榜第 2 的位置。首日 24 小时的销售额就超过了 5 月份整月的销售额。用户达到 1 500 万。

2015 年 6 月　小红书与日本美容综合网站@Cosme、日本药妆店集团麒麟堂以及松下电器达成战略合作。

2015 年 7 月　上海市委书记韩正到访小红书,为小红书的快速发展点赞。

2015 年 9 月　国务院总理李克强视察小红书,寄语"今天的成绩,三分靠创新,七分靠打拼"。

2016 年 1 月 17 日　腾讯应用宝正式发布 2015"星 APP 全民榜",小红书摘得时尚购物类年度最具突破应用殊荣。

2016 年 7 月　国务院副总理汪洋视察小红书上海总部,为小红书在这几年的发展点赞。

2016 年下半年　小红书拓展了第三方平台和品牌商家,全品类 sku 快速成长。

2017 年 5 月　Redelivery 国际物流系统正式上线,支持查询完整的国际物流链路信息,用户可以在上面查到自己的商品坐哪一班飞机到国内。

2017 年 6 月　小红书第三个"66 周年庆大促",开卖 2 小时即突破 1 亿销售额,在苹果 App Store 购物类下载排名第一。小红书用户突破 5 000 万。

启发思考题

(1) 跨境电商市场中,面对来势汹汹的竞争对手,小红书的竞争优势是什么?

(2) 小红书每一次转型的契机是什么,发展过程中模式是如何转变的,对其商业模式要素进行分析。

(3) 小红书的用户定位为女性用户,尤其是在 85 后群体中爆红的原因是什么?

(4) 小红书如何面临跨境电商平台所共有的假货"乱入"问题?

(5) 目前小红书还存在哪些问题,未来要不要再次转型,小红书为进一步发展做了哪些准备?

案例 18
洋码头：
跨境电商的"狼性"生存法则

编者语：基于 C2C 的轻量化海淘平台

　　2014 年，海关监管方式增列跨境贸易电子商务。自始，跨境电商进入野蛮生长阶段，一大批跨境电商迎风而起，在中国的庞大市场中相互竞争。经过初步洗牌阶段，洋码头凭借自己的实力依旧屹立不倒。与其他跨境电商不同的是，洋码头的商业模式以买手制平台模式为主，通过灵活的供应链、个性化的商品，形成了一定的造血能力，使之成为自身所在的行业壁垒。以 C2C 模式，收取平台上买手佣金，保证优质货源，基于购物场景，培养带货能力，最终建立与用户的信任感。通过这种无库存、不备货的"轻"模式，洋码头给自己进行了合理的减负，带来了更多的商品和更好的物流，赢得了用户口碑。同时，打造"黑五"狂欢，使之成为跨境电商的"双十一"，海淘购物的"文化符号"。

　　伴随着消费市场变化，跨境电商行业已经进入到下一阶段，整个产业链已经发生了翻天覆地的变化，格局逐渐清晰，前有天猫国际、网易考拉等巨头凭借自身强大的流量优势风头正盛，后有小红书等平台靠"社区＋电商"等垂直玩法站稳了跟脚。作为一家垂直跨境电商平台，洋码头面对围追堵截，如何更加高效的整合自己的业务链赢得市场，加强平台创新能力，思考自身核心价值，是它在新阶段获得成功的关键。

　　本案例由华东师范大学经济与管理学部的洪丹妮和郭彦丽撰写，由于企业保密的要求，在本案例中对有关名称、数据等做了必要的掩饰性处理。本案例只供课堂讨论之用，并无意暗示或说明某种管理行为是否有效。

摘　要：随着国人消费升级的步伐加速，和海淘平台的普及，中国跨境电商的市场规模正持续扩大。在独立型跨境电商市场中，成立时间较早的洋码头凭借其深耕的买手商业模式和成熟的物流体系分布局，已经占据市场销售份额头部地位。本案例介绍了当前跨境电商行业的竞争现状以及洋码头的创业历程，剖析洋码头在跨境电商市场中的生存之路。本案例旨在对推动洋码头成长和约束跨境电商行业发展的因素进行分析，引发在新时代下，对适用新消费群体的电商新业态的思考。

关键词：洋码头；跨境电商；生存法则

18.0　引言

　　"饿了么、大众点评等上海互联网公司都嫁掉了，洋码头是目前唯一独立的还没有抱大腿的未上市互联网电商公司。"2018 年 3 月在考察洋码头公司期间，上海市有关政府人士曾如此表示。

　　2010 年诞生于上海的洋码头，是国内首家引进海外零售商的海外购物网站，俗称"海淘平台"。之后尽管有天猫国际、京东全球购、唯品国际等巨头纷纷涉足跨境电商，但洋码头作为独立平台依然优势不减。作为国内首家一站式海外购物平台，洋码头专注连接全球零售市场与中国本土消费，通过海外买手实时直播等海外购物场景，以及跨境直邮快速等物流方式，尝试让中国消费者实现足不出户跨境消费。洋码头连续三年在国内推动"黑色星期五"全球消费狂欢。于 2016 年"黑五"之际，刷新了首批美国包裹空运来华，清关入境的 17 小时创新纪录。截至 2017 年第三季度，洋码头用户数达 4 800 万，认证买手商家超过 6 万名，覆盖全球六大洲，分布于美国、英国、日本、韩国、澳洲、新西兰等 83 个国家，每日可供购买的商品数量超过 80 万件，以满足国人日益多元化、个性化的海外购物需求。不仅如此，洋码头还被投资方大力看好：在 2017 年 11 月，洋码头宣布获得 C 轮融资，据悉，此次投资由招商资本美元基金领投，A 轮、B 轮投资方继续跟投。

　　看到这里，你们是不是很好奇，洋码头到底有什么魔力，在阿里、京东和亚马逊几大"电商巨头"的夹击下，不仅不处在"收缩求生"的状态，反而能够更加聚焦到镁光灯下？下面，我们就来看一下洋码头在海淘大军中的"狼性"生存法则……

18.1　剖析市场，窥探格局

18.1.1　消费需求全面升级，跨境电商优势凸显

　　洋码头数据显示，过去一年内，国人海外购物频次平均高达 18 次，远超去年的 7 次。海淘花费也增长显著，年度最高海淘花费超过 90 万元。消费频次和花费的增长，无不彰显着海淘全民化时代的到来。据中国电子商务研究中心测算，截至 2018 年，中国的海淘人数将达到 3 560 万，整体市场规模也将突破 1 万亿元大关。几年前，你可能还习惯于逛超市的时候囤几包康师傅方便面当做储备粮，然而现在通过各大海外购物渠道购买来自韩国、日本、泰国的进口方便面已经成为更多人的选择。这些泡面平均 10 元以上一包，是康师傅的 2～3 倍，但都有着丰富的口味和地方特色，满足了国人对寻味新鲜的需求。不少知名博主推出全球泡面测评，文章一经推出即红遍网络；在今年异军突起的直播平台上，甚至有不少网红直播吃国外方便面而一炮走红。

据艾瑞数据显示，自 2011 年开始，国内方便面销量持续五年下跌。康师傅近期发布的半年报显示，上半年方便面营收 15 亿美元，同比下降 13％，成为历史上最差业绩。中国本土泡面销量一落千丈，韩国方便面制造商正在积极开拓海外市场，三养食品方便面在国外销售同比翻一番，其中一半来自爆款超辣火鸡面。

除了泡面以外，人们的吃喝穿用都在发生类似的变化。悄然之间，国人消费升级的步伐加速，促使人们对于日常消费越来越注重个性和特色。而洋码头、天猫国际、网易考拉等海外购物平台的发展，让更多低线级城市的消费者可以更方便地接触到世界各地最新最潮的生活方式，海淘全民化之势已不可逆转。

洋码头发布的《2017 上半年中国海淘消费报告》显示，中国海外购物消费人群正在从大城市向中小城市延伸，特别是二三线城市的增速尤其明显。北上广深等一线城市 2017 年上半年海购增速较去年同期上涨 77.57％，二线城市上涨 84.32％，而三线城市增速更为明显，达到 108.65％。

眼下中国正迎来一个全新的消费时代，20 岁到 35 岁的年轻一代成为海外购物的主力军，他们逐渐将目光转向更高品质的生活，更关注个人品位和生活情调的彰显，他们消费理念的变化正主导着这轮消费升级。国内领先的跨境电商平台洋码头的一项数据调查充分勾勒了这群海购主流用户的画像。数据显示，海购主力消费人群近七成为女性。在过去一年内，消费者进行海外购物的频次消费高达 18 次，而在 2015 年这一数据仅为 7 次。其中，购买次数超过 28 次以上的重度海淘消费人群占比达 35％，在过去一年内的海淘人均花费超过 1 万元，花费最高的用户一年的消费总额超过 90 万元；其次是一年海淘消费 15 次的中度人群，占比达 42％，年度人均海淘花费为 8 000 元。

不难看出，海外购物整体频次较去年有了大幅提升，相对应的，国人的海购偏好也从奶粉、尿布等刚性需求，越来越走向与个性、兴趣所结合的软需求。新款 Adidas NMD 限量潮鞋、明星同款 Moncler 羽绒服、摩洛哥小众首饰 APM、瑞典波罗的海琥珀、土耳其的特色手工艺神灯，都成为他们追捧的对象。

随着海外购物消费的普及，消费者的品位和购买需求正在发生变化。未来跨境电商平台的竞争优势在于服务和货源，尤其是对平台服务的要求将提高，商品多元化成为必然。

18.1.2 跨境电商龙头凸显，中小平台举步维艰

艾媒咨询发布的《2017—2018 中国跨境电商市场研究报告》显示，2017 年跨境电商整体交易规模（含零售及 B2B）达 7.6 万亿元人民币，2018 年跨境电商交易规模有望增至 9.0 万亿元。洋码头、深圳星商、美翻等跨境电商平台先后完成融资，跨境电商发展势态甚好，然而前不久步步高旗下跨境进口电商平台云猴全球购却已关停，看来一派欣欣向荣之景的跨境电商市场却暗含着激烈的竞争风云。

在历经无数厮杀后，当今跨境电商市场竞争格局已形成头部效应。易观数据显示，就跨境电商进口零售电商市场（B2C）竞争格局而言，2017 年第 4 季度，天猫国际以 27.6％的市场份额仍居首位，网易考拉海购、京东全球购以 20.5％、13.8％分列二三位，其余的唯品国际、小红书、苏宁海外购、丰趣海淘等跨境电商平台所占的市场份额均低于 10％，且分食现象更为激烈。

而在该季度，独立跨境进口零售电商市场竞争格局上，网易考拉以 67.1％的份额稳居第一位，小红书仅 14.9％位列第二；丰趣海淘更甚，仅 3.3％排在第三位。此外，就 2017 年全年的市场竞争格局来看，网易考拉以 25.8％位居首位，天猫国际为21.9％略次之，京东全球购则以 13.3％位列第三，小红书、洋码头等皆不足 5％。

一方面，天猫国际、京东全球购背靠自有的巨大流量，在物流与营销上也已有成熟的平台化运营模式，让其在跨境商品上的发展优势明显；另一方面，网易考拉海购以自营模式差异化开篇，严格把关商品质量赢得消费者信赖，物流上也不输于阿里、京东等电商老巨头，更是积极拓展线下体验店，扩展品牌影响力，足见跨境电商市场已形成以天猫国际、网易考拉等为首的稳固竞争格局，中小平台难以虎口夺食。

在跨境电商不断发展下，市场的竞争格局已逐渐形成，中小型跨境电商平台与天猫国际、网易考拉等巨头比已是相形见绌，想要在这样的竞争环境下谋求更大的市场份额已是十分困难，而跨境电商平台一直也存在不少难以解决的市场问题，这让中小型平台更是举步维艰。

18.2　创业历程，上下求索

18.2.1　曾碧波的创业经历

1996 年，洋码头创始人曾碧波提前参加高考，从江西农村考入上海交通大学少年班。2000 年，他毕业后找工作，别人不是嫌他年纪小，就是嫌他没有社会经验。在这一年他做了市场销售的工作。2001 年曾碧波加入 eBay 易趣工作，负责内控，就是在这里他接触到了中国最早的跨境物流雏形。"2001 年到 2006 年在易趣工作，让我思考最多的，是平台本身的价值点在哪。客户成功，你才牛，客户不成功，你也就失败。易趣的工作经历，多多少少会对我后来的创业产生影响。"曾碧波坦言。据悉，洋码头的四位核心创始人，包括曾碧波在内，三位都在当年的易趣工作过。

2006 年，工作数年后的曾碧波赴美留学，用他的话说就是国外生活"闲的蛋疼"，常在 MITBBS（华人论坛）写热门文章，教大家如何海淘好货倒回中国，光荣地成为一名资深"倒爷"。这其实就是早期的跨境电商产业，在这个过程中，曾碧波意识到国外消费者和国外产业链的链条太长了，本质工作就是流通。2009 年，曾碧波放弃在硅谷地区的舒适工作，拖家带口回到上海创业。这个选择令亲朋好友大跌眼镜。实际上，他此前也未听从家人的意见"直接读研"，而是自行在杂志社、电商网站"混"了若干年后去美国读 MBA。

在美国读书期间,他有了一个大致的"海外网购平台"策划方案。当他拿着项目策划案去斯坦福大学参加创业竞赛时,却发现跟老美"讲不通"。"估计他们听不懂我在说什么。他们没有中美物价差的概念,感觉中国人不会花'大价钱'去买美国货。"

曾碧波想在国内找到一个更好的创业环境。他一个人去长三角地区的一个地级市,因为那里有"海归双创人才"创业扶持计划。按照他的理解,此前对方的招商负责人同意以"一比一"的比例对他的投资进行扶持,即他本人投资 100 万元,对方扶持100 万元,并提供免费的办公场地、食堂和宿舍。但由于种种原因,曾碧波自筹 100万元后,只换来 20 万元的扶持,免费的办公室位于郊区,免费的 100 平方米宿舍建在一处工地上,食堂也是工地食堂。

"落差巨大"。曾碧波说,"就像自己早年'麻雀变凤凰'一样,自己一下子又从'海归凤凰'跌落到了'麻雀'的地界。"呈现在他眼前的,分明就是理想与现实之间的巨大鸿沟。

"每个月只能给在上海的老婆 5 000 元生活费养孩子,差点就坚持不下去了。"那时的生活,曾碧波只能用"苦逼"二字来形容。他每天泡在各大论坛上,自己撰写"海淘攻略",并在"攻略"最后加上一句广告——你可以加入某某 QQ 群,了解更多"海淘"信息。在外地一年,曾碧波和合作伙伴共开了 10 个 QQ 群,每个群有 300 多人,这些人,成为他后来"洋码头"海外网购平台的最早客户。

2010 年,在充分体会了"骨感的现实"后,曾碧波回到上海创办"洋码头"网站。开始时,一天有二三十个订单,他借美国同学的车库当收货点,一个月只能给同学一两千元劳务费。后来,他拿到了第一笔天使投资,这时他做的第一件事就是建物流。

在曾碧波看来跨境电商业的实质是流通业的改革,核心是流通效率的提升。物流仓储既是整个产业链的基础,也是瓶颈,稳定的供货通道和优质的产品运营都有赖于此,如果不做物流,就没有办法做流通效率优化。物流还分自营和平台,自营是为自家玩的,平台是为别人玩的。曾碧波自己做的是平台,本身对物流的考虑也是平台。当一个产业链流通效率有问题的时候,一定和物流有关系。电商物流成本占客单价 5%到 20%是比较理想的。在创业之前,物流成本可能占 50%,那怎么做?所以他觉得要把物流建起来,不把这个瓶颈打破肯定不创业。

因此曾碧波决定先建物流再做电商。在最开始的时候他选择在硅谷建仓库,由于资金有限,他想到了使用最低的成本去实现的方法——利用朋友家的车库来帮自己收货。考虑到美国的人力成本很高,客户体验又要有保障,所以曾碧波带着团队花了一个月时间,开发了一个签收出货系统。出发点很简单——确保自己的朋友没有受到很大干扰,同时我的客户体验又很好。从那天开始,他们的成本就控制得非常好。

18.2.2 洋码头成立

2010 年一整年,曾碧波一直在做一件事情——建立自己的物流。到 2011 年他们的物流已经做得很好了，在中国通关也很合法，于是决定把电商平台也做起来。那么电商平台该怎么做呢？曾碧波认为电商也是分阶段的，先做 C2C 再做 B2C。为什么不先做 B2C？这是因为当时国内的需求还不明显不确定，做 B2C 需要对应比较重的刚需市场。而 C2C 会给很多的市场反馈，包括卖家、买家、产品选品需求和物流的要求。把 C2C 做好的同时，他们可以为这个行业建立一些经验积累。

2011 年 7 月洋码头正式上线。洋码头上线的时候是社区，是一个论坛，他们先在 55BBS、篱笆网找最早期的海淘用户，来分享海淘的攻略，在论坛和 QQ 群里面沉淀了第一批客户。在 2012 年底到 2013 年初，曾碧波和他的团队就感觉到移动端的颠覆很厉害，PC 端可能已经不是机会了，于是决定做移动互联网。2013 年 8 月，洋码头推出扫货神器 APP 的第一版测试，亲自到海外做扫货直播，效果很好。现今洋码头有两个 APP，一个是商城，偏 B2C；一个是 C2C 模式的扫货神器，是纯代购形态，以非标品为主，非标品光是用钱解决不了关键问题。

截至 2018 年，总体而言跨境购物最大的品类还是时尚类产品，其实很多人并不需要尿布，但对于流行爆品肯定是有需求的。从整体上看，洋码头与其他一些跨境电商还是有所区别的。洋码头的模式就是美国买手或者商家在网站上提供各类商品，消费者选择下单后，通过国际物流业务经过中国海关到达消费者手中，洋码头只是一个平台。此外，洋码头旗下还有一个独立的物流公司贝海国际速递，向跨境卖家提供直邮和报关清关服务。与经营采用平台模式类似，其物流仓储品牌贝海国际的设计初衷也是开放和共享。洋码头采用与仓储、航空公司合作的方式，形成卖家（代购者或零售商）→海外仓库→航空公司→清关→国内快递公司→消费者完整的物流配送体系。曾碧波称，尽管不是自建，但整体的服务标准由洋码头制定。目前，贝海国际已经在纽约、旧金山、洛杉矶、芝加哥、墨尔本、法兰克福、东京、伦敦、悉尼、巴黎等 15 个国际都市建成物流仓储中心，并与多家国际航空公司合作实施国际航班包机运输，每周 40 个航班入境，至此，其物流全球布局已具雏形。根据曾碧波的透露，未来贝海国际计划在日本、韩国、美国休斯敦增设仓储。

18.3　身陷困境，收缩求生

18.3.1　资本市场不认可，融资困难

洋码头在创立之初并不被资本市场认可，再融资方面出现了严重的困境。在曾碧波写给内部员工的邮件里面，我们看到了洋码头五次被拒绝的心酸历程。

邮件中的内容是这样子的：

"2010 年我接触到晨兴资本的刘芹，第一次听到他转述雷军原汁原味的名言：风口的猪都能飞起来。告诫我们一定要顺势而为。雷军为此还成立了一个风险投资基金叫顺为基金。那年晨兴拒绝了我们。（其实当年晨兴如果选择投资了我们，今天就

轮不到天猫国际什么事了）。

2011 年我找到了经纬,经纬的分析师们至今都还在说我们贝海做的就是转运,我内心一直在呐喊着'你全家都是做转运的',直到 2014 年初邵亦波希望投资我们的时候我们已经和赛富签订了投资协议回天无术,经纬北京的王华东和张颖转而投了互联网产品能力出众的 CN 海淘也就是今天的蜜淘。

2012 年下半年我曾再次找到晨兴的刘芹,我想我唯一打动他的地方是我的固执和执着,他劝诫我,'阿里的射程之内无人烟的',我说,'马云如果亲自跑业务我立马把洋码头关掉。'那次晨兴再次拒绝了我。

2012 年底我还找了阿里巴巴战略投资部,见了号称阿里二号人物谢世煌 Simon,深入剖析我们的商业模式和计划书,半年后 2013 年 6 月份天猫国际诞生了。

2013 年 8 月份,我找到了我们的货代公司 APEX 寻找战略投资,对方说你们洋码头不值钱,贝海还值点钱,打包作价最多也就是 4 000 万人民币吧,给你 2 000 万,要占大股如何? 我拒绝了,今天 APEX 复制了贝海的运营模式走天津口岸接了亚马逊直邮中国的物流业务。"

18.3.2 海关进口关闭,物流效率低

2012 年,这一年对于洋码头来说有点不一样,因为这个冬天有点难熬。2011 年时,洋码头还发展得很顺,2010 年拿到的 500 万元天使投资都没动过。据曾碧波说那时他们发完员工薪水,每个月还能盈利 20 万元。但到了 2012 年,国家政策收缩,当时海关出现了大量不合法的包裹,导致了正规包裹入境受到影响,从而引发连锁反应,洋码头的业务运营受到了严重的考验。

由于海关把进口关掉了,这导致洋码头的物流出现了严重的问题。在物流效率体验极差的情况下,用户经常一个月才拿到商品。此时的洋码头在一系列的不良反馈面前,被冲击得七零八落,最直接的结果便是收入开始跌得很厉害。由于资本市场的不认可,曾碧波和他的团队也没打算融资,公司内部开始裁员,收缩财政。靠着之前的盈利和投资,洋码头就这样过冬了,这段时间从 2012 年的 5 月一直到 2013 天的 8 月,持续了差不多整整一年。曾碧波表示,这段时间,是洋码头经历的生死存亡的时刻,他称之为黎明前的黑暗。而熬过这段黑暗的时间,显得尤为重要。

18.4 突破局限,狼性蜕变

18.4.1 自我造血,提升服务质量

经过 2012 年"海关进口关闭"事件,曾碧波带领团队吸取教训,将目光从资本风口转移向了内部的自我造血。团队开始冷静下来,思考关于创业、资本、行业和客户的现实话题。他们的嗅觉开始变得很灵敏,对行业变化,对政策的判断,都会看得更

加早一点。2013 年,曾碧波带领洋码头开始布局,在移动端布局,在海外建仓,拉了很多的商家做了很多促销,同时确保他们能够赚钱继续有营收。2013 年上海海关第一次构建了跨境进口平台,就是洋码头参与建的。除此之外,洋码头还和邮政在上海虹桥机场建了第一套两条流水线,现在保税进口的模式基本上都是拷贝它。

同时,洋码头还通过"先行赔付"及"一慢就赔"服务解决服务保障和物流两大痛点。凡是消费者在洋码头所购商品出现交易问题,洋码头将依照涉及问题的不同,主动代替商家进行相关赔偿服务;全款支付的贝海物流订单,若未在服务承诺时效内送达,消费者将获得洋码头赔付的一定金额。

经过一系列的调整,洋码头在 2013 年终于开始反弹,全年盈利的同时,也让自己有了生存之机。并且,开始将此前积累的 C2C 海外购物模式,转移到移动互联网中,曾碧波称此为"扫货神器"。这一系列的措施不仅在接下来的跨境电商中为洋码头抢得了先机,也为他们带来了快速扩张的 A 轮 1 000 万美元的融资。最后,在巨头们争相进入跨境电商之际,洋码头稳稳地从巨头的口中夺下这块美食。

18.4.2　培育狼性文化,造势购物节

2014 年对于洋码头来说是转型之年,尤其是上半年。这一年,洋码头虽然稳住了外部,但公司内部,却逐渐产生一些不好的"苗头"。站稳脚跟,获得投资的洋码头,在公司内部产生了各种想法,求稳还是冒险前进? 曾碧波察觉到对内外压力的反馈迟钝,迟早会毁灭团队。于是,在 2014 年 10 月,曾碧波开始了公司价值观的改造,一改此前典型的上海互联网小清新文化,转而开始种植狼性文化思想。不仅如此,曾碧波取得了成功的同时还保障了洋码头团队的能动性和战斗力,并且在 2015 年杀红眼的红海中,成功杀出一条血路。而 2015 年初,洋码头也得到了当时跨境电商的最大一笔融资。

在洋码头的推动下,每年一度的"黑色星期五"成为继"双 11""618"之后的又一大购物节。2017 年,洋码头"黑五"当日交易额达去年 6 倍,开场不到 8 分钟交易额达 1 亿元。截至 2017 年,根据洋码头提供的数据显示,该平台用户数达 4 800 万,认证买手商家超过 6 万名,覆盖全球六大洲,分布于美国、英国、日本、韩国、澳大利亚、新西兰等 83 个国家,每日可供购买的商品数量超过 80 万件,以满足国人日益多元化、个性化的海外购物需求。

2017 年 9 月,洋码头首次实现结构性盈利,收入整体覆盖支出。曾碧波透露,今年他还定了一个小目标,要在 2018 年实现全年盈利。

18.4.3　拓展购物场景,打造平台商业模式

洋码头作为国内首家一站式海外购物平台,创新性的将直播运用于电商之中,开创了扫货直播的场景购物模式。在多次研究和尝试之后,全新升级视频直播,通过专

业的商品推荐、搭配技巧、时尚播报、购物场景还原,真正实现边看边买,使国内消费者在万里之外也能感受当地的购物氛围,原汁原味同步海外的生活方式。自 2010 年成立至今,已成长为国内最大的独立跨境电商,汇集来自全球 83 个国家的 6 万多名买手商家,消费者日平均可购商品高达 80 多万件,商品涉及生活的方方面面,包括服饰、美妆、保健、母婴、鞋包等 400 多个品类。

洋码头选择平台模式(见图 18-1),希望通过整合全球供应链,实时快速地为中国消费者提供优质商品。洋码头通过打造买手商家体系及跨境产业生态链,极大丰富了消费者的选择面,加上布局自建国际物流,打破了保税模式下对商品品类拓展的限制,尽可能地满足了当下消费者更加多元的需求。洋码头创立的初衷,就是努力解决和打破中国零售行业的壁垒,实现国际商品的高效流通,让中国消费者可以在相对平等的价格下获得同样的商品。洋码头创始人兼 CEO 曾碧波认为,商品的丰富度是用户对于电商最基本的需求,高效教育并赋能上游产业,整合多环节资源,是目前行业发展的第一要务。

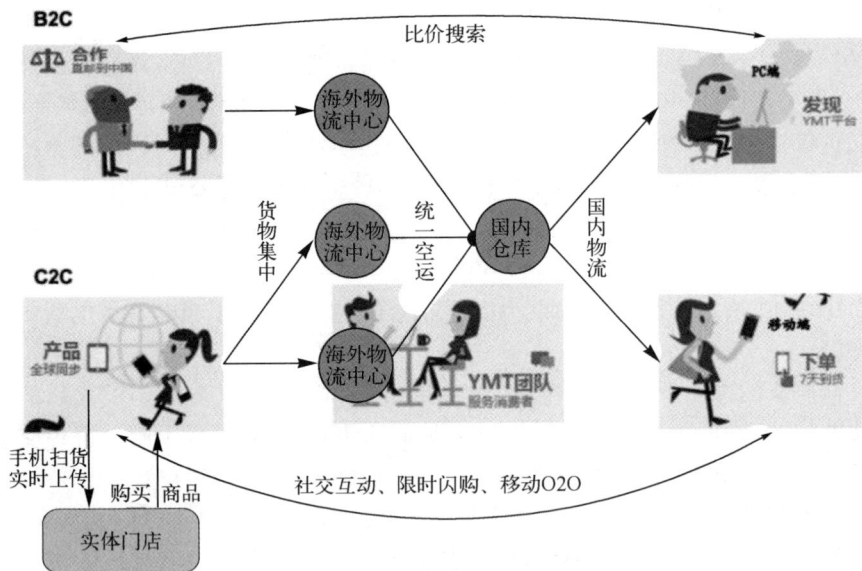

图 18-1 洋码头商业舞台模式

C2C:移动端的商品供应链主要以居住在欧美的个人为主,海外买手需要提供美国的住址、个人信用卡账单等各项资料,等待公司的美国法律团队确认之后即可成为买手。这些买手生活在美国他们并不买断商品再卖出,而是会在当地的商场、品牌店拍摄自己喜欢商品的照片,上传至洋码头,待有消费者确定下单时再购买,因此对买手来说没有任何库存。

O2O：移动端的扫货神器使得国内消费者能够无障碍地连接到国外的线下门店，这种模式实现了社区 O2O（国外的线下到国内的线上），买手不断增多的时候，消费者可选的种类开始丰富起来，这种模式会很快代替原有亲友代购的模式。实现了场景化购物，让消费者有一种"现场感"，而买手所在的线下正规渠道打消了消费者对于假货的担忧。

社交驱动：在社交软件上做电商或许会遇到天生的瓶颈，但是以购物为目的的社交能增加客户的黏性，形成兴趣相同的群落。洋码头买家可以关注海外个人卖家，而卖家会根据自己的喜好在线下挑选特定的商品进行展示，同类人群洗好的匹配使得商品的展示更有针对性，回头率更高。

闪购：洋码头移动端引入了海淘限时直播的闪购模式，移动端以逛为主，冲动消费属性更明显，比价难度大，因此在时间限制和兴趣共振的结合下，会刺激消费者的购物欲望。

收费模式：平台是免费的，主要靠物流、仓储收入和现金流维持平台运作。目前洋码头的物流体系对全世界所有商家开放，而不仅仅针对洋码头自有的用户。

18.5　展望

跨境电商在 2014 年大规模兴起后，在"免税"的金字招牌下，大量热钱涌入跨境电商行业。伴随着税率的调整和 50 元免征额的取消，"上半场"政策福利期宣告结束。在下半场消费红利到来之前，"中场"成为从上到下的关键阶段。对于目前行业所处的阶段，洋码头面临三项考验。一方面是保证商品的多样性，即供应链的横向扩展，只有提供足够好足够多商品的平台才拥有流量转化能力。同时，上下游整合的能力，让商品上游与中国消费者紧密连接，让品牌更好的服务中国消费者。此外，野蛮生长的时代过去后，如何保障平台效率，让企业不再依赖资本。

价格驱动、品质驱动的时代结束了，现在是品位驱动的时代，用户的消费心理正在发生变化。购物正在变成一种娱乐的方式。因此除了提升服务水平、优化流量分发、扩展商品品类，洋码头在未来还将加速渗透二三线城市，并尝试在部分城市核心地段设立实体体验店。

消费者对于跨境购物已不仅仅局限于传统母婴、美妆、保健三大品类。除洋码头现有的服装、鞋包三大优势品类之外，还将注重在居家、饰品以及运动等方面的类目拓展，未来洋码头将加大力度为全球买手商家提供选品、清关、营销、服务等培训和服务，做好精准推荐，重点扶持资历和口碑较高的买手商家。

除此之外，平台效率和用户体验将是洋码头重点战略方向，2018 年将启动城市下沉战略，加速渗透二三线城市，普惠更多国内消费者。

链　接

链接 1　洋码头发展史

2010 年 3 月　洋码头官方物流贝海国际在美国硅谷正式成立。

2011 年 3 月　洋码头美国旧金山、纽约 2 大国际物流中心正式启用。

2011 年 7 月　洋码头网站正式上线。

2012 年 6 月　洋码头美国洛杉矶国际物流中心正式启用,累计建成 3 大国际物流中心。

2013 年 12 月　洋码头移动端 APP 正式上线。

2014 年　洋码头布局全球物流中心,伦敦、巴黎、法兰克福、墨尔本、悉尼、芝加哥国际物流中心正式启用,累计建成 9 大国际物流中心。

2015 年 1 月　洋码头宣布完成 B 轮 1 亿美金融资。

2015 年 4 月　洋码头与盛大集团旗下电子支付服务公司盛付通达成战略合作,可支持超过 60 家主流银行的快捷支付。

2015 年 4 月　洋码头与星美集团达成战略合作,并筹备联名卡发行计划。

2015 年 5 月　洋码头杭州保税区正式投入使用。

2015 年 6 月　洋码头成为中国(杭州)跨境电子商务综合试验区首批试点企业。

2015 年 6 月　Angelababy(杨颖)成立创投基金 AB Capital,投资洋码头,并担任洋码头明星产品经理与投资人。

2015 年 7 月　洋码头日本东京国际物流中心正式启用,累计建成 11 大国际物流中心。

2015 年 9 月　洋码头美国拉斯维加斯国际物流中心启用,累计建成 12 大国际物流中心。

2015 年 11 月　洋码头引领中国黑色星期五购物风潮,创行业内高点。

2016 年 4 月　洋码头宣布投资 10 亿深耕日本市场。

2016 年 6—8 月　洋码头日本大阪、韩国仁川、新西兰奥克兰国际物流中心正式启用,累计建成 15 大国际物流中心。

2016 年 6 月　洋码头官方物流首创“急速赔”,定义跨境电商行业物流服务新标准。

2016 年 7 月　洋码头发布国内首份《2016 上半年中国海淘消费报告》。

2016 年 8 月　洋码头官方物流海外直邮时效平均 5 天签收完成,刷新跨境物流新纪录。

2016 年 11 月　洋码头黑五首批美国包裹空运来华,清关入境仅 17 小时创新纪录。

2017 年 8 月　洋码头上线“码头优选”。

2017 年 8 月　洋码头国内首创"平台＋会员"联合监督机制，创立"鹰眼联盟"。

链接 2　跨境电商平台列表

表 18 - 1　跨境电商平台(1)

公 司	天猫国际	淘宝全球购	京东全球购	唯品会全球特卖
上线时间	2014 年 2 月	2007 年	2015 年 4 月	2014 年 9 月
模 式	5 400 品牌，商家入驻天猫国际网站时，需要支付 5 000 到 10 000 美元的年费，2.5 万美元押金。一般来说，商家需要向阿里巴巴支付 3% 到 6% 的佣金	C2C 中小卖家，多为海外商品代购商，要求店铺内海外商品占比 100%	自营直采＋部分直邮；首批上线商品超过 15 万种，品牌数量超过 1 200 个，商铺超过 450 家。京东全球购与海外商家的合作包括自营模式和平台模式两种	全球特卖，特卖保税＋直邮，全程采用海关管理模式中级别最高的"三单对接"标准
优 势	流量大，直接与海外政府合作招商便利，和世界邮政体系战略合作	淘宝中小卖家，鱼龙混杂产业链复杂	流量大，擅长国际物流仓储管理，海外 BD，供应链优势	流量等大佬优势
主要 sku	各大品牌标品；目前最受国内消费者追捧的品类包括食品、化妆品、母婴类、生活日用品、小家电等	标品爆品为主	标品爆品为主；各大品牌，涵盖母婴用品、食品保健、个护化妆、服装鞋靴、礼品箱包等多个品类的数十万商品	品类少而杂
融资历史	——	——	——	——

表 18 - 2　跨境电商平台(2)

公 司	亚马逊直邮	聚美优品——聚美海外购	网 易——考拉海购	顺丰海淘
上线时间	2014 年 8 月	2014 年 9 月	2015 年 1 月	2015 年 1 月
模 式	保税区＋海外直邮；海外购＋国际精品店＋进口直采店	急速免税店保税闪购＋直邮；海外购成为聚美转型增长动力，目前聚美渠道转为品牌合作、专柜购买和聚美海外购	自营直采＋部分直邮；采取"自营"模式，由专门的采购团队从海外原产地优质批发商那里"批量直采"，同时通过大批量备货到国内保税区的做法	主打母婴＋个护，保税＋直邮，正在酝酿新模式

公　司	亚马逊直邮	聚美优品 ——聚美海外购	网　易 ——考拉海购	顺丰海淘
优　势	海外物流仓储体系完善,sku丰富,会吸引一大批资深海淘用户	流量优势;品类优势(日韩品牌直供,货源充足,单价低无税);上个月已经在北京开海外购O2O线下体验店	战略上十分重视,重金投入	强物流体系支持
主要sku	全品类	化妆品(日韩,单价低不用税)+奢侈品+母婴	母婴、个护,美妆,美食,保健	母婴+个护,美妆,保健
融资历史	——	——	——	——

表 18-3　跨境电商平台(3)

公　司	洋码头	蜜芽宝贝	贝贝网	辣妈帮
上线时间	2011年6月	2014年2月	2014年4月	2012年
模　式	自建贝海国际物流,C2C买手扫货神器(mobile),B2C洋码头海外购平台,海外零售商直接进行国际配送	特卖+自营保税,72小时内限量出售	母婴特卖保税+直邮BBC,通过自营加联营的模式,与品牌商家、工厂直接合作	社区+母婴保税特卖+直邮,同时提供孕期指导及社交功能
优　势	起步早,北美市场渗透深入,买手专业,自有物流贝海国际	起步早,发展好,资本支持,流量大	资本支持,供应渠道丰富	社区转电商,用户黏性好
主要sku	母婴+保健+个护+快消等	母婴用品	母婴	母婴
融资历史	2010年获得天使湾天使,2013年12月赛富A轮,赛领国际基金B轮	A轮真格,险峰华兴,B轮红杉真格,C轮Hcapital领投	高榕、IDG B轮;新天域,今日资本C轮	险峰、戴志康天使;经纬,险峰,晨兴A轮;景林及老股东B轮;唯品会leadC轮

表 18-4　跨境电商平台(4)

公司	蜜淘	淘世界	海蜜	小红书
上线时间	2014 年 3 月	2014 年 7 月	2014 年 11 月	2013 年 8 月
模式	生活用品,两个模式(自营保税+直邮);全品类长尾需求的海淘代购+热卖品类的海外品牌限时特卖	C2C 买手制平台,时尚基因,美女 CEO	C2C 买手制平台,强营销;在采购端,主要对接个人买手和贸易商;在交易端,以闪购模式进行。一小部分商品来自境内贸易商	社交分享+电商,自营直采,达人信息分享
优势	电商基因团队,擅长选品运营,资本阵容强大	美女 CEO 时尚博主出身,海外经验丰富,时尚嗅觉好,产品贴合女性需求,擅长海外买手 BD 运营,总之赞赞的	擅长渠道谈判,CPS 营销基因强,同样的资金投入转化率高	天然海外品牌培育基地,用户黏性高,消费能力强,人群精准,有调性有文化
主要 sku	爆品母婴+生活用品+个护	全品类	长尾非标品	食品+个护+保健等
融资历史	蔡文胜/汪东风天使;A 轮经纬;B 轮祥峰,晨兴,景林,经纬	源码资本 A 轮,B 轮正在进行	A 轮阶段,投资人元宝铺、贝贝网	真格,金沙江天使,GGV 领投 A 轮,腾讯 B 轮

表 18-5　跨境电商平台(5)

公司	街蜜	Ofashion	金箍棒海淘	55 海淘
上线时间	2014 年 8 月	2014 年 1 月	2014 年	2011 年
模式	C2C 买手制平台,强运营,海外正品代购、即时分享、社交沟通	时尚资讯媒体转型全球比价搜索工具,14 年转型 C2C 买手制平台	对接国外主流电商,商品由国外电商发货,金箍棒负责转运,使消费者免去浏览英文网站、接受复杂支付流程的困扰,后续转运、报关流程均由金箍棒完成	导购+限时特卖+返利,对接国外网站的代购特卖化

续　表

公司	街蜜	Ofashion	金箍棒海淘	55 海淘
优　势	阿里团队,电商基因,擅长平台物流运营	时尚媒体基因强,调性高	模式轻巧＋信息流简化	模式轻巧＋信息流简化
主要 sku	长尾非标品	时尚奢侈品	全品类	标品爆品
融资历史	IDG A 轮	清流天使	创新工场天使轮	——

表 18‑6　跨境电商平台(6)

公司	西集网	皇家空港	么么嗖//爱美购	什么值得买
上线时间	2015 年 3 月	2014 年 8 月	2014 年 8 月	2010 年 6 月
模　式	美国＋日本自营商城的限时抢购	自营保税 B2C,量贩销售＋限时采购	覆盖海外主要电商,主打折扣轻奢商品,建立全自动数据同步	网购商品推荐网站,集媒体、导购、社区、工具属性为一体的消费决策平台
优　势	独立搭建采购、物流、运营一体化平台	资质优良,良心企业,阿里团队,美女创始人 2 枚	SKU 众多,搜索便捷,折扣品,团队背景好,技术能力很强	网友爆料最新折扣,同时能够晒单;设有海淘信息披露专区
主要 sku	标品爆品	母婴用品	时尚轻奢	全品类折扣信息推荐
融资历史	千万美元天使	A 轮阶段	同创伟业 A 轮	——

表 18‑7　跨境电商平台(7)

公司	海豚村	Hai360/淘海科技	海猫季	海豹村	Styler 风格家
上线时间		2013 年	2015 年 3 月	2014 年	2014 年
模　式	自营＋中文代运营,多个国家的电商通过独家商业授权代理的形式入驻海豚村	海外电商代购,技术导向,面向支持的国外电商推出一键购	海外电商代购,技术导向	海外移动保健品特卖	主打白领女性跨境时尚家居购物

续　表

公司	海豚村	Hai360/淘海科技	海猫季	海豹村	Styler 风格家
优　势	华为团队，海外 BD 能力强，擅运营	SKU 多，技术强，适合搜索	SKU 全＋时尚轻奢＋搜索便捷	国内需求旺盛	家居垂直
主要 sku	母婴＋保健＋个护＋快消等	长尾非标服饰箱包	长尾非标服饰箱包	保健	时尚类＋家居类
融资历史	USC 天使，君联 A 轮	同创伟业天使	真格/青松天使	天使王刚	英诺天使

启发思考题

（1）洋码头为什么先做 C2C 再做 B2C？

（2）洋码头为什么先在硅谷建仓库？海外建仓有什么优势？

（3）洋码头的商业模式有什么独特之处？为什么会形成这些特色？

（4）洋码头在刚创业时是盈利的，现在却宁可亏损也要扩张，而竞争对手也越来越多，那么它是怎么应对这种变化？

（5）洋码头未来的发展方向是怎样的？

案例 19

依图科技：
AI 行业的布局与发展

编者语：站在科技发展的最前沿

　　近几年，大数据、人工智能的浪潮席卷全球。从市场到社会，人工智能的概念迅速蹿红，成为许多企业都想搭车发展的炫酷标签。2012 年，依图科技便领先一步，将 AI 与市场成熟、潜力巨大的安防行业相结合，走出了创业发展的第一步。由此开始，依图便持续深耕，涉及人像识别对比、活体识别、车辆识别、套牌库建立、视觉特征搜车等多个方面，在公共安全领域，构建了覆盖多场景的城市级公共安全解决方案。此后，依图又进军金融、医疗等行业，尤其在医疗领域，智能辅助诊断系统已开始规模化地商用落地。依图科技不断努力实现人工智能与工业、商业、金融业以及公共事业等各个行业的深度融合，体现了科技造福人类的精神。依图科技的成功在于其站在了全球科技发展的最前线，将高性能分布式计算、分布式存储、人脸识别、文字识别、目标跟踪、图像特征搜索等最先进的技术真正落地到市场、社会发展的多个应用领域，实现了 AI＋垂直行业的公司定位。这也说明，先进技术不是用来炒作的概念，而应该使之成为社会发展变革的核心引擎，这不仅需要先人一步的战略眼光，需要勇气、坚持，也需要找到科技与社会应用的结合点，找准成果转化的突破口。

本案例由华东师范大学经济与管理学部的陆阳平和秦丹撰写，由于企业保密的要求，在本案例中对有关名称、数据等做了必要的掩饰性处理。本案例只供课堂讨论之用，并无意暗示或说明某种管理行为是否有效。

摘 要： 人工智能对每一个基础行业都会引发深刻的改造过程，其商业落地实质是行业的选择。本案例描述了独角兽企业依图科技在"图像识别"领域的垂直行业落地布局历程，从安防、金融到医疗行业，依图是如何利用计算机视觉技术与各垂直行业进行纵深渗透，如何利用人工智能技术解决行业痛点，以及依图科技在面对行业传统巨头纷纷下水人工智能领域，AI 创业公司异军突起的情况下利用何种优势立足市场。本案例从企业的商业模式、瞬时优势以及企业战略的视角揭示了创业公司的发展和布局。

关键词： 依图科技；人工智能；图像识别；技术优势；行业布局

19.0　引言

2012 年的时候，AI 没有现在热。尽管在 2010 年，IBM 的 AI 系统 Watson 已经在美国电视《边缘游戏》节目中战胜人类赢得冠军，但还没有像 2016 年谷歌 AlphaGo 与李世石下棋那样，引来全民关注。不过，在美国 Yannlecun（FaceBook 人工智能实验室主任）实验室做研究的朱珑凭借多年与人工智能打交道的直觉，还是闻到了"AI 要来"的气息。

尽管朱珑的很多同学在毕业后选择了去华尔街，朱珑也有机会选择在博士毕业后去做教授，但他还是决定回国，并找到了当时在阿里云平台做技术负责人的同学林晨曦，准备一起创业。因为朱珑觉得做了这么多年的机器视觉研究，要想创造价值还得放到具体的业务应用场景中、以解决实际问题来创造价值。而通常把理想变成现实最好的路径就是做公司，用产品化的方式解决问题。

朱珑和林晨曦分析了在高校、大公司做人工智能尤其是计算机视觉的可能性之后，最终决定创业。他们想组建一个自己的研究团队，人员不受限制、不必担心与大公司的战略是否契合，协力探索计算机视觉技术在产业的落地。

2012 年，朱珑回国，与林晨曦一起开始了在上海的创业。但是，2012 年的中国，风口还在别处，国内投资人或者科技圈的人谁都讲不清 AI 的商业模式具体是什么，甚至不理解这项技术驱动的创业公司应该是什么形态。另一方面，朱珑和林晨曦还面临着其他难题：中国因其人口、城市规模和产业状况，在学术和科学领域都有一些非常难的课题，那么计算机视觉技术该如何实现在产业的落地？技术的落地应该从哪里开始？

19.1　早期做安防，"市场成熟，潜力巨大"

从机器视觉的创业机会来说，市场机会在于行业监控市场，因为这个市场有巨大的刚需，无论是金融、保险还是城市管理抑或是安防领域等都存在旺盛的需求和很多的痛点。朱珑和林晨曦在依图科技的技术落地选择上曾有过很多的考量，是选择安防，城市交通还是健康医疗？

在 2012 年，安防已经是个相当成熟的市场，并且具有明确清晰的商业模式。首先，国家公共安全系统每年都会在安防基础设施建设上投入大量资金，政府招投标项目明确、采购流程规范，只要第三方企业技术做得好、产品具有前瞻性、能解决实际问题，项目就可以很快落地。事实上，依图这样的第三方技术企业是在做设备或者产品的升级改造，从信息化到智能化的升级改造，而人工智能算法是作为新技术产品在适应安防领域固有的模式。其次，安防市场垂直性强，其市场客户并不能统称为所谓政府部门或者公安部门,实际上是分布在不同省份涉及不同的警种、不同的科室,换句话说,安防市场整个行业存在大体量的刚需客户。另一方面,由于摄像头所记录的视频基本只有公安等系统才有权调取查看,安防＋AI绝对是 toB 的销售模式。在这种市场行为中,各类视觉识别类企业要竞争的关键不仅包括技术、产品,还涉及当地政府的政策以及商务关系等。这也是近年来在安防领域出现众多视觉识别类 AI 企业的重要原因。更为重要的是,随着经济的不断发展、技术的不断成熟、再加之国家政策的不断重视,安防产业的规模在 30 年来不断地增长,这就意味着以摄像头为主的安防设备数量增加,并且视频数据也海量增加;另一方面,恐袭事件频发,安防产业越发重视事前预警,传统的人工审查方式已经不足以满足产业的需求。

在当时,这些对于依图来说都是一种瞬时优势,最后,朱珑也把握住了这个好机遇,通过各种渠道找到了苏州市公安局主管技术的副局长。至此,一段三分钟的谈话就拉开了依图科技创业宏图的序幕。

19.1.1 依图的第一单——"假套牌车"识别

由于 AI 能够对迅速对视频进行结构化处理、对人、车、物进行快速识别比对,此类能力与安防需求不谋而合,与此同时,以视频技术为核心的安防行业拥有海量数据来源,可以充分满足深度学习对于模型训练的大量数据要求,因此,安防是人工智能最早落地的领域。从结果来看,依图在各种市场机会的切入中选择了安防领域。

在经过多方考量之后,朱珑通过各个渠道找到了苏州市公安局主管技术的副局长,副局长只在课间休息给了朱珑三分钟的见面时间,局长看着眼前朱珑的学术背景资料——全球三大 AI 实验室博士、图像目标测试冠军——思忖片刻后又给了朱珑一个机会。当时苏州市公安局已和国内某机构合作两年,但对套牌车的识别率不到30％。局长提到,目前套牌车的识别率还不到 30％,如果依图能够将识别率提升到70％就考虑合作。由于很多涉案车辆常常采用套牌或者假牌照,公安部门在案件的侦破当中很大程度上需要通过对汽车品牌或外观特征进行识别,并进一步确定车辆信息。朱珑他们反应迅速,在接下苏州市公安局的活儿之后便开始与林晨曦做了几个维度的事。一是研究实际的应用场景,找到解决问题的关键维度;二是将图像识别理论和产业难题和业务相结合,使单一的算法变成适合具体应用场景的算法模型。三个月之后,朱珑及其团队如期达成并超出了局长所希望的识别率。

在拿下了苏州市公安局"识别套牌车"这一单之后,依图开始进一步做假套牌车识别。套牌车的背后涉及很多的问题,可能是涉嫌某盗窃车辆,也可能是存在安全隐患的非法运营车辆。当时苏州公安局的套牌车识别率不到 30％,通过依图的技术,识别率达到 90％,公安系统可自动对比找到嫌疑车辆。除此之外,依图的图像识别技术还应用在高架上的大货车识别。这也是交通安全领域极为重要的环节。在依图的第一套智能识别系统成功在苏州公安系统应用后，通过全国公安系统的内部交流学习，实现了示范和辐射作用。后来，依图科技逐渐与上海、厦门、福州、武汉、深圳等城市，山东、福建、贵州等省份的公安部门达成合作。每个城市公安系统的要求各异，依图团队一边打磨算法，一边力争将自己的技术与当地的公安业务场景结合，场景涉及刑侦、交通、交警、情报等。

19.1.2　依图的第二步——以"图像识别"深耕安防

从这时开始，依图便在这一领域垂直扎根，其产品涉及人像识别对比、活体识别、车辆识别、套牌库建立、视觉特征搜车等多个领域。其中，依图科技的"蜻蜓眼"车辆大平台在 2014 年被列入年度公安部科技成果推荐目录，在近百项科技评比中，获得 2015 年公安部科学技术进步奖，该系统拥有品牌识别、假套牌分析、基于视觉特征的"以图搜车"等特有的技术能力。除了"蜻蜓眼"车辆大平台，依图科技的"蜻蜓眼"人像大平台也广泛地应用在公安系统的身份甄别、合成追逃、侦查破案、服务民生等各项业务之中。

"依图成长到目前，公司自身已经不把自己仅仅定位于人工智能算法企业，依靠近两年的拓展，依图在智能硬件、整体解决方案领域已经颇有建树，目前正在走向提供综合性整体解决方案的人工智能企业。"依图科技人工智能＋安全事业部副总裁罗忆表示。

2016 年，依图参与的"城市大脑"项目。它需要调用道路上的摄像头数据，捕捉车辆、车牌，分析车辆的运动轨迹，对道路交通建模，让机器"学习"不同路段的相关性，继而提出缓解交通拥堵的策略。例如，红绿灯时长调优等。据初步试验数据显示，"城市大脑"通过智能调节红绿灯间隔，道路车辆通行速度平均提升了 3%～5%，在部分路段有 11% 的提升。

在 2017 年，依图在公共安全领域展示了其在九大领域提出的覆盖多场景的城市级公共安全解决方案。具体涵盖大型活动安保项目应用的"移动人像作战平台""酒店宾馆人员身份智能核查"系统，针对火车站、机场、长途汽车站等交通枢纽地区的人员身份智能核查的方案，以及"机场指挥出行"解决方案。除此之外还包括"城市轨道交通智慧安防""智能小区人员管理""人像大平台省市县多级联动"及"公安检查站智能查控"等系统。其中多个整体解决方案已经落地应用，并取得了非常好的社会反映。

可以说，依图科技每年都在算法上投入巨大的人力财力，就是为了保证依图的算法始终保持在行业领先者的位置。近 3 年，依图平均每年都能够做到算法精度一个量级的提升，只有这样，识别精度才能持续不断地从量变到质变的演进。比如依图建立的全国乃至世界最大的人像比对库，支持最高 18 亿人像库，秒级返回结果。另外在省市级公安应用中，截至目前，依图科技帮助近 20 个公安省厅建立起省级人像平台,参与了 100 余个地市公安人像平台系统建设。

19.1.3 依图安防新动向——布局全球城市级公共安全

根据中国安防网的统计,2018 年安防市场规模将达到 7 521 亿元。另外,近几年来,生物识别、大数据、图像处理、深度学习等人工智能技术在安防行业的研发可谓如日中天,至此安防产品智能化已成为行业发展前进的方向。而得益于数据、算法、计算能力的发展和政府的支持,AI 安防发展的势头已经不可阻挡。智能时代的到来给各大行业注入了新的生机,也给企业带了许多的机遇,可是竞争对手也多,要想从众多企业中脱颖而出难之又难。而人工智能技术迭代太快,尽管人工智能技术的研发已在安防行业生根发展,但 AI 产品的落地应用仍是当前人工智能发展的重要环节,所以依图科技唯有不断在实战落地中检验技术,才能在 AI 安防领域占据有利位置。

在安防行业竞争极其激烈的今天,行业内绝大多数企业仍然以硬件制造出口为主,而依图将布局和战略放在了与新加坡在内的亚洲、欧洲及非洲地区,与企业和政府进行合作,提供国际化的安防技术服务保障,并把依图的人工智能技术与各国的行业应用结合,为其提供技术保障。另外,在人工智能进入安防领域的近两年,无论是传统安防老牌企业,还是新晋的人工智能新贵,往往都会面临这样的难题:如何评价对方,是威胁,竞争,更多的还是合作的机遇。

2018 年 1 月,依图科技与华为共同宣布双方将进一步深化在公共安全领域的合作,形成全方位行业联动。未来,双方将进一步结合华为云成熟的全球服务能力,以及依图科技世界级的人工智能技术,共同布局全球城市级公共安全,协力发展成为全球领先的公共安全解决方案提供商。同时依图首次发布了安防业务全新品牌战略——"新安防,真智能"。

依图科技业务技术副总裁吴岷阐释了"新安防,真智能"的品牌内涵:"'新安防'更注重技术与应用的深度结合,区别于'旧安防'的只是把 AI 当做摄像头技术的补充;'新安防'将全面利用人工智能技术,渗透到解决公共安全的实际问题里进行研发和结合,给出多维度解决方案,让智能技术更好的服务行业。与华为的全面合作,将加快我们迈入'新安防'时代的步伐。"

从 90％的套牌车识别率到"蜻蜓眼"车辆大平台,从地市公安人像系统到布局全球城市级公共安全,依图在拿下苏州市公安局的第一单后便一直在智能安防领域垂直深耕。随着计算机视觉算法性能的不断深入,针对安防行业带来的变化以及应用场景都在呈现几何级数的增长,以前由于算法精度达不到,某些场景下应用和需求无法实现,而现在能应用的场景会越来越多。朱珑认为依图科技对算法的持续投入会带来回报,因此依图科技未来仍会在算法上投入更多的人力和财力。

19.2　"人脸识别"再升级，依图的"AI＋金融"布局

依图在金融科技变革中的瞩目表现，得益于其在安防领域 3 年多的技术储备。依图为苏州公安局设计的"蜻蜓系统"（车辆识别技术）曾荣获"公安部科技进步奖"，并逐步将人脸识别和车辆识别系统部署到全国。2015 年 3 月，依图开始和阿里云合作贵州"交警大数据"项目，进一步将技术的边界拓展到大数据领域……

19.2.1　拿下"招行"人脸识别

在 2015 年以前，"人脸识别技术"对于许多金融机构而言，只是为等待远程开户松绑而做的知识储备；而在 2015 年央行发布了银行远程开户征求意见稿，允许各家银行探索远程开户，建立以"柜台开户为主，远程开户为辅"的账户开立体系，极大地促进了各大金融机构对相关生物识别技术的探索和突破。

就在这时，招行做出了大胆的尝试，并在全国甄选合适的涉及指纹、虹膜、声纹、人脸等多项内容的生物识别技术，仅参与竞争的人脸识别技术供应商就有近 20 家。经过严格的线上测试，依图的人脸识别技术以显著优势拔得专业测评的头筹，成为人脸识别项目的唯一供应商。招商银行零售网络银行部总经理江朝阳评价该技术："可靠性足够好，差错率已做到万分之一，并且可用性强，交互过程自然。"

朱珑回忆道，早期在做招商银行系统时，银行对于挑选算法厂商的流程十分严格，经过多轮 POC 测试后，最后就是到实际场景去使用。

依图在银行营业厅解决了隔玻璃墙拍摄强逆光等诸多问题，此外银行组织了一线柜面工作人员做人机 PK，经过多轮人机 PK 及实际工作环境各种场景下的挑战，最后才打磨成为一个能够在银行落地的系统和项目。

招商银行北京分行零售银行部副总经理刘建勋在依图的系统上线后表示："招商银行在我国银行业率先将人脸识别技术运用于核验客户身份的各个环节，包括开户、激活、客户资料的修改、风险评估等，极大地降低了银行的业务风险。"至此，"人脸识别系统"对柜员来说不再是单纯的取代关系，而是一种必要而强有力的补充手段。

19.2.2　扩大金融机构合作

在 2015 年 9 月，依图人脸识别技术在招商银行迅速推广到 1 500 家网点，用于辅助柜员进行开户操作。目前依图的刷脸取款功能已经在全国 106 个城市近千台 ATM 机上实现。依图为其提供自主知识产权的双目活检技术，在 1 秒内就能完成活体检测和人脸识别，还可以适应不同场景环境，真人通过率达到 99％时，异常情况拒绝率达到 99.99％，同时进行手机号码验证、密码验证三层防护。而后，依图与银联、招行、浦发银行、京东金融、招联消费金融等各类金融机构达成合作。2017 年初，农

行首台"刷脸取款"ATM在浙江分行成功试点上线,这是农行在ATM上应用生物识别技术的首次尝试。随后,农行先后在浙江、北京、上海、福建、山东、河南、湖南、湖北、新疆、山西、陕西等分行陆续推广并计划改造及新装数万台"刷脸取款"ATM,进一步优化系统功能,启动全行推广工作。

依图科技为金融机构提供的是一套完整的金融智慧渠道解决方案,着重解决其三方面的痛点:首先是提升用户体验和便捷性;其次是提升风控能力和安全性;最后是提升机构效率及降低运营成本。除了人脸识别的技术之外,依图科技的公有云服务为诸如互金行业的中小型金融机构提供了极大的便利,大幅降低了使用门槛及成本,公有云每年为金融机构提供了数十亿次比对服务。另外,在互联网金融领域,依图科技为京东金融提供了完整的身份认证体系。通过领先的机器视觉技术以人脸作为识别唯一特征,改善提高身份识别认证的准度和速度,促使金融服务新业务方式和心态的转变。

19.2.3 成为"人脸识别"在金融领域领导者

可以说,在提供人脸识别技术的公司中,依图科技作为覆盖所有金融行业细分领域的领导者,从首开先河的招行、到2017年初上线"刷脸取款"ATM的农行,在各金融机构寻求金融智慧渠道解决方案的路上,依图凭借自身的技术优势成为他们放心与安全的合作伙伴。此外,依图科技也已成为覆盖所有金融行业的第一AI技术厂商,在部分细分市场甚至达到了50%的市场份额,成为行业领导者,拥有为各类金融企业实施落地的丰富经验。

依图科技的最大优势之一在于其自主研发的带有专利的双目摄像头及活体检测人脸认证系统,完成无卡取款业务的用户身份核验,能够在自助设备无人监控情况下,安全实现刷脸取款的功能。某种程度上,当人脸识别的精度已经远远高于人眼,其应用性已经没有更多可讨论的了。真正的问题在于,任何技术都不会是百分之百的安全。比如,之前市场上很火的三维形象的技术,它可以把一张人脸的照片变成三维的,进行摇头、点头等动作。而依图科技凭借自身强大的技术能力,正在不断提高风控水平。依图的双目活检技术能够在1秒内完成活体检测和人脸识别,还可以适应不同场景环境,真人通过率达到99%时,异常情况拒绝率达到99.99%。更重要的是,依图科技的技术不仅可以防止照片、视频播放、3D头套等作假道具"攻击",同时还不降低用户体验,用户在ATM机前"刷脸"取款时,不需要做摇头、眨眼等降低用户体验动作。

19.3 "图谱+影像识别",依图布局医疗

在医学影像领域,其场景痛点与安防相似。医院经常面对大量医疗影像需要鉴

定,医生精力有限,如果能运用图像识别技术帮助医生鉴定并给出一定的辅助诊断,不仅能有效节约人力提高诊断速度,也可以减少因医生过度疲劳而造成误诊。

"我得解决人在生命面前变成医学'文盲'的这个脆弱"。朱珑决定进入医疗领域,从识别医疗图像入手,怎么就知道这个片子上有病灶? 怎么就知道它是不是癌症? 朱珑给学生做讲座的时候说过一句话,人眼不容易分辨出双胞胎的细微差异,但是计算机很容易就分辨出来,机器可以看到人眼看不到的东西。AI 应该帮助医生提高诊断质量和盖上患者就诊体验。

尽管"人工智能公司"的定位是可以解释依图踏足医疗的条件之一,但显然缺乏足够的必然性。依图选择医疗方向一方面来自创始团队个人的就医体验:排很久队、诊疗时间只有几分钟,也无从判断医生的诊断结果;另一方面,每个人都希望见到专家,"医疗资源不平衡"已成为严重的社会问题。

19.3.1 拥有"深耕"行业经验,快速布局医疗

2016 年下半年依图科技进入医疗行业,在短短几个月内,依图先后开发了智能影像诊断辅助系统和基于病历数据的智能诊断辅助系统。2016 年 9 月,依图与广州妇女儿童医疗中心合作,开发了针对幼儿发烧诊断相关的虚拟医生"咪姆熊"。2017 年上半年,依图科技完成 3.8 亿元的 C 轮融资,依图科技称,此轮募集的资金将主要用于人工智能技术在医疗行业的核心技术研发、医疗行业临床应用的拓展,以及人工智能医疗团队的建设。当时,依图已经为全国十几个省公安厅提供人脸识别技术协助破获案件上千起,也拥有包括招商银行在内的金融机构提供人脸识别技术。在与这些行业的合作和应用打磨中,依图的底层算法、工程能力日趋成熟,这正是依图在医疗领域能"跑"得快又稳的基础。

实际上,利用人工智能技术实际落地医疗行业,与人口大省重要医疗机构合作,依托庞大病人数量,尽快地获取病人的数据,是医疗人工智能创业公司的工作重心之一。如能获取两千万以上的病人数据,便可通过大数据分析得到很多价值很高的医疗科研成果,无论对提升算法,还是公司长远发展,都很有利。除了获取足够丰富的医疗影像等数据和算法的稳健性、可靠性要求,医疗产品的落地还需要医疗行业内专家对技术和产品的认可。一开始没有一家医院用人工智能产品时,落地 AI 产品确实是比较艰难。那时依图跑了很多家医院,未果。后来遇到依图种子医院的主任,希望AI 能够帮助改变科室目前的一些情况,比如患者太多影响到年轻医生的科研。因为是免费,于是这家医院抱着尝试的心态使用了 AI。

而后,从 2017 年下半年开始,依图迅速部署进入武汉协和医院、武汉大学中南医院、广州军区陆军总医院。对此,依图医疗团队解释道:"武汉的战略地位非常重要、我们希望以武汉为中心,辐射整个华东地区。"

19.3.2 "图谱＋影像识别"，依图医疗产品落地

医疗行业 80％～90％的数据都源于医学影像，影像的 4V 性（volume、variety、velocity、veracity），非常适合 AI 发展。据统计，截至 2017 年国内有 83 家企业将人工智能应用于医疗领域，主要布局在医学影像、病历/文献分析和虚拟助手三个应用场景。其中，涉足医学影像类的企业数量达到 40 家，远高于其他应用场景的企业数量。依图进军医疗领域采用的是"影像识别"＋"知识图谱"的双路线打法。

从产品功能来看，依图的医疗系统可以划分为医疗影像识别和医疗知识图谱两大类。

其中，依图医疗人工智能系列产品主要包括放射影像辅助诊断系统、超声影像辅助诊断系统、儿科临床辅助诊断系统、医疗科研大数据平台、病理图像辅助诊断系统、药学部处方智能复核系统等。目前这些人工智能辅助诊断系统已在国内 30 多家三甲医院进入临床工作状态且医生对依图智能辅助诊断系统的采纳率已超过 92％。

在医疗知识图谱构建中，依图的布局路线也十分清晰，可以说层层递进。首先从医疗行业的数据来说，依图的临床智能科研平台覆盖临床科研数据制备、数据处理以及数据分析全链路；其次依图的智能搜索引擎通过机器学习自动提取自由文本中的关键数据，准确理解医学概念及其层级关系，精准识别搜索词条和病历中的医学术语。在疾病搜索、症状搜索、病情演变特征搜索等临床场景下，大大提升了病历搜索的效率；最后实现场景化产品。

其实从依图医疗领域的布局来看，重点在做医疗图谱建设，很大程度上是为影像识别产品做基础保障。因为图像识别的精准度背后必然是足够多的有效医疗数据做支撑。这是依图科技能够在激烈的"AI 医疗"行业中获得稳快发展的优势。

19.3.3 医疗布局新探索，"全链路医学研发"

国内 AI＋医疗目前达到的层次还是一个"弱 AI"的层次，能够做到的仅仅是帮助医生做一些劳动强度大、重复性高、附加值低的工作。例如，每天几万张的阅片数量；进一个层次的情况是，AI 机器人能够真正实现跨科室的多学科综合诊断，成为人类医生的专家顾问，帮助医生做一些复杂的病历诊断；最后 AI 会和人类专家一起去探索一些现在人脑还没有办法达到的领域，可以基于黑盒算法模型，提取成百上千的病灶特征，拓展医生认知的边界，逼近医学的极限认知。

面对医疗的未来，依图医疗对自身医疗能力的突破和改变已经开始了探索。2017 年，依图科技首次对外发布"人工智能＋医疗"全链路医学研发平台，覆盖胸部 CT、乳腺钼靶/B 超、神经系统 MR 等领域。目前，依图的"人工智能＋医疗"全链路

医学研发平台已经嵌入医生工作流，在医院正式投入临床试用，这是国内首个覆盖全链路医学数据的人工智能医疗诊断产品。这意味着，人工智能在医疗领域的落地和应用已经接近拐点。

19.4　依图未来展望

依图科技的创始人朱珑认为算法在亿级、十亿级比对的领先会快速放大到 5%，20%。"这是一般的算法性能曲线的规律，除了可识别规模上的重大差异，还体现在难（hard）的数据上的识别率差异。"算法提高，扩大可识别规模，就会解锁更多商业应用场景。百万、千万识别规模对应的是身份认证场景，远程认证、手机解锁都属于此类。"技术无差异"的论调在这个场景下倒是可以成立。但安防刑侦破案对亿级和十亿比对有刚性需求，在这些场景下，不是多识别出几个罪犯的问题，而是找出来概率差别十倍以上的，几乎就是行与不行的问题。

在最新的安防案例中，万路甚至十万路摄像头视频的人脸搜索、归档对算法有极高要求，假定每路人流为万，要在万路视频中，搜索性能相当于要求算法百亿、千亿规模上的可识别率。这比其他场景的性能要求再提高千倍。以不同算法为基础的产品端体验差异就被同比例放大。另外，全球人种的识别，是反恐、出入境业务对识别的覆盖面要求是很高的。总结来说，99% 识别率的算法和 99.99% 的算法，区别在于可解锁的应用场景。这就是为什么依图一直在算法上投入那么多的人力物力。

AI 技术如何创新发展，如何变革商业，没有历史可以借鉴，也没有权威能准确判断。AI 不仅仅是一个技术，AI 突破还能突破所有技术包括人机交互、搜索、机器人、芯片计算、医学、制药等科学领域的几乎所有学科。AI 发展带来的多维度技术和各场景深度结合、叠加会带来更有冲击力的体验。从多技术维度来说，从视觉，到听觉、语义理解、运动控制会在之后几年都会快速突破；和芯片结合，端智能渗透到与用户的最后 30 厘米的交互体验，从 Internet Of Things 向 Internet Of Intelligence 跨越，智能将会无处不在。

19.5　尾声

这家土生土长的上海企业，2012 年诞生于上海交通大学闵行校区边的居民区里，两室一厅里堆满电脑，夜里三四点灯火通明；一年后，两室一厅换到三室一厅，程序员们穿着短袖光脚在公司走，望着黄浦江的浪花，憧憬接下来的 10 年。那还是段人工智能概念没有普及的日子，两位创始人朱珑和林晨曦带领着团队凭着一腔热血坚持了下来。后来，依图办公的地方越来越大，集聚的人才越来越多，研发的技术越来越前沿……一直以来,依图锤炼算法深耕行业,仅靠这两点依图能应对人工智能激流中的一切挑战吗?

链　接

链接1　行业介绍

1. 安防行业竞争格局

(1) 传统巨头从渠道出发充分发挥其规模优势,并逐渐向产业上下游延伸。一方面在积极布局芯片、算法等上游关键技术领域,一方面也在向下游整合集成商或运营商业务延伸。据悉,目前海康和大华两家便占据了43％的市场份额,营收过百亿,净利在10亿以上。

① 海康威视,作为国内安防龙头,海康威视在视频监控智能化上已有上十年,其以视频为核心的物联网解决方案和数据运营服务提供商,面向全球提供安防可视化管理与大数据服务;

② 大华股份,自2013年开始借助自身行业龙头优势,顺应终端用户需求,开始发展成为提供整体端到端的视频监控解决方案、系统及服务的提供商。

(2) 创业公司具有技术算法优势但较难独立实现商业化,前期多通过与传统巨头合作的方式实现市场布局。其中,从计算机视觉方向切入的典型公司有以下三个。

① 商汤科技,成立于2014年,2018年4月完成6亿美元C轮融资,其核心技术包括人脸技术、智能监控、图像识别、文字识别等,目前在安防领域主要跟东方网力、公安三所合作;商汤科技的安防产品有SenseFace和SenseVideo,支持在千路级视频监控系统中进行多角度人脸捕捉及实时人脸识别。商汤科技与京东、银联、招商银行、拉卡拉、融360等多家金融机构和银行均有合作。例如,用户在京东钱包上扫描人脸,即可完成比对,实现密码解锁,代替传统密码登录方式,更加方便安全。

② 旷视科技,成立于2011年,2017年10月底完成4.6亿美元C轮融资,其核心技术包括动态人脸识别、在线/离线活体识别、超大人像库实时检索、证件识别、行人检测、轨迹分析等;在具体业务中,旷视的产品包括三大类,一是人流密集区的人像卡口大数据系统;二是针对超大库人员检索的静态人像比对系统;三是针对案件高发区域的临时布控系统。

旷视科技背靠阿里巴巴,为支付宝客户端提供人脸登录功能支持,人们无须再输入烦琐的密码，只需对着手机镜头眨眨眼、转转头便可轻松完成登录。同时，旷视也为支付宝提供了从端到云的 FaceID 远程身份验证服务。此外，旷视也为小米金融、你我贷等互联网金融公司，中信银行、江苏银行、北京银行提供人脸识别服务。

③ 云从科技，创办于 2015 年 4 月，是一家从中科院重庆研究院孵化的专注于计算机视觉与人工智能的企业；2017 年完成 B 轮 5 亿元人民币融资。云从于 2016 年开始涉足安防业，在安防目前有三个板块，分别是公安反恐、实有人口管控和小区门禁，其产品目前已在全国 90％以上的省、各级地市上线或试运营。

云从科技作为中科院的公司，具有"国家队"的背景，是我国银行业人脸识别应用最普及的供应商，包括农行、建行、中行、交行等全国 50 多家银行已采用云从的产品，市面上许多银行的金融身份认证与远程认证平台是使用的云从技术，但目前没有做 C 端市场。云从科技在银行市场占有率达到一半以上，核心原因是其拿下了国内 60％的总行订单。从实际落地的应用看来，"后起之秀"云从科技在银行业特别是国有大行有着极大的优势。

2. AI 医疗竞争格局

截至 2017 年 10 月 9 日，国内医疗人工智能公司累积融资额已超过 260 亿元，融资公司共 114 家。国内在医疗人工智能布局的企业主要有阿里巴巴、腾讯、百度、科大讯飞、华大基因；海外主要有 IBM、Google、苹果、微软等。

中国企业 2010 年后，已开始迅速布局医疗人工智能领域；2010 年也是医疗人工智能领域创业分水岭，此前每年出现的这类新创公司数量极少。2014 年和 2015 年出现创业高峰，两年内共有 52 家公司成立；截至 2017 年 7 月 31 日，我国医疗人工智能公司共有 131 家，集中分布于北京、上海、深圳、杭州、武汉等一二线城市。其中北京、上海、深圳三城集中了 97 家公司，占全部公司的 76％左右。

2013—2017 年，AI＋医疗各领域共发生融资事件 241 起。国外"AI＋医疗"投资分布最大的在健康管理，其次是新医药和新技术发现，第三是病历分析，最后是医疗影像；在国内，医疗影像投资占比 47％，硬件占近 30％，健康管理占 6％。

但是，国内 AI 医疗应用公司起步均较晚，从细分领域的融资数量来说智能诊断领域占了 60％，且整体上智能诊断还处于初期，目前没有大规模商业，对于优质医疗数据的提取、数据的结构化及建模、患者语言训练等都是目前国内着力于 AI 医疗的企业需要跨越的障碍。

3. 依图科技融资情况

依图科技融资情况如图 19－1 所示。

2012年　依图科技成立。

2013年　获得真格基金天使轮融资。

2014年　获得红杉资本和高榕资本的A轮融资。

2015年　蜻蜓眼系统获得"公安部科技进步奖"。
与阿里云合作搭建"贵州公安交警大数据实时作战云平台"。
招商银行将"依图人脸识别技术"推广到全国1 500家网点。
浦发银行"人像识别平台及直销银行远程开户视频认证建设项目"
投产，实现VTM和手机银行的人脸身份认证。

2016年　完成由云峰基金领投的数千万美元B轮融资。
开始在医疗健康、城市数据大脑等领域的探索和实践。
搭建全球最大的人像系统，覆盖超过18亿人像。
为海关总署及中国边检提供人像对比系统。

2017年　完成由高瓴资本集团领投，云峰基金、红杉资本、高榕资本、真格
基金跟投的3.8亿元C轮融资。
在美国国家标准与技术研究院（NIST）主办的人脸识别测试（FRVT）中获得冠军。
在美国国家情报高级研究计划局（IARPA）主办的全球人脸识别挑战赛（FRPC）
中获得冠军。

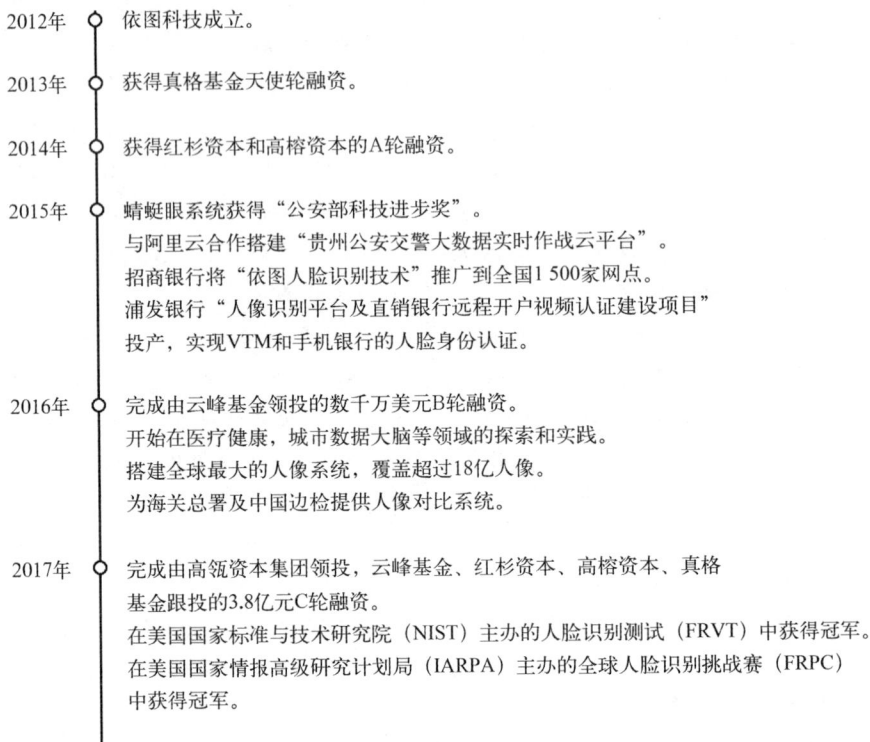

图 19‑1　依图科技融资（2012—2017 年）

资料来源：依图科技官方

链接2　行业竞品对比

表 19‑1　行业竞品概况

公司	依图科技	商汤科技	旷视科技
公司概况	公司定位：AI＋垂直行业，应用层的技术落地 行业链：上游 细分领域：智能安防；智慧医疗；金融；城市数据大脑；智能硬件	公司定位：定位基础技术提供商，做源头的事 行业链：中游 细分领域：金融；商业；安防；互联网＋	公司定位：前期技术沉淀，后期偏应用层，定位为产品公司 行业链：中上游 细分领域：人脸识别；人体识别；证件识别；场景与物体识别
技术	高性能分布式计算；分布式存储、运维；人脸识别；车辆车型识别；文字识别；目标跟踪；图像特征搜索	人脸技术；智能监控；深度学习框架；图像识别；文字识别；图像及视频编辑	人脸识别；文字识别；通用图像识别；人体识别；系统分析

续　表

公司	依图科技	商汤科技	旷视科技
产品布局	深耕医疗领域，在智慧城市、安防、医疗、金融、领域都有自己的产品落地，尤其是在医疗领域，智能辅助诊断系统已开始规模化的商用落地	与手机厂商、运营商合作密切，未来大有借智能手机普及其人脸识别技术，成为最大的技术提供商	布局最广，涉足机器人、零售、娱乐社交、出行和政务等多个领域，未来在细分行业上打通上游公司，将有望打造成平台型公司
融资	详见附件 4	B 轮：4.1 亿美元 A＋轮：数千万美元 A＋：数千万美元	C＋轮：4.6 亿美元 C 轮：1 亿美元 B＋轮：2 000 万美元 B 轮：2 500 万美元 A 轮：数百万美元 天使轮：数百万人民币
融资后的战略	将主要用于人工智能技术在医疗行业的核心技术研发、医疗行业临床应用的拓展，以及人工智能医疗团队的建设	第一，保持原创技术的持续创新优势，深化 AI 基础技术研发；第二，加大产品投入，扩充产品线，同时探索诸如无人驾驶等新的垂直领域；第三，加强与上游合作伙伴的紧密协作，与下游客户开拓更多应用场景	将进一步强化在金融安全，城市安防领域的全面领先地位，并将加快在城市综合大脑及手机智能领域的技术落地

链接 3　AI＋

AI＋，即人工智能＋（Artificial Intelligence Plus）英文缩写为 AI＋。它将"人工智能"作为当前行业科技化发展的核心特征并提取出来，与工业、商业、金融业等行业的全面融合，推动经济形态不断发生演变，从而带动社会经济实体的生命力。

通俗来说，"AI＋"就是"AI＋各个行业"，但这并不是简单的两者相加，而是利用人工智能技术以及互联网平台，让人工智能与传统行业、新型行业进行深度融合，创造新的发展生态。它代表一种新的社会形态，即充分发挥"人工智能"在社会中的作用，将"人工智能"的创新成果深度融合于经济、社会各域之中，提升全社会的创新力和生产力，形成更广泛的以互联网为基础设施和实现工具的经济发展新形态。

百度总裁张亚勤在 2016 年 3 月召开的博鳌亚洲论坛上表示，人工智能将成为推动互联网下一轮升级和变革的核心引擎。"智能＋"是"互联网＋"的延伸和下一站，也将成为第四次工业革命的技术基石。"AI＋"也被列入战略性新兴产业发展行动。

Gowild 智能科技 CEO 邱楠在接受采访时表示:"我认为,其实到未来,所有的设备都会带上 AI,要么会有更强的感知智能,要么会有小规模认知系统的体系,要么会有一些更好玩的行为智能,未来一定是一个 AI 的世界,也就是说:未来我不认为是'互联网＋'或是'物联网＋',我认为我们的未来是'AI＋'。"

启发思考题

（1）依图科技的业务是如何拓展的？拓展的关键在哪里？

（2）根据案例介绍,你认为在未来的安防领域,哪家企业可以独占鳌头,为什么？

（3）对比国内其他人脸识别的人工智能公司,依图科技的优劣势在哪里？

（4）"AI＋行业"还可以应用在哪些领域？

（5）随着人工智能市场的火热,依图科技的持续发展还需要关注哪些方面的核心竞争力？人工智能行业的未来在哪里？

案例 20

易果生鲜：
生鲜电商的领跑者

编者语：创新缔造竞争力

创新行为可以为企业注入新鲜的血液，是企业生命力常青的源泉。无数企业的成败得失告诉我们：失去创新，必将面临失败；把握住创新，就能赢得成功。尤其是对一些创业门槛较低、可复制性强的企业来说，唯有不断创新才能不断保障核心竞争力。目前，我国正处于生鲜电商行业的高速发展期，格局混乱，竞争惨烈，4 000多家企业，将近1 500亿元的市场规模，要想在竞争激烈的市场中杀出一条血路，靠的就是不断进取、不断创新的精神。易果生鲜坚持人无我有、人有我优，从成立之初抓住中产阶层消费者，主打进口水果，到后来摸索不同地域差异，形成覆盖更多城市的布局，再到后来不断扩充业务，把冷链物流的配送部门成立独立公司——"安鲜达"，把原有的供应链部门独立公司为"云象供应链"。易果生鲜从产品、供应链、物流、渠道管理以及市场营销等方面紧跟市场发展的步伐，不断地进行着自我改造、自我升级。因为，要想在残酷的竞争中永称王者，坚持创新是唯一的出路。

本案例由华东师范大学经济与管理学部的徐红芳和施凝撰写，由于企业保密的要求，在本案例中对有关名称、数据等做了必要的掩饰性处理。本案例只供课堂讨论之用，并无意暗示或说明某种管理行为是否有效。

摘　要：本案例从生鲜电商的行业背景入手，介绍了易果生鲜的创业之路，详细讲述了易果生鲜在生鲜电商竞争焦灼的局面下，如何通过多次转型和创新商业模式以及完成多轮融资来完成自身的商业布局，逐步走向盈利，并成为生鲜电商的领跑者，同时总结了易果生鲜的成果并对其未来做出展望。

关键词：生鲜电商；易果生鲜；创新；商业模式

20.0　引言

2018 年 3 月 23 日上午,科技部在北京国际会议中心第五会议厅召开新闻发布会,正式发布《2017 年中国独角兽企业发展报告》和《2017 年中关村独角兽企业发展报告》,164 家企业上榜,其中易果生鲜以 30 亿美元估值排名第 32 位,为电子商务行业的第 5 位。自 2005 年 10 月成立以来,易果生鲜通过十余载的努力探索,终于找到一条属于自己的生鲜之路。回想这一路的付出与汗水,易果生鲜创始人金光磊先生不禁感慨万千,思绪飘向了十几年来如一日的生鲜电商那看不见硝烟的战场⋯⋯

20.1　行业背景

2018 年 2 月 6 日,易观发布了《中国生鲜电商行业年度综合分析 2018》的年度综合分析。分析显示,随着国家出台多项利好政策,生鲜电商的发展迎来新的春天。一带一路政策和自贸区的建立更是促进跨境生鲜电商业务的高速发展。数据显示,2017 年生鲜市场交易规模已达 17 897 亿元,生鲜电商市场交易规模为 1 418 亿元,线上市场渗透率达到 7.9%,保持稳步提升的趋势。在宏观环境因素的影响下,中国生鲜电商行业发展俨然已经进入快车道。

尽管生鲜电商正处于高速发展的时期,但是整个行业的竞争一直处于焦灼状态。2016 年底,中国电子商务研究中心就曾发布了 2016—2017 年度生鲜电商"死亡"名单,有 14 家生鲜电商企业宣告破产倒闭。其中包括:菜管家、鲜品会、美味七七、花样生活、正源食派果蔬帮,等等。2017 年,该研究中心的另一组数据显示,生鲜电商 4 000 多家入局者中,4% 的商家持平,亏损商家比例高达 95%,其中的 7% 甚至是巨额亏损,最终实现盈利的仅仅只有 1%。生鲜电商标准化困难以及成本风险高等特点,使得商家要想在激烈的竞争局面中占据一席之地,必须拥有雄厚的资金实力和完备的商业作战计划。2017 年,易果生鲜在整个生鲜电商融资趋紧的大环境下,凭借自身实力获得天猫的 3 亿美元融资,这也是易果生鲜所完成的 D 轮融资。在如此艰难环境下易果生鲜还能获得如此高额融资,不仅是在混乱的格局中杀出一条血路,也搅动整个生鲜电商行业。

反观其他生鲜电商大玩家,根据艾瑞数据显示,2016 年第三季度本来生活位列国内生鲜电商排行榜第二名,但到了 2017 年 6 月份,本来生活已跌至第四名。而本来生活的上一次融资还是在 2016 年,来自九阳股份、Integral 雄厚资本等六家公司共计 1.17 亿美元的投资。主打全球进口鲜果产品及服务的天天果园虽然在 2016 年就完成 D+ 轮融资,但是为了调整战略、节约成本,天天果园在同年关闭所有线下门店,开始进入非常艰难的转型和自我调整阶段。京东到家是京东集团推出的 O2O 生活服务平台,有得天独厚的流量优势。加之京东到家与"达达"的合作,降低了供应成本,解决了产品的保鲜问题,更是使自身成为生鲜电商的佼佼者。

现如今,各家生鲜电商都在各显其招,通过争取更多融资、优化和创新商业模式等方式,获得尽量多的用户和尽量大的市场份额,来完成自身的商业布局。由此可见,生鲜电商焦灼的竞争局面还将持续下去。

20.2　缘起:人无我有,人有我优

1999 年,金光磊从世界知名的电器设备制造公司——伊莱克斯辞职,怀揣着梦想和抱负与几位志同道合的朋友联手创办了名为"易贸"的大宗品 B2B 平台,该平台的业务范围主要包括大宗品交易信息、咨询、会务等,还搭建了如物流、小额贷款等周边业务线。

在所有交易的项目中,食品类添加剂是其重点项目。工作的需要加之金光磊自称的"吃货"属性,让他开始对国内的食品产业有了系统性的接触和研究。随着一步步地深入了解和研究,金光磊发现国内食品添加剂危机的新闻频繁曝出,中国消费者,尤其是中国中产阶层消费者,开始崇尚安全的消费,追求健康的食品。再加上当时有越来越多的用户对网络购物的接受程度逐步提高;85 后、90 后的消费者也在逐步成长为生鲜品类的消费主力军,这一代消费者和 70 后、80 后消费者最大的区别,在于他们没有对传统超市、菜市场等线下渠道有购买依赖。网上购买是使他们的首选,网上购买不到的才会让他们到线下去购买。这一时期消费者对于食品的刚需以及生鲜电商在当时那个年代还是无人驶入的蓝海,让金光磊感觉到自己发现了天大的商机。

2005 年,金光磊机缘巧合之下获得的一笔进口水果资源,这让他有了迫切将自己的理念付诸实践的想法。在与合作伙伴的共同商议过后,同年,中国第一家生鲜电商——易果生鲜在上海成立了。成立之初的易果生鲜主打进口水果,立刻吸引了消费者的眼球。

2008 年,易果生鲜进驻北京,从而摸索出了地域之间的差异和打法的不同,为接下来易果生鲜覆盖更多的城市打下了良好的基础。2009 年,易果生鲜又从进口水果切换到全品类生鲜,3 200 多个 SKU(库存量单位)覆盖了家庭膳食的综合需求。2013 年,易果生鲜开始 A 轮融资。该轮融资过程中,易果生鲜获得阿里巴巴数千万美元的投资,也就是从这次融资开始,易果生鲜成为天猫超市生鲜水果的独家供应商。得益于天猫超市的客户资源与口碑,易果生鲜的规模效应初步形成,供应链和物流的效率都得到提高。数据显示,该时期易果生鲜的订单增长量达到了 400% 以上。从上海总部到北京小分队花了 3 年的时间;从水果到全品类花了 4 年时间;从内部投资到外部融资易果生鲜都已历经 10 年光阴。每一步都迈得艰辛,每一步都是经过深

思熟虑的。易果生鲜成为一个生鲜数据与服务平台的抉择不是拍脑袋出来的，回顾其成长历程便可知晓这一切的布局已经很深远。

从 2005—2014 年的 10 年时间里，易果把电商生鲜的业务流程跑通，见证着消费者第一次网购生鲜的历史时刻。2015 年易果第一次业务扩充，把冷链物流的配送部门成立独立公司——"安鲜达"。安鲜达的定位是为中国生鲜物流搭的一张最大的专网。2016 年易果第二次业务扩充，把原有的供应链部门独立公司为"云象供应链"，励志成为中国生鲜标准制定者。

时间的年轮来到 2018 年，易果生鲜已经走过了 13 年。在这 13 年时间里，金光磊早已发现生鲜电商是一个赚不来快钱的苦力活：生鲜产品源头质量难以把控，在物流、仓储、配送等方面难度极高，从产地到零售商，最终损失 50% 以上是常有的事。要想把这门生意做下去做成功，除了勤奋用心，别无捷径。而支撑易果生鲜走过 13 年的，也正是易果生鲜坚韧的探索品质和易果全员拧成一股绳把易果做大做强的拼搏精神。

在这 13 年的磨砺中，易果团队也在一步步成长，从参与者角色到行业领袖，在行业中的发声屡被从业者奉为皋臬，并称为行业的风向标，易果的领导层对概念的传达，不仅精确，而且用词时髦而生动，创始人金光磊先生，分别首次提出"生鲜 2.0 时代"，首次提出"生鲜已经进入 DT 时代"，首次提出"新零售赋能者"概念，首次提出"要成为 U 盘式企业"，首次提出"生鲜云"。每次能够引起媒体和同行共鸣的行业口号，竟然是由易果提出，可见易果高层团队在信息万变的时代中，对趋势信号捕抓足够的敏感，判断足够的精确。

13 年的时间里，易果生鲜为满足客户需求创造了很多，同时根据瞬息万变的市场也改变了很多。唯一坚守的使命却未曾改变——"让食材的品质和便利，成就千家万户的幸福"，唯有保持初心，发展才会拥有源源不断的动力。

20.3　发展：硝烟四起，前路受阻

20.3.1　内部忧患

成立初期的易果生鲜以生鲜产品为主打，专门从事网络零售，由公司内的物流部门负责完成仓储、质检、包装、分拣、加工、宅配等服务。这一时期规模虽然较小，易果生鲜也在尝试建立严格的物流标准上，来把控产品质量，保证将产品新鲜、如约送到用户手中。但是物流和供应链一直是易果生鲜乃至整个生鲜电商发展之路的痛点和难点。

生鲜作为日常生活中的快消品，具有不易保存、保质期短、物流配送条件要求高、运输过程存在损耗、用户需求差异化等特点，这些独特性就加大了易果生鲜的销售难度，使得配送成本居高不下，用户投诉与日俱增，盈利也就变得难上加难。加之生鲜

行业复杂的上下游链路,牵涉较多的体系环节,受资金、环境等多重因素的影响,生鲜的上下游链路难以打通,更不用说在此基础上打造完整的商业闭环了。

20.3.2　外部威胁

2008年,国内频发食品安全事件,导致很多消费者产生了对品质高、安全性高食材的需求,这使得很多企业看到了这个巨大市场。于是乎出现了专注做有机食品的和乐康及沱沱工社,这几个企业开始都是做小众市场,但是凭借其有机、健康主题,还是受到了顾客的追捧。也就是从在这段时期易果生鲜全国第一家生鲜电商的光环开始慢慢被掩盖。

2009—2012年的几年时间里,参照易果生鲜的经营理念和模式,同类电商如雨后春笋般出现。经过一段时间的市场培育,大批企业也认识到生鲜电商平台的价值空间,开始涌入市场希望分得一杯羹。初期的竞争只能打价格战,各厂商、各生鲜电商通过烧钱补贴等方式获得大量用户且用户规模不断攀升。这就使得作为首家生鲜电商的易果生鲜客户大量流失,为留住甚至是开发新的客源所进行的补贴策略使得易果生鲜出现入不敷出的局面。过多的商家进入生鲜行业,也导致了行业泡沫的产生,大批随波逐流、原封照搬商业模式的企业昙花一现,最终都走向了倒闭之路。

2012年,刚成立一年的生鲜电商"本来生活"凭"褚橙进京"的事件营销一炮走红,随后其又在2013年春挑起了"京城荔枝大战",两次成功的营销给"本来生活"带来了空前的热度。营销策略的层出不穷,也让易果生鲜倍感压力,如何精确发现消费者的需求,并且能够制订正确的、有话题度的营销手段,成为易果生鲜的又一亟待突破的短板。

2013年以来,以顺丰优选、可溯生活、一号生鲜、本来生活、沱沱公社、美味七七、甫田、菜管家、15分等为代表的商家都获得了强大的资金注入,而且每个企业都有各自的行业资源优势,进而上演了一场生鲜电商备战大赛。在这期间,B2C、C2C、O2O等各种模式都被演绎得淋漓尽致,越来越强劲的移动互联网工具也为各商家提供更多的选择。可见,强大的资金投入,是生鲜电商长久生存的必要条件,而对易果生鲜而言,在这一时期只有寻求到多轮融资,才有能力应对生鲜电商界变幻莫测的动荡局势。此时开始生鲜电商再度引起人们热议。这期间,社会化媒体及移动互联网的发展也让生鲜电商们有了更多模式的探索,第二阶段明显比第一阶段更有生命力。

这一时期的发展可谓是内忧外患、举步维艰,内部受物流、供应链等多种因素的影响,易果生鲜不得不放慢扩张的脚步,重新谋划自身的商业布局;外部竞争对手日益增多,客户流失严重,生鲜市场的竞争呈现焦灼局面。随着盈利越来越困难,甚至已经出现长期亏损时,转型和创新显得更加迫在眉睫。易果集团CEO张晔曾提到,对于易果生鲜来说,盈利并不是特别困难的事情,大规模的盈利才有价值。否则开一家水果店也能盈利,但这个盈利对自己或者整个行业并没有太大意义。如果要大规模持续盈利,就要面临着长期和短期不断投入的问题,需要能够不断地聚集资源。所以当时处境下的易果生鲜,需要的是时间来养精蓄锐,谋求更多资本来改善自身乃至整个生鲜电商发展的难点。

20.4　创新：平台转型,玩法更新

10 余年的蛰伏,三千多个日日夜夜,易果生鲜抓住每一个机会,利用每一个条件,通过平台化模式的不断转型与创新,从一个垂直的生鲜电商走向了生鲜全链路的运营平台,易果生鲜也从用户端走向了生产端。

B2C + O2O 日益成为生鲜全渠道的主旋律,B2C 可以很好地解决一站式购齐的需求,此外基于前置仓的 O2O 服务也是必不可少的。为了改善盈利难的局面,摆脱成本、物流、供应链等因素的制约,易果生鲜开始了全面布局,从供应链、物流、渠道管理以及市场营销等方面全面改善自身发展的难点和痛点。

20.4.1　供应链管理

2013 年,易果生鲜开始 A 轮融资。该轮融资过程中,易果生鲜获得阿里巴巴数千万美元的投资,易果生鲜获得天猫超市生鲜独家运营权。得益于天猫超市的客户资源与口碑,易果生鲜的规模效应初步形成,供应链和物流的效率得到提高。数据显示,该时期易果生鲜的订单增长量达到了 400％以上。2014 年,阿里巴巴与云峰资本联合对易果生鲜进行 B 轮注资,阿里持续看好易果生鲜,携手易果生鲜共求在生鲜电商市场的发展。

2016 年 3 月,易果生鲜获得阿里巴巴集团和 KKR 集团的 C 轮融资;11 月,易果生鲜又获得由苏宁领投,高盛、睦恒投资、中银国际基建基金、瑞信、富达、晟道投资和三行资本等知名投资机构跟投的 C＋轮融资;两轮融资总额达 5 亿美元,创下了生鲜电商融资新高。其中,C＋轮融资完成后,易果生鲜还将成为苏宁旗下"苏鲜生"和"苏宁小店"的核心供应商,这也标志着他们开始涉足 O2O 模式。在分别与阿里巴巴和苏宁两个企业达成战略合作后,易果生鲜已经成功布局了线上线下两大渠道,充分保证了日常的流量。

2016 年,易果生鲜对外宣布旗下易果供应链公司正式成立,这也意味着易果生鲜已经成长为易果集团。易果供应链公司以建立完整的标准化体系为目标,致力于推动生鲜商品实现行业标准化发展。值得一提的是,在 2017 年 12 月,易果生鲜在世界互联网大会上正式与云南红河县、中国扶贫基金会签订了战略合作备忘录。在这次大会上,易果首次用数据与实例揭秘了"互联网＋精准扶贫"的"红河模式"。简而言之,是易果集团通过易果生鲜、天猫超市、苏宁易购等资源,中国扶贫基金会通过内容电商、责任消费渠道及明星艺人等优质资源,推广红河县及红河州优质特色农产

品。易果生鲜充分利用自身在生鲜供应链的经验与能力,针对当地农产品的产销进行市场化,将农产品商品化,利用现代电商模式将优质的农产品销售给整个互联网端的消费者,逐渐打造扶贫新模式。易果清醒地认识到,"互联网＋精准扶贫"所能达到的,并非是帮助一个贫困地区脱贫致富那么简单。授人以鱼不如授人以渔,随着一个个"红河模式"的落地,易果的上下游链路已经打通。易果生鲜要构建的不仅仅是一个生鲜行业的生态系统,也是一个环环相扣的易果扶贫大生态。未来,这个生态系统将形成前端服务、供应链、冷链物流的三环联动,也有望打造农业端与消费端双向满足的"双赢"局面。

易果在良好的供应链管理基础上,也实现了较短的供应商资金周转周期。易果生鲜与蚂蚁金服和易果生鲜在支付、金融服务上进行合作,自 2016 年 5 月 25 日开始,满足易果生鲜资质审核的优质供应商将能享受"T＋1"极速回款,回款时间从以往常规的 2～3 个月缩短至最快 1 天,资金成本低于市场借贷成本,供应商的资金回转周期大大缩短。

20.4.2 物流

如果将生鲜电商比作一个木桶,其能承载的最大量取决于最短的那块木板,冷链物流无疑是生鲜电商至关重要的短板。为了提升对商品品质的把控能力,保证生鲜产品的新鲜度,同时保证食品的安全,易果生鲜从产品供应源头开始解决冷链物流问题。

2015 年,易果生鲜成立了全资子公司安鲜达物流科技有限公司。安鲜达建立了包括常温、冷藏、冷冻的 3 大类温控体系仓储结构,能够同时满足全品类所有品种生鲜产品的仓储必须条件。此外,安鲜达还在管理上实现了行业的绝对领先,已经能够进行从采购到仓储到配送的全供应链一体化运营。依赖强大的冷链物流配送网络,安鲜达可以提供当日达、次日达和定时达三种物流配送服务以满足消费者的不同需求,同时可以保证生鲜的冷链物流配送品质远远高于行业的平均水准。

安鲜达作业借助半自动和自动操作工具,主要运用在分拣和输送方面,减少人工参与,比如空纸箱回收输送机、空箱和包裹输送系统等。工厂化的操作大大提高了效率,也使操作程序更加规范、标准更加统一。各大城市中的站点也是全程冷链不可忽视的环节,不仅需要中转货物流通,还起到暂时储存货物时确保三温层不间断的作用。而且无论是站点,还是中途运输的冷藏车都有三温层设置。以上海为例,安鲜达已经覆盖上海全境的站点共有 40 个,平均每个站点的面积在 75 平方米,根据区域和实际情况划分大小,可轻松完成辐射范围内的楼配和宅配。

2017 年,安鲜达与中国网络覆盖能力最强的物流企业 EMS(中国邮政速递物流)达成了战略合作。根据战略合作内容,安鲜达与 EMS 已经明确,双方将在生鲜产地仓、消费地仓、末端配送等方面展开全方位的深度合作。值得注意的是,安鲜达与

EMS 两强联手，同时这两者又都是菜鸟的物流合作伙伴，互相已经实现数据的连接。安鲜达与 EMS 战略合作后，将深度融合双方的生鲜物流资源。据测算，2017 年底，天猫生鲜次日达的城市数量将会在现有 200 多个的基础上增加 2～3 倍，几乎覆盖全国所有城市。除了物流配送，安鲜达与 EMS 还会深入生鲜农产品的原产地，打造产地仓。首个样板产地仓将建在阳澄湖畔，目前已经启动系统调试。按照规划，到 2020 年，天猫生鲜的产地仓将增加 56 个，分布在全国主要的生鲜集中原产地。

20.4.3 渠道管理与市场营销

在销售渠道上，易果生鲜通过几年的时间，逐步实现线上线下全渠道布局。易果生鲜线上渠道分为天猫超市生鲜板块、易果官网、易果生鲜 APP 等主要集中渠道，还包括"下厨房""达令家"优配良品、海尔互联网冰箱等多种分散渠道。2015 年，易果生鲜与国内知名在线美食 APP"下厨房"达成排他性合作。"下厨房"的内容将被用于易果生鲜和以易果生鲜为供应商的天猫超市。根据"下厨房"用户的需求，易果生鲜的全球供应链将进一步扩充，可以为用户提供更为精准的商品。

线下，易果生鲜在全面接手苏宁生鲜版块"苏鲜生"运营权之后，在 2016 年 12 月易果生鲜又以 8.5 亿元的价格从永辉超市获得联华超市的 21.17% 股份。易果生鲜一跃成为中国最大连锁零售企业之一联华超市的第二大股东。这一举措标志着易果生鲜在线下生鲜业务的布局又扩大了，易果生鲜进军生鲜 O2O 市场的步伐也加快了。

尽管各个渠道用户的需求具有很大的差异，但是易果生鲜会专门进行针对性的具体运营与维护，开展与之匹配的营销活动。就拿 2017 年在乌镇举办的第四届"世界互联网大会"来说，会议期间有明文规定，峰会附近街道上的餐馆和店铺都是全天不营业。受此规定影响最深切的恐怕就是穿梭于各大会议活动的记者了，每次深夜加完班，正是饥肠辘辘之际，却又在寒冷的接头无法找寻可以吃饭的地方时，记者们总能想起来自易果生鲜的邀请函。原来易果在互联网大会期间为记者专门开设了"深夜食堂"，于是一大批记者迎着路灯，前往大会门口唯一还在开放的"深夜食堂"。易果在深夜食堂中不仅是为参与大会的所有记者提供"扶贫羊"和"扶贫水果"等众多美食，也为他们提供了精致的休息环境，让记者们可以在忙完一天的行程后，好好交流交流这些天的心得体会，打造了一道强悍的沟通交流平台。记者在感叹环境优雅的同时，也被易果提供的美食深深折服。随着记者们的口口相传以及在朋友圈的互相转告，易果的"深夜食堂"一时间成了峰会期间夜晚最热闹的地方，易果凭借这次别出心裁的营销活动成了媒体津津乐道的"网红"，媒体的积极宣传无形之中也成为易果生鲜最具说服力的广告。

20.4.4 "U 盘式"服务

金光磊在某次商业论坛上介绍，从 2017 年开始，易果生鲜已经从一家垂直生鲜电商转型为一个赋能生鲜新零售的运作平台。易果通过集成前端的全渠道的运营能力,和遍布全国的冷链物流仓网和各级的配送,以及在全球与中国特色产地资源的布局的云象供应链。易果生鲜通过能够整合上下游资源,成为生鲜新零售的专业赋能协同者。

他将易果生鲜的生鲜云赋能比作一个个 U 盘,这些 U 盘拥有不同模式、不同接口和不同的内存结构,能够即插即用,适应不同的业态,以非常简单便捷的配合达到新零售企业对接成本的最低。其核心运营理念涵盖渠道全面下沉,一开始以多年 B2C 领域的供应链优势,赋能于线下便利店。一方面可将生鲜仓储布局在一小时配送范围之内,提高配送效率降低损耗,且强时效性也可打造更多的购物场景,安鲜达将全面负责冷链配送。

2017 年 12 月 21 日,易果和鲜生活联手改造的第一家好邻居便利店正式亮相。易果通过商品供应链、物流供应链、流量运营等多维度推动好邻居线上线下一体化。数据显示,好邻居订单量从改造前线上每天 80 单,到目前稳定在每天近 300 单,店内日销量从 2 000 多发展到现在 10 000 多;一周内,购买 2 次及以上的用户的占比从 7％上升至 12％。

与此同时,易果也将生鲜云 + 战略应用无人业态——哈米无人货架。通过后端商品供应链、物流供应链、消费数据沉淀对哈米进行支持。由于对易果后端体系的复用,数据显示,同行业在仓储、同城物流、运维的成本占流水的 80％～200％,而哈米仅占 15％,降幅达到 80％左右。同时,哈米可以共享易果全球供应链资源的商品池,从此前 500 个左右 sku 商品,到现在 4 000 多个 sku 商品池的开放。在商品运营方面,易果根据消费数据沉淀,进行商品精准规划、加快商品流转,存货周转天数由 21 天下降为 5 天。在易果的赋能下,哈米目前已经拓展了 100 多个城市,点位超过 2 万个,已提前进入无人零售的下半场。

零售端由于贴近消费者的特性,是一个相当灵活、高度竞争,以速度取胜的业态。未来,新零售不是靠一个团队,一个企业,而是各家相互协同,相互去成就的过程。运营好生鲜的零售,需要一个强大的有柔性的供应链体系配合。

易果集团通过 12 年在生鲜行业的沉淀,针对不同的前端业态,构建出不同的专业化运作模块,为新零售业态下不同的商业模式,提供不同的生鲜解决方案。

20.5　盼以新颜赢未来

展望易果未来,金光磊认为易果把基础设施建设看作是对生鲜市场未来的投资,如今安鲜达物流已经独立拆分,也在承担其他平台的订单配送。将来它还要朝着上游进军,承担货品的品控、分拣、组装等更多业务,打造一个大的供应链生态平台,以实现自我造血。在完成安鲜达冷链物流的布局后,易果下一步目标是深入上游农产品端,通过一系列供应链将其转化为标准化商品。上游种植业现已非常成熟,唯一缺少的是对消费者需求的理解。现在易果要做的事情,就是把从海量用户处获得的大数据整合成产品标准输给上游,让生产端能够分拣出用户想要的产品。简而言之就是建立整套"易果标准"。金光磊还表示,根据集团财务模型数据计算,易果生鲜预计最快能在 2018 年实现盈利,我们也期待着生鲜市场扭亏为盈的局面就此出现。

关于整个生鲜行业,易果生鲜 CEO 张晔表示,易果也将通过整合,将自己擅长的方面向业界开放。对于生鲜行业来说,需要的是更健康的生态环境。未来,易果集团作为行业领军品牌,一方面会整合资源服务好消费者和供应链的合作伙伴,另一方面也将逐步开放冷链物流和供应链资源,分享给整个生鲜行业。生鲜电商的未来完全值得我们拭目以待!

链　接

生鲜电商的供应链管理

1. 供应链管理

供应链管理(Supply Chain Management,简称 SCM)就是指在满足一定的客户服务水平的条件下,为了使整个供应链系统成本达到最小而把供应商、制造商、仓库、配送中心和渠道商等有效地组织在一起来进行的产品制造、转运、分销及销售的管理方法。供应链管理包括计划、采购、制造、配送、退货五大基本内容。从本质上说,供应链管理是企业内部和企业之间供给和需求管理的集成。它拆除了企业间的围墙,将各个企业独立的信息化孤岛连接在一起,建立起一种跨企业的协作,以此来追求和分享市场机会,通过 Internet、电子商务把过去分离的业务过程集成起来,覆盖了从供应商到客户的全部过程。这包括原材料供应商、外协加工和组装、生产制造、销售分销与运输、批发商、零售商、仓储和客户服务等,实现了从生产领域到流通领域的一步到位。现代商业环境给企业带来了巨大的压力,不仅仅是销售产品,还要为客户和消费者提供满意的服务,从而提高客户的满意度,让其产生幸福感。科特勒表示:"顾客就是上帝,没有他们,企业就不能生存。一切计划都必须围绕挽留顾客、满足顾客进行",要在国内和国际市场上赢得客户,必然要求企业的供应链能快速、敏捷、灵活和协作地响应客户的需求。

2. 生鲜电商供应链管理

生鲜电商供应链管理的新要求生鲜农产品是快消品中的快消品,一日三餐的消费对象主要是生鲜产品,生鲜产品的消费周期较短,价格变化很快,变动幅度也较大。

这就要求电商平台能够建立起一套全供应链乃至产业链的快速反应机制。生鲜农产品的标准化工作也较难,加之农产品受到不同地域气候的影响,同一种农产品外观及内在质量差异很大,许多农产品的质量缺乏统一的鉴定标准。生鲜商品的安全性要求越来越高。生鲜产品是人们饮食的来源,安全、卫生管理很重要。随着人们生活水平的提高,人们对食品安全越来越重视,这对电商平台的生鲜食品安全管理要求也越来越高。基于以上生鲜农产品的周期性、地区性、易腐性、不耐贮存等自然属性和经营中的特点,决定了生鲜电商的供应链管理要具有以下新要求:对物流效率提高新要求。为了缩短生鲜农产品的流通时间,减少农产品产后的损失就必须提高物流的效率。最有效的方法是实行产销对接,即生产商—销售商—消费者。只有这样才能保证其新鲜度,把大量新鲜的农产品投放市场。

易果自成立之初就在自建物流,2015 年将自建物流"安鲜达"独立出来单发展。安鲜达 2016 年已在全国 15 个城市设立 24 个物流基地,服务范围辐射 300 多个城市。在部分城市,安鲜达正通过搭建高密度的前置仓体系,延伸物流毛细血管,比如,其已在上海设立了 40 多个前置仓,可实现 1 小时送达。

(1)对物流技术提出新要求。设计流通仓库和配送中心,根据消费者需求多样化的特点,把农产品按照不同的规格和质量分等定级。同时,采用先进的加工技术进行农产品深精加工,提高包装水平,促进供应链上流动的农产品的增值。易果在全链路的供应下积累了原始数据,如今也在布局生鲜数字化。

(2)对物流设施提出新要求。生鲜农产品在经营的各个环节都要有一定的物流设施作为保障,如运输过程中的冷链运输,仓库的低温冷藏等,生鲜农产品运营要求先进的物流设施。生鲜电商对于冷链物流的需求呈现多样化、专业化。易果生鲜的生意所触及供应链的仓、产、配送皆由安鲜达一站式完成,共包括常温、冷藏、冷冻 3 个温层,6 个温区,最低可达到零下 60 多摄氏度。安鲜达采用的冷链监督办法为云平台监控,通过温湿度实时上传监控平台,实现生鲜运输储存全流程监控。安鲜达全面升级温层后,不仅增加了易果后端的硬实力,也在为后期独立运作打下了基础。

启发思考题

(1)生鲜电商的行业背景及发展瓶颈是什么?

(2)在生鲜电商行业瓶颈下,易果生鲜为何能杀出血路?它为何能获得阿里巨额融资的青睐?

(3)易果生鲜奠定优势之后再转型,转型后的企业供应链有何独特之处?

(4)易果生鲜如何利用其供应链获取核心竞争力?

参 考 文 献

［1］艾媒咨询.2017－2018 中国跨境电商市场研究报告［J/OL］. http://www.
　　iimedia.cn/60608.html，2018－2－06/2018－05－20

［2］第一财经商业数据中心.2017 上海消费新贵大数据洞察［J/OL］. https://m.
　　cbndata.com/report/858/detail，2017－10－30/2018－05－13

［3］国家药监总局南方医药经济研究所.抗肿瘤药物市场研究分析报告［R］.中国：
　　国家药监总局，2016

［4］国务院关于促进健康服务业发展的若干意见［J］.中华人民共和国国务院公
　　报，2013

［5］国务院印发《"健康中国 2030"规划纲要》［J］.中华人民共和国国务院公报，2016

［6］沪江网校.2014 年中国移动互联网学习用户研究报告［J/OL］. https://
　　www.jiemodui.com/N/11258.html，2014－10/2018－05－20

［7］教育·文化·卫生·体育［J］.中华人民共和国国务院公报，2018（36）：27－
　　30＋60－63.

［8］上海复宏汉霖生物技术有限公司官网［J/OL］. http://www.henlius.com/

［9］腾讯房产研究院.2015 年 5 月全国城市住房市场调查报告［J/OL］. https://
　　wxn.qq.com/cmsid/HCD2015060404268301，2015－06－04/2018－05－13

［10］卫生健康委关于印发医疗消毒供应中心等三类医疗机构基本标准和管理规范
　　（试行）的通知［J］.中华人民共和国国务院公报，2018（31）

［11］新一代人工智能发展规划［J］.中华人民共和国国务院公报，2017

［12］洋码头.2017 上半年中国海淘消费报告［J/OL］. http://www.ec.com.cn/
　　article/dsyj/dsbg/201706/17984_1.html，2017－06－08/2018－05－13

［13］药品咨询网［J/OL］. https://www.chemdrug.com/news/232/13/60360.html

［14］医疗器械不良事件监测和再评价管理办法［J］.中华人民共和国国务院公报，
　　2018（33）：74－84.

［15］易观智库.中国互联网教育平台专题分析 2018［J/OL］. http://www.199it.
　　com/archives/718600.html，2018－04－19/2018－05－20

［16］易观智库.中国互联网旅游金融市场数据分析［N］.计算机世界，2015

［17］易观智库.中国生鲜电商行业年度综合分析 2018［J/OL］. http://www.199it.com/

archives/690483.html，2018－02－06/2018－04－06

［18］易观智库.中国知识付费行业发展白皮书 2017［J/OL］. http：//www.199it.
com/archives/661664.html，2017－12－01/2018－05－13

［19］长城企业战略研究所,科技部火炬中心.2017 年中关村独角兽企业发展报告
［R］.北京：科技部火炬中心,2018

［20］长城企业战略研究所,科技部火炬中心.2016 年中国独角兽企业发展报告
［R］.北京：科技部火炬中心,2017

［21］中商产业研究.2012—2018 年中国在线教育市场前景及投资机会研究报告
［R］.中国：中商产业研究